以道

中华优秀
传统文化

与

现代企业
转型发展

驭术

孙洪海

著

上海远东出版社

图书在版编目（CIP）数据

以道驭术：中华优秀传统文化与现代企业转型发展 / 孙洪海著. —上海：上海远东出版社，2023
ISBN 978 - 7 - 5476 - 1944 - 5

Ⅰ. ①以⋯ Ⅱ. ①孙⋯ Ⅲ. ①中华文化—关系—企业发展—研究 Ⅳ. ①K203
②F272. 1

中国国家版本馆 CIP 数据核字（2023）第 167543 号

责任编辑 陈占宏
项目编辑 李 敏 季苏云
封面设计 徐羽情

以道驭术：中华优秀传统文化与现代企业转型发展

孙洪海 著

出 版 上海遠東出版社
　　　　（201101 上海市闵行区号景路 159 弄 C 座）
发 行 上海人民出版社发行中心
印 刷 上海颛辉印刷厂有限公司
开 本 710×1000 1/16
印 张 30
插 页 4
字 数 410,000
版 次 2023 年 10 月第 1 版
印 次 2023 年 10 月第 1 次印刷
ISBN 978 - 7 - 5476 - 1944 - 5/F · 719
定 价 98.00 元

序 一

"以人民为中心"的思想，在中国的优秀传统文化中，有着悠久的历史和深厚的思想根源。这一思想根源，又以老子的政治哲学为最深厚。

老子是第一个提出"以百姓心为心"的政治思想家，并且形成了"以百姓心为心"的政治哲学体系。在政道方面，老子在其著作《老子》（即《道德经》）中明确提出，"圣人恒无心，以百姓心为心"。就是说，执政者不应该有与百姓不同的主观愿望，实现百姓所向往的美好生活，就是执政者永远的任务；老子还提出，要根据百姓的意愿制订法律，以法治国要以百姓的愿望为中心。

在德道方面，老子对执政者明确提出了为官之德，就是执政者必须为百姓服务，就是"生而不有，为而不恃，功成弗居"，不与百姓争利，对百姓要讲言善信，对百姓要为而不争。

在治道方面，老子认为国家机器只是服务于百姓的公器，提出"知止不殆"的观点，国家要承担社会发展的公共管理职能，特别是要救助百姓的弱势群体，治国要从百姓的身心健康开始。

在术道方面，老子提出了执政者的群众路线，认为治国理政必须处理好执政者与百姓的关系，就是民上与民下的关系，身前与身后的关系。"圣人之在民前也，必身后之；其在民上也，以言下之。"执政者要带领百姓前进，就必须经常跟在百姓后面，听听百姓说什么，看看百姓在做什么。执政者要和百姓"浑其心"，与百姓打成一片，才能得到天下百姓的"乐推而不厌"。

在器道方面，老子认为要实现百姓的美好生活的向往，就必须让解决百姓的民生问题，"无狎其所居，无厌其所生"，为百姓提供丰富的的物质产品，满足人们正常生活需求。

老子的"以百姓心为心"的政治哲学体系，对今天以人民为中心的中国价值观，有重要的思想借鉴意义。事实上构建和倡导中国社会主义核心价值观，必须植根于中国优秀传统文化，必须在当代积极发展中国优秀传统文化中的核心价值体系。如老子所言："执古之道，以御今之有。能知古始，是谓道纪。"

老子之道治国可达长治久安，修身可达延年益寿，同样也可以运用于企业管理领域。

企业管理的最高境界，就是以道谋局，以德聚人，以法做事。

谋局、聚人、做事的核心又在于老子之天道、人道、治道。

简言之，企业管理的最高境界就是无为而治。

无为而治企业，就是企业按照市场和社会发展的规律，为社会、百姓、国家的生存发展提供符合市场发展趋势和要求的更便利、成本更低、利益更大的产品和服务，这就是以道谋局，顺势而为。

无为而治企业，就是以道之大德聚合人心，即执大象，天下往，就是领导者勿自是勿自骄勿自矜勿自伐，就是生而不有，为而不恃，长而不宰，功成弗居，善利他人而不争；有道之企业领导者，善于知人用人，故无弃人。

无为而治企业，就是以道为企业立法，各企业机构都有明确的分工（"有名"）和界限（"知止"），使那些自以为是的人、投机取巧的人没有机会乱为（"使夫智者不敢为"），有明确的奖惩机制（"高者抑之，下者举之，有余者损之，不足者补之"）。

　　孙洪海同志在企业治理中重视中华优秀传统文化的理解和运用，不断深化中华优秀传统文化与现代企业治理相结合，以社会主义核心价值观培育企业文化和构筑企业治理的"道"与"术"，以制度化的中华优秀传统文化学习推动企业转型发展，取得了新发展、新成绩。他用明泉集团的发展实践告诉我们，价值观是引导企业健康发展的精神力量，文化是支撑企业持续发展的内生动力。在明泉改革发展的每个关键时点、每个工作领域无不闪耀着中华优秀传统文化思想与智慧的光芒，无不彰显着自强不息、戒骄戒躁、精益求精的高尚情怀和"自利利他"的价值追求。正如他所强调的，企业要构建真正具有生命力的企业文化，要扎根于中华优秀传统文化的广袤沃土，从中吸取智慧的水分和养料，"以古人之规矩，开自己之生面"。

　　孙洪海同志面对复杂形势，保持积极之心。他的企业治理理念，坚持以人民为中心，重视职工愿望，重视企业干部的德道、治道和术道，重视企业的创新发展，强调以道驭术，以内在的确定性积极应对外在的不确定性，时刻保持如履薄冰的心态，为我们很好地诠释了中华优秀传统文化在现代企业转型发展中发挥的重要作用。

　　本书集中反映了孙洪海同志的企业治理理念，值得我们用心去读。

　　是为序。

北京大学教授，博士生导师
"华夏主义""陆权战略""柔力量"
"中国价值观"的倡导者

序 二

一家企业如何做大做强？一家企业如何保持生命之树常青？

《周易》讲"天行健，君子以自强不息"，《四书集注》亦云，"闻道有蚤莫，行道有难易，然能自强不息，则其至一也"，表明无论是一个人、一家企业，还是一个行业，甚至一个国家、一个民族，都要效法于天，自强不息。《道德经》说"胜人者有力，自胜者强"；《墨子》有言"志不强者智不达"；《荀子》则强调"以修身自强，则名配尧禹"；《商君书》有云"能胜强敌者，先自胜者也"，都表明做大做强的内涵不但在于力量的外观外比，更外延至意志与思想的内视内省。

今天的企业生存环境，可谓风雷激荡、大潮滚涌，竞争与变革无处不在、无时不有，有些竞争激烈万分，有些变革冲击尤剧。无论风云如何变幻，唯有强者，才不改随波逐流，而能引领变革、超越竞争，不断革故鼎新，立于不败之地。

现代企业发展的首要任务就是认识自身，明确发展定位，明晰企业存在与发展的价值与意义。例如，制造业与交通运输业是两个不同的行业，制造业是通过原材料、中间品的加工处理提供实体产品的行业，涉及原材料、中间品的供应、研发设计、生产加工、上市流通、售后服务等环节。交通运输则是提供空间位移这一无形服务的行业，涉及交通基础设施、交通运输装备、交通运输服务等共同协作。一个产业的本质属性决定了其行业企业的本质属性与技术经济特征。"鱼不可脱于渊"，鱼脱离水而去陆地生存，其结果可想而知。现实中，不能正确认识产业自身，企业发展定位偏离本性，或定位不准、格局狭小的现象比比皆是。若南辕北辙，缘木求鱼，终不可得。

现代企业的发展不仅要认识自身，还要认识现实、认识世界，把握"时势、位势、态势、趋势"，清楚自己所属的产业处于生命周期什么时段，面临什么样的经济、社会、科技、生态环境、自然地理条件，在地区、全国甚至全球产业格局中处于什么地位，面对什么样的竞争态势，未来发展可能的趋势等。识时务者，观天下大势，必审时度势，识势通变，因势利导、顺势而为。当今世界格局正发生深刻调整，如何全面认识变化及变化中的利与害，如何在变局中趋利避害、平衡好安全与效率、竞争与合作是因势的核心内容。切不可盲目照搬照抄其他企业的发展理论或经验，机械地受理论与经验的局限与束缚。中国产业的发展要因自己独特国情与时代背景这个"势"，走中国式的产业发展道路。

现代企业的发展还要遵循产业之"道"。"色类各有道""道也者，不可须臾离也"。企业也好，产业也好，形形种种，各有其性，各行其道。企业发展之道，意味着企业需要遵循发展规律，掌握规律、运用规律，走合乎规律的道路。充分认识和运用供需规律、竞争规律、生命周期规律、变化规律、创新规律，以及事物普遍联系、相互作用、相生相克规律，知本末、终始、先后、动静、虚实之理。企业发展战略的制定要有全局观、整体观、系统观，总揽全局、高瞻远瞩、兼收并蓄、系统辩证，尽可能洞悉一切，考虑到方方面面的因素，包括天时地利人和、利益相关主体、产业上中下游、有利不利、机遇挑战、短期长期、直接间接、国内国际等因素。

现代企业实现长远发展最终要基于"德"，正如《素书》所指出的，"德足以怀远"。厚德以载物，产品与服务的功能、作用、质量等要能够满足用户需求，符合人类发展需要和人类文明进程，推动全球发展，"适乎世界之潮流，合乎人群之需要"。产品与服务从设计构思到最终供给，要体现善念、善品、善行、善举，"善始善终，上善若水"。根据需求、形势、趋势、要素条件等变化，产品与服务要能够持续迭代、精进不懈、精益求精，不断提质升级，兼具创新发展、绿色发展，以期止于至善，如《系辞》所言"日新之谓盛德"。企业要体现自身、行业、社会责任，秉持自律、诚信、包容、开放原则，不采取不正当竞争方式，不损害消费者利益。否则，德不配位、德不配财，不能造福于民，最终难以持续发展。

孙洪海同志在明泉集团的改革发展中，立足企业实际，努力推进中华优秀传统文化与现代企业治理相结合，明晰集团发展定位，构建积极进取的把握"时势、位势、态势、趋势"的企业文化，在企业推行重"德"循"道"的发展价值观和认知体系，在激烈的市场中保持了企业的创新发展。《素书》言，"地薄者大物不产，水浅者大鱼不游，树秃者大禽不栖，林疏者大兽不居"，说明只有厚植良好的环境，才能让企业做大做强做优。孙洪海同志的明泉实践，通过企业文化建设为企业发展厚植了良好的环境，为企业新阶段的高质量发展打下了坚实的基础。

"行百里者半九十"，明泉集团的高质量发展进入关键时期。站在新的历史起点，寄望明泉集团审视发展的定位、面临的形势、承担的责任，在企业使命中融入"造福于民、强大国家、繁荣世界"的理念，在企业战略规划中参考"需求导向、多元驱动、协调发展、灵活变化、植根世界"的战略思想。将满足需求作为明泉发展的出发点和落脚点，以创新、质量、效率等作为满足需求、由大变强的关键手段，通过协调来校正发展的不平衡，用灵活变化来提升发展的应变性，从全国乃至全球范围谋划企业战略布局。

在此，我也向大家隆重推荐孙洪海同志的著作《以道驭术：中华优秀传统文化与现代企业转型发展》。这是关于一家企业保持生命之树常青的战略思考，更是深刻反映一家企业做大做强的方法论。不论你从事企业治理或产业研究，都值得我们一读再读。

是为序。

魏际刚

产业经济专家、发展战略专家

国务院发展研究中心研究员

中国国际发展知识中心副主任

前　言

　　世界大潮浩浩荡荡，科学技术日新月异，产品不断更迭换代，靠什么支撑一家企业长久、持续发展并可以被不断传承发展下去，是我一直以来反复苦苦思索的问题。我所服务的企业——明泉集团股份有限公司（以下简称"明泉"）发展至今，已走过沧桑 60 余载。2013 年以来，我和同仁以壮士断腕的勇气与决心推动企业转型升级发展，使历经 60 余年风雨的老企业得以浴火重生。十年来明泉的发展实践告诉我们，文化是支撑企业永久持续发展的内生动力，并可以通过学习熏陶与实践养成被发扬传承下去。

　　习近平同志在党的二十大报告中强调，"坚持把发展经济的着力点放在实体经济上"，"只有把马克思主义基本原理同中国具体实际相结合、同中华优秀传统文化相结合，坚持运用辩证唯物主义和历史唯物主义，才能正确回答时代和实践提出的重大问题"。我深刻地认识到，高质量地发展好实体经济，必须将现代企业治理同中华优秀传统文化相结合，在文化传承中全面提升企业治理的现代化水平。明泉的转型发展实践，鲜明地印证了这一点。所以，我想把我和明泉的实践经验，包括我个人对于人生和工作的思考写出来，介绍给更多的企业家和管理者，尤其希望能帮助在人生中迷茫踟蹰的年轻人学习和领会优秀的国学智慧，实现人生与事业的双提升。

　　第一，涵养企业精神，培育企业文化。过去的十年是明泉 60 余年发展史上不平凡的十年。回望十年艰辛历程，我们可以发现在每个关键时点、每个工作领域都是以认知为指引，以理念为先导，无处不闪耀着中华优秀传统文化的思想与智慧的光芒。

因城市发展需要，十年前明泉主要厂区需要搬迁。而启动搬迁后，首先面对的是员工的分流安置工作。面对复杂的历史遗留问题，我们制定了"积极应对、稳妥处置、两手齐抓"的工作指导原则，提出了"树立企业发展的终极目标是为了广大员工"的理念，做出了"确保员工收入与企业效益同步增长"的郑重承诺，充分保障员工利益，顺利完成了各类问题的处置。这无不体现出企业对于员工的关爱，是对儒家"仁者爱人"精神的身体力行。

在员工分流安置的同时，明泉人不等不靠，抓住机遇，在短时间内上马 40 万吨尿素等量搬迁技改项目、系统大平衡改造项目、吹风气余热回收项目、双氧水装置搬迁改造升级项目、甲醛装置搬迁及下游产品链延伸改造项目，显现出明泉在困境中自强不息、奋发有为的不屈精神。在搬到新厂区——刁镇厂区办公之初，我就要求将"自强不息"四个字刻石，放在办公楼前面。"天行健，君子以自强不息"，自强不息有着深刻的思想内涵，其关键在于"自"。以儒释道为主流的中华文化历来主张人类命运掌握在自己手中。因此，"自强不息"体现了中华民族的精神风貌，是中华文化区别于西方及其他文化的独特标志。"君子求诸己"，唯有自强不息，明泉人才能掌握自己的前途命运。

2014 年，面对预算投资 28 亿元的洁净煤气化项目无资金、无技术、缺人才的困难局面，我们提出"搭建平台、整合资源、科学发展、诚信共赢"的发展理念，借助融资模式创新、技术创新、管理模式创新，先后与西安航天等多家大型企业实现重大合作，顺利完成项目建设并投产达效。荀子在《劝学》中有言："假舆马者，非利足也，而致千里；假舟楫者，非能水也，而绝江河。君子生非异也，善假于物也。""搭建平台、整合资源"正是荀子"善假于物"思想的具体体现。而"诚信共赢"背后则是孔子"己欲立而立人、己欲达而达人"的利他思想。

安全环保形势日益严峻，明泉能在一轮轮的大检查、大洗牌、大淘汰下生存下来，靠的不是侥幸，而是"生命至高无上、安全从我做起"的安全工作理念与"从高、从严、从长远"的环保工作理念。这两个工作理念的提出既为了保障全体员工安全与健康的切身利益，也为了保护我们赖以生存的自然环境，契合社会大众对绿水青山美好生活的愿望。"老吾老，以及人之老；幼吾幼，以及人之幼"，"仁者，以天地万物为一体"，儒家主张将"仁者爱人"的精神推己及人、由近及远，由爱亲而及天下，把仁爱之心推向天地万物。践行儒家仁爱精神，我们就要在保障员工利益的同时，回馈社会以强大的物质和精神财富。

　　2017 年 5 月，在洁净煤气化项目即将开车调试之前，我建议将毛泽东同志在 1949 年 3 月提出的"两个务必"——"务必使同志们继续地保持谦虚、谨慎、不骄、不躁的作风，务必使同志们继续地保持艰苦奋斗的作风"挂在会议室主墙上，为的是让大家能够在取得较大工作成绩后保持谦虚谨慎、不骄不躁的清醒头脑。《易经》有云："天道亏盈而益谦，地道变盈而流谦，鬼神害盈而福谦，人道恶盈而好谦。"《尚书》也讲："满招损，谦受益。"曾国藩说"巨室之败，非傲即惰"，骄傲自满必然导致怠惰，停滞不前。通过谦德的学习，一方面提醒明泉上下在成绩面前戒骄戒躁，坚决根除骄傲自满的情绪，另一方面要求大家看到与优秀企业间的差距。

　　2017 年 10 月，根据当时企业面对的内外部形势，我宣布明泉发展进入新阶段。在明泉发展的新阶段，我们还没有骄傲的资本和理由。"三人行必有我师"，要"见贤思齐"，全体员工要戒骄戒躁，继续坚持2013 年以来项目建设期间精益求精的精进精神，要更加奋发有为，引领新阶段。洁净煤气化项目自开车成功以来，每天都要面对、解决新问题。经过持续改进、总结经验，确保了生产系统的长周期安全稳定运行。2018 年 4 月，停车检修三天后成功开车，并制定系统优化提升规划。这些无一不是体现了精益求精的精进精神。"日新之谓盛德"，"不积跬步，无以至千里；不积小流，无以成江海”，"锲而不舍，金石可镂”，只有精益求精，坚持不懈，每天都有所进步，才能积跬步致千里，积小胜为大胜。

十年来明泉人备尝艰辛。支撑我们砥砺前行、走到今天的一定是"大道"，是自强不息、戒骄戒躁和精益求精的精神，是舍弃一己私利、一心利益社会大众的高尚情怀，也是"自利利他"的价值追求。这些精神、情怀和追求，以及在其指导下形成的具体工作理念，共同构成了我们企业文化的核心，而这一切都离不开优秀传统文化的滋养。真正有影响力和生命力的企业文化必须根植于本民族的文化之中。2017年中共中央办公厅、国务院办公厅颁布《关于实施中华优秀传统文化传承发展工程的意见》，倡导用中华优秀传统文化的精髓涵养企业精神，培育现代企业文化。我们企业要构建真正具有生命力的企业文化，只能扎根于中华优秀传统文化的广袤沃土，从中吸取智慧的水分和养料，"以古人之规矩，开自己之生面"。

第二，弥补教育不足，培养健全人格。2018年是中国改革开放40周年。改革开放以来，经过40年赶超式的快速发展，中国实现了经济上的腾飞，物质极大丰富、人们生活水平极大提升，但与此同时，物质生活和精神生活的失衡已经成为当代社会面临的重大问题之一。道德虚无主义、利己主义、拜金主义与享乐主义等一些社会病态价值取向的泛滥令人焦虑、迷惘。否定道德伦理价值，为满足私欲找借口，一切向钱看，认为人生无意义，只有及时行乐，追求自我满足……凡此种种都成为社会乱象的思想病根。国学大师钱穆先生说："一切问题，由文化问题产生；一切问题，由文化问题解决。"中国当前所有社会问题的根源在某种程度上可以归结于文化的缺失。近代以来，一些中国人在文化领域崇洋媚外，效仿欧美，结果是邯郸学步，既无法接受西方宗教文化，同时又丢掉了本民族文化，最终沦落成信奉以"拜金主义"为主要表现形式的堕落文化。要解决中华民族的问题，"只有把马克思主义基本原理同中国具体实际相结合、同中华优秀传统文化相结合"。这是近代以来中国人付出极其惨重的代价所换来的答案。

　　抛弃本民族文化传统的结果是中国近现代的教育抛弃了历来注重人格教育的优良传统，沦为只教授语言、数学、物理等各门学科的知识杂货铺。梁启超早在1922年就敏锐地指出："这种'贩卖知识杂货店'的育，把他前途想下去，真令人不寒而栗！"实用主义、实利主义、虚无主义的不良风气，使一大批学生成为"绝对的、精致的利己主义者"。这样的风气"会对未来国家、民族的发展带来不可预计的危害，从根本上说，是犯罪的"。"绝对的、精致的利己主义者"问题的要害在于他们没有正确的信仰，没有超越一己私利的大关怀、大悲悯、责任感和担当意识，而将个人私欲作为唯一的追求和目标。

　　如果我们的教育只传授知识，而缺乏人格养成的培养，那么培养出的人才很可能是只图一己私利的"小人"。而要培养具备利他精神的健全人格，就需培养超越一己私利的大情怀和大担当，而这只能从中华优秀传统文化中汲取智慧。孔子说，"己欲立而立人，己欲达而达人"，"己所不欲，勿施于人"；老子说，"既以为人，己愈有，既以与人，己愈多"，"圣人无常心，以百姓心为心"。可以说，历代圣贤没有一个教人自私自利，蝇营狗苟，无一不是教人怀悲天悯人的大情怀，有利益社会国家的大担当。有大情怀，才会有大担当；有大担当，才能成大事业。利他以自利，怀利他之心，在利益他人的同时成就自己，这才是人间正道，也是中华优秀传统文化智慧的体现。

　　第三，传承中华文脉，共筑社会大同。文化对于一个民族和国家具有极端重要性。习近平同志强调，"没有文明的继承和发展，没有文化的弘扬和繁荣，就没有中国梦的实现"，"没有高度的文化自信，没有文化的繁荣兴盛，就没有中华民族伟大复兴"。对于中华优秀传统文化，或说国学文化的价值定位，习近平同志指出，"中华优秀传统文化是中华民族的精神命脉"，"优秀传统文化是一个国家、一个民族传承和发展的根本，如果丢掉了，就割断了精神命脉"，中华优秀传统文化"思考和表达了人类生存与发展的根本问题，其智慧光芒穿透历史，思想价值跨越时空，历久弥新"，具有"永不褪色的时代价值"。

传承发展中华优秀传统文化是全体中华儿女的共同责任。"为天地立心，为生民立命，为往圣继绝学，为万世开太平"，北宋大家张载的"横渠四句"，我们仰之弥高，但不能将之高推圣境，认为高不可攀而置身事外。我们学习优秀传统文化就是在担起"为往圣继绝学"、传承中华优秀传统文化的重任，这是作为中国人理所当为、义不容辞的责任。只有"为往圣继绝学"，才可能"为万世开太平"；只有传承发展优秀传统文化、延续中华文脉，才可能构筑大同社会；也正如习近平同志所指出的，"只有坚持从历史走向未来，从延续民族文化血脉中开拓前进，我们才能做好今天的事业"。

以上从三个层面阐述了优秀传统文化学习的目的和意义。十年来明泉的转型升级发展受益于企业治理与优秀传统文化相结合，其效果十分明显。我们每一个人都应当胸怀学习传承优秀传统文化的责任感和使命感。"周虽旧邦，其命维新"，历60余载沧桑的明泉已迎来快速发展的新阶段。以习近平新时代中国特色社会主义思想为指导，以中华优秀传统文化培育企业文化，必将为企业发展提供坚强的思想保证、强大的精神力量和丰润的道德滋养，凝聚起全体员工奋发有为的正能量。坚持以人民为中心的发展思想，利他以自利，让我们践行利他精神，在付出中获得快乐，在快乐中撷取收获。惟其如此，我们不仅会收获丰厚的物质财富，也必将收获宝贵的精神财富。

孙洪海

2023 年 7 月 31 日

目　录

附录

绪 论

为了帮助读者更好地理解本书的内容，我先介绍一下明泉的基本情况，尤其是明泉 2013 年启动搬迁以来的发展情况，然后再提纲挈领地介绍一下中华优秀传统文化在明泉发展和经营管理中的应用，让各位读者对明泉发展历程和企业文化有个初步的了解。

一、明泉集团基本情况

明泉集团股份有限公司前身济南市明水化肥厂，始建于 1958 年，是中国第一批、山东省首套小氮肥示范厂。2013 年 9 月启动退城进园，采用先进加压气化技术，借搬迁之机实现转型升级发展，是山东省老工业企业转型升级的典范。

明泉基础化工产品有尿素、液氨、甲醇、双氧水等，高端化工产品有吡啶、3-甲基吡啶、均四甲苯等，高分子材料产品有半导体芯片封装和显示面板用光敏性聚酰亚胺（PSPI）系列产品、聚苯硫醚（PPS）类系列产品，各项经济技术指标处于国内同行业先进水平。下属子公司中有 5 家国家级高新技术企业、3 个省级企业技术中心。

明泉坚持走"基础产业牢固、高新技术突出"的发展道路。基础产业贯彻"巩固、优化、提升、可靠"方针，合成氨、尿素总产能跻身省内行业前列，国内行业第一梯队。高端产业贯彻"创新、创造、开发、开拓"方针，发力高分子材料和高端化学品，光敏聚酰亚胺（PSPI）、聚苯硫醚（PPS）系列高分子材料的研发和产业化不断取得新突破。

PSPI 是半导体材料皇冠上的明珠，是芯片封装与制造不可或缺的新材料。PSPI 项目突破实验室制备技术，实现国内研发零的突破。产业化一期建成投运后，不断接近质量达标、批次稳定的目标。产业化二期已开工建设，2023 年预计可实现吨级销售。PPS 是八大宇航材料之一，是目前综合性能优异、性价比最高、产业化价值最大的特种工程塑料，广泛应用于人工智能设备、新能源电池、电子通讯等领域。PPS 项目 2022 年 10 月小试取得成功，计划 2023 年下半年机械竣工、调试开车。

明泉秉持中华优秀传统文化理念，致力于成为国内一流、国际先进的现代化高科技企业，为我国高水平科技自立自强、地方经济社会高质量发展贡献力量。

二、明泉完成一次转型

2013 年启动搬迁至 2022 年的近十年时间，明泉完成了第一次转型，完成由传统煤化工向现代煤化工的转型，初步开启由单一煤化工向以现代煤化工为基础、以新材料产业为引领的转型，形成了基础产业和高端产业双箭齐发的发展局面。

（一）一次转型的背景

明泉 2013 年是在"内外交困"的形势下启动搬迁、第一次转型的。当时，企业内部，装置技术落后，经营连续亏损，安全事故频发；企业外部，行业产能出现过剩，产品价格大幅下跌，安全环保政策不断加码。2013 年 8 月 12 日又发生了火灾事故，明泉发展陷入绝境，岌岌可危。在这样的形势下，明泉启动搬迁，退城进园。

（二）一次转型的成果

搬迁以来的十年，明泉发展规模大幅扩大、发展质量全面提高：

经营规模。从搬迁之初的 10 亿元增长到 2023 年预计的 100 亿元。

盈利能力。从搬迁之初的亏损转变为 2023 年预计利税 10 亿元。

人均营收。随着先进技术的采用，人均营收从搬迁之初的不到 20 万元到 2023 年的 420 万元。

产业结构。产业由单一煤化工转变为如今覆盖基础化工、高端化工、高分子材料等领域。

产能规模。基础产业尿素、合成氨产能规模扩大到搬迁之前的 7 倍，跻身省内行业前列、国内行业第一梯队，为现代农业提供综合施肥解决方案，为守护山东省约四分之一人口的粮食安全作出了应有的贡献。

技术水平。从技术落后到同行业先进水平，在高分子材料研发和产业化、高端化工产品质量、基础化工运行质量等方面实现技术领先。

分配改革。探索实施模拟股份制，让员工分享企业发展成果，激发出企业内生动力和活力。

企业文化。坚定文化自信，持续学习中华优秀传统文化，汲取智慧与力量，形成具有明泉特色的企业文化。

团队建设。团队精神面貌焕然一新，从搬迁时的人心涣散、士气低落到如今的充满信心、团结奋进。

明泉用十年时间完成了一次转型，已经由传统煤化工企业，转型升级为以现代煤化工为基础、以新材料产业为引领的高科技企业，为开启二次转型奠定了雄厚的基础。

（三）开启二次转型

从 2023 年开始，明泉将用十年时间完成二次转型。明泉一次转型主要是以技术变革促成产能规模、经营规模的扩张，二次转型则应更加关注发展质量的提高、盈利能力和经营水平的提高。明泉二次转型的内涵是发展模式完成由规模扩张型向质量效益型的转型，路径是建设明泉"五个现代化"（即现代化的基础产业、现代化的产业链、现代化的服务型制造体系、现代化的经营、现代化的管理），目标是成为国内一流、国际先进的现代化新明泉。

三、明泉企业文化概述

思想是行动的先导，文化是思想的源头。中华优秀传统文化在明泉搬迁以来的十年发展历程中起到了至关重要的作用。从 2017 年 5 月开始，明泉每周六下午组织全体管理人员进行三个半小时的中华优秀传统文化集体学习，我们从中受益良多。中华优秀传统文化给予我们力量的源泉、智慧的启迪和道德的滋养。

（一）力量的源泉——"自强不息"

"自强不息"是明泉的核心企业精神，给予明泉持续奋斗、砥砺前行的力量。2013 年搬迁之初，我就要求把"自强不息"四个大字刻在石头上，放在办公楼前，让大家经过时都能看到。"自强不息"取自《周易》乾卦的"天行健，君子以自强不息"。"自强不息"并不是如通常理解的只有奋斗的含义。明泉将"自强不息"运用于发展实践，赋予其更丰富、更深刻的内涵。

命由我作、福自己求。"自强不息"首要在"自"，"君子求诸己"，自立自强才是根本。不管是企业还是个人，陷入困境时总是希望得到他人的帮助，但如果不能自立自强，外在的帮助再多也没用。恐怕没有人愿意帮助不能自立自强的人。当明泉发展濒临绝境时，我们认识到，力挽狂澜、改变命运只能靠我们自己。我们坚信，自强不息是依道而行，自助者天必助之，为了几千员工和数以万计家人的生计，我们一定能实现目标。我们在困境中不屈不挠的奋斗精神也赢得了合作伙伴的认可和帮助。

终日乾乾、奋斗不息。秉持"自强不息"精神，我们必须持续不懈奋斗。明泉搬迁以来的十年就是持续奋斗的十年。从实施大规模的技术改造到试水高端化工，从马不停蹄地建设三大加压气化项目到进军新材料领域，可以说这十年我们没有一刻停下前进的脚步。2023年，我们又规划了下一个十年的发展目标和路径。我们希望长期坚持"自强不息"精神，朝乾夕惕，奋斗不息，打造百年企业，实现基业长青。

坚韧刚毅、锲而不舍。"自强不息"精神不是口号，必须经受住逆境的考验，才能树立起来。秉持"自强不息"精神需要具备坚韧刚毅、锲而不舍的勇气和韧劲。搬迁重建不同于按部就班的日常工作，过程中面临重重困难与挑战。就在各方面工作刚刚有些起色的时候，明泉2016年发生"1·17"事故，虽然没有造成人员伤亡，但全厂面临停摆的境地。当时临近春节，又遭遇摄氏零下二十几度的罕见极寒天气，员工士气低落。明泉命悬一线，人心一旦涣散，明泉就将万劫不复。看到这样的情况，我写了一首《沁园春·明化》，鼓舞士气。大家吃住在厂里几个月，终于渡过了那个艰难时期。经过这样迎难而上、艰苦奋斗的过程，"自强不息"才作为企业文化，真正融入了全体明泉人的内心。我们常说企业文化学不来，就是因为企业文化产生于企业发展实践，已融入全体员工的思想言行，绝非一朝一夕之功。只是简单移植其他企业的文化，定会水土不服，最后流于形式和口号。

谦谦君子、卑以自牧。"自强不息"的精神不仅要接受逆境的考验，还要接受顺境的考验。顺境之中还能不能保持谦虚谨慎、不懈奋斗的作风，是对团队的重大考验。每当明泉发展取得一定成绩时，如三个大项目建成投产前，我们都以《周易》《了凡四训》的"谦"和"两个务必"提醒全体员工，务必要保持谦虚谨慎、不骄不躁。秉持"自强不息"精神就需要在面对顺境时，保持谦虚谨慎，持续前行。

行有不得、反求诸己。前面已提到，"自强不息"首要在己。在工作达不到预期时，也要从自身找原因，自我反思，而不是推诿指责。2018年9月份，我要求把"行有不得、反求诸己"八个字挂到了管理人员办公室里，目的是提醒管理人员在工作达不到预期时，要反躬自省，而不要相互推诿和指责。我们通过倡导"行有不得、反求诸己"，自我反思、自我批判、自我提升，营造了真诚友爱和谐的团队氛围。秉持"自强不息"精神，就需要在"行有不得"时"反求诸己"。

"自强不息"精神诞生于明泉的发展实践，衍生出了更丰富、更深刻的含义。"自强不息"精神必须在明泉未来发展中得到传承，熔铸于明泉的未来，这关系到明泉能否持续发展。

（二）智慧的启迪——"预变创新"

企业发展只靠奋斗是不够的，还需要预判变化，找到正确的方向，并通过创新，开拓前行。《周易·益卦》讲："凡益之道，与时偕行。"佛家讲"无常"，都是在讲这世界时刻都处于变化之中。我在企业内部倡导树立变化的思维——"世界上唯一不变的是一切都在变"，用变化的思维看待工作和形势，预判变化，找准方向，创新应对，开拓前行。中华优秀传统文化给予我们预变创新的智慧。预变创新的内涵主要包括以下几方面：

事预则立、取道中庸。《礼记·中庸》有言："凡事预则立，不预则废。""中庸"是执两用中，意为掌握好度、恰到好处。这对于企业发展尤其重要。基于此，我提出了"明趋势、辨方向、找路径、踏节奏"的方法论，以变化的眼光审视企业内外形势，看清经济和行业演变趋势，辨明企业发展方向，找到发展路径，踏准发展节奏。过去十年，我们做出了几个重大预判。预判到加压气化技术是行业发展趋势，在加压气化技术尚处于示范阶段时，决定建设 MTA 项目。预判到行业准入门槛、行业集中度将逐步提高的趋势，我们在 MTA 项目投产后立即启动明升达退城进园项目，后又启动明化技改项目建设。预判到中国式现代化过程中高端产品需求大幅增长的趋势，我们 2016 年底提出"新三高"战略（采用高技术、研发生产高端产品、实现高附加值），进入高分子新材料领域。没有预判和果断决策，就没有明泉目前跻身国内行业第一梯队的基础产业，就没有明泉在新材料领域的先人一步。

与时偕行、革故鼎新。在提前预判、恰当决策的前提下，面对新情况、新问题、新挑战，还需要与时俱进，创新乃至创造性地加以应对。我们在理念创新、制度创新方面受到了中华优秀传统文化很多启迪。例如，在理念创新方面，"搭建平台、整合资源、科学发展、诚信共赢"的合作发展理念是受到了孔子"己欲立而立人，己欲达而达人"和荀子"善假于物"思想的启发，"以客户为中心""为客户创造价值"的理念也是受到了"己欲立而立人，己欲达而达人"思想的启发，"以文化人、依法治企"的基本文化理念受到了我国古代"儒法并用"治国实践的启发。在制度创新方面，从 2018 年 11 月份开始，实施模拟股份制改革，将员工利益与企业发展深度绑定，使员工与企业共创价值、共担风险、共享成果。这里面渗透了"惠及员工"、以员工为本的理念，受到了"民为邦本，本固邦宁""有恒产者有恒心"等思想的启发。

格物致知、持经达变。预判变化并创新应对的前提是格物致知，认识变化，掌握变化的规律。面对变化，不能总是被动地让变化牵着走，而是要想方设法掌握主动权，这就需要在格物致知的基础上，形成企业发展的指导思想体系和管理体系，从而可以使企业能够从容应变、主动求变，能够以内部的确定性应对外部的不确定性，这就是持经达变。明泉一直以来致力于构建学习型组织，以明泉书院为平台，持续开展管理、专业技术和文化培训，不断增强团队预变和创新的能力。我们不断记录整理在企业发展过程中形成的思想理念，逐步形成企业文化体系，并努力构建标准化、规范化、流程化的管理体系。希望通过以上努力，不断增强企业识变、应变、求变的能力。

居安思危、朝乾夕惕。变化的思维还提醒我们要在企业发展形势好的时候常怀戒惧之情、心存忧患之思。"居安思危，思则有备，有备无患"，"君子终日乾乾，夕惕若厉，无咎"，每当企业发展形势好的时候，我都提醒团队要保持居安思危的忧患意识、危机意识，自我激励、昂扬奋发，不断识变应变求变。

（三）道德的滋养——"仁爱利他"

企业存在的意义是一个值得企业界和理论界都深思的问题。"股东至上""利润至上"早已不适应当下这个时代。我认为，企业存在的意义应当是，为员工提供安身立命之所，为客户创造价值，与合作伙伴互利共赢，推动行业进步、经济发展、文化传承、社会和谐。股东价值最大化只是结果，不是过程。如果能处理好与员工、客户、合作伙伴、社会等利益相关者的关系，股东价值就自然会实现。这里面蕴含了孔子"己欲立而立人，己欲达而达人"和佛家"利他"的思想。企业要想发展好，决不能自私自利、唯利是图，而是为利益相关者创造价值，通过利他以自利。我将中华优秀传统文化给予的道德滋养概括为"仁爱利他"。

惠及员工。在通常所讲的企业需要处理好的四大关系中，我把员工放在第一位，后面依次是客户、股东、社会。"民惟邦本，本固邦宁"，只有保障好员工的利益，员工才能服务好客户，企业才能发展好，才谈得上实现股东价值和利益社会。我们贯彻"惠及员工"理念，确保员工收入福利随企业效益增长而提高，同时组织员工学习中华优秀文化，致力于使员工实现物质精神双丰收。一是"有恒产者有恒心"，明泉持续提高在岗员工工资福利，确保员工收入福利随企业效益增长而提高。员工年平均工资高于山东省全口径城镇单位就业人员平均工资50%以上。二是实行模拟股份制，使员工共享企业发展成果，增加员工收入。三是持续推进中华优秀传统文化学习，丰盈员工的精神世界，营造真诚友爱和谐的工作氛围。四是坚持"生命至高无上、安全从我做起"的安全工作理念，保障员工生命健康安全。五是持续改善工作生活环境，致力于为员工营造清洁、优美、安静、舒适的工作生活环境。六是关爱员工及家庭，多方完善对困难员工的帮扶救助机制，为一线员工办理大病医疗保险，为员工未成年子女购买大病医疗保险，等等。

诚信共赢。"民无信不立"，我们致力于构建全方位的企业诚信体系，内部取信于员工，外部取信于客户、供应商、合作伙伴、金融机构、政府部门、当地社会等利益相关方。一是坚持以客户为中心、为客户创造价值的理念，做到产品质量达标、按时交付。二是提出和贯彻"搭建平台、整合资源、科学发展、诚信共赢"的理念，与众多大型国企、军工企业、民企和科研院所实现战略合作。三是顺应产业政策导向，满足安全、环保等方面的法律法规要求，为地方经济社会发展贡献力量。

回报社会。明泉在就业、税收、技术进步、绿色发展等方面助力经济社会高质量发展，同时践行儒家仁者爱人、博施济众的情怀，积极履行社会责任。一是为3 600多名员工提供就业岗位，惠及数千家庭和上万员工及家人。二是服务现代农业，稳定供应氮肥，为山东省农业生产和四分之一人口的粮食安全提供保障。三是根据制造业的乘数效应，明泉实际的经济贡献是公司产值的3倍以上，可带动公司员工数3倍以上的社会人员就业，对当地经济发展具有较强的辐射带动作用。四是较早采用加压气化技术，实现新旧动能转换，同时自主研发高分子新材料，替代进口，为我国新材料和煤化工行业技术进步贡献力量。五是坚持"从高、从严、从长远"的环保工作理念，走绿色发展之路。六是成立义工协会明泉工作站，设立"明泉义工爱心基金"，带领员工开展义工服务。积极开展捐资助学，设立中国科学院、四川大学、山东财经大学、山东工商学院"明泉奖学金"，捐助章丘四中、汇泉小学，积极帮扶乡村幼儿园、刁镇驻地品学兼优的贫困中小学生，关心和帮助青少年健康成长成才。积极参与抢险救灾，第一时间参与寿光洪灾救灾、利奇马台风抢险救灾、新冠疫情防控并捐款捐物。

四、结语

以上所阐述的"自强不息""预变创新""仁爱利他"共同构成了明泉的成功方程式。三者之间是相乘的关系，只有同时具备，才能确保企业持续成功。

经过六年持续不断的中华优秀传统文化学习，我们形成了一个个具体的经营管理理念，并正在形成富有明泉特色的企业文化体系。这个体系坚守中华文化立场，根植于中华优秀传统文化。多年来，中国企业一直注重向西方学习企业管理的理念和方法，但这些理念、方法是从西方文化的土壤里生长出来的，移植到中国难免会出现水土不服。窃以为我国企业需要在充分吸收西方企业管理优秀成果的基础上，立足于中华文化，建立契合中国企业的理念和方法体系。

　　我在明泉内部倡导学习中华优秀传统文化，是因为我自己从中华优秀传统文化中受益良多，深有体会。明泉学习中华优秀传统文化不是跟风，而是希望员工、企业都能从中真正受益。助力企业发展只是目的之一，更大的希望是使员工心灵有所依托，精神丰盈，生活幸福。这本书的出版属于无心插柳之举。最初的想法只是，把我对于推动明泉发展过程中的经营管理思考记录下来，作为企业内部团队建设、工作指导之用。上海远东出版社曹建社长力劝我整理成书，这让我认识到了本书的社会价值。衷心希望本书的出版能够对有志于将中华优秀传统文化应用于现代企业发展的有识之士有所启发和帮助。感谢我的助理杨兴时同志，是他孜孜以求地收集梳理了我杂乱无章的系列言论，使之条理清晰地呈现给广大读者。我最大的心愿是为"为往圣继绝学"尽一份力，不让中华文脉、民族血脉在我们这一代人手里断绝，让中华传秀传统文化利益中国和世界。"大道之行也，天下为公。"惟愿文脉绵延、国泰民安！惟愿四海升平、天下大同！

第一章

企业文化：
构建真诚互信的企业文化
和诚信体系

经历了艰苦奋斗、浴火重生的明化①（以下统称"明泉"），2017 年迈入快速发展的新阶段，团队打造成为重中之重。有感于《论语·颜渊篇》中的"子贡问政"，我经过反复思考，决定以中华优秀传统文化为引领，在明泉建立中华优秀传统文化集体学习制度，培养团队成员正确的思维方式，使团队凝心聚力，实现更加高远的目标。2017 年 5 月 21 日，明泉正式开启集体学习制度。在此后的学习班上，我经常与大家交流我的自学体会，针对明泉的实际问题，提出解决方案。本章就是我围绕企业文化与诚信体系构建的思考。

---

① 2019 年 9 月 20 日，"山东明化投资控股集团有限公司"更名为"明泉集团股份有限公司"，简称"明泉"。

《活法》研读感悟

　　早在 2011 年，有同事向我推荐了日本企业家稻盛和夫所著的《活法》一书，我抱着试读的想法买了一套，结果一读即"爱不释手"。书中所述的一篇篇富于实践经验和人生哲理的短文，犹如一颗颗智慧珍珠，点亮了在我心中深埋久远的光烛。稻盛和夫通过直抒胸臆的表述，勇敢指出自己的行为缺点和人性弱点，坦言其在企业的各个时期经历的诸多困惑和诱惑，并在不断自省中持续提升其人生境界，做到了事业与人生的"双赢"，令人敬佩！

　　稻盛和夫所生活和工作的人文环境，与我们所处的东方文化环境极为相似，其事业快速发展的阶段恰恰与我国近三十年的发展阶段（即快速的工业化、信息化及"两化融合"阶段）几乎相同。读《活法》时，我经常会心一笑，有时甚至拍案叫绝——原来我在工作、生活中所遇到的迷惑，他也都曾经历过啊！虽然世事无常，时代变迁，但千古不变的是人情啊！书中充满了对人生的思考、对人性的思考、对人生与事业关系的思考，对物质与精神关系的思考，以及对个人与社会关系的思考，解决了我在日常工作生活中遇到的诸多疑惑。

　　书中对我们通常所说的"三观"（人生观、世界观、价值观），做出了很直白的表述，对于我们体会工作，体味人生都很有帮助。我便安排在企业内部报纸——《明化人》上连载部分摘要，意在把书中的思想精华与同事们分享，以期在建设我强盛明泉的同时，找回我们曾经拥有但日渐衰微的"精神家园"。

《活法》中有一篇《"思维方式"决定人生方向》，令我感触较深。我所理解的即是我们常讲的"世界观"和"自然观"。我们所处的自然界（世界），自有其本身的运行规律，人作为自然界的"产物"，亦应主动去顺应自然。人类社会作为人类各种活动的总体概括，其行为亦应顺应自然，否则就会"诸事不顺"，就会"遭天谴"。反之，假如我们能够主动去认识自然运行规律，认识社会发展规律，从纷繁复杂的表面现象中看到事物发展的根本规律，就可以少犯错误，就会"诸事皆顺"，就会"顺天时"。因此，稻盛和夫把如何认识自然、社会及其规律概括为"思维方式"。"思维方式"正确，则可以"做正确的事"和"正确的做事"。反之，则会"做错误的事"和"错误的做事"！至于如何才能有正确的"思维方式"，则需要放下"我"的所有执念，与这个世界和解。把工作和生活当作一场入世修行，慢慢体会。

创业难、守业更难

贞观十年，唐太宗与群臣讨论"帝王之业草创与守成孰难"的问题。魏征认为"守成则难"，因为帝王得天下后往往"志趣骄逸"，而"国之衰弊，恒由此起"。创业难，守业更难，国家如此，企业发展亦同此理。企业创业时，面对艰难险阻、生死一线，上下能够团结一心、同舟共济。可在创业成功后，却很容易被胜利冲昏头脑，产生骄傲放逸的情绪，企业管理也因此出现各种弊端，最终导致企业毁于一旦。孟子所讲"生于忧患、死于安乐"即为此。

创业难，难在事上；守成难，却是难在心上。"心似平原野马，易放难收"，"破山中贼易，破心中贼难"，这些古训都在告诫我们一定要守住这颗心，胜不骄，败不馁。我们挺过了艰难创业的四年，在步入明泉发展新阶段的当下，必须以"创业难、守业更难"的历史经验时刻提醒自己，绝不能被一时的成绩冲昏了头脑；必须始终保持"空杯"心态，杜绝骄傲自满情绪，持续不断完善、提升、优化和夯实基础管理。

2017 年 7 月 27 日，洁净煤气化项目顺利投产，9 月份明泉所有产品全面实现盈利。这标志着我们"借搬迁之机实现企业转型升级发展"的目标初步实现，也标志着我们告别"保生存"的艰难求生阶段，迎来崭新的"全心全意谋求更大发展"的新阶段。10 月 5 日，我们宣布明泉发展进入新阶段。

明泉更加美好的前景正在我们脚下展开，我们绝不能因骄傲自满而止步于这四年来取得的初步成绩，而应当牢记"两个务必"，继续保持谦虚谨慎、不骄不躁和艰苦奋斗的作风，在新阶段争取更大的胜利。

构建真诚互信的企业文化和诚信体系

　　启动搬迁四年来，我们团结一心、共渡难关，靠的是上下互信。2017 年 12 月 16 日，有感于《论语·颜渊篇》中的"子贡问政"，我在明泉中高层管理人员中华优秀传统文化学习班上，以"民无信不立"为主题，阐述了构建真诚互信的企业文化和诚信体系的重要性。

　　"子贡问政"讲的什么？子曰："足食，足兵，民信之矣。"子贡曰："必不得已而去，于斯三者何先？"曰："去兵。"子贡曰："必不得已而去，于斯二者何先？"曰："去食。自古皆有死，民无信不立。"（引自《论语·颜渊篇》）孔子认为，对于国家治理而言，军备和粮食充足的重要性无法与民众的信任信仰相比。军备和粮食财富固然重要，但更重要的是取信于民，国家能上下一心、互相信任。只要有了这一条，兵器、粮食都可以创造出来；没有这一条，即使兵器充足，粮食充盈，国家一旦有难，也会有分崩离析的危险。

　　对于企业发展而言，信任与信仰同样非常重要。企业不但要取信于员工，还要获得客户、股东和社会各界的信任。而取信于员工是第一位的，因为只有员工信任干部、认同企业文化、对企业前景充满信心，才能上下一心共谋发展，才有可能为客户、股东及社会持续创造价值。

　　要取信于员工，进而实现真诚互信的企业氛围，要求干部以身作则，践行孔子倡导的"推己及人"的"利他"精神，先人后己，认真工作，坦诚沟通，做到言必信、行必果，在员工中树立威信，形成强有力的领导力和执行力。从企业内部真诚互信开始，扩展到对客户诚信以待、为股东实现投资增值、以实际行动回报社会，从而使企业由内到外构建起全面覆盖员工、客户、股东及社会的诚信体系。这样的诚信体系将汇集来自企业内外各方的正能量，内部正能量源自真诚互信的企业文化氛围，外部则来自客户的信赖、股东的支持及社会各界的尊重。我相信，汇集各方正能量的真诚互信的文化和诚信体系必将造就一个召之即来、来之能战、战之必胜、具有强大执行力和战斗力的团队，也只有这样的团队才能保证我们的事业航船历经惊涛骇浪也能奋勇前行。

以远大志向为指引

　　《了凡四训》为明代为教育子孙而作的家训。这本书篇幅不长，但思想内涵深刻，融通儒释道三家，数百年来历久不衰，传诵至今。其第二篇讲"改过之法"，改过分从"事上改"、从"理上改"、从"心上改"三个层次，而最根本的是从心上改，"过由心造，亦由心改"。从心上改最有效的方法是"一心为善"。要真正树立"一心为善"的正念，首先需要立定志向，"志不立，天下无可成之事"（王阳明语）。志当存高远，我国知识分子素来就有北宋大儒张载"为天地立心，为生民立命，为往圣继绝学，为万世开太平"所代表的志向和传统，其广阔的胸襟和强烈的社会责任感令人崇敬不已。要树立"一心为善"的正念，就需要以此远大志向作为指引。

　　"为天地立心"，是指天地有化育万物之心，让万物各尽其能，人生天地之间，必须顺应这样的天地大道才能享有幸福人生。我们在企业内部着力营造真诚、和谐、友爱的氛围就是"为天地立心"。

　　"为生民立命"，是指让百姓物质生活有着落，精神有所寄托。企业就是我们的安身立命之所，企业不仅要最大限度满足员工物质财富的需要，还要与员工共同创造精神财富，这是我们大力推进企业文化建设的初衷。

　　"为往圣继绝学"，对当下中国而言，就是继承和弘扬以儒家思想为主体的优秀传统文化。我们正在组织实施的优秀传统文化学习分享活动就是在为延续中华民族优秀传统文化血脉而尽我们一份力量。

"为万世开太平"，是儒家学者永恒的政治理想，具体到我们自身，首先就是为打造"百年企业"而奠定必要的文化根基。

　　我们希望通过前三个方面的努力，为促进社会安定祥和作出我们应有的贡献。

　　在明泉中华优秀传统文化集体学习中，我们要将中华优秀传统文化融入企业文化建设中，引导大家汲取古圣先贤的智慧，树立正见正念，确立正确的思维方式。

　　唯有立定远大志向，才能坚定"一心为善"的正念，切实践行"利他"的奉献精神。我们在员工与企业共享发展成果的同时，继承和弘扬优秀传统文化，大力推进企业文化建设，就是为了确保"百年企业、辉光日新、惠及员工、回报社会"的愿景得以实现。

反对企业管理中的"好人主义"

　　《了凡四训》第三篇讲"积善之方",其中以吕文懿公(吕原)善心而行恶事的故事阐释善行偏正的问题。听到一个同乡酒醉后在外大骂,吕原闭门不出,不加理会。一年多以后,那个同乡犯死刑入狱,吕原才开始后悔当初没有稍加惩戒,致使同乡不知收敛,为所欲为,最终身犯死罪。这个故事非常具有启发意义。吕原从个人"存心于厚"的角度出发考虑事情,不是真善,而从利益他人、利益社会的角度出发存心行事才是真善。对于我们企业而言,有助于企业实现更好更快、可持续发展的想法和行为都是善的,否则就是恶的,这就是我们企业对于善恶的评判标准。

　　这一标准要求我们辨明善恶,时时处处将企业利益放在第一位,坚持企业利益高于个人利益的大局观。只有企业利益得到保障,才能实现全体员工的根本利益;如果企业利益得不到保障,就不可能实现长期稳定发展,最终必将导致员工利益受损。覆巢之下,焉有完卵!如果安全事故频发、经营一筹莫展、企业不得不面临停产,员工的工作和生活同样也陷入困境。"行有不得,反求诸己",我们回头审视 2013 年时的困境,只有从自身找问题。企业管理中存在的个别管理人员不敢担当、不愿负责、热衷于搞"一团和气"的现象,尤其管理削弱,都是安全事故频发等诸多问题的症结。严格管理才是真善,姑息纵容就是作恶,要旗帜鲜明地惩恶扬善,坚决反对企业管理中的"好人主义"。因此,要实现企业可持续发展,保障企业利益,必须始终不渝地强化管理,建立严格的管理制度，并不折不扣地贯彻执行。

以企业利益至上为原则，在执行管理制度过程中，既要坚决反对"好人主义"，又要克服"好人主义"。好人主义在企业内部就是放弃善恶评判标准，置企业利益于不顾，姑息纵容违反管理制度、损害企业利益的行为，热衷于做"一团和气"的老好人，怕得罪人，不愿负责，不敢担当。我们要营造真诚、和谐、友爱的文化氛围，但绝不是要搞"一团和气"。全体员工必须坚决反对和克服好人主义，要严格执行管理制度，及时制止违反管理制度的言行，这不仅可以维护企业利益，还能使违反制度的人尽早迷途知返。各级管理人员和广大员工应该认识到，严格的管理最终是为了维护全体员工的利益，是大仁；制止并惩戒违反制度的人可以使其知错就改，是真善。

坚持持续不断地在企业中开展"扬善惩恶"工作，才能确保企业利益至上；严格管理，扶正祛邪，才能确保我们在明泉发展的新阶段实现新作为，不断取得新成绩。

凝聚起磅礴正能量

　　《了凡四训》以第四篇"谦德之效"收尾。通观全文，《了凡四训》篇幅虽不长，但融通儒释道，思想内涵极其丰富深刻。如果勉强借西方哲学做类比，"立命之学"属于世界观（含人生观、价值观）的范畴，而后面的"改过之法"、"积善之方"和"谦德之效"就属于方法论的范畴。如果参照王阳明的"知行合一"思想，那"立命之学"是知，而改过、积善、谦德就是行。

　　"立命之学"主要阐明"命由我作，福自己求"的人生大道，"作"和"求"的方法就是改过、积善和谦德。这对个人和企业都有很大的启发意义。"君子求诸己，小人求诸人"，"命由我作，福自己求"要求个人向内心求，"自求多福"；要求企业自强不息，只有自强才能使外部资源为我所用，才能把握自己的命运。

　　要实现"自求多福"需要个人做到改过迁善，要求企业做到惩恶扬善，扶正祛邪。在扬善方面，我们通过组织学习优秀传统文化，使大家树立正见正念，凝聚起奋发有为的正能量，营造真诚、和谐、友爱的氛围；同时，通过基于这种文化的制度安排，奖先表优，对助力企业更好更快、可持续发展的善的行为进行表彰和奖励，进一步激发出全体员工的浩然正气。

　　扬善必须惩恶，在惩恶方面，我们必须坚持企业利益至上，始终不渝地强化管理，建立严格的管理制度，并不折不扣地贯彻执行。执行管理制度过程中，各级管理人员绝不可做"一团和气"的老好人，要勇负责，敢担当，不怕得罪人；要明白姑息纵容恶言恶行是害人，及时制止惩戒使其知错能改，才是真善。

"满招损，谦受益"，谦德对于个人和企业都至关重要。至圣孔子都讲"三人行必有我师"，都要"见贤思齐"，我们根本没有骄傲的资本和理由。"巨室之败，非傲即惰"（曾国藩语），骄傲自满必然导致怠惰，停滞不前。"两个务必"，音犹在耳，我们必须时刻警醒。

我坚信，一个惩恶扬善、扶正祛邪，虚怀若谷，凝聚起全体员工磅礴正能量的企业定是无往而不胜的。

正人先正己

孔子在《论语》中说："政者，正也。子帅以正，孰敢不正？"干部只有自己立身处世"正"，才能要求下属也"正"；否则，干部自身不正，即使严格要求下属，下属也会置若罔闻，正如孟子所讲"吾未闻枉己而正人者也"，枉己正人断不可能。

正人先正己关乎企业执行力，必须引起高度重视。孔子认为："其身正，不令而行；其身不正，虽令不从。""正"的内涵丰富，包含坚持企业利益至上、持身正直、处事公正、谦虚谨慎、拼搏进取、开拓创新、严格管理、深入基层、亲临现场、学习提升等诸多方面。干部"正"，才能赢得员工发自内心的尊重，树立威望，感召引领员工的言行，从而实现强大的执行力。干部要认识到，仅仅靠职位赋予的权力是无法让员工心悦诚服的，自身如果不正、贪图私利、处事不公，必然会使员工离心离德，不仅无执行力可言，最终轻则受到企业规章制度的处理，重则受到国家法律的制裁，落得身败名裂的下场。

孟子说："行有不得者皆反求诸己，其身正而天下归之。"一个企业执行力薄弱，干部首先要反省自己是否"正"。要做到"正"，就要求干部从修身做起，即格物致知、诚意正心。格物致知包含优秀传统文化学习和业务知识钻研两个方面，优秀传统文化学习是为了端正认知，建立正确的思维方式；业务知识钻研是为了提升工作能力和业绩，厚积薄发，寻求创新突破。诚意正心要求干部摒弃消极的"打工者心态"，要明白企业是个人事业平台，没有平台，个人难有成就，所以要树立企业利益至上的大局观，先公后私，以身作则，真心实意为企业谋发展，最终必能实现企业发展和个人事业的双赢。

在企业管理过程中，干部身正的重要性不言而喻。孔孟正己思想在企业管理中值得深化运用。"正气存内，邪不可干"，干部一身正气，率先垂范，才能带动整个企业风清气正，彻底铲除歪风邪气滋生的土壤，才能使明泉集团发展焕发出蓬勃生机，不断取得新的突破。

追随圣贤薪火传承

　　每次集体学习或是重要会议，我都要求活动开始前和结束后齐唱国歌和《祖国颂》。这一做法的初衷，就是为了唤起每个人心中的家国情怀。这对于我们传承优秀传统文化和提升企业治理现代化水平，具有十分重要的意义。

　　历史不容忘记，我们这个民族曾历经磨难，也创造了博大精深、无比灿烂的文化。国歌是一个国家或民族历史的缩影。唱起国歌，中国近代饱受欺凌和艰难抗争的历史就会浮现在眼前，令人痛心感慨。一个国家在经历大难之后痛定思痛，牢记历史，不断反省，才能保证在今后的发展道路上不迷失，保持砥砺奋进的定力。一个企业在经历生死存亡的难关之后铭记苦难历程，居安思危，惕厉警醒，才能保持拼搏进取的精气神。现阶段的明泉要时刻以多年以来挣扎求生存的艰难历程警醒自己，认识到与优秀企业的差距，见贤思齐，拼搏奋进，迎头赶上。

　　《祖国颂》歌词里有"追随圣贤薪火传承"，传承圣贤智慧首先要认识到中华优秀传统文化的价值，增强文化自信。五千年历史中创造和延续的中华优秀传统文化，是中华儿女共同的精神基因，是中华民族的"根"和"魂"。中华优秀传统文化是中国人之所以为中国人的根本精神标识，每一个炎黄子孙都有责任、有义务传承和弘扬。承接中华民族五千年文明发展中孕育的圣贤智慧，我们对中华文化充满自信，我们必须珍惜自己的文化！无论哪一个国家、哪一个民族，如果不珍惜自己的思想文化，丢掉了思想文化这个灵魂，这个国家、这个民族是立不起来的。"历史和现实都表明，一个抛弃了或者背叛了自己历史文化的民族，不仅不可能发展起来，而且很可能上演一幕幕历史悲剧。"全体员工应当认识到学习优秀传统文化对于自身、家庭和社会的重大意义，从学习理解开始将其融入价值观，改善思维方式，指导自己的言行。

追忆往昔峥嵘岁月，我们居安思危，惕厉警醒；传承优秀传统文化，我们任重道远，义不容辞。让我们以蓬勃的精神推动行业进步和国家经济发展，让我们以文化的传承为往圣继绝学，延续中华文脉！

牢固树立正确"三观"

再次集体学习《了凡四训》，2006 年的南京彭宇案又一次引发我们对中国社会乱象的思考。南京法官那句"不是你撞的，你为什么扶"的言论至今仍深深刺痛着国人的神经。2018 年的长生疫苗案激怒了整个中国社会，李克强总理作出批示：此次疫苗事件突破人的道德底线。我们不禁要追问中国社会乱象的根源与对策，以及我们该如何从自身做起。

我认为，抛弃本民族优秀文化是造成当今社会诸多乱象的症结所在。南京法官那句"不是你撞的，你为什么扶"的言论一出，舆论出离愤怒。这一奇谈怪论让中国本已屡遭侵蚀的道德底线更加岌岌可危。究其根源，中国道德危机的背后是文化的缺失。文化是社会道德之根，社会道德一旦脱离文化，就失去了根基和支撑。文化通过对人生观、世界观、价值观，也即"三观"的塑造，从根本上决定了人的道德品质和道德行为。抛弃本民族文化、知识杂货铺式的教育，使整个中国社会充斥着及时行乐的人生观、弱肉强食的世界观和自私自利的价值观。在此种三观的指引下，人类社会与动物世界还有什么区别？人人为了及时行乐，一切以自我为中心，唯利是图，视他人为利益的争夺者，人与人之间毫无信任可言，导致整个社会人人自危。在这样一个社会里，无论出现何种荒唐丑恶的现象，都不足为奇。

唯有以中华优秀传统文化树立正确"三观"才能根除那些社会乱象。痛定思痛，我们认为，没有中华优秀传统文化的传承与弘扬，中国社会就没有积极的前途和希望。学习优秀传统文化绝不是了解一下先贤教诲，而是要通过学习领会建立起正确的"三观"，这才是最重要的。通过学习《了凡四训》等典籍，我们应当树立起"奋进向上、利他奉献"的人生观、"仁爱忠恕、诚信谦德"的价值观和"天人合一、和谐大同"的世界观。只有国人树立起正确的"三观"，社会才可能回归和谐；只有树立起正确的"三观"，我们才可能营造真诚、和谐、友爱的企业氛围。在这个文化缺失的社会，我们所能做的就是从自身做起，学习领会优秀传统文化，塑造正确"三观"，利益家庭，做强企业，造福社会，成为中华优秀传统文化薪火相传的实践者和引领者。我们的企业文化只有构筑于本民族文化——中华优秀传统文化基础之上，才有源头活水，才能焕发生机。我们的企业文化要落地生根，就要有赖于优秀传统文化真正入脑入心，端正我们的"三观"。

我们的企业 2018 年就已进入快速高质量发展时期，2019 年底形成了百亿元经营规模，再利用未来五年时间，我们有望实现更高质量的发展。目前人才培养已刻不容缓，而提高思想认知是人才培养的根本。提高思想认知的核心就是要端正三观，学习优秀传统文化是唯一途径。我们坚信，学习优秀传统文化，牢固树立正确"三观"，才能使我们收获事业成功和幸福人生，才能使明泉风清气正，才能使全体明泉人心齐事成。

以文化人，依法治企

——新加坡之行所引发的关于新加坡治国理念的思考

2019 年 7 月底，应济南儒商文化研究会之邀，我赴新加坡参加新中儒商文化高峰论坛并发言。临行前，办理签证手续较为繁琐，心想一个面积不及山东省济南市的半个章丘区大、全盘西化的弹丸之地能有什么特异之处，事倒不少！可当我置身新加坡、真真切切感受到这座花园城市的气息时，我才领略到这个国家的非比寻常。让我感到震撼的是新加坡以不到章丘区 42% 的国土面积，承载了 5 倍于章丘区的人口，却毫无拥挤杂乱的景象。目光所及是干净整洁的街道、绿意盎然的环境、礼貌和善的行人、有条不紊的秩序。给人的感觉是，新加坡不仅仅是经济繁荣，社会氛围也非常和谐安定。

新加坡是名副其实的发达国家，2018 年人均 GDP 位列世界第 8 位，超过美国；同时还包揽 2018 年全球多个第一，包括全球治安最好的国家、全球最适合儿童成长的国家、全球宽带网速最快的国家、全球最智能化城市等，樟宜机场已连续六年获得世界最佳。新加坡是全球第四大国际金融中心，也是亚洲最重要的服务和航运中心之一，被评为世界一线城市第五位。新加坡政府以高效廉洁闻名于世，使得新加坡成为全球最清廉的国家之一，也是亚洲最清廉的国家。毫无疑问，新加坡是全球最富庶发达的国家之一。此情此景让人难以想象，50 多年前的新加坡还是个地小民贫、资源匮乏、基础欠缺的殖民地渔村。震撼惊讶之余，我不禁陷入沉思，究竟是什么样的治国理念指引新加坡实现飞速发展。

　　想深入了解新加坡，就必须研究"新加坡国父"李光耀。没有李光耀，就没有今天的新加坡。作为"现代新加坡的缔造者"，李光耀在担任新加坡总理长达 31 年的时间里，带领新加坡走向独立和富强，创造了"新加坡奇迹"。新加坡的成功，必须归功于李光耀独特的治国理念与其超凡的领导力。李光耀虽然出身在一个讲英文的华人家庭，所受教育几乎都是英文教育，但他曾经说："我成长于三世同堂的家庭，这就不知不觉地使我推崇儒家思想。"由此可见，李光耀推崇儒家思想。但综观其治国实践，李光耀治理新加坡不仅仅局限于儒家思想，其在法治方面的行事作为与中国先秦法家思想不谋而合。新加坡继承了殖民地时期英国人留下的政治制度、法律典章，但这些政治制度、法律典章属于"术"的层面，是李光耀法治理念驾驭之下的工具。总体来看，我个人认为李光耀的治国理念是儒法并用、内儒外法，是"以文化人"和"依法治国"的相统一。

一、新加坡的"以文化人"

　　新加坡于 1965 年建国，早期建国历程偏重经济发展，忽视了道德和文化建设。在高速工业化和都市化的过程中，随着西方文化的全面侵入，许多社会组织和文化传统受到冲击，诸多社会问题随之涌现，激起了新加坡政府的反省和忧虑。李光耀提出，必须防止西方个人主义的涌入或者渗透。当新加坡的年轻人开始广泛地使用英语、听西方的流行歌、看西方的电影和小说时，他们难免不受到西方价值观的影响，甚至变成个人主义者。个人主义者把个人利益放到团体利益之上，这会"让新加坡变成另一个民族"。李光耀说，"我在想，如果只有富裕的物质生活和高超精密的科学技术，而缺乏一股精神的凝聚力，那我们的国家是很危险的"，"我们的国家就失去精神支柱，难以抵御各种天灾人祸，最后必然会走向土崩瓦解"。新加坡试图以严格的法律来解决这个问题，可是事与愿违。在这样的时代背景下，新加坡自 20 世纪 80 年代开始积极推行"儒学复兴运动"。

为了使青少年一代树立正确的价值观，1982 年新加坡教育部宣布自 1984 年开始，中学三四年级学生必须选修一门包括"儒家伦理"课在内的宗教课程，并从海外请了八位当代新儒家学者，帮助设计和拟定教学大纲。1983 年，又成立了东亚哲学研究所，有计划地招聘世界各国儒学研究专家到新加坡做研究工作，以进一步挖掘儒家文化的现代价值。新加坡在前后持续近十年的时间里，掀起了一场大规模的儒家文化复兴运动，而且这一运动的规模后来更是远远地超出了国界，成为一个跨国界的儒家文化再造运动。新加坡在弘扬儒家文化的过程中，重在利用儒家所倡导的价值观来教化民众。这样的教化主要体现在两个方面：倡导"八德"思想和宣扬"亚洲价值观"。

（一）倡导"八德"思想

1982 年，李光耀在农历新年献词中号召新加坡华人保持和弘扬中华民族的儒家传统道德，提出儒家思想的核心就是八种美德，即忠、孝、仁、爱、礼、义、廉、耻。此"八德"并非完全照搬儒家思想，而是对中国宋代儒家所提倡的"八德"——孝、悌、忠、信、礼、义、廉、耻做了改造，并根据新加坡国情和社会需要赋予了其新的内涵。

"忠"就是忠于国家，要有国民意识。这对于新加坡这样一个移民国家而言，显得尤为重要。各个种族都有各自的语言和文化传统，建国之初的国家观念比较淡薄。李光耀强调，我们要从落叶归根转化为落地生根，培养强烈的国民意识。这种国民意识，也就是忠。为了贯彻"忠"字精神，李光耀及其政府开展了一系列工作。例如，实行国民服役制，凡是年满 18 岁的男青年，都要应征服役一至二年，接受爱国思想教育和军事训练，培养誓死保国的意志和守纪律、守秩序、吃苦耐劳的品质。

李光耀大力提倡"孝"道。他特别强调家庭是社会的基本结构，是"巩固国家、民族永存不败的基础"，他说："孝道不被重视，生存体系就变得薄弱，而文明的生活方式也变得粗野。"他主张按照儒家传统，保持三代同堂的家庭结构，不赞成子女抛开年老的父母单过而使原先的家庭成为空巢。为了鼓励民众孝顺父母，新加坡法律在公共住屋分配、所得税缴纳等方面对孝顺父母的行为给予一定的优惠和奖励。新加坡还在旧历新年开展敬老运动，届时政府官员和国会议员们都到自己的选区慰问老人，在全社会树立尊重老人、关怀老人的风气。

李光耀所倡导的"仁"与"爱"，就是要富有同情心和友爱精神，要关心他人，要和谐处世。他号召新加坡人都来当"仁人君子"，做一个"有人情味的人"。为发扬仁爱精神，新加坡政府用心良苦地让各种族居民混居在同一幢楼里，以促进互相了解和团结；倡导新老两代要相互了解和尊重，解决好劳资矛盾、新老两代的所谓"代沟"问题；设立社区、居民委员会、联络所、文化俱乐部等多种组织，负责举办各种福利事业。

"礼"就是要彬彬有礼，真心诚意。李光耀说："礼义能导致良好的人际关系，而良好的人际关系又是提高生产力的要素。"1979年6月，李光耀亲自主持开展为期两个月的文明礼貌运动，后又规定每年6月为全国文明礼貌月，一直坚持下去。通过礼貌运动，促使公民在日常交往中更加文明礼貌，从而形成良好的人际关系，也使得社会更加和谐有序。新加坡的礼貌运动绝不仅是语言上的，而是强调公民的内在精神修养，因为礼貌并不仅仅是一种形式，更重要体现出公民的互相关怀、互相尊重的关爱精神。

"义"即"信义"，就是相互信任、见利思义。在李光耀看来，"信义"包含如下内容：一是政府和人民之间要互相信任。政府要言而有信，对人民做出的许诺一定要言出必行。人民也要相信政府，相信政府是以人民的利益为目的的。只有达到这两方面的信任，新加坡才能前途无量。二是新加坡各民族之间相互信任，融洽相处，只要这样，才能避免各种族冲突，实现长治久安。三是每个人之间要坦诚守言，不要欺诈和见利忘义。

"廉"就是要廉洁奉公，遵纪守法。李光耀强调："新加坡的生存靠政治稳定，靠高级官员们的守法和效率。"新加坡除了教育倡廉、高薪养廉之外，另一个重要举措是铁腕护廉。新加坡建立了世界上最严的反贪制度，对贪污贿赂实行严刑峻法、严厉惩治的政策，并强调要"让腐败者在政治上身败名裂、在经济上倾家荡产"。为此，在新加坡刑法中，对贪污犯罪在证据上采取有罪推定，在量刑上则实行逐项量刑。为保证有效地与贪污作斗争，新加坡多次修订《防止贪污法》等法律，使贪污调查局拥有包括秘密调查权在内的令人生畏的特殊权力。

"耻"就是要有羞耻之心，堂堂正正做人。新加坡为了培养民众的羞耻心，维护新加坡清洁的环境和"花园城市"的形象，把爱乱丢垃圾的人称为"垃圾虫"，自1993年2月起开始实行"劳作悔改令"。累犯者要被处以3至12小时的劳役，并且需要穿上标有"我是垃圾虫"的特制服装，在规定时间和规定地点打扫公共卫生。在"劳改"进行时，有关部门会通知各新闻单位，让报社、电视台的记者在"劳改"现场拍摄"垃圾虫"们，然后公布于众。这样"垃圾虫"就会面对大庭广众而颜面扫地，不敢再犯。

李光耀将"八德"作为新加坡应当一贯坚持的"治国之纲"。为了将"八德"的理念渗透进民众内心，新加坡将儒家伦理编入学校教材，并每年开展多种丰富多彩的道德教育和文明礼貌活动，比如忠诚周、睦邻周、孝顺周等。正是得益于"八德"精神的弘扬和贯彻，新加坡民众在日常生活中逐渐接受、遵守直至养成了这些道德品质。

（二）宣扬"亚洲价值观"

为整合各种族的价值观念、凝聚社会的普遍共识、强化公民的国家认同，1991 年 1 月，新加坡政府发表了《共同价值观白皮书》，正式提出新加坡共同价值观。该书明确地提出了作为国家意识的五大"共同价值观"：国家至上，社会为先；家庭为根，社会为本；社会关怀，尊重个人；求同存异，避免冲突；种族和谐，宗教宽容。

"国家至上、社会为先"，强调个人利益服从国家和社会利益，旨在培养全民的爱国精神和强烈的社会责任感。"家庭为根、社会为本"，强调家庭是社会的基本单元，是国家稳固的根基，是为了倡导孝道、增强人们的家庭责任感。"社会关怀，尊重个人"，强调以人为本，人与人之间友爱和睦，让社会更加公正公平、更富人情味。"求同存异，避免冲突"，强调尊重民众的多元文化和多元诉求，用互谅互让、友好协商的精神化解矛盾、消除分歧、凝聚共识。"种族和谐、宗教宽容"，强调不同种族之间要和睦和谐，不同宗教信仰之间要宽容包容。可以看出，"共同价值观"的核心精神仍然是儒家思想。

二、新加坡的"依法治国"

新加坡是一个法治国家。李光耀在英国剑桥大学完成法律学位，并且取得了律师资格。新加坡是李光耀发挥其法律专业才能的舞台。李光耀认为，西方自由主义式的法律观只适用于"谦谦君子及行为端庄的淑女"，不适用于新加坡。他明确指出："人性本恶，这很遗憾，但我们必须设法抑制人性中的邪恶。"人性本恶正是中国法家思想对人性认知的出发点，也是整个法家立论的基础。

新加坡是如何实现依法治国的，归纳起来主要有以下几点：

（一）法律规范细密严谨

为了规范人们的行为，新加坡的法律规范可谓细密至极、滴水不漏。法律规范的内容涉及社会生活的各个方面，凡需要控制的行为，法律法规都规定了具体而严密的规范。人们的言谈举止、衣食住行皆有章可循、有法可依。从携带口香糖到乱扔废弃物、随地吐痰、随便泊车、涂鸦建筑物、公共场所吸烟、不冲公厕都要被重罚。为了确保法律得到切实地贯彻执行，新加坡的各项法律规定都制定得极为细致，尽可能涉及所有的可能性，无需行政部门再拟定实施细则。这可看出新加坡法律的"务实"精神。这是其他任何国家的立法所不能及的，也是新加坡法律的特色。

(二) 严刑峻法、以刑去刑

李光耀希望通过严刑峻法，收杀一儆百之效。保留鞭刑是新加坡刑法中最具特色的一点。1994 年，在新加坡就读的 18 岁美国学生麦可·彼特·费尔，因实施多起偷窃与破坏行为，被判监禁、罚款和鞭刑 12下。此事引起美国的严重关切与世界瞩目。时任美国总统克林顿请求新加坡减轻对费尔的处罚，新加坡总统同意将鞭刑改成 4 下，其余不变。最终，费尔在接受 4 下鞭刑后返美。商鞅说："王者以赏禁，以刑劝，求过不求善，借刑以去刑"(《商君书》)，韩非子说："赏莫如厚而信，使民利之。罚莫如重而必，使民畏之"(《韩非子》)，新加坡的严刑峻法、杀一儆百与法家的轻罪重罚、以刑去刑是如出一辙的。

(三) 不论贵贱、公平执法

新加坡吏治之清明、治安之良好向来为世人所称道，其原因就在于执法的公平与彻底。新加坡前国家发展部部长郑章远深得李光耀赏识。1986 年，贪污行为调查局指控他受贿。李光耀并未因为他是"有功之臣"而网开一面，而是指示严加查处。几天后，郑章远自知罪责难逃、自杀身亡。可以说，公平与彻底是新加坡法治成功的最关键因素。这种"法律面前人人平等"的精神与法家不避权贵、刑无等级的精神是一致的，在商鞅是"刑无等级"，在韩非子是"法不阿贵，绳不挠曲"。

(四) 法与时转、因地制宜

法家思想认为，法律应当随着时代及社会的需要而做出改变，不能因循守旧。商鞅说，"治世不一道，便国不必法古"（《商君书》），韩非子也说："法与时转则治，治与世宜则有功"，都认为法律一定要符合客观实际。这在新加坡体现地很明显。新加坡放弃英国的陪审团制度和人身保护令制度，转而实施公安维持令。新加坡只设一个议院，因为认为新加坡很小，没必要采用两个议院。在刑法领域，新加坡保留了饱受人权组织指责的鞭刑，因为他们认为鞭刑能够很好地遏制犯罪。正是因为长期保持法律的动态适应性，才使得新加坡的法律能够为其经济社会的迅速发展保驾护航。

（五）选贤任能、精英执法

法律必须依赖人来执行。新加坡每年从学校中挑选最优秀的、德才兼备的毕业生进入政府部门工作。李光耀说："新加坡必须争取每年毕业生中的精英人才担任公职。我所谓的精英，不只是指学业成绩而已。……你还得评估他的实事求是、想象力、领导能力、冲劲，但最重要的还是他的品德与动机，因为愈是聪明的人，对社会造成的损害可能愈大。"这也暗合法家韩非子所言的："明主者，推功而爵禄，称能而官事，所举者必有贤，所用者必有能，贤能之士进，则私门之请止矣。"新加坡对于公务员采取"高薪养廉"的政策，并辅以严厉的肃贪制度，造就出全亚洲最清廉的政府。

三、新加坡治国理念对我们的启示

中国改革开放学习的榜样之一就是新加坡。1978 年中国改革开发前夕，邓小平访问新加坡，并与李光耀单独闭门谈了 3 个小时，更加坚定了改革开放的决心和信心。中国对新加坡经验的学习，是一种全方位的学习，新加坡也为中国培训了大量的中高级官员。但即便是如此，李光耀和新加坡的历史意义，在中国仍然是被严重低估的。李光耀的历史意义在于他开创了一条有别于西方的发展道路，以不可辩驳的事实证明民主政治和经济发展绝不只有西方那一条路。

（一）站在民族存亡的高度看优秀传统文化传承的重要性

可能身处海外的华人，对于中华优秀传统文化传承的重要性，体会更加深刻。新加坡是一个移民社会，创业的华人把中华优秀传统文化一并带到新加坡。中华优秀传统文化就是华人的"根"。丢掉中华优秀传统文化就意味着失去精神根脉，人就像无根的浮萍，随水漂泊，不知所终。正是因为深刻认识到了传承中华优秀传统文化的极端重要性，新加坡历史上出现过左秉隆、黄遵宪、林文庆等弘扬中华优秀传统文化的重要人物，成立过南洋孔教会、新加坡儒学研究会、新加坡儒学会等众多社会组织，发起过华语运动、新马孔教复兴运动、儒家文化复兴运动等多次文化复兴运动。新加坡华人为保存中华文化，不遗余力地兴办教育，对教育的热忱甚至达到了令人难以置信的程度。尤其是南洋大学的创立，上至富商巨贾、下至三轮车夫甚至欢场舞女等华人都参与其中，人人慷慨捐款。对于众多捐款的劳苦大众而言，他们知道自己的孩子可能永远也进不了这所自己为之捐款的大学，可他们却仍然义无反顾地尽己所能捐款。究其原因，正如南洋大学创办人陈六使所指出的："我今日三百余万新马华人，独忍坐视母语教育、祖宗文化之形迹灭于我足所践履、手所经营且将以新国姿态与世人相见的土地耶？独忍后世子子孙孙不知谁是父母祖宗，且不知其为华人耶？余每枨触及此，心中如焚，思办一中国式大学试挽狂澜，冀幸中华文化永如日月星辰之高悬朗照于新马以至全东南亚，蓄之有日矣。"字里行间充满着对保存中华文化的殷殷之情，今日读来仍令我们感动不已。

现在让我们回过头来看 2019 年夏天的香港，参与暴乱的香港人为什么那么容易被煽动蛊惑？根本原因之一是在文化教育上。语言是文化的载体，可是香港学校教育几乎全英文。香港教育评议会主席何汉权近日还指出："一些不尽责的大学讲师、中学老师只是讲香港，或是把西方那一套搬过来。"满口说着英文，满脑子装的是西方价值观，怎么可能建立起中国人该有的民族意识、国家观念。这些人骨子里认同的是西方价值观，认为国家政治经济发展就西方那一条路正确，拿西方的标准衡量中国当然是越看越不顺眼了。他们身在中国，但心已归属西方。再加上别有用心者的蛊惑煽动，这些人就很容易如蚁附膻、群起从恶了。根本解决之道就是在学校教育中传承中华优秀传统文化，培养年轻人的民族意识、国家观念。对于中华优秀传统文化的珍视和传承，作为中华大地一部分的香港还不如新加坡一个孤悬海外的蕞尔小邦，真是令人痛心不已。中华优秀传统文化是中华民族的精神命脉，没有中华优秀传统文化的复兴，就没有中华民族伟大复兴。如果中华优秀传统文化传承接续不上，中华民族就会名存实亡，还谈什么中华民族伟大复兴！近代以来，中国社会价值观一直面临全盘西化的危险，许多国人已经被西方价值观洗脑、成为西方国家的孝子贤孙却不自知。中华民族一度到了最危险的时候，因为优秀传统文化一旦在我们这几代人手里断绝，那它就永无复兴之日了。对比过去的新加坡和今天的中国香港，我们应该更加深刻地认识到优秀传统文化传承的重要性，事关民族存亡、国家前途，决不可等闲视之。

（二）坚定对"以文化人、依法治企"管理理念的信心

新加坡 1965 年建国之后，面对地狭人稠、资源匮乏、种族对立、强邻环伺的国内外严峻政治经济形势，李光耀带领人民行动党以威权治国，务实创新，使新加坡由一个贫穷落后的渔村飞速发展成为一个模范的城市国家：人均 GDP 在 2004 年超越香港，2010 年超越日本，2011 年超越美国，如今在世界上名列前茅，政治稳定，政府廉洁高效，城市管理井然有序，环境清洁优美，国民享有一流的教育和福利水平。新加坡融合东西方优秀文化、成功实现飞速崛起的发展道路被称为"新加坡模式"。新加坡所沿用的英国政治制度和法律典章，属于法治"术"的

层面。因此，所谓"新加坡模式"就是儒法并用、内儒外法的治国之道，其实质是"以文化人、依法治国"。"以文化人"是指新加坡重视公民的道德教化工作，将儒家"八德"作为一贯坚持的"治国之纲"，将儒家伦理编入学校教材，并通过开展多种丰富多彩的道德教育和文明礼貌活动，将"八德"理念渗透进民众内心，使民众在日常生活中逐渐养成"八德"的道德品质。"依法治国"是指建立适合国情、细密严谨的法律制度，并通过重刑重罚、执法严苛，使法治观念深入民众内心，使民众普遍养成强烈的法律意识和遵纪守法的习惯。综上所论，新加坡树立了儒法并用、"以文化人、依法治国"的成功典范。将"以文化人、依法治国"的发展理念放到企业层面，就是"以文化人、依法治企"的管理理念。有新加坡成功的治国实践在前，我们要更加坚定对于"以文化人、依法治企"管理理念的信心，接下来关键看我们如何将这一理念具体贯彻到企业文化建设和管理制度建设中。

(三) 坚持"以文化人"与"依法治企"相结合，实现管理上水平

新加坡的法治模式是一种不同于西方的独特法治模式。二者不同的基础就在于两种法治模式所蕴含的价值观不同，西方的法治模式蕴含着个人主义观念，而新加坡的法治模式则蕴含着儒家价值观。在这两种不同的价值观之下，西方法治模式强调个人利益，新加坡则强调国家和社会利益；西方法治模式强调冲突与对抗，新加坡法治模式则强调合作与和谐；西方法治模式强调法律与道德的分离，新加坡强调法律与道德的相统一。由此可知，新加坡的"以文化人"与"依法治国"之间不是互相独立的，而是相辅相成、相得益彰的。新加坡的法治是对儒家思想的贯彻和维护，为了鼓励民众孝顺父母，新加坡法律在公共住屋分配、所得税缴纳等方面为孝顺父母的行为给予一定的优惠和奖励。新加坡法治采取的是精英治国模式，希望全社会最优秀的精英人才加入公务员队伍，选拔公务员的过程复杂严格，在道德上严格把关。因此，新加坡的

"以文化人"在为"依法治国"提供价值观指引的同时，又为"依法治国"提供人才保障。

新加坡给予我们的另一个启示是要坚持"以文化人"与"依法治企"相统一，正如孟子所言，"徒善不足以为政，徒法不足以自行"，讲的就是教化与法治的相统一。首先，文化是制度之母，"以文化人"为"依法治企"提供价值观导向。以优秀传统文化重塑企业文化，以企业文化端正思维方式，才能确保制度的制定与执行符合企业核心价值观，不走样、不偏离正道。比如，在优秀传统文化学习中，我们反复强调"严格管理是爱，是积善；姑息放纵是害，是作恶"的理念，旨在纠正干部员工对于严格管理的错误认知，教大家辨明积善与作恶，旗帜鲜明地反对好人主义。只有真正树立起这样的理念，管理人员才可能在具体工作中严格执行各项制度，其他员工才可能从心理上认可接受严格管理的工作作风。其次，制度是对文化的贯彻和固化，"依法治企"是对"以文化人"成果的贯彻和维护。"以文化人"倡导的是"自强不息"的奋斗精神，那我们就需要通过用人制度改革、分配制度改革，使晋升机会和收入的分配向奋斗者倾斜，让奋斗者脱颖而出、劳有所得。我们在优秀传统文化学习过程中，反复强调要解放思想，反对官僚主义和官本位思想，并且强调优秀技术人员是我们企业的宝贵财富。为此，我们通过制度设计将这些理念贯彻到位。作为用人制度改革、分配制度改革的重要一环，下一步我们将鼓励优秀技术人员充实到集团技术序列中去，技术序列总人数不会少于现有的中层以上管理人员人数，并且下决心大幅度提高优秀技术人员的待遇，让他们沉下心来专注于技术钻研攻关，不再为了提高待遇往行政管理序列里面挤。只有坚持"以文化人"与"依法治企"相统一，"以文化人"才能落到实处，"依法治企"才会有章可循。

四、结语

　　李光耀是一位务实主义的政治家。他力倡与现代人文精神相结合的忠孝仁爱礼义廉耻传统，借儒家文化之智慧，解社会道德失落之难题。但他又不止步于孔孟之道。凡是各种主义中对世道人心、社会发展有益的成分，他都统统拿来，不断对其执政理念加以完善。最终，新加坡在"以文化人、依法治国"理念的引领下，开创了一条迥异于西方的富民强国之路。"新加坡模式"被认为是唯一可供中国直接参考的模式，为东方国家树立了一个值得反复研究和学习的典范。新加坡的成功治国实践，让我们更加坚定了对企业"以文化人、依法治企"管理理念的信心。有了正确的理念作为指引，我们坚信企业的高质量发展之路必将行稳致远。

劳谦君子有终吉

　　每当企业发展取得一定成绩的时候，我们都要强调牢记"两个务必"。这是因为居安思危，思则有备，有备则无患。"两个务必"的核心是谦虚，因为谦虚，才能小心谨慎、不骄不躁；因为谦虚，才能反思不足，继续艰苦奋斗。谦虚对于我们个人成长和企业发展都非常重要。我们有必要反复思考其深意，用以指导我们的工作生活。我想结合《易经》和曾国藩对"谦"的论述，分析一下谦虚带来的好处与自满带来的害处，希望大家能够认识到，越是在形势一片大好的时候，越是需要保持谦虚谨慎。

　　谦虚就是虚心，与之相对的是自满。关于谦虚带来的好处，我们可分为对个人自身、对与人相处两方面来看。对于个人来说，谦虚可使人保持清醒的头脑，认识到自身不足，进而沉下心来，踏踏实实做事，努力学习提升。对于与人相处，谦虚可使人易获得他人的好感和支持，进而实现更好的团结协作。但凡有点生活阅历的人都知道，人们普遍厌恶趾高气扬、骄傲自满的人，这是人性使然，自古以来都是如此，正所谓"人道恶盈而好谦"。由谦虚的益处可知，管理人员尤其需要做到谦虚。只有保持谦虚，才能做到不断自我反思、自我提升，才能团结带领下属埋头苦干。关于自满的表现与带来的害处，就个人自身而言，可总结为以下五个：一是自以为是，听不进不同意见；二是自高自大，看不到自身问题；三是心浮气躁，做不到严谨细致；四是怠惰懒散，不愿再艰苦奋斗；五是盲目乐观，对风险隐患视而不见。就与他人相处而言，自满的害处除了上述令人厌恶之外，如果发生在干部身上，其害处就更大，因为很容易导致整个团队充满自满情绪，结果很可能是颠覆性的。通过以上的阐述，我们还能得出结论：自满是违背自强不息、厚德载物精神的。自满阻碍进步，自满丧失谦德。

"天地间惟谦谨是载福之道"，越是在形势一片大好的时候，越是需要守住我们这颗心。当下，集团基础产业不断巩固，有两套加压气化装置在运行，明化技改项目 2022 年投产达效。集团高端产业不断取得突破性进展，PSPI 项目产业化一期已投运，2021 年 12 月底就出产品；均四项目 2021 年 9 月一次开车成功，产出优等产品；PPS 项目一期进展顺利，2023 年就可投产。在这样好的形势底下，要做到谦虚，有两点需要认识清楚：一是我们的目标远大，二是我们要走的路还很长。我们的愿景是"百年企业、辉光日新、惠及员工、回报社会"，我们的理想是实业报国，我们的目标是打造在全国乃至国际新材料领域具有影响力的一流高科技企业。要坚持理想、达到目标、实现愿景，我们要走的路还很长，基础产业还需不断巩固；PSPI、PPS 实现产业化只是起点，还要向下游应用延伸出系列产品。目前只是"万里长征走完了第一步"，我们要时刻抱有归零心态，心不自满，脚不止步。

曾国藩有言，"古人修身之道，不外乎勤、谦二字"，"劳、谦二字，受用无穷。劳所以戒惰也，谦所以戒傲也"。我们要在坚持自强不息、厚德载物精神的同时，时刻牢记"两个务必"，始终保持谦虚谨慎。《易经》谦卦说："劳谦君子，有终吉。"有自强不息、厚德载物精神引领持续奋斗、自利利他，有谦虚谨慎精神督促自我反思、永不止步，我们定会无往而不利。

德位相配，行稳致远

随着明化技改项目建成投产，集团发展局面将大为改观，集团发展质量、盈利能力和水平都将显著提升，2023 年将实现百亿元规模。届时，我们的"德"能不能与集团发展阶段的"位"相匹配，也就是我们的德行能不能以及怎么能支撑集团百亿元规模和更高质量的发展，是值得我们每个人思考的问题。只有德与位相匹配，才能确保集团发展行稳致远。

德位相配的"德"是指德行，即品德和行为，"在心为德，施之为行"。"位"是财富、地位、名声等。关于德与位匹配的问题，我们引入一个哲学观点——"反者道之动"。这是老子哲学的主要观点之一，也为儒家所认同。意思是说事物发展到了极限，就会走向反面，这是道的运动规律。这一观点的通俗表述是"物极必反"。"日中则昃，月满则亏"是自然界的规律，人类无法干预。但就人类社会而言，人不只是被动地顺应规律，还能主动地运用规律。运用"反者道之动"规律的关键是推动事物持续发展。只要事物持续发展，就不会到达极限，也就不会走向反面，这就是曾国藩最欣赏和追求的"花未全开月未圆"的状态。以事业为例，对于处于上升期的事业而言，要想使事业不走下坡路，关键是不让事业走到顶点。事业是不是走到顶点，不是由外部因素所决定，而是由其内因——参与其中的人所决定，具体来说是由参与者的品德和行为所决定。只有德行能随着事业发展不断提高，才能推动事业不断攀升。因此，并不是事业发展到一定高度就必然走向衰落，关键看参与者的德行能否同步提高，"厚德"方能"载物"。这对我们个人和企业都有着重要的启示意义。社会上有些人拥有了财富、地位、名声之后，德行非但不提高，还开始胡作非为，这种人是典型的德不及位，德不及位之时就是事业和人生走下坡路之时，以悲剧收场是必然的。对于企业而言，要推动企业持续健康发展，管理团队的德行必须随着企业发展不断提高，分解到个人就是管理人员的德行必须不断满足企业发展对所在岗位提出的新要求。德与位的匹配不是一蹴而就的，而是一个动态平衡的过程。

集团 2023 年即使实现百亿元规模，也还是处于高质量发展的初级阶段。这是集团当前和未来几年发展所处的"位"，初级阶段对各管理岗位提出的要求就是管理人员所处的"位"。面对这样的"位"，管理人员应该具备哪些德行，需要我们思考。在内在的品德方面，我们必须树立和坚持自强不息、自利利他、谦虚谨慎的品德。面对集团不断向好的发展形势，我们必须扩大胸怀、提升格局，自强不息、艰苦奋斗的精气神不能丢，企业利益至上的公心不能歪，小富即安、松懈惰怠的情绪不能有。在外在的行为方面，要满足集团全面实现现代化的要求，我们需要做好以下四个方面：一是学习提升，拓展格局。我们要深入学习优秀传统文化，领会"反者道之动"的哲学智慧，认识"德"与"位"的关系，让"自强不息""厚德载物"的文化精髓入脑入心、见行见效，在企业发展处于顺境时保持谦虚谨慎、不懈奋斗，在企业发展处于逆境时满怀希望、坚韧前行。还要通过对标学习或向外部专家、咨询机构学习，认识到与先进企业的差距，开阔视野，拓展格局，打消掉取得一点成绩就骄傲自满的念头。二是提高预判能力和决策能力。世界处于百年未有之大变局，新冠肺炎疫情百年不遇，外部的不确定性前所未有，"贤者预变而变"，我们必须增强预判能力，时刻关注国际、国内和行业形势变化，敏锐发觉外部变化对集团带来的机遇和挑战，并按照瞄准主航道、长期主义的原则，及时果断做出决策、采取行动。我们要沿着化工和新材料的主航道，在建成三套加压气化装置的基础上，全力推进基础产业的优化、提升和延链，推进高分子材料的研发和产业化，提高精细化工的市场地位和竞争力。三是持续奋斗，推动企业发展。企业发展处于逆境时，生存的压力逼迫我们左冲右突、负重前进。可是当企业发展处于顺境、盈利水平大幅提升时，企业不再面临生存压力，我们能不能守住这颗心将是重大考验。我们只有牢记"两个务必"，保持谦虚谨慎，持续艰苦奋斗，集团才能继续向上发展，否则就会抵达顶点、转头向下。"生于忧患，死于安乐"，我们必须居安思危。四是刀刃向内，提升管理水平。集团盈利水平大幅提升、发展形势转危为安之后，正是提升管理水平的大好时机。这是未雨绸缪的机会，晴天的时候修房顶，雨天才好安身。如果管理水平跟不上发展速度，出问题是必然的。辉煌一时的企业问题大都出在内部管理上，终归是内因起决定性作用。越是在形势好的时候，越要看清楚自身管理存在的问题和不足，越要敢于打破惯性思维，刀刃向内，自我革新。我们要善于整合资源，借助外部力量，以"三化融合"为抓手，全面提升集团管理水平。

《周易·系辞下》有言："德薄而位尊，知小而谋大，力小而任重，鲜不及矣。"德不配位，很少有不招致灾祸的。如果管理团队的德行与集团发展阶段的位不匹配，结果就是"物极必反"、泰极否来。我们必须居安思危，战战兢兢。我们要切实认识到集团 2022 年和未来几年处于高质量发展初级阶段的实际，牢记"两个务必"，不断提升自身的思想境界、决策能力，着力提高企业管理水平，推动企业发展行稳致远，迈向高质量发展的高级阶段。

第二章

学习型组织：
从延续民族文化血脉中
开拓前进

经过艰苦努力，我们企业的内外形势逐渐转好。但事情往往就是这样，企业经营和发展形势变好，但干部职工在这种变好的形势下却极易滋生骄傲自满的不良风气。为此，我们必须未雨绸缪、防微杜渐。这就需要我们建立起一套学习制度，把企业建设成为一个学习型组织，大力倡导学习优秀传统文化、推进企业现代化制度建设。

　　自 2017 年 5 月组织中华优秀传统文化学习以来，明泉集体学习成效逐步显现出来，团队士气与凝聚力得到显著提升。2018 年 3 月 24 日，我在优秀传统文化学习中课堂上，还专门阐明了企业文化建设的重要途径——创建学习型组织。我们相信，只有通过创建学习型组织，才能在很大程度上让我们始终保持不断进取的心态，才能更好地确保我们的事业从胜利走向胜利。

世界上唯一不变的是一切都在变

《礼记·大学》讲，"苟日新，日日新，又日新"，世界上唯一不变的是一切都在变。铭刻于明化之鼎上的"承天地之浩荡，启明化之盛昌"之句，体现的正是这一亘古不变之真理。天地浩荡，轮转不息，只有顺应社会发展大势，才能正确预判未来，开启企业未来的发展之路。

2013年底至2014年初，在产能过剩、竞争激烈、市场低迷等不利情况下，面对缺资金、缺技术、缺人才的困境，我们毅然决然地上马投资额达28亿元的洁净煤气化项目。决心如此坚定，是因为我们基于细致的考察论证，对几年后新工艺替代老工艺、甲醇产品能源属性凸显的趋势作出了预判，对新型洁净煤气化工艺技术的先进性和甲醇市场的未来走势充满信心。洁净煤气化项目投产达效之日（2017年7月27日）正是行业优胜劣汰、落后产能退出之时，我们的新产品价格一路走高，市场形势预期乐观，这恰与四年前的预判相吻合。"凡事预则立"，正是因为我们四年前看清了行业发展趋势，确定了正确的战略发展方向，才有了明泉"心想事成"的今天，才有了明泉快速发展的新阶段。

"人无远虑，必有近忧"，正确的战略发展方向对处于关键转折期的明泉来讲至关重要。有了正确明晰的战略方向、目标和路径，以变化的哲学观点去看待前进道路上的繁杂事物，就会在快速变化的环境中不迷失，就会始终保持朝目标前进的战略定力，就会在明泉快速发展的新阶段再创辉煌。

牢记"两个务必",争取更大胜利

　　1949 年 3 月,在中国共产党经历了二十多年艰苦卓绝斗争、即将取得全国胜利的前夕,毛泽东告诫全党要保持清醒头脑,非常具有预见性地提出了"两个务必"的告诫——务必使同志们继续地保持谦虚、谨慎、不骄、不躁的作风,务必使同志们继续地保持艰苦奋斗的作风。

　　2017 年 5 月,在洁净煤气化项目进入开车前调试的关键阶段之前,我建议将"两个务必"挂在明泉科技会议室,为的是让大家能时常看到、警醒自己。

　　尤其在我们企业转型升级成果初现的当下,多年来付出巨大艰辛、多次历经生死考验的我们同样面临在取得较大成绩后能否保持清醒头脑的严峻挑战。为防止企业发展形势好转后内部滋生骄傲情绪,2017 年 12 月 23 日,我在明泉中高层管理人员中华优秀传统文化学习班上,再次告诫大家要"两个务必"。

　　《易经》有云:"天道亏盈而益谦,地道变盈而流谦,鬼神害盈而福谦,人道恶盈而好谦。"《尚书》也讲:"满招损,谦受益。"上至国家,下至企业和个人,只要是背离谦德,被一时成功冲昏了头脑,就是人生和事业由盛转衰的开始。人一旦骄傲自满,就会自以为是,心浮气躁,难以自我反省和提升,反映在工作上就是脱离一线和实际,也就因此埋下失败的祸根。

　　现在企业内外逐渐转好的形势极易成为骄傲自满不良风气滋生的土壤,我们必须未雨绸缪、防微杜渐。要想彻底根除骄傲自满的情绪,必须从内心里认识到其危害性并加以及时改正，这就需要我们树立正确的思维方式，这也是我们一直以来大力倡导学习优秀传统文化、推进企业文化建设的根本目的。

只有在优秀传统文化和企业文化的指引下，树立正确的思维方式，谦虚谨慎、戒骄戒躁，始终保持不断进取的心态，才能确保我们的事业从胜利走向胜利。

创建学习型组织，激发巨大内生动力

　　《大学》讲"苟日新，日日新，又日新"，《易经》讲"日新之谓盛德"，人只有每天都有所进步才能称为"盛德"。而"日新"的途径只有不断学习提升。《论语》以"学而"开篇，孔子说"吾尝终日不食，终夜不寝，以思，无益，不如学也"；《荀子》将"劝学"作为首篇，荀子说"吾尝终日而思矣，不如须臾之所学也"，可见圣贤对于学习的高度重视。"学不可以已"，人的一生应该是不断学习提升的一生，而企业也只有不断学习提升才能保持持久的内生动力。

　　企业无时无刻不在面对快速变化的内外部环境，只有不断创新求变才能生存和发展，这就要求企业创建学习型组织，通过持续学习提升，使员工思维方式和业务知识得以"日新"，具备预判和应对变化的能力。一方面，扩充钻研业务知识，可以提升工作能力和业绩；另一方面，学习优秀传统文化，可以建立正确的思维方式。思维方式正确与否关乎人生成败，因为它为生活和工作指明方向，如果方向错了，即使能力再强，也是南辕北辙、枉费心力。

　　《了凡四训》讲的是人生大道，指明了人生的方向，要深信之、笃行之。创建学习型组织要采用集体学习的方式。集体学习的效果远远好于个人单独学习，学员之间分享交流、思想碰撞，可以互相学习、启发，共同提高；集体学习的氛围可以感染、激励学员保持上进心和学习热情，这能有效地避免个人学习容易懈怠和不能相互激发的弊端。"上下同欲者胜"，集体学习还可以让学员增强大局意识，进而引导、凝聚全体员工的意志力，实现个人愿景与企业愿景的和谐统一，汇聚起推动企业发展的强大合力。

以集体学习的方式作为创建学习型组织的重要形式，既对员工个人的成长与发展大有裨益，又能使企业上下统一思想、形成共识，增强全体员工的凝聚力和向心力，这些都必将为企业发展注入强大的内生动力，保障明泉集团历久弥新，更好更快可持续发展。

从延续民族文化血脉中开拓前进

2016 年 7 月 1 日，习近平同志在庆祝中国共产党成立 95 周年大会上明确提出要坚持"四个自信"："中国特色社会主义道路自信、理论自信、制度自信、文化自信。"并强调"文化自信，是更基础、更广泛、更深厚的自信"。从 2017 年 5 月开始，我们组织优秀传统文化专项学习活动，推进企业治理现代水平不断提升。在近一年的时间里，绝大部分员工提高了认识，增强了本领。但在少数人中，仍存在对文化重要性认识不到位、盲目崇拜西方文化、文化不自信等问题，对于如何看待、学习优秀传统文化仍存在模糊认识。

一、深刻认识文化的重要性

要正确看待优秀传统文化，首先必须深刻认识文化的重要性。人类社会的所有问题归根结底都是人的问题，人的活动由世界观、人生观和价值观所主导，而这"三观"则源于文化。可以说，文化塑造一个人、一个民族、一个国家，这是已被人类历史发展所证明了的基本事实。

文化的最深层次是世界观、人生观和价值观，这"三观"构成文化的核心。从根本上讲，所谓文化就是指一个社会的"三观"，是人们对于理想、信念、取舍、态度所普遍持有的见解。中西文化的不同，古今文化的不同，一切文化的不同，最根本的是"三观"的不同。文化的社会作用，最主要的是"三观"的作用。文化通过指引"三观"，无时无刻不在影响着每个人的日常行为。对于文化虽然"百姓日用而不觉"，但文化是关系个人、民族、国家前途命运的最根本、最深层次的力量。

二、摒弃文化自卑，坚定文化自信

认识到文化的重要性，就能理解党的十八大以来，习近平同志站在传承中华文脉、坚定文化自信、维护国家文化安全、实现中华民族伟大复兴的高度，反复强调传承发展中华优秀传统文化的原因所在了。反复强调文化自信的背后是当前对中国文化还有不自信的思潮，西方中心主义和文化自卑主义有时甚嚣尘上。

中国文化自信的危机始自近代，以鸦片战争为起点，从甲午战争到新文化运动，既有"中学为体、西学为用"的探索，也有"以日为师""以俄为师""以西方为师"甚至"全盘西方"的极端之论。在废除汉字、"打倒孔家店"的呐喊声中，中国人失去了平常心和理性思考能力，将传统文化中的优秀部分也当作了中国落后的总病根，这正如马克思所言，"在给婴儿洗了澡后，把婴孩和脏水一块儿泼在门外了"。直到今天，中国文化思想界与学术界，仍然存在影响和力量不可小觑的"西化派"。

面对近代西方的强大和中国的落后，简单地认定导致落后的罪魁祸首是中国传统文化，西方国家实力强就是因为其文化有优势，而对政治经济等方面的影响因素视而不见，这是一种混乱的逻辑。近代中国的落后不应简单归罪于中国传统文化，而是因为闭关锁国等一系列落后政策限制了生产力解放、科技创新以及对外经济、文化、科学等方面的交流，导致中国的整体国力及发展落后于西方国家。中华文化是世界上唯一没有中断过的文化，之所以能历久弥新、经久不衰，就是因为其海纳百川的开放包容胸襟、兼收并蓄的融合创造智慧。中华文化从不主张闭关自守、固步自封。孔子说，"人能弘道，非道弘人"，文化即使再优秀，也需要人来传承弘扬。如果后人因为背离自己的民族文化而遭受灾难，反过来还要把全部罪过推给民族文化，那这样的后人就是不肖子孙，就是这个民族的千古罪人。

从历史的发展来看，中国在数千年间曾遥遥领先于欧美，而落后只是近一百多年的事情，以一百多年阶段性的国家实力衰弱去否定五千多年的文化积淀，未免过于偏激和愚蠢了。言必称欧美的西方中心主义信奉者，对西方文化顶礼膜拜，却无视中国五千年灿烂文化，这只能说是一种文化自卑，一种对西方卑躬屈膝的奴才心态。

三、不断赋予新的时代内涵和现代表达形式

自古至今，世殊时异，外部环境日新月异，然而人类自身却鲜有变化。从人自身出发，由格物致知、诚意正心、修身齐家到治国平天下，讲求"内圣外王"之道的中华优秀传统文化有着永恒的魅力和价值。2017 年中共中央办公厅、国务院办公厅颁布的《关于实施中华优秀传统文化传承发展工程的意见》指出，中华文化源远流长、灿烂辉煌，中华文化独一无二的理念、智慧、气度、神韵，增添了中国人民和中华民族内心深处的自信和自豪。倡导用中华优秀传统文化的精髓涵养企业精神，培育现代企业文化。

对于传承发展中华优秀传统文化，要秉持客观、科学、礼敬的态度，坚持既要扬弃继承、转化创新又要开放包容、兼收并蓄的基本原则。一方面，要坚持创造性转化和创新性发展，取其精华、去其糟粕，扬弃继承、转化创新，不复古泥古，不简单否定，不断赋予新的时代内涵和现代表达形式。传承发展中华优秀传统文化，要"大力弘扬讲仁爱、重民本、守诚信、崇正义、尚和合、求大同等核心思想理念"，要"大力弘扬自强不息、敬业乐群、扶危济困、见义勇为、孝老爱亲等中华传统美德"，要"大力弘扬有利于促进社会和谐、鼓励人们向上向善的思想文化内容"。另一方面，中华优秀传统文化历来主张海纳百川、兼收并蓄，决不搞闭关自守，我们要吸收借鉴国外优秀文明成果，取长补短、择善而从、为我所用，但必须以我为主，中华民族的精神领土决

不允许任何西方及其他外来文化肆意践踏、侵略占领。

四、从延续民族文化血脉中开拓前进

中华文化是中华民族的血脉，是我们共同的精神家园。中华优秀传统文化是中华民族独特的精神标识，是中国人之所以为中国人的身份标识。传承发展中华优秀传统文化是全体中华儿女的共同责任。最后以习近平同志的精彩论断作为结束语："文明特别是思想文化是一个国家、一个民族的灵魂。无论哪一个国家、哪一个民族，如果不珍惜自己的思想文化，丢掉了思想文化这个灵魂，这个国家、这个民族是立不起来的"，"只有坚持从历史走向未来，从延续民族文化血脉中开拓前进，我们才能做好今天的事业"，"没有文明的继承和发展，没有文化的弘扬和繁荣，就没有中国梦的实现"。

在付出中获得快乐，在快乐中撷取收获

现在社会上一些人被浮躁之风笼罩，弥漫着妄想一夜暴富、一步登天而不得的焦虑情绪，不少年轻人随波逐流，心急如火，不要过程，只要结果，不想付出，只想收获。在浮躁和焦虑中，有人竟然为达目的不择手段，一旦无法收获预期的财富地位，就愤愤不平，怨天尤人，这是十分可怕的，诸多社会病态乱象便由此产生。既然流行文化和"心灵鸡汤"无法解决这些焦虑和乱象，我们只有向优秀传统文化中寻求化解之道。

曾国藩一生谨遵的座右铭仅十六字，即"不为圣贤，便为禽兽；莫问收获，但问耕耘"。近些年来，"莫问收获，但问耕耘"常被某些心灵鸡汤式的文章引用，作者用以自我心理安慰和表达对未来的茫然，这与古人原意相比已是离题万里。要想真正领会其中深意，必须将其置于优秀传统文化的背景之下加以诠释。

人们都想付出就有收获，但往往事与愿违。从优秀传统文化的角度来看，付出就有收获是完全可以实现的。融通儒释道三家思想的《了凡四训》认为，立下"不为良相，便为良医"的志向，以济世救人的善心，力行善事，所求就必能如愿。稻盛和夫也认为，"事业的目的必须体现出做人的崇高理想"，只要怀利他之心，动机至善，付出不亚于任何人的努力，做到思善行善，事业就一定能够成功。因此，从优秀传统文化角度来看，付出就会有收获，前提是立志发心利他，思善行善。"莫问收获，但问耕耘"体现出的就是对此国学智慧的坚信不疑。不必担心结果，只要是立志发心利他、思善行善，就一定能收获成功，这才是"莫问收获，但问耕耘"的真正含义。

"莫问收获，但问耕耘"仅用八个字就道尽了人生事业成功之道，年轻人要想成功，就需仔细体味其中奥妙。"志不立，天下无可成之事"，首先是立志。"志当存高远"，只有怀抱高远的志向，这一生才不会浑浑噩噩，才会有终其一生奋发进取的驱动力。修身齐家治国平天下，"为天地立心，为生民立命，为往圣继绝学，为万世开太平"，"男儿志兮天下事"，高远的志向总是利他的，绝不是为谋求一己私利的。只要立定高远志向，发心利他，思善行善，不断完善自我，持续奋发进取，就一定会收获成功，这就是人生大道，毫无神秘可言。这个人生大道落实到工作中就是以企业利益至上，为实现企业更好更快、可持续发展，尽心尽力做好本职工作。

"莫问收获，但问耕耘"，只有以优秀传统文化的视角审视，才能了悟其中真意，才能领会人生事业成功的秘诀。如果大家能将其运用到工作生活中，就会大大减少茫然与焦虑，真正做到在付出中获得快乐，在快乐中撷取收获。

终日乾乾，与时偕行

《易经》乾卦六爻，自下而上象征事物由低到高、由微而著、由量变到质变的发展过程。九三爻辞称"君子终日乾乾，夕惕若厉，无咎"，意思是指君子勤奋不懈"进德修业"，而又戒惧谨慎，则无灾祸。仔细思索分析可知，明泉现正处于九三爻所象征的发展阶段（简称"九三"阶段）。

明泉近十年的发展经历了由"潜龙勿用"到"见龙在田"的阶段。初期发展陷入困境，面对外部普遍看衰、内部人心惶惶的局面，我们外树形象、内聚人心，隐忍前行，这是"潜龙勿用"阶段。经过大小平衡改造、成功试水精细化工、上马洁净煤气化项目，到 2017 年 7 月 27 日洁净煤气化项目一次开车成功，我们迎来外部全面肯定、内部士气高昂的发展新阶段，犹如旭日初升，也如龙现于地上，这个阶段就是"见龙在田"。我们现已发展至"九三"阶段，过去多年所坚守、弘扬的"自强不息"精神需要永远坚持，必须"终日乾乾"，锐意进取，同时要"夕惕若厉"，戒惧谨慎，绝不可骄傲自满，得意忘形，否则就不是"无咎"了！

在"终日乾乾"的发展新阶段，我们还要"与时偕行"，与时俱进，抢抓机遇。明泉目前正处于一个非常难得的战略机遇期。一方面，中国经济进入后工业化时代，国家层面通过持续提高环保标准等措施去落后产能，产品价格回调至合理区间，行业进入良性发展通道，明泉也进入传统大宗商品全面盈利的发展阶段。另一方面，国家强调深化科技体制改革、促进科技成果转化，国家为补齐缺乏核心技术这一短板，正大力推进高等院校、科研机构科技成果向企业生产转化。我们要想真正实现"百年企业、辉光日新"，不仅要做大，还必须要做强。要做强就要跳出竞争激烈的"红海"，从低端的基础产品跃升到高端化学品和高分子材料。因此，我们要抢抓落后产能不断退出、科技成果向企业转化的历史窗口期和战略机遇期，在强化基础产品盈利能力的基础之上，与高端化工领域内顶级专家寻求合作，研发高端化学品和高分子材料，在企业内实现产业化，借以实现明泉更高层次的转型升级发展。

"多少事，从来急；天地转，光阴迫。一万年太久，只争朝夕！"处于"九三"阶段的我们，既要"终日乾乾"，戒惧谨慎，又要"与时偕行"，抢抓机遇，奋发有为，成就一番无愧于时代、无愧于明泉发展历史的伟大事业。我们坚信，将来高端化学品投产之日就是明泉"或跃在渊"之时，未来高端化学品、高分子材料产品全面开花之时就是明泉"飞龙在天"之日！

立好青春志，不负少年时

企业未来的发展寄希望于青年员工。对明泉来而言，可以说"青年兴则明泉兴，青年强则明泉强"。青年成才，要在四个方面着力，即立志、达变、付出与奋进。

青年成才，首要在立志。"功崇惟志"，"志不立，天下无可成之事"。王阳明所言"今学者旷废隳惰，玩岁愒时，而百无所成，皆由于志之未立耳"，仍适用于今天。由于生长环境或所处环境等原因，现在的青年人不少过于自我，追求个人需求的满足，志向立不起来，只是浑浑噩噩、虚度光阴，这是十分可悲的。立志要从优秀传统文化汲取智慧和力量。成人达己，自利利他，修齐治平，内圣外王，真正的志向都是指向外的，都是利他的，在成就他人的同时成就自己。

青年成才，要懂得"变化律"。世界上唯一不变的是一切都在变。万事万物都处于不断变化中。时光易逝，要珍惜大好年华，持续学习，提升思维方式和工作能力，在工作中奋发有为。顺境中居安思危，要有忧患意识；逆境中乐观向上，要看到希望和转机。少一些感性的烦恼，因为困难和逆境总会过去。与其烦恼，不如利用烦恼的时间全心学习提升或投入工作。要深刻体会"变化律"，并有意识地将其应用到生活和工作中。

青年成才，要懂得"因果律"。"种如是因，得如是果"，只有先付出，才会有收获。财富名誉地位只是结果，不可只盯着结果，不愿付出，只想收获，这样非但事与愿违，劳而无获，而且徒增焦虑，浪费时间。曾国藩所谓"莫问收获，但问耕耘"，是坚信付出必有收获，不必担心结果，只要是立志发心利他、思善行善，就会收获成功。以优秀传统文化去体悟并实践，就会减少焦虑与迷茫，做到在付出中获得快乐，在快乐中撷取收获。

青年成才，要懂得"上升律"。"天行健，君子以自强不息"，天地宇宙的发展是蓬勃向上的，人当顺应此天道，持续力求进步，奋发有为。青年人处于最富有朝气、最富有梦想的年纪，身上富含拼搏意识、挑战精神、创新活力等特质，正是自强不息、奋发有为的黄金时期。要从优秀传统文化中领略人生智慧，要立足本职工作一门深入、精益求精，要关注社会经济发展和企业管理实践，不断提升自身的学习与实践能力，力争做到厚积薄发、知行合一。

青年员工成才与否关系到企业的未来发展。展望未来，青年人必将大有可为，也必将大有作为。我相信，只有志存高远，奋发有为，拥抱变化，乐于付出，我们的青年员工才会收获不凡的人生与事业。

仰望星空与脚踏实地

2019 年 5 月 3 日，在明泉五四表彰大会上我以"仰望星空与脚踏实地"为主题，跟大家分享了我的体会。"仰望星空"和"脚踏实地"之间是立志和力行的关系。青年要想成就一番大作为，就既要怀揣理想、志存高远，又要脚踏实地、笃实力行。

勤学善思是前提，立志笃行是根本。一个人的情怀、志向、格局不是凭空产生的，而是需要用文化滋养生起的。没有文化的熏陶，仅仅单纯学习知识技能，一个人的情怀就难以生起来，志向也就无从树立。因此，青年学习优秀传统文化是非常有必要的，要真学真信、常学常新，多思多想、学深悟透。学习圣贤智慧，既要培养家国情怀、拓展格局，还要付诸行动、笃实力行。没有踏实奋斗，一切都是空想。下面围绕"笃行"从八个方面分享几点看法。

第一，适应环境才能改变环境。现在的青年员工不少人容易陷入以自我为中心的怪圈，要事事随顺己意才行。刚进入一个单位不久、情况还没熟悉，就想大展拳脚，稍一受挫，就牢骚满腹、自暴自弃。这种急于求成、浅尝辄止的心态要不得。要想改变环境，必须先改变自己以适应环境。明泉为大家提供了难得的成长成才的环境和平台，切不可错失。明泉 2013—2018 年五年多的投入超过了前 55 年的投入之和，为下一步向高质量发展的跃升打下了坚实的基础。当下及未来几年，宁阳明升达退城进园项目、老系统改造、"新三高"的高端化学品和高分子材料项目都需要大量人才，可为大家提供众多可供选择的成长机会。改变自己，扑下身子，以一颗谦卑之心，向古圣先贤学，向同事前辈学，踏踏实实地做好本职工作，大家一定能成才，前途一定不可限量。

第二，激情是不竭的动力源。富有激情、充满活力是青年的优势。千万不可少不更事就暮气沉沉。2019 年我虽然已过知天命之年，但自觉激情仍在，每天都在不断学习、思考和推进工作。只有这样，我才认为这一天没有虚度，才能对治个人的熵增。过去几年间，行业经历了大淘汰、大调整、大整合，我们不失时机、拼尽全力转向现代煤化工，为今后冲击产业价值链中高端奠定了基础。晋煤明化经过一段时间的整体提升，工作局面已有较大改观，从这次国学演讲比赛，我们可以明显地感受到晋煤明化的精气神又起来了、工作激情又回来了。激情是奋勇前行的不竭动力源，大家可从集团的发展历程和现状中体会这一点。

第三，执行到位方能成功。工作不仅要有激情，还要狠抓执行。作为危化品企业，任何一点纰漏都可以引发事故，导致企业发展满盘皆输。所以，我们必须坚定不移地塑造强大的执行力文化，在企业工作的方方面面都强调无条件、不折不扣地执行。我们正在分期进行的军事管理文化集训就是为了强化执行意识，打造高执行力团队。"宁管千军，莫管一夫"，军队和普通民众的差别就在执行力上，大家一定要认识到执行力的极端重要性。任何理想都需要力行，一味沉浸于空想空谈，结果就是年与时驰、一事无成。不如从当下做起，把工作扎扎实实地执行到位，那么理想就会离你越来越近了。

第四，谦虚使人进步。这是毛泽东同志的一句名言，后面还有一句是"骄傲使人落后"。从我们的生活经验就很容易知道，一身傲气的人很招人讨厌，这样的人怎么可能广结善缘、成就大事呢！《周易》里面讲"天道亏盈而益谦，地道变盈而流谦，鬼神害盈而福谦，人道恶盈而好谦"，只有谦卦六爻皆吉；《尚书·大禹谟》也讲"满招损，谦受益，时乃天道"。人一旦骄傲自满，就意味着他开始走下坡路了。"天下古今之才人，皆以一傲字致败"（曾国藩语），大家一定要引以为戒，时刻保持一颗谦卑之心。

第五，自信才能成长。有强大的自信作为基础，人才敢于创新、果断决策、推动工作。古人说，秀才造反，三年不成。书生之所以做不成大事，就是因为软弱胆小、多谋寡断。我们也听说过"房谋杜断"的典故，房玄龄善于出计谋，杜如晦善于作决断，二人同心辅政，留下了"笙磬同音，惟房与杜"的美谈。这对我们的启示是，做事既要善于思考谋划，又要自信果断。明泉这五年（2013—2018）多的发展每次面临危急关头，我们都敢于决断。如果优柔寡断，是不可能有今天的发展局面的。因此，大家在学习工作中要有意识地锤炼自己的自信心，"谋定而后动"，要善于谋划、敢于决断、坚决执行。

第六，精进才能积小成为大成。《老子》有言："合抱之木，生于毫末；九层之台，起于累土；千里之行，始于足下。"任何事业都是从小事做起，离开了小事，亦无伟业可言。明泉今天转型升级发展的成果是由2013年以来每天的一个个小事累积而成的。没有每天的兢兢业业、攻坚克难，哪有今天的发展局面？要真正懂得付出与收获的关系，真正懂得"莫问收获，但问耕耘"的深刻含义，与其盯着目标、"临渊羡鱼"，不如赶紧"退而结网"、立即行动，正所谓"步步前行，日日不止，自有到期，不必计算远近而徒长吁短叹也"。

第七，敢于担当才能成大器。"大抵谓天下事在局外呐喊议论，总是无益，必须躬身入局，挺膺负责，乃有成事之可冀。"历来能成大事者，都是躬身入局、敢于担当的人。困难和挑战总是存在，可人们面对困难和挑战的态度和行为是不同的。有的人畏缩不前，临阵退了下来，终究一事无成；有的人迎难而上、百折不挠，一旦战胜了困难和挑战，那困难和挑战就成了个人成长和事业进步的台阶。关键时候看担当，青年员工要注意在工作中磨炼，不断提升自己的工作能力，能肩负起越来越重的担子，就必然能成大器。

第八，团结才能成就大作为。科技发展日新月异、社会分工越来细，一个人的力量是很有限的。但"没有完美的个人，可以有完美的团队"，团队成员间可以取长补短、优势互补，汇聚成强大的合力。企业发展最终是靠整个团队的力量。因此，青年员工要懂得"己欲立而立人、己欲达而达人"的道理，要想获得个人成长，要多帮助、团结同事，共同营造"真诚友爱和谐"的工作氛围。

青年员工充满活力与朝气，充满激情与梦想，是企业发展的未来和希望。学深悟透优秀传统文化，树立起毕生为之奋斗的志向，并在适应环境、激情、执行、谦虚、自信、精进、担当、团结等八个方面笃实力行，与企业同发展，与时代齐进步，青年员工就必能书写无悔青春，成就不凡人生！

第三章

思想养成：
以内部的确定性应对
外部的不确定性

面对我们与优秀企业的差距，我们应该采取何种态度，毫无疑问是至关重要的。"知耻而后勇"，理清思路，找出造成差距的原因，尤其要养成追根溯源的思维和工作习惯，从而不断地改进我们的工作、提升我们的管理。工作习惯与思维方式紧密关联，而思维方式的训练与养成，不是一蹴而就的，是需要持续下功夫的。

　　另一方面，一个人的格局决定了其人生高度，一个管理团队的格局决定了企业发展所能达到的高度。而格局大小由思维方式决定。而要扩展格局，也需要在培养正确的思维方式上下功夫。

临渊羡鱼，不如退而结网

学习中华优秀传统文化需要养成良好的自省习惯，在自我反思中看到差距、理清思路。与其羡慕他人的成功，不如脚踏实地、立足实际，用双手搭建起属于自己的远航之舟。

随着近些年我国经济的蓬勃发展，各种新经济、新业态、新理念、新技术、新产品等纷纷登台亮相，令人目不暇接。加之资本市场的助推，一个个造富神话亦粉墨登场，动摇了诸多人的"三观"，让人怀疑起勤劳扎实工作的精神是否已不再适合当今之经济发展环境。

的确，40多年来，社会主义市场经济制度极大地唤起了人们创造财富的热情，社会经济也得到了前所未有的极大发展，中国经济总量一跃而成为世界第二大经济体，震撼了世人。但几十年来的经验同时又一再告诉我们一个朴素的道理："千里之行，始于足下，合抱之木，生于毫末。"任何未经量变而突发质变的事物都是难以持久的。所谓的偶然所得，亦将在必然中失去。不经过艰苦卓绝的努力，既难取得令人艳羡的成就，亦难以保持持续不断的进步。

我们明泉历经60多年的发展沉浮，发展速度与质量与同行业先进企业相比，仍存在明显的差距。原因固然很多，但面对差距，我们应该采取何种态度，毫无疑问是至关重要的。"知耻而后勇"，理清思路，找出造成差距的原因，面对全新的政策环境和生产经营环境，找准赶超先进水平的切入点，以坚忍不拔的精神、脚踏实地的工作作风、不达目标誓不罢休的坚强意志，"逢山开路，遇水架桥"，则我们必将在不远的将来，重塑明泉曾经的辉煌。

临渊羡鱼，不如退而结网。与其以浮躁的心态去羡慕他人的成功，不如脚踏实地、立足现实，用双手搭建起属于我们自己的远航之舟。

好在，我们已经取得了阶段性成功；好在，我们的目标已经明确；好在，我们已经在路上！

命由我作，福自己求

《了凡四训》的作者袁了凡先生用毕生经历和学问修养揭示了宿命论的消极无益，验证了"命由我作、福自己求"的真理，指出只有自强不息改造命运才是积极有益的。

企业由一个个具体的人组成，企业的命运也是由每个人的命运共同构成。"命由我作，福自己求"，企业大家庭的命运就掌握在每个员工手中，企业的发展有赖于每个员工的积极进取、奋发有为。而"工作本身就是最好的修行"，积极努力工作的同时，每个员工也能收获自己幸福的人生。因此，不管是对于企业还是个人，都需要每个员工以积极的心态，迎难而上，锲而不舍，尽心尽力做好本职工作。

要做到"命由我作，福自己求"，就要顺应天地大道，怀揣利他之心。天地大道，涵养万物，"宇宙（自然）的意志"就是充满着关爱、真诚与和谐，让万物各尽其能，推动宇宙（自然）向着更好的方向发展。只有顺应自然大道，我们才能收获幸福，这要求我们抱有"利他"之心，彼此关爱，而不是自私自利，尔虞我诈。心存"利他"善念，全力以赴，你就会实现心中所想，这是孟子的"求则得之"，也是稻盛和夫"心想事成"的宇宙法则。

以 2017 年 7 月 27 日洁净煤气化项目一次开车成功为标志，明泉借搬迁之机成功实现了转型升级和新旧动能转换，实现了"利用未来 3—5 年打造一个全新明化（明泉）"的预定目标。

我们"心想事成"的成果正是用事实印证了"命由我作，福自己求"让这一深刻哲理，它是我们为了实现百年明泉梦想，心怀善念，不计个人得失，团结一心，自强不息，拼命努力的结果。同时，这一顺应自然大道的哲理也告诫那些心存邪念、唯求利己的人，只要是心存邪念再怎么处心积虑、精于算计都是徒劳，最终非但不能利己，还会落得身败名裂的下场，正所谓"天作孽，犹可违；自作孽，不可活"。

利他方能真利己，公心才能成大业

对于"事业"的理解，可谓众说纷纭。孔子在《易传》中明确告诉我们，"举而措之天下之民，谓之事业"，即所做之事惠及天下民众，才可称为事业。可见所做是不是事业与地位高低、财富多少无关，关键在于是否为利益社会之事。这也就是稻盛和夫反复强调的"利他"。

对于个人而言，工作以利他之心，尽力而为，全心全意为企业服务，无论地位高低、财富多寡，都可称之为事业，否则就是只为报酬谋生的职业而已。对企业而言，以利益社会之心，推动社会进步，无论声誉大小、实力强弱，都可称之为事业，否则就是追名逐利的商业行为而已。

利他与事业成就之间存在着原因与结果的内在关系。孔子为了推行仁义、使天下归于清平，薄帝王而不为，说"己欲立而立人，己欲达而达人"；老子说"既以为人，己愈有，既以与人，己愈多"，"圣人无常心，以百姓心为心"。可以说，历代圣贤没有一个教人自私自利，蝇营狗苟，无一不是教人怀悲天悯人的大情怀，有利益社会国家的大担当。有大情怀，才会有大担当；有大担当，才能成大事业。《了凡四训》开篇就彰显出"不为良相，便为良医"的济世情怀，以济人善心，力行善事，所求就必能如愿。稻盛和夫也认为，对于个人事业，"贤明的人都会发现，为他人尽心尽力的行为，不只是对他人有利，最后福报回到自己身上，对自己同样有利"；对于企业，"企业是社会公器，还必须为社会、为世人承担责任和义务"，"要经营好企业，我们内心一定要具备

'为世人为社会'尽力的美好意识"。无论是企业还是个人，只有怀利他之心，动机至善，付出不亚于任何人的努力，做到思善行善，事业才能够成功。

大道之行也，天下为公。学习优秀传统文化，汲取古圣先贤智慧，可以让我们心中多一些"公心"，明白利他方能真利己，把工作当成利他事业去做，这样必能收获个人事业的成功。而集众人之力的明泉只有出于公心，在谋求员工利益的同时，拥有从国家经济社会发展大局出发谋划未来的广阔视野，勇于担起这个伟大时代所赋予的重任，才能以新动能引领产业迈向高端的发展步伐，成就一番伟大的事业。

格局决定结局

一个人的格局决定了其人生高度，一个管理团队的格局决定了企业发展所能达到的高度。而格局大小由思维方式决定。要扩展格局，就要在培养正确的思维方式上下功夫。

有这样一句谚语："再大的烙饼也大不过烙它的锅。"这句话所蕴含的哲理是你可以尽力烙出更大的饼来，但饼的大小最终受限于锅。我们所希望的未来就像一张饼，能烙出多大的饼，完全取决于"锅"，"锅"就是格局。所谓格局，就是指一个人的胸怀和眼界。

格局的大与小取决于胸怀眼界是否局限于个人，囿于个人利益就是格局小，只有超越一己私利才可称其为格局大。因此，不可将格局大小与财富多少、名声大小、地位高低相对等，拥有财富名誉地位不代表其格局就大。老师将培养学生摆在第一位，做到传道授业解惑，才是大格局者；医生把解除患者病痛当做首要目的，发愿"普救含灵之苦"，才是大格局者；为官一任，不论职位高低，只有心存百姓、造福一方，才是大格局者。不论何种职业、职位高低，只有怀利他善心，尽职尽责，才是大格局。利己或利他是思维方式的核心，是人与人之间格局大小的根本区别，因此可以说，思维方式决定了格局大小。

要扩展格局，就要在培养正确的思维方式上下功夫。简而言之，就是在培养"利他心"上下功夫，这需要通过学习优秀传统文化，以圣贤智慧开拓心胸，提升境界，并在生活和工作中身体力行。就个人修养而言，要怀利他心，设身处地多为他人着想，所作所为就容易得到大家的认同和支持，人生结局大半都会很好；相反，利己心过重，起心动念只为个人，甚至损人利己，这种人的人生舞台也就仅限于个人努力，结局多半不会好。就个人事业而言，要在立足本职工作的同时，放眼全局，坚持企业整体利益高于一切，只有这样，个人事业实现跃升的机会才会大大增加，否则一味固守个人工作那"一亩三分地"，只会丧失掉事业不断提升的机会。舍弃小我，培养利他心，并把这种认知形成一种较为稳定的思维方式，则人生大格局也就形成，人生结局也就会更好。所谓格局决定结局，其含义大抵如此。

正确的思维方式能产生大境界，大境界才能有大格局，大格局才有大作为。让我们以优秀传统文化所倡导的"自立立人"理念改善思维方式，提升境界，拓展格局，秉持利他精神，并身体力行之，以大格局成就一番大事业。

生于忧患，死于安乐

明泉发展形势逐步转好，但我发现企业的部分干部开始出现懈怠自满情绪。我想提醒大家的是，要居安思危，常怀忧患之思，在取得成绩之后一定保持自警之心，不贪图安逸、懈怠不前。只有这样，企业才能获得持续发展。

孟子言："入则无法家拂①士，出则无敌国外患者，国恒亡，然后知生于忧患而死于安乐也。"一个国家如果内无能臣贤士，外无敌国祸患，就会走向灭亡，由此便明白一个道理：忧虑祸患能使国家生存发展，而安逸享乐会使国家走向灭亡。企业和国家都是同样道理。常怀忧患之思，在取得成绩之后保持自警之心，不贪图安逸、懈怠不前，才能获得持续发展。

企业的内忧和外患总是存在的。处于竞争"红海"之中的企业自不必说，即使是进入"蓝海"或是攻入"无人区"的企业，也必须常怀忧患意识，因为企业内外部形势瞬息万变，稍有不慎就会毁于一旦。世界上唯一不变的是一切都在变，不断变化的内外部形势所带来的内忧和外患将伴随明泉发展的始终，我们必须要对此有清醒的认识，时刻惕厉警醒，终日战战兢兢，在成绩和赞誉面前保持冷静，始终保持前进的定力和拼搏的锐气。

要直面内忧和外患，唯有锐意进取。目前明泉发展形势虽有好转，

---

① 拂（bì）。

却面临严峻的内忧外患，对此一定要有清醒的认识。在外部，行业内正加速以加压气化工艺替代老工艺；优秀企业正抓住机遇扩大高端化学品产能，提升核心竞争优势，快速拉大与后来者的差距；安全与环保依旧呈高压态势；国家层面着力防范化解金融风险，推动去杠杆。在内部，要时刻绷紧安全与环保之弦，基础管理仍需大力提升；过去有五年多的发展导致我们财务负担较重，加上新上项目，造成资金压力较大；预计加压气化工艺的优势仅能持续五年，最多不超过八年；要想持续发展、做大做强，就必须抓住科技体制改革的历史机遇期，向高端化学品和高分子材料领域发力，实现高质量发展。外患与内忧交织，正是"不待扬鞭自奋蹄"之时，决不允许任何人躺在过去的功劳簿上居功自满、懈怠不前，决不允许任何诸如官僚主义、形式主义之类的不良风气存在。要直面内忧与外患，我们只有继续坚持五年来奋发自强、干事创业的锐气和干劲，付出不亚于任何人的努力，才可能实现我们所规划的美好未来。如果一味陶醉于过去的成绩而失去向前看的冲劲，几年后就会出现五年前严重被动的局面，人不能好了伤疤忘了疼！

时不我待，只争朝夕。过去十年来的发展成绩有目共睹，但内忧和外患将始终伴随我们，我们必须将过去的成绩抛在身后，我们没有时间陶醉于成功的喜悦，我们必须要对内忧外患有清醒的认知，我们必须保持一往无前的冲劲。只有奋发有为，抢抓发展机遇，利用未来三到五年再造一个全新明泉，才不负作为明泉人所应承担的历史重任。

大人虎变、君子豹变、小人革面

　　世界上唯一不变的是一切都在变，当今世界更是处于百年未有之大变局。身处于这样一个急速、剧烈变化的时代，企业只有持续变革、自我完善，才能适应外部变化，与时代同频共振，才能抓住时代变化所带来的机遇。无论是社会改革还是组织变革中，总是存在三种人物类型：大人虎变，君子豹变，小人革面。

　　这三句话出自《易经》的革卦。"大人虎变，未占有孚"，意思是"大人"全面推行变革，阳刚中正，势若猛虎奋威，不需占问就能得到人们的充分信任。何谓"大人"？"夫大人者，与天地合其德，与日月合其明，与四时合其序，与鬼神合其吉凶。"大人是依大道而行的人，是变革的领导者。历史上如周武王建立周朝的周武革命，孙中山领导的辛亥革命，就是"大人虎变"的典型。"大人"推行变革之所以能得到人们的信任，是因为"大人"出以公心，顺应大道，正大光明，无所隐匿，人们都看得清清楚楚、心里明明白白，无不信从。由此可见，在推行变革过程中，变革者的"人格力量"是何其重要。当变革者能够不被私欲所蒙蔽，以"无我利他"之心来推行各种改革举措，那么人们自然就会认同和响应。孔子曰："其身正，不令而行；其身不正，虽令不从。"领导者想要变革成功，必须从"修身"开始。这对我们的启示是，明泉"三项制度"改革要想持续获得成功，就要求各单位主要负责人在落实改革意图的过程中，必须秉持公心、执行到位，决不能因掺杂私心私利，导致改革走样，失掉员工对企业的信任。

"君子豹变，小人革面"也出自革卦，意思是君子从内心理解和配合变革，如豹子般行动敏捷迅速；而小人只是表面应付，随声附和，但内心不能真的认同。"大人"是变革的领导者，领导改革者是最有远见卓识、最为坚定无畏的，推行改革就像猛虎下山，势不可当。"君子"是变革的认同、支持和参与者，在"大人"的领导下，共同推动组织变革乃至社会变革。而小人的惰性是巨大的，心量是狭小的，对于变革往往是心存怀疑、说三道四。小人之所以为"小人"，是因为"小人下达"，既无远大志向、高远追求，也无内在觉悟，因为未能"洗心"，所以只是"革面"，做做表面文章而已。对于几乎每个人来说，"洗心"是最难的，正所谓"破山中贼易，破心中贼难"！集团组织优秀传统文化学习四年（2017—2021）了，可还有人表面应付，内心不为所动，甚至抵触质疑；模拟股份制和KPI考核改革已经全面铺开了，可还有人"以小人之心，度君子之腹"，散布负面言论。"小人"要想"革心"，提升到"君子""大人"的层次，其途径只有一条，那就是真正学习领会圣贤智慧，培养一颗无我利他、修己安人的公心，扩大格局，涵养情怀，做一个"上达"之人。

　　集团本部三公司KPI考核改革的员工参与度都在75％以上，足见改革是人心所向、众望所归。在这样的形势下，与其停留在"小人革面"的层次，不如自我学习、自我提升，成长为"君子豹变"，乃至"大人虎变"。这就是《易经》革卦给予我们的启示和智慧。

以内部的确定性应对外部的不确定性

2022 年又是个"多事之秋"。2022 年 3 月，国内疫情多点出现，正经历又一波流行高峰。俄乌冲突硝烟骤起，战局胶着，导致能源和粮食等大宗商品价格暴涨，引发全球金融市场剧烈震荡。港股持续大幅下挫，创下六年来新低；中概股集体崩盘，超 30 股自高位跌幅超 90%。互联网公司裁员消息频传，经济面临需求收缩、供给冲击、预期转弱三重压力。全球包括国内不确定性进一步加剧，对此我们该如何有效应对，是需要思考的重要问题。我们要以内部的确定性——企业的持续成长应对外部的不确定性。

企业能否实现发展的决定性因素是企业自身。外部环境再怎么剧烈变化，都是企业生存与发展的外因，而企业自身才是能否实现良好发展的决定性因素。合成氨行业在我国经济由工业化向现代化转型的大背景下，经历了行业去产能、行业工艺技术转型升级、安全环保标准不断提高、"双碳""两高"政策严控、全国大范围拉闸限电等诸多剧烈变化，省内企业数量从行业繁荣时期的 100 多家到行业稳定期的 48 家，再到如今的 6 家企业。同样的外部环境下，先进企业不但活了下来，而且活得更好。这就说明"没有夕阳的行业，只有夕阳的企业"，企业能否发展最终取决于自身，也证明了内因与外因辩证关系的正确性："外因是变化的条件，内因是变化的根据"。明泉 2013 年启动搬迁至今，在行业风雨中负重前行，我们不仅彻底扭转了搬迁之前经营形势严峻、安全事故频发、员工士气低落的颓势，而且浴火重生，不断扩大企业规模、增强核心竞争力、增加企业效益、提高员工收入。做到这些靠的是广大干部和员工的持续努力和奋发图强。

企业搬迁至今靠持续成长应对外部形势变化。我们在经历了行业大淘汰、大提升、大整合之后，不仅存活了下来，而且即将成为国内合成氨行业重要企业之一，靠的是持续成长。不搬迁就是等死；不上洁净煤气化项目就无法重生；不上明升达退城进园和明化技改项目就无法稳住发展底盘；不上新材料项目就无法实现高质量发展。总之，不持续成长，就无法生存和发展。我们在企业持续成长中，恢复了自身"造血"（盈利）能力，逐步解决了历史遗留问题，化解了资金等诸多风险；建设三套加压气化生产系统，扩大了发展底盘，大大增强了抵御风险的能力；实施"新三高"战略，推进高分子材料研发和产业化，抓住了高质量发展的机遇。因此，企业要在持续成长中化解风险、解决问题，在持续成长中增强抵御风险、抓住机遇的能力。

企业持续成长的动力来自文化认知、项目建设和管理提升。一是文化认知。我们建立了以"自强不息"为核心的企业文化，搬迁以来我们被内外形势所迫，边战边行，没有停下来歇脚的机会，只有迎难而上，坚韧不拔，创新求变，奋发有为。二是项目建设。我们明趋势、辨方向、踏节奏、找路径，深耕主业，逐步扩大企业版图：实施尿素等量搬迁等大规模技改，跨入精细化工领域，相继建成洁净煤气化项目、双氧水两期项目、明升达退城进园项目、均四甲苯项目并投产达效，启动明化技改项目建设，确立"新三高"战略并推进PSPI、PPS两大系列高分子材料研发和项目建设，目前即将启动合成气综合利用项目。三是管理提升。我们夯实基础管理，提高安全环保工作标准，完善治理体系和管理架构，创造性提出模拟股份制并付诸实施，使企业内生动力得以不断释放。

企业依靠持续成长应对外部加剧的不确定性。经过以上阐述可知，我们企业内部的确定性就是确保实现高质量的持续成长。鉴往而知来，为了有效应对当前和未来外部加剧的不确定性，我们必须推动企业持续成长，增强应变能力。只有持续成长，才能增强化解风险、抓住机遇的能力和实力。为此，我们要围绕增强持续成长的三个动力，着力做好以下三个方面：一是始终秉持"自强不息"精神，牢记"两个务必"，胜不骄、败不馁，持续艰苦奋斗。二是坚持"四个基本"，按照"基础产业牢固、高新技术突出"的基本道路，推进基础产业优化、提升、延链，提高产品附加值，同时持续加大对新材料板块的投入，集中资源单点突破，然后迅速扩大战果。三是以"三化融合"为总抓手，对标先进企业，提高劳动效率、本质安全和人均营收，同时进一步完善治理体系和管理架构及模拟股份制等管理制度，使企业内在活力得以充分焕发。

我们要想成功的路上并不拥挤，就必须始终保持持续成长。我们要自强不息，持续奋斗，巩固基础产业，发力高端产业，提升管理水平，确保企业实现持续成长，从而使企业有足够的实力化解风险、抓住机遇，有效应对外部的不确定性。"任凭风浪起，稳坐钓鱼船"，要在外部不确定性的风浪中稳坐，就需要企业这艘船够大够强。让我们共同努力，以内部的确定性——企业持续成长应对外部的不确定性带来的挑战。

培养追根溯源的思维和工作习惯

　　丰田有个五问法的工作方法值得我们学习借鉴。丰田从工作经验中总结出的五问法是，发现问题点后就从此入手，沿着因果关系链条，追根溯源，直至找出问题的根本原因。五问法成为丰田成功的重要法则之一，被称为"丰田科学方法的基础"。

　　关于丰田五问法，有个常用的案例是，如果工厂地面上出现一摊油渍，丰田员工不是视而不见，也不是清理掉就了事，而是会现场查看，询问五次"为什么"。一问为什么地面上有一摊油？答：因为机器漏油。二问为什么机器会漏油？答：因为油箱破了。三问为什么油箱会破？答：因为采购的油箱材质较差。四问为什么采购的油箱材质较差？答：因为价格低。五问为什么要采购价格低但质量差的油箱？答：对采购员的奖励是视短期节省的开支而定，而不是看长期的绩效表现。从这个案例可以看出，五问法的目的是不停留在问题本身，头疼医头脚疼医脚，而是深入分析，找出问题的根本原因，加以彻底解决。"五问"不一定就是问五次，可能少于五次，也可能多于五次，要根据具体情况而定，关键是直到找出问题的根本原因。

　　丰田的五问法对于化工生产企业来说不仅适用，而且非常重要。一是强化安全管理的需要。安全管控重在防患于未然，风险管控和隐患排查都要求我们不放过任何一个问题点，并追究其根本原因，予以彻底解决。二是改进优化工作的需要。工作达不到预期就要深入思考，找出根本原因，举一反三，这样才能从根本上解决问题、改进工作。不仅要从事上改，更要从理上改，从心上改。三是提升管理水平的需要。提升管理不能就事论事，而是需要剖析每一个具体问题背后的管理原因，然后通过建立机制、制度、流程、标准等来提升管理。总之，五问法对于改进工作、提升管理都能起到重要的作用。

五问法的生命力在于被大家认可并成为行之有效的方法。要想让五问法被员工认可并落实到工作中，我们就要贯彻"以文化人、依法治企"的管理指导思想，做好以下两个方面：一是在"以文化人"方面，培养高度的责任心和认真细致的作风。这是五问法落地的根本。领导干部要反复宣讲、以身作则，要善于发现问题，抓住不放，追根溯源，直到找到根本原因、彻底解决为止。要通过自上而下逐级带动，把五问法变成一种工作习惯。当负责、认真成为一种习惯的时候，负责、认真就成为我们企业文化的一部分。二是在"依法治企"方面，建立鼓励发现问题并刨根究底的激励制度。文化必须通过制度予以落实。只是口头强调，没有明确的奖励标准和及时的兑现，好的行为往往难以持续。创新创造不仅包括那些带来较大经济效益的创新性、创造性工作，也包括那些消除安全隐患、减少跑冒滴漏、节支增效等的合理化建议。各单位双创中心的考核办法应当包含针对合理化建议的价值评价方法和奖励标准，以鼓励员工发现问题并刨根究底。

五问法并不复杂高深，关键是要成为我们的一种思维和工作习惯。思想引导和制度建设是推动五问法落地的两个着力点。希望通过五问法的落地，调动起广大员工发现问题、追根溯源、解决问题的积极性，逐渐养成追根溯源的思维和工作习惯，以改进我们的工作、提升我们的管理。

第四章

管理创新：
凝心聚力促蜕变

进入新时代，明泉正加速转向高质量发展。这对技术和管理人员职业素养的要求将越来越高，对企业管理水平的要求也越来越高。我们要进一步完善各项规章制度，全面贯彻"依法治企"的理念，以规章制度明确职责分工，并确保规章制度得到刚性执行。

　　"时人不识凌云木，直待凌云始道高。"我们当下要有危机意识，要持续学习、自我成长，要深深扎根，跟上集团高质量发展的步伐，与集团同进步、共成长，促成企业向科技明泉的蜕变、向高质量发展的蜕变，并共同期待企业高耸入云的时刻。

管理就是对抗熵增

据统计，中国中小企业的平均寿命仅 2.5 年，集团企业的平均寿命仅 7 至 8 年。一家企业如何才能长久保持奋发进取的动力与活力，实现持续发展，是我多年来一直在苦苦思索的问题。熵理论为我们提供了一个全新的视角。

爱因斯坦认为，熵理论对于整个科学来说是第一法则。"熵"的原始出处是热力学第二定律。德国人克劳修斯于 1850 年表述热力学第二定律为："不可能把热量从低温物体传向高温物体而不引起其他变化。"由此便衍生出"熵增定律"，即在孤立系统中，体系与环境没有能量交换，体系总是自发地向混乱度增大的方向变化，总是使整个系统的熵值增大。熵是对系统混乱程度的度量，熵低则混乱度低，熵高则混乱度高。人们对熵的认识已经远远超出了分子运动领域，熵增定律揭示了世界的演化性、方向性和不可逆性，成为人类认识世界的一种新的世界观。熵增定律是自然界的最高定律。一切事物都是由井然有序倾向于走向混乱无序，直至灭亡，因此熵增定律被人称为"令人绝望的定律"。1969 年，比利时学者普利高津提出"耗散结构"理论，重新给人以希望。"耗散结构"理论认为，远离平衡态的开放系统，通过与外界交换物质和能量，可以在一定的条件下形成一种新的稳定的有序结构。耗散结构可以是力学的、物理的、化学的、生物学的系统，也可以是社会的经济系统。

"熵增定律"令人绝望，"耗散结构"理论却给出了化解之道。企业要避免陷入怠惰与僵化，而保持不断进取的动力与活力，实现持续发展，就需要在企业宏观层面上，在内部打破固有的平衡状态，不断集聚发展势能；对外保持开放心态，虚心吸收先进的技术与管理经验。在个人微观层面上，要采取开放创新的人才引进与激励机制，并坚持自我批评，激发组织活力。

将熵增定律引入企业管理领域，思考企业破解熵增之道。我认为，管理就是对抗熵增的过程。而对抗熵增，则需要我们始终保持奋发进取的锐气与干劲，秉持开放谦虚的心态，坚持自我反思与自我批评，不断打破原有的平衡状态，为企业发展持续集聚新的发展势能。

在企业宏观层面，通过集聚势能、开放合作，规避企业发展过程中的安于现状、增长乏力、组织惰性、技术创新与产品创新不足等问题。首先是打破平衡，集聚势能。没有高度差，就没有势能。只有打破平衡状态，才能集聚势能。明泉在洁净煤气化项目一次开车成功后，就马不停蹄地奔赴宁阳启动明升达退城进园项目建设；在 2016 年底就提前谋划"新三高"，并于 2017 年 8 月正式启动高分子材料研发项目；2018年初决定积极参与氢能源综合开发利用；随后我们认定了"新三高"的发展方向，将高端化学品纳入"新三高"战略的范围，丰富了"新三高"战略的内涵，随后着力开发高端化学品系列产品，并规划构建高端烯烃产业链。以上举措无非是为了打破洁净煤气化项目投产达效后的平衡状态，确保我们的进取心不退失，技术研发能力不减弱，新产品的储备不减少，从而构筑强大的核心竞争力，为明泉不久的将来集聚发展势能。有人认为，明泉在经历了五年求生存、促发展的艰难阶段之后，该松口气歇歇了。这种观点大错特错。安于洁净煤气化投产达效后的平衡状态，不思进取，只会错失发展良机，甚至再次将明泉拖入生死绝境。

在集聚势能的同时，坚持开放合作。2018 年是改革开放四十周年，没有改革开放，就没有今天的中国，更没有今天的明泉。上至一个国家，下至一个企业，都是一个相对独立的系统，如果搞自我封闭，就只有死路一条。近代中国落后挨打就是血淋淋的教训。清政府对外闭关锁国，做着"泱泱中华、天朝上邦"的老梦；对内大兴"文字狱"，禁锢思想，打压科技进步。这些国策严重背离了中华优秀传统文化历来"海纳百川、兼收并蓄"的开放精神，使中国置身于世界发展大潮之外，加之内部死气沉沉、万马齐喑，最终导致国势衰败，使国人罹受百年苦难。可以说，谁搞自我封闭，谁就会落入熵增定律的死途，结果就是自取灭亡。我们在洁净煤气化项目建设期间提出的"搭建平台、整合资源、科学发展、诚信共赢"的发展理念，就是对开放合作思想的运用，不仅适用于过去，也适用于现在及未来。这一理念正在宁阳明升达退城进园项目建设、"新三高"产品研发中发挥重要作用。同时，我们一直强调要坚持"请进来"和"走出去"，加强与优秀企业的交流学习，吸收外来的优秀要素，包括先进的管理方法与技术等。

在个人微观层面，通过开放创新、自我批评，解决企业发展过程中的技术实力薄弱、内在活力不足、偏离企业文化等问题，激发内生动力，对治惰性与僵化。首先是开放创新。在洁净煤气化项目建设和试水精细化工的过程中，我们不拘一格、灵活创新地引进优秀人才，在薪酬激励方面，打破原有相对平衡的模式，充分发挥个人才能，有效地推动了项目建设进度；在项目投产达效后的稳定运行阶段，我们对钻研技术、精益求精并产生显著效益的人员重奖，激励全体员工钻研技术，营造争优创先的良好风气；在"新三高"产品的研发过程中，我们积极对外寻求与中科院等科研院所的合作，打破常规、重金聘请研发人才，并靠近人才聚集地设立研发中心；未来计划选择适当的项目进行裂变式创业试点，使能者上、庸者下。凡此种种，无不是通过开放与创新，打破固有的平衡模式与状态，激发个人干事创业的活力，培育企业发展的内生动力。

在开放创新的同时，要坚持自我反省。个体的本能也是"熵增"。一个人不能自我反思，长期处于"心理舒适区"，必是向下堕落的。我们一直以来强调要具备自我反思的能力。人一旦骄傲自满，丧失掉自我反思的能力，就会到达人生与事业的天花板，开始走下坡路了。在自我反思的同时，还需要敢于在同事们的面前自我剖析与自我批评。围绕企业利益至上、提升企业整体核心竞争力，对己，要"吾日三省吾身"；对外，要认识到"三人行必有我师"，要做到"见贤思齐"，"见不贤而内自省"。这样长期坚持自我反思与批评，必能做到心胸开阔、谦虚谨慎。只有坚持自我批评，才能反思自身不足，听得进不同意见，及时发现工作中存在的问题，做到查缺补漏；只有坚持自我批评，才能看到他人长处，学习吸收优秀企业的先进技术与管理经验；只有坚持自我批评，敢讲真话，才能扫除表面一团和气、背后暗自较劲的歪风邪气，营造真诚、和谐、友爱的工作环境。我们倡导自我批评，不提倡一味贬低他人，更不允许搞人身攻击。自我批评旨在提升企业发展综合实力，应当是建设性的，为优化提升而批评，绝不是为全面否定而批评。自我批评应坚持实事求是，绝不可虚伪浮夸，搞形式主义。不具备自我批评能力的人是不能提拔为领导干部的。

以上分别从企业宏观层面与个人微观层面阐释了熵理论对于我们企业发展的启示。"熵增定律"足以警醒我们，永远不要期望世界、国家、社会、企业自发地往好的方向发展，要居安思危，常怀忧患之思。作为化解之道的"耗散结构"理论告诉我们，要避免企业陷入怠惰与僵化，而保持不断进取的动力与活力，实现持续发展，就需要我们始终保持奋发进取的锐气与干劲，秉持开放谦虚的心态，坚持自我反思与自我批评，不断打破原有的平衡状态，为企业发展持续集聚新的发展势能。惟其如此，我们才能永葆活力、基业长青，实现"百年企业、辉光日新、惠及员工、回报社会"的美好愿景。

鼓足干劲、播撒种子、宣誓未来

2019 年 5 月 26 日，明泉铁军军事管理文化训练营一、二、三期的学员进行了集中点验。在此军事管理文化训练营结业仪式上，我向大家强调：军事管理文化训练营是"加油站"、"播种机"和"宣言书"。

从大家的点验收获来看，我们的训练营达到甚至超过了预期目标。这得益于大队长、政委和所有参训教官的辛苦付出和创新努力，得益于所有参训人员的积极主动参与，得益于后勤保障人员的默默奉献，得益于我们已有的企业管理中的优秀传统文化的熏陶。

一、三期训练营的成功举办是明泉发展关键阶段的"加油站"

历经一甲子，明泉几经沉浮，尤其是在过去近六年的时间里，面临国家、行业由工业化向现代化的转变以及大淘汰、大提升、大整合的大形势，明泉实施搬迁，并借搬迁之机实现了企业初步的转型升级发展。工艺进步了，规模提升了，装置更新了，产品结构调整了，大家的收入提高了，特别是我们形成了以优秀传统文化为基础的优秀企业文化。大家的精神面貌得到了极大的提升和改善。我们此次的军事管理文化训练营的成功举办，对仍处于转型升级发展中的明泉而言，起到了很好的"加油"和"推动"作用，可喜可贺。

军事管理文化训练营是 60 年老明泉破熵增的"加油站"。通过训练，我们每个人都打开了长期自我封闭的内心，在一定程度上磨练了身体，甚至提升了我们大家的灵魂。训练触动了我们的"身""心""灵"，提高了大家的认知，进一步体会到了个人与集体、企业与国家的"命运共同体"的认知。"五铁"精神的反复体验，相信将为我们企业未来的发展注入强大的动力。

军事管理文化训练营是我们增强"团队意识"的"加油站"，让我们深刻体会到了长期枕戈待旦、厉兵秣马的军营生活，认识到我们过去几十年通过改革开放实现"富国"的同时，还有一支强大的人民军队默默付出，守护着我们的家园。都说"富国强兵"，没有强大的国防，一个国家即使再富足，也无法得到守护。中美贸易摩擦不仅仅是经济领域，强大的军事实力是最终保护改革开放发展成果、避免出现清末八国联军侵占北京悲剧的根本保障。

二、军事管理文化训练营是"播种机"

训练营将军事管理文化融于日常的各项训练中，在大家心中播下了正能量的种子。训练营的各项训练，有效地激发出了每个人心中本来就有的自强不息、不惧艰难、团结拼搏、友爱真诚、感恩利他等情感。这些种子将在未来个人成长和工作中生根发芽，并最终形成支撑企业蓬勃向上的强大力量。

训练营的训练项目中，注入了企业发展的文化因素，使大家深刻感受到了"优胜劣汰"竞争规则的巨大心灵冲击。企业不努力就会被淘汰，个人不努力同样也会被淘汰。淘汰自己的不是其他人，而是自己的错误认知。训练营所传递的"正知正念"将成为企业未来快速、高质量发展过程中的精神力量。

训练营让大家认识到"有国才有家""有大家才有小家"。"覆巢之下，焉有完卵"，有了强大的国家，才可能有我们幸福的小家。而强大的国家无一不是有强大的国防作为安全保障。通过训练，我们加深了对强大国防的认识，更加深刻地理解了解放军与我们普通民众之间的鱼水关系。

三、军事管理文化训练营是"宣言书"

军事管理文化训练营是"宣言书",是明泉迈向发展新阶段的宣誓。我们已经明确了企业新发展阶段的目标和任务。发展目标一经确定,干部队伍将是决定性因素。通过训练,我们大家用整齐划一的行动、冲破任何困难和挑战的勇气、不达目标誓不罢休的豪气,向我们自己、我们家人、我们的社会,郑重宣誓了明泉人要找回曾经荣耀的决心,要重塑一个更加强大明泉的豪情,要为我们国家和社会进步做出自己一份贡献的"家国情怀"。我们要在实现民族复兴的伟大征程中,做出无愧于这个伟大时代的自身努力。

"伟大时代蕴含伟大机遇,伟大平台铸就伟大作为",一代人有一代人的使命,一代人有一代人的担当。让我们每个人都积极主动工作,积极协作配合,紧紧抓住国家产业结构优化提升、从工业化向现代化迈进的战略机遇期,在明泉这个大家共同的平台上,作出不辜负这个伟大时代的贡献!

阳光工作，高效明泉

在 2020 年 10 月 20 日集团召开的供应部门经济活动分析会上，我们提出了"阳光工作、高效明泉"的理念，要求管理人员秉持企业利益至上的公心，严格执行制度，正确使用权力，以更高效的工作争取更高效益，推进高质量发展。"阳光工作、高效明泉"的理念虽然是从供应工作角度提出的，却适用于企业工作的方方面面，对我们具有指导意义。

首先，"阳光工作"是严格执行制度。制度设立的目的就是确保工作有章可循、有法可依，让权力在阳光下运行，因此阳光工作要求我们必须不折不扣地执行好企业各项规章制度，自觉接受其他部门和群众的监督。我们还要根据工作中出现的新情况、新问题，不断建立健全规章制度、完善工作流程，对工作的每个环节都做到有效管控，使工作规范化、标准化和流程化。这样不仅可以保证权力公开透明运行，而且可有效提升工作效率。

其次，"阳光工作"是秉持公心。阳光工作先要有阳光的心态，而阳光的心态就是"心底无私天地宽"，怀一颗企业利益至上的公心。公心如阳光，照耀到的地方是光明，照耀不到的地方就是被私心笼罩的黑暗。秉持公心就是要做到公心律己，要通过学习优秀传统文化，深刻领悟"种如是因，得如是果"的哲理，守护"公心"，防范"私心"；要做到公心待人，管理人员只有公正无私、公平待人，才能获得大家的认可，才能树立威信；要做到公心干事，只有企业发展好了，个人才会有收入和尊严，因此要把企业利益放在第一位，对待工作应尽职尽责、尽心尽力。

再次，"阳光工作"是正确用权。在执行管理制度和工作流程的基础上，我们赋予管理人员一定的自由裁量权。手中掌握自由裁量权的人员在行使权力时，一定要秉持公心，遵章守纪，在授权范围内主动作为，维护好企业利益。这是必须要坚守的底线，不能放松警惕，不可心存侥幸。如果守不住自己的心，私欲膨胀，拿企业利益做交换去贪求一己私利，那损害的将不仅是企业利益，还害了自己。"天网恢恢，疏而不漏"，一念天堂，一念地狱，不可不慎。

最后，"阳光"与"高效"是因果关系。"高效明泉"是以高效工作实现高效益，与"阳光工作"之间既是因果关系，也是并行关系。并行关系是指阳光和高效二者并行不悖，要兼顾并重，不可顾此失彼。因果关系是指阳光工作可提高工作效率，进而实现高效益。这包含两层意思：一是以"阳光工作"理念为指引，持续推进各项工作的规范化、标准化和流程化，可大幅提高工作效率与效益；二是只有秉持公心、"阳光工作"，才能使企业内部风清气正、充满活力，才可能以高效工作取得高效益。

总之，"阳光工作、高效明泉"就是秉持公心，执行制度，正确用权，以高效工作实现高效益。"阳光工作、高效明泉"是明泉新阶段的内在要求。我们要在此理念的指引下，秉持企业利益至上的公心，严格执行制度，正确使用权力，以更高效的工作争取更高效益，在高质量发展道路上不断取得新突破。

举直错诸枉

　　贯彻"阳光工作、高效明泉"的理念，我们就要在企业文化的指引下，明确选人用人的导向，并毫不动摇地予以坚持。孔子所说的"举直错诸枉"对于今天的我们，依然具有非常重要的现实意义和指导作用。

　　"举直错诸枉"在《论语》中共有两处论及，在《为政篇》里是"举直错诸枉，则民服；举枉错诸直，则民不服"，在《颜渊篇》里是"举直错诸枉，能使枉者直"。在孔子看来，推选任用正直贤明的人，将其置于品行不正的人之上，就会使民众信服，还会起到良好的引导作用。由此可见孔子对人性的洞察和对选贤用贤的高度重视。千古不变唯人性，2 500多年前的圣人之言依然适用于今天。任何一个组织，只要是任用品行不端的人，势必就会搞得离心离德、乌烟瘴气。因此，我们必须要做到"举直错诸枉"。

　　"举直错诸枉"中的"直"原意是正直贤明，而在我们企业中，"自强不息、厚德载物"的核心价值观赋予"直"更加丰富的内涵。"直"就是认知水平要高。认知水平高是指真正从内心认同企业文化，具备自强不息的奋斗精神、厚德载物的利他精神和"行有不得、反求诸己"的反思精神。"直"就是业务能力要强。业务能力的评价标准是工作成绩，而非学历和资历。我们必须坚持从工作成绩突出的人员中选拔干部。"直"就是具备领导力。领导力是团结动员员工围绕企业目标共同奋斗的能力。只有具备领导力，才有可能带好团队。因此，领导力是干部选拔的标准之一。"直"就是学习能力强。外部形势不断变化，企业快速发展，都要求我们必须具备强大的学习能力。一个人学习能力跟不上，就意味着其发展潜力有限，业务能力很快就无法适应岗位的新要求。以上"直"的四个方面是我们选拔任用干部时必须考量的四个要素。干部认知水平高，才能带动团队传承和践行企业文化；干部业务能力强，才能让人信服；干部具备领导力，才能带好团队；干部学习能力强，才具备成长潜质和可塑性。

改革开放以来的 40 年，我国成长起一批优秀的企业，这些企业都是在其核心价值观的指导下，坚持正确的选人用人导向，做到"举直错诸枉"。以华为为例，华为的核心价值观是"以客户为中心，以奋斗者为本，长期坚持艰苦奋斗"。华为围绕"以奋斗者为本"，确定了一系列选人用人的原则：在认知方面，品德和作风是干部的资格底线，必须认同企业核心价值观、担负起企业文化传承的责任，要看奋斗意志和干劲、不能只看技能，要有敬业精神、献身精神和自我批判精神；在业务能力方面，所有要提拔的干部必须要有好的工作业绩，以结果为导向，不承认"茶壶里的饺子"；在领导力方面，干部必须具备带领团队持续取得高绩效的领导力素质，高级干部必须要用内心之火和精神之光点燃全体员工的信心、引导队伍走向胜利；在学习方面，真正想当将军的是那些有学习精神和渴望的人，你有不学习不努力的权力，但我们也有不提拔不重用不涨工资不给你这样不给你那样的权力。

通过上面的阐释，我们可以得到启示：学习优秀传统文化必须联系实际，古为今用。我们结合企业实际赋予"直"更全面的内涵，才使得"举直错诸枉"具有了非常重要的现实意义和指导作用。坚持正确的选人用人导向，选用符合企业核心价值观的人，才能获得员工的认可和支持，才能产生正面的引导作用，引导员工学习和践行我们的企业文化，才能使企业内部风清气正、凝心聚力，确保企业发展行稳致远。

凝心聚力促蜕变

蜕变本指一种生物现象，如蝉羽化后成为可以飞翔的蝉。蜕变是蝉一生中所经历的最重要、最神奇的一个阶段。后来人们常用蜕变比喻事物美好的质的改变，寄托对新生事物的期盼和希望。

蜕变是一种自然现象，地球早期也经历了地表形态的蜕变，由一个火山喷发的岩浆构成的炽热球逐渐蜕变成山川繁茂、生机盎然的蓝色星球。蜕变是一种社会现象，人类社会也经历了社会形态的蜕变，由原始社会到奴隶社会、封建社会，又到资本主义社会、社会主义社会。蜕变又是一种经济现象，我国建国以后的经济形态也发生了蜕变，从农业经济跨入工业经济、知识经济，经济体制从计划经济蜕变为市场经济。当然，蜕变也适用于企业。对于企业而言，企业发展过程中每一个脱胎换骨式的突破就是蜕变。以洁净煤气化项目投产为标志，明泉从一个工艺落后、濒临绝境的传统煤化工企业蜕变为技术先进、士气高昂的现代煤化工企业。以 PSPI 研发和产业化突破、PPS 项目顺利推进为标志，明泉正由一个现代煤化工企业蜕变为以高分子材料为引领的新材料企业。2022 年新年伊始，我们企业发展正处于蜕变的关键阶段。

之所以说"关键"，是因为蜕变是经过量变积累之后的质变过程，这一过程较之于量变阶段变化更剧烈、风险更高，需要全神贯注、一鼓作气，推动质变顺利完成。2022 年 1 月，明化技改项目仍处于安装阶段，安装及后续调试开车任务还很艰巨，资金投入压力大；PSPI 和

PPS正处于产业化探索阶段，离商业化成功还有较大距离，还属于高风险期。要促成基础产业布局收官、高端产业产业化成功的蜕变，我们必须凝心聚力，集中资源力量，瞄准目标全力冲击，同时营造良好的外部环境，确保一次冲关成功。蜕变的过程对全体人员特别是对各单位负责人驾驭局面的能力提出了更高要求。全体人员必须认清我们企业在2022年处于蜕变阶段的形势，毫不松懈地抓好各自的工作。

2022年，我们在以下方面着力，促成企业蜕变。一是坚定必胜信心，"苦心人天不负，有志者事竟成"，时代不会辜负为利益大众社会而自强不息、不懈奋斗的明泉人。二是坚持"稳"字当头，稳中求进，积极进取，守正创新，保持生产经营稳健。三是将"以安全环保为核心"的理念贯彻到企业生产经营管理的方方面面，做好安全、环保工作，守牢安全和环保底线。四是面对仍不乐观的经济形势，做好应对极端困难形势的准备，首要是确保资金链安全。五是按照资产资本化、资本证券化的总思路，创新融资模式，开展对外资本合作，增加直接融资比重。六是提升管理常抓不懈，焕发企业内在活力，增强凝聚力和执行力。"战争的伟力之最深厚的根源，存在于民众之中"。只有机制制度到位，蕴含于全体员工之中的创新创造活力才会迸发出来。企业发展要实现创新驱动，必须要将创新创造的氛围营造和政策引导摆在首位。尤其是对于PSPI和PPS，我们必须创新激励机制，激发研发人员积极性和创造力。七是集中财力、精力，强力推进明化技改项目如期投产。八是优化提升基础产业，并延伸产业链，提高产品附加值，挖掘基础产业的发展潜力和盈利能力，解决基础产品附加值低这一阻碍企业高质量发展的痛点、难点和关键点。九是全力以赴推进PSPI研发和产业化、PPS项目建设。十是牢记"谦虚、谨慎、戒骄"，蜕变只是新的生命阶段的开始，是企业进入新发展阶段的起点，切不可有骄傲自满情绪，必须坚守"自强不息"的奋斗精神，居安思危，朝乾夕惕。

蜕变是美好的，也是充满风险的。因此，在2022年企业蜕变的关键阶段，我们必须坚持稳字当头，凝心聚力，守正创新，稳步前行，促成企业向科技明泉的蜕变、向高质量发展的蜕变。"时人不识凌云木，直待凌云始道高"，我们当下要深深扎根，共同期待企业高耸入云的时刻。

珍惜平台，感恩企业

2022 年三四月，山东省疫情多点散发，波及济南市章丘区。为保护员工及家属健康安全，确保企业保持正常运转，我们当机立断，启动疫情防控应急封闭管理预案。封闭管理期间，居家人员对上班的愿望远比驻厂人员回家的愿望更迫切。再加上疫情导致不少人收入下降甚至失业，大家真真切切感受到了工作平台的宝贵。经历过这次疫情，我们应当更加懂得珍惜平台、感恩企业。

之所以要珍惜工作平台，原因有二：一是个人离不开平台。平台与个人是相互成就的关系，但平台可以离开个人，而个人离不开平台。创业成功本来就是小概率事件，据统计，国内初创企业存活率不足 1%，也就是说超过 99% 的创业者以失败告终。二是好平台可遇不可求，众所周知的大公司不一定是好平台，只有个人才能充分发挥、同事之间团结互助、领导器重赏识的才是好平台，同时具备这三个条件的平台少之又少，正所谓"千里马常有，而好平台不常有"。之所以要感恩工作平台，原因也有二：一是平台是个人才能施展、实现个人价值的"舞台"。个人的光芒来自"舞台"的灯光，个人的高度依靠"舞台"的托举，千万不要无视平台的成就而完全归功于个人。二是平台是个人获取收入、富足精神的来源。平台能为个人遮风挡雨，让个人有比较稳定的收入来源。平台能给予个人事业的成就感、同事的认可、社会的尊重，优秀传统文化学习能提升个人智慧和人生境界，这些都能让个人获得精神上的富足。

有些人不珍惜工作平台，不知感恩工作平台，他们觉得此处不留爷自有留爷处，可以随时跳槽到其他平台。对此观点要有三点认识：一是要认识到时代变了，国家经济高速增长时期，新增就业机会多，跳槽还比较容易，可现在国家经济已进入低速增长时代，再加上疫情雪上加霜，经济和就业形势很不乐观，在这样的形势下跳槽不是明智之举。二是要认识到不会游泳的人换游泳池没用。要有自知之明，个人得不到认可首先要反省自身的能力和态度问题，如不反躬自省、自我提升，仅仅是换平台，结果只会事与愿违。三是"与其多掘数井而皆不及泉"，不如"老守一井，力求及泉"，一味浅尝辄止地换来换去的人是不可能得到平台信任和重用的。"自立立人，自达达人"，只有在一个平台长期坚持创造价值和不断成长的人，才能获得同事的信任和认可，才可能被平台委以重任，职位和收入才会有持续的提高。

明泉集团是我们共同的工作平台，我们要懂得珍惜、知道感恩。珍惜和感恩不能只是停留在思想上和口头上，而是要落实到行动上。珍惜平台、感恩企业就需要做好以下几个方面：一是立足本职、用心工作，要在自己的岗位上尽职尽责、踏实工作，此外还要关心集团发展，以主人翁意识而非打工者心态，不断改进、提升本职工作，做到用心工作。二是持续学习提升、与平台共成长，集团正加速转向高质量发展，对技术和管理人员职业素养的要求将越来越高，我们要有危机意识，持续学习、自我成长，跟上集团发展的步伐，与集团同进步、共成长。三是严格执行和遵守各项规章制度，要贯彻"依法治企"的理念，以规章制度明确职责分工，并确保规章制度得到刚性执行，尤其是关键时期、非常时期，如疫情防控应急封闭管理期间，执行各项规章制度容不得半点松懈、马虎，防疫一旦出问题就很可能是灭顶之灾。四是理解和支持集团的决策部署，即使暂时不理解，也要无条件地坚决服从和执行，并且不散布任何负面言论。五是珍惜团队，珍惜平台说到底就是珍惜团队，我们要珍惜因缘，广结善缘，团结同事，做好协同配合。六是克服小我、成就大我，集团决策部署必是立足大局和长远，我们要有大局意识、长远意识，处理好局部与整体的关系、短期与长期的关系；要有担当和奉献精神，着眼长远，服务集团发展大局。

"纸上得来终觉浅，绝知此事要躬行。"道理说千万遍都不如亲身体会一次。从这个角度来看，这次封闭管理是个很好的体验机会，可以让大家真正体会到工作平台的重要性，更加懂得珍惜平台、感恩企业。我们要珍惜明泉集团这个平台赋予我们的工作机会和成长环境，并始终保持感恩之心、敬畏之心，立足本职，用心工作，不断创造价值，持续自我成长，让平台因我们的坚守和努力而辉光日新，让我们自己的人生因平台而精彩无悔。

树立整体安全观

2022 年上半年严峻的疫情形势已经迫使不少企业停止运转。虽然我们提前预判，采取了封闭管理措施，使得企业在原料采购、物资供应、产品销售、项目建设等方面受疫情的影响较小且可控，但疫情影响企业正常运转的风险仍然存在。冷峻的现实在提醒我们：企业安全不只是生产安全，我们必须全面看待企业安全管理，必须树立整体安全观，才能保障企业生存与发展。

我们先给企业整体安全观下个定义。所谓企业整体安全观是指站在企业全局的高度，全面审视企业内外部因素，识别出关系企业安全稳定运行的各方面要素而形成的观点和理念。它包含但不限于生产安全，是以更广阔的视野审视企业安全。关系到企业安全稳定运行的因素有很多，就我们企业而言，至少包含以下十四个方面的安全：生产安全、环保安全、运维安全、项目安全、供应安全、销售安全、资产安全、资金安全、信用安全、信息安全、舆论安全、合规安全、人才安全、员工安全。生产安全是指生产过程平稳连续，无危害员工安全和健康的事故发生。环保安全是指"三废"达标排放，环保管理和设施满足政府部门要求。运维安全是指运维人员在检修、停开车、设备安装等工作过程中安全无事故。项目安全是指在项目建设过程中无安全事故发生。供应安全是指筛选优质供应商、原料物资供应保障有力。销售安全是指产销平衡、顺畅无碍。资产安全是指资产完整，不存在非法占用、实物资产被盗、闲置等问题。资金安全是指做好资金收支全过程的安全控制和风险防控，并保障企业资金链周转流畅。信用安全是指严格履行合同，按时支付合同款、归还贷款本息，未发生失信违约。信息安全是指企业商业和技术机密未经企业许可未向其他企业和个人泄露。舆论安全是指企业社会形象良好，公众舆论环境有利于企业发展。合规安全是指企业对外合资合作、生产经营、安全环保、项目建设手续等各方面工作都做到合法合规。人才安全是指企业技术和管理人才保持基本稳定，不出现短时间内大量流失的问题。员工安全是指员工生命健康安全、思想心态平稳。以上十四个方面的安全构成了企业整体安全体系。如果其中任何一个方面出现问题，都会威胁到企业的生存与发展。因此，我们要树立整体安全观，并采取行之有效的措施予以落实。

复杂严峻的疫情形势，对集团生产经营和项目建设造成多方面的影响。在这样一个非常时期，尤其需要我们树立整体安全观。我们要重点做好生产安全、运维安全、项目安全、供应安全、销售安全、资金安全、合规安全、员工安全。一是生产安全方面，要贯彻"以文化人、依法治企"的管理指导思想，从以前的事故警示教育为主转变为事故警示教育和制度流程建设并重，事故警示教育之后要紧跟着制度和流程的制定或完善，明确规范、标准、责任人、考核和奖惩办法，使安全管理和员工工作都有章可循。智能化时代，生产系统的高可靠性越来越依靠设备、电气、仪表、传感器等物资的高可靠性。要采用信息化、智能化手段强化物资全生命周期管理，对物资采购、质检、安装、调试、使用、维护、检修、报废的全过程实施高效管控。二是运维安全方面，当前集团在建项目和技改项目较多，运维公司要针对系统检修、开停车以及各类施工作业，特别是机械、电气、仪表、高空和密闭空间等作业，重点做好安全管控。三是项目安全方面，在建项目要把安全放在第一位，树立属地管理责任意识，在明确建设单位安全管理责任的同时，监督合作单位严格落实各项安全措施。四是供应安全方面，要关注疫情形势变化对原料采购、物资供应的影响，提前预判，制定应急预案，确保原料物资进得来，满足生产、运维和项目建设需要。五是销售安全方面，要关注疫情形势对下游市场和运输的影响，以客户为中心，做好非正常时期的货物交付、运输组织等工作。六是资金安全方面，我们搬迁以来通过融资重建盈利能力，不得不较长时间承受较大资金压力、付出较高的资金成本代价，当下必须要确保资金链安全，接下来我们将转向轻资产发展，推动实施资产资本化、资本证券化。七是合规安全方面，国家政策法规执行越来越严格，做到合法合规就是捷径，因此我们各个项目的各项手续都要做到合法合规，不得给后续的投产运行留下后遗症；我们的安全环保管理要做到合法合规，要借外部检查之机提升自身管理水平。八是员工安全方面，当前要高度重视疫情防控，把各项防控措施落实到位，不断查缺补漏，切实保障员工生命健康安全；要在封闭管理期间多关心员工生活，从思想和心理方面做好引导和教育。以上是当前时期的重点安全工作。

疫情提供了一个契机，让我们能够在封闭管理期间静下心来，仔细思考我们企业如何才能在外部巨大的不确定性中持续平稳健康发展。安全是企业安身立命之本，是企业生存与发展的前提。树立整体安全观可以让我们站在企业发展全局的高度，更加全面地理解和把握企业安全。整体安全观将成为集团发展的指导思想之一，会随着企业发展实践不断丰富和完善。企业发展的各个阶段都有各自不同的安全工作重点。我们要抓住当前安全工作重点，统筹做好疫情防控、生产经营和项目建设，确保 2022 年闯关成功，确保企业行稳致远。

构建全方位的企业诚信体系

　　自 2022 年 3 月 22 日至 4 月 29 日，集团疫情防控应急封闭管理已持续一个多月了，生产经营和项目建设等各项工作都有条不紊地开展。广大员工特别是驻厂员工及家庭为此付出很多。从中我们感受到了员工对集团的向心力。从员工的向心力延展开去，我们认为，企业只有获得各方的信任和支持，发展才能行稳致远。我们要构建全方位的企业诚信体系，汇聚来自各方的力量，共同推动企业持续高质量发展。

　　构建全方位的企业诚信体系就是内部取信于员工，外部取信于客户、供应商、合作伙伴、金融机构、政府部门、当地社会等利益相关方。对于构建诚信体系、取信于各方的重要性，我们能从优秀传统文化的民本思想中得到很多启发。孔子说："民无信不立。"孟子说："失天下也，失其民也；失其民者，失其心也。"荀子说："水则载舟，水则覆舟。"员工及其他利益相关方的信任之于企业，就如同民心所向之于国家，是企业的立身之本。对此可从两个方面认识：一是取信于员工才能凝心聚力，员工信任企业，才可能更好地认同和执行企业的决策部署。集团启动搬迁以来的发展实践取得了员工的信任，才有了模拟股份 KPI 考核改革员工的高参与度。二是取信于客户才能确保销售安全，取信于供应商才能确保供应安全，取信于合作伙伴才能确保合规安全，取信于金融机构才能确保资金安全，取信于政府部门、当地社会才能确保舆论安全。不管是诚信体系哪一个方面出问题，都会对企业的正常运转构成不良影响。因此，我们应全方位看待企业的诚信，树立全方位的企业诚信体系。

树立全方位的企业诚信体系的指导思想是"自利利他"。利他才能自利，企业只有与员工共享，与其他利益相关方共赢，才能取信于各方，获得各方的信任和支持。这给我们提出至少十个方面的要求：一是"有恒产者有恒心"，要取信于员工就要贯彻"惠及员工"理念，确保员工收入福利随企业效益增长而提高。这就要求全体员工坚持"四个基本"，牢记"两个务必"，立足本职，用心工作，持续推动企业高质量发展，提高企业盈利能力和水平。二是取信于员工要求各级管理人员必须贯彻"答案在现场、现场有神灵"的理念，坚持走"群众路线"，深入基层，深入现场，收集一手信息，放下架子、谦虚认真地倾听一线的意见建议，以实事求是地做出安排部署。三是取信于客户要求我们以客户为中心、为客户创造价值，做到产品质量达标、按时交付，尤其是疫情期间更需要做好物流安排，确保及时送达客户。四是取信于供应商要求我们谨慎签订合同、严格履行合同，按时足额付款。这方面会随着明化技改项目建成投产得到明显改善。五是取信于合作伙伴要求我们贯彻"搭建平台、整合资源、科学发展、诚信共赢"的理念，严格履行合作协议，诚信以待，携手共赢。六是取信于金融机构要求我们严格遵守约定，按时偿还本息，不发生失信违约。七是取信于政府部门要求我们顺应产业政策导向，满足安全、环保等方面的法律法规要求，为地方经济社会发展多做贡献。八是取信于当地社会要求我们践行"回报社会"的理念，积极履行社会责任，以实际行动回馈社会，传递正能量。九是坚持"深耕当地"的定位做好宣传工作，及时报道企业重点工作、发展成绩及履行社会责任等信息，对内起到凝心聚力的作用，对外塑造企业良好形象。十是做好企业文化建设工作，我们要将"自利利他""己欲立而立人，己欲达而达人""诚信共赢"等理念入脑、入心，融入自己的言行，以实际行动让利益相关方信服我们的企业文化。落实以上十个方面的要求都需要管理人员以身作则、以上率下。诚信是干出来的，光说不干有害无益。诚信体系也是各单位立足本职、实干出来的。企业诚信体系建立需要内部方方面面的长期努力，但如果某个方面出现问题，再经网络媒体放大，就很容易导致企业信誉严重受损。因此，我们必须倍加珍惜集团启动搬迁这几年来积攒的信誉，并小心翼翼地维护好。

毛泽东曾指出："战争的伟力之最深厚的根源存在于民众之中"，"依靠民众则一切困难能够克服，任何强敌能够战胜，离开民众则将一事无成"。对于企业而言，"民众"就是员工及其他利益相关方。企业要想持续健康发展，就必须取信于"民众"，获得"民众"的信任和支持。因此，为了汇聚内外各方力量、顺利推动企业高质量发展，我们要把企业诚信体系建设提升到企业战略的高度，努力建设好、精心维护好、全力发展好企业诚信体系。随着明化技改项目的建成投产和新材料板块的发展，构建企业诚信体系所需的各项条件将更加完备，让我们共同努力、共同受益。

在全集团范围内营造创新创造的浓厚氛围

2022 年 4—5 月，明士公司和 PPS 事业部贯彻"以创造者为本"的理念，按照鼓励创新创造的激励机制分别进行了制度设计，有效地激发了本单位人员创新创造的积极性，对工作推进起到了显著的促进作用。创新创造已成为集团当下和未来高质量发展的基本驱动力。我们要在全集团范围内建立鼓励创新创造的激励机制和制度，以营造创新创造的浓厚氛围。

之所以要在全集团范围内倡导和鼓励创新创造，原因有二：一是时代大势和集团发展的要求。工业化时代依靠技术复制进行快速规模扩张的发展模式已成过去，我国正进入依靠自主创新创造提高发展质量和效益的现代化时代。在这样一个转型期，我们企业的发展模式必须顺应时代大势，完成由规模扩张型向质量效益型的转变。质量效益型的高质量发展模式需要创新创造作为支撑。我们需要通过制度设计鼓励创新创造。二是集团各方面工作皆可创新创造。新材料板块 PSPI、PPS 对集团来说是全新的领域，其研发、产业化和管理必须也只能进行创新创造，才能符合新材料行业发展的特点和规律。如果用过去发展的经验去指导新材料板块的发展，必会出问题，因为剧变的时代，以往的成功经验不足以成为我们未来前进道路上的向导，甚至有可能成为绊脚石。创新创造不是新材料板块的专属，基础产业、精细化工板块及其他经营单元同样可以创新创造。围绕提高本单位效益，采取有别于常规的技术方法或管理措施，或提高产品产量、质量，或降低消耗、成本，或使生产更加安全、环保、平稳、高效，或较大幅度扩大市场份额，或推进产业链延伸项目合作和建设，或改善生产管理、提高工作效率，都属于创新创造。集团各职能部门也可以创新创造。以"三化融合"为总抓手，推进智能化建设，优化管理流程，提高工作效率，属于创新创造；提出有别于常规的、原创的管理改进思路并付诸实施，或通过外出学习、邀请专家或专业咨询机构，构建体系化的管理制度和流程，只要是切合实际、收效显著，就都属于创新创造。

基于以上的分析，我们有必要对创新创造的概念做个界定，澄清对创新创造的模糊认识。创新创造是指在企业生产经营过程中，广大员工立足本职岗位，通过学习、引进、独创、改进等方式，在生产、管理、研发等方面形成的，具有新颖性、独创性和效益性等的技术、工艺、制度、措施、方法等。有两点需要注意：一是创新创造既包含从无到有的创造，也包含在现有基础上的改进提升。二是模仿、引进也可以是创新创造。我们所谓的创新创造是针对明泉集团这个范围而言，创新创造并不一定是要创造出这个世界上本来没有的东西。如果模仿先进企业成功的做法或引进成熟的管理体系，符合集团实际且取得显著成效，就可视为创新创造。创新创造不是为了新而新，必须务求实效。

为了在全集团范围内倡导和鼓励创新创造，我们将在集团层面进行相应的制度设计。总体思路包括以下几点：一是贯彻"以创造者为本"的理念，落实价值创造、价值评价和价值分配的激励机制。二是各生产经营单元结合本单位实际进行制度设计。价值评价方面，对创新创造的成果进行分类并制定相应的量化赋分标准，将创新创造的主体分类为个人和团队，成立创新创造评价委员会，对创新创造的成果及价值进行公开、公平、公正评价。价值分配方面，坚持及时奖励原则，按月兑现奖励，同时奖励结果将作为参与员工职级和职位晋升的依据之一。评价和奖励结果向集团报备，接受审计监督。三是各生产经营单元创新创造成果经所在单位评价，预估价值超过一定金额的（具体标准由集团制定），作为重大创新创造成果，报集团审核、评价。集团各职能部门的创新创造成果直接报集团审核、评价。集团层面成立集团创新创造评价委员会，并设专家库，对各生产经营单元的重大创新创造成果和职能部门的创新创造成果进行评价，确定奖励办法。对于新材料板块可产生长期效益的开创性创新创造成果，除当月兑现奖励外，从项目连续三年的年度效益中拿出一定比例进行奖励。集团倡导创新创造的理念是必要的，鼓励创新创造的机制也是必要的，奖励创新创造的力度是前所未有的，能否达到预期效果关键就看各单位是否贯彻执行到位。

我们正处于企业高质量发展的初级阶段，企业发展质量和效益的提升、管理水平的提高都需要我们不断创新创造。创新创造正在并将成为企业发展的基本驱动力。倡导和鼓励创新创造是时代对我们的客观要求，也是我们推动企业高质量发展的必然选择。我们要敏锐地认识到这个时代正在经历的变化，要深刻地认识到创新创造的重要性以及对我们的要求。个人只有不断学习提升，不断为企业发展创造新的价值，才能不被企业淘汰；企业只有依靠创新创造驱动发展，才能不被时代抛弃。唯有创新创造，方能前进；唯有创新创造，方有未来。

企业发展即将转入巩固优化提升时期

集团从 2013 年启动搬迁到 2022 年明化技改项目建成投产的九年是大投入、高风险的九年。未来三年（2023—2025 年），我们要转入"休养生息"时期，即转入巩固、优化、提升时期。过去大投入、高风险的九年是必经时期，转入巩固、优化、提升时期也是必然的，都是由集团发展的内外部条件所决定。我们需要理清这个时期的发展思路和任务，为未来三年工作指明方向。

一、过去大投入、高风险的九年是必经时期

集团 2013 年启动搬迁时，装置技术落后，安全事故频发，环保形势严峻，外部市场形势跌入谷底，导致经营出现连续亏损，债务负担加重。在这样的形势下，趴在原地不动就是等死。唯一的出路是进行装置的大规模技改和大项目建设，提高装置技术水平，大幅降低生产成本，使企业重新具备盈利能力。而这需要投入大量资金，企业当时已多年亏损、缺乏积累，就只有想尽办法向银行等金融机构借钱。就这样，我们完成了系统大平衡改造等多个大规模改造提升项目，并提出"搭建平台、整合资源、科学发展、诚信共赢"的合作发展理念，借助合作伙伴注资等融资模式创新，完成洁净煤气化项目建设。

洁净煤气化项目建成投产后，我们并没有停止大投入、上大项目的脚步，是因为一个洁净煤气化项目还不足以支撑集团发展大盘，如果不对明升达、明化的落后生产装置进行全面的升级改造，集团总体发展局

面和盈利能力就不会得到根本性改善。而且我们预判到政策的机遇期和窗口期稍纵即逝，如果不抓住机会、抓紧时间把项目建起来，以后就很难再有机会了。所以，洁净煤气化项目开车成功三天以后就正式启动了明升达退城进园项目建设；在明升达退城进园项目建成投产前的 2019 年底，我们就启动了明化技改项目建设。

对于起点低、家底薄的明泉而言，大投入必然伴随着高风险，过去九年里企业时常面对资金链的安全问题。风险的降低直至化解需要企业盈利能力的不断提高。明升达退城进园项目的投产使集团盈利能力得到显著改善，降低了集团发展风险，稳住了集团发展大盘。而明化技改项目的建成投产将使集团总体盈利能力得到根本性改善、集团大的发展风险得到基本消除。

二、转入巩固优化提升时期的必然性和条件

转入巩固优化提升时期是我们未来三年的必然选择，主要原因是基础产业已不具备继续扩大产能的条件。对此可从以下两个方面来看：

外部因素："双控""减煤"政策的限制。随着国家生态文明建设的大力推进、碳达峰碳中和目标的落地实施，能耗"双控"和煤炭消费压减已成为各级政府重要的长期性工作。山东省发文要求，坚决遏制"两高"项目盲目发展，确保"两高"行业能耗煤耗只减不增。虽然新增原料用能不纳入能耗双控考核，但煤炭消费压减已导致新上合成氨等"两高"项目受到严控。

内部因素：企业自身降低发展风险的需要。从集团自身来看，集团盈利能力改善后，为了降低发展风险，就需要降低负债率，而降低负债率需要一个过程，所以预计我们未来三年内不具备进行大投入的条件。近年，有东部地区企业去西部的新疆、青海等省份进行产业布局。西部地区资源潜力巨大，出于经济增长的考虑，有从东部省份接纳"两高"行业转移的倾向。但限于企业目前的资金实力，且为了实现负债率的降

低，我们认为当下和未来三年都不具备去西部地区新建基础产业产能的条件。

转入巩固优化提升时期的基础和条件就是集团启动搬迁以来在基础产业和高端产业领域取得的成果。

基础产业方面。经过九年以来持续高强度的投入，我们先后建成洁净煤气化、明升达、明化等三套加压气化装置，实现了"基础产业牢固"的发展目标。基础产业板块投入巨大、持续时间长、占用资源多，广受员工和社会关注，是企业未来长期稳定发展的基石，给我们奠定了延伸产业链、提高产品附加值的坚实基础。

高端产业方面。经过五年来的探索和尝试，我们在高端化工产品领域先后投产甲醛吡啶、均四甲苯生产装置，在高端新材料领域先后开启了 PSPI 和 PPS 系列高分子材料的研发和产业化。PSPI 和 PPS 项目在突破一个个难关之后，目前已取得相当的进展。我们正朝着"高新技术突出"的目标稳步前进。

三、企业巩固优化提升时期的工作任务

（一）巩固

三套加压气化装置格局的形成，既是明泉集团基础产业阶段性建设完成的重要节点，也是新的巩固时期的开始。这里的巩固有两方面的含义：

巩固装置运行。确保三套加压气化装置"安环稳长满优"运行，是不言而喻的，是必须要做到的。我们过去九年倾力打造的基础产业板块，来之殊为不易，我们要倍加珍惜，落实到行动上就是牢记并落实"安环稳长满优"六字要求。基础产业是集团发展的基石，"基础不牢，地动山摇"，其重要性是再怎么强调都不为过。

巩固基础管理。启动搬迁九年来，集团各方面的基础管理工作都有显著提升，但仍有很大提升空间。一是员工队伍素质还需提高。员工队

伍素质在经过项目建设历练后得到很大提升，这是令人欣慰的。但我们应该看到，面对新工艺、新技术、新装置，我们还有许多未知，在节能降耗、经济运行、技术创新优化等方面还需要精益求精，不断加深对加压气化技术的认识和掌握。二是面临向智能化管理转型的课题。对于新型的加压气化装置，我们需要建立与之相适应的组织管理方式。特别是随着智能化时代的到来，我们正面临向智能化管理转型的重大课题，要实现从"两化融合"到"三化融合"的升级。我们要通过实施智能化，达到智能化减人、提高安全系数、提高生产效率和效益、提高人均营收的目的。因此，巩固基础管理既是时代对我们的外在要求，更是我们自我提升的内在需求。

（二）优化

我们要眼睛向内，着力优化好两个结构：

优化产品结构。即增加高附加值产品的比重。这是转向高质量发展的基本要求。我们要通过两个途径实现：一是现有产品的附加值提升，包括增效尿素、电子化学品等新产品的市场开拓；二是产业链向下游延伸。优化产品结构的原则是聚焦主航道，坚持长期主义，持续深耕主业、精耕细作，决不能抛开主业、东张西望。

优化债务结构。明化技改项目建成投产后，基础产业布局将基本完成，企业现金流将有根本性的改善。我们要利用这个有利时机，优化债务结构。

一是着力做好现金流管理。我们要紧紧抓住合成氨行业结构调整转型期的有利时机。在 2021 年全国的合成氨产能中，加压气化占比50.6%，常压气化占比 23.7%，气头占比 19.7%，其他占比 6%。随着常压气化产能的陆续退出，市场供需将出现紧平衡甚至短缺，预计在2023—2025 年的三年时间里，集团将迎来经营性现金流的高回报期。资金形势缓和后就要着手压缩债务。未来三年，我们将按照每年净压缩

10 亿元有息负债的计划，稳步实施"两降"，即大幅度降低利息率、大幅度降低有息债务金额，力争到 2025 年实现总体债务利息率降低 40% 以上、债务结构合理、资金链安全的工作目标。

二是着力做好非主业资产的盘活变现工作。我们要贯彻"回归主业、做精主业、做强主业"的发展理念，盘点出各项非主业的低效或闲置资产，有计划、有步骤地实施变现，提高资产使用效率。目前，需要变现的非主业资产包括宁阳明升达老厂土地、刁镇盛唐世家房产、刁镇土地余款等，需要盘活的非主业资产包括明水房产、华阳热电资源等。

三是陆续归还项目建设基金。随着明化技改项目建设完成，项目建设基金的历史使命即将完成。考虑到广大职工及亲属对企业的信任和收益要求，企业将利用未来三年时间，采取分期逐步解决的方式实现有序退出，解决方式包括择机停止收取（只出不进）、按计划分期归还、逐步扩大 KPI 模拟股金参与规模等。

（三）提升

从国家政策层面上来讲，将现代煤化工的甲醇和合成氨归类到"两高"行业是有其考虑的。我们每年需要消耗煤炭实物 300 多万吨。这对生产装置所在的区域而言是很沉重的一个话题。虽然政策层面上不再将原料用煤纳入能源消费总量考核，但能耗指标、碳排放等社会发展指标还是会考核并逐步收紧的，甚至在未来不长时间里收取"碳税"也是有可能的。因此，我们面临的较为急迫的课题是提升。

提升装置本身的运行效率。提升装置运行效率就是持续推进生产降本增效。一是我们要通过技术改造，不断优化提升生产系统。二是我们要着力推进智能工厂建设，通过实施先进控制、设备预测性维护等，提高生产系统自控率，保障长周期运行。我们要通过技改和智能化建设，提高人均营收、降低生产成本、降低单位能耗。

提升管理效率和运营效益。我们要向管理要效率，向运营要效益。

向管理要效率是以"三化融合"为抓手，有两个着力点：一是着力管理体系的建设，包括人力资源管理体系、供应链管理体系、质量管理体系等；二是着力实施智能化管理，通过智能化固化管理体系和提升管理效率。向运营要效益就是要秉持"阳光工作、高效明泉"的理念，依托供应链管理体系，降低原料和物资采购成本，同时提高市场话语权和地位，达到提高企业整体盈利水平的目的。

提升产品附加值。这既包括现有产品的产业链延伸，也包括高端新材料产品的开发。一是产业链延伸。在不进行重资产投入的情况下，着手产业链的延伸、提高集团整体盈利能力，是我们的重要任务之一。依托已形成的基础产业优势，实施产业链延伸的条件已经具备。合成氨、尿素、甲醇产业链的延伸和吡啶的补链、强链、延链，都在我们考虑之列。关于吡啶延链制二联吡啶，要对已确定的发展思路进一步做好方案的详细调研论证，进行总体规划、总体立项、同步实施（前端工序）。后端工序可根据市场情况，确定分步抑或是同步上马。二是高端新材料和化学品开发。我们要贯彻轻资产发展的基本思路，根据市场开发进展，采取总体规划、分期上马、逐渐拓展的工作方针，尽量控制前期资本投入，减少过早的不必要的资金占用，达到减少沉没成本的目的。PSPI 在研发场地等方面要坚持宜租不宜建的原则，减少在固定资产方面的投入。在 PPS 项目一期投产并实现质量达标、批次稳定、市场培育之前，不考虑重资产投入建设二期。对于吡啶产品，我们要抓住市场机遇期，全力推进补链强链延链项目，进一步扩大产能，用一年时间（即在明年中期）完成 5 万吨产能的投产。

提升人均营收和人均效益。若要实现我们已经确定的员工工资的持续增长，必须以人均营收和人均效益的提升为前提。"十四五"末工资较之 2020 年倍增计划的实现，依靠人均营收和人均效益的提升。为了提升人均营收和人均效益、实现工资倍增的目标，集团 2025 年员工总数要控制在 3 500 人以内，总营收要达到 200 亿元，总利润要达到 20 亿元。这就要求我们全力做好巩固、优化、提升时期的各项工作。

我们从 2022 年的现在到 2025 年都将处于企业高质量发展的初级阶段。以明化技改项目投产达效为里程碑和标志，企业发展将由大投入、高风险时期转入巩固、优化、提升时期。换言之，巩固、优化、提升是对企业未来三年多发展任务的高度概括。我们要全面准确把握巩固、优化、提升的含义，清楚知道这个时期企业的发展方向和自身的工作任务。需要特别提醒大家的是，明化技改项目投产只是个新的开始、新的起点，切不可小富即安、止步不前，要牢记"两个务必"、不懈奋斗，只要做好巩固、优化、提升，集团发展将会迎来一个大的跃升，我们的工作生活也会随之上一个台阶。

黄河九十九道弯引发的感悟

出差西安，从飞机上俯瞰蜿蜒的黄河，我不禁联想到明泉近十年的发展历程，深有感慨和领悟。黄河流经 9 省 33 个地级市，全程蜿蜒曲折。"九曲十八弯""天下黄河九十九道弯"都是形容黄河弯曲之多，实际上黄河的弯曲多到难以尽数。尽管路途多弯曲坎坷，但从青海发源的黄河水始终坚守着东流入海的目标，穿过崇山峻岭、深谷平原，一路蜿蜒向东，奔腾万里，最终注入海洋。明泉的十年发展之路也是经历了难以尽数的曲折坎坷，但我们一直坚守着再造新明泉的目标和初心，辨明发展方向，战胜无数困难与挑战，日积月累，终于迎来今天良好的发展局面。从九曲黄河联想到明泉曲折的发展历程，这其中带给我们重要的启示：一是目标要坚定不移，二是姿态要实时调整，三是团队要充满活力。

一、目标要坚定不移

黄河虽流经无数弯曲，却始终不渝地奔向最终的目的地——海洋。这对于明泉的启示是，我们要树立并坚持目标，推动目标落地。

一是树立目标。"志不立，天下无可成之事"，企业要有明确的发展目标。每个企业都想活得好、活得久，但目标太笼统、模糊，则无法廓清认识、指明方向。企业应当建立清晰的长期发展目标——企业愿景，还要在企业愿景指引之下确立阶段性的短期和中期目标。明泉的企业愿景是"百年企业、辉光日新、惠及员工、回报社会"，这是明泉长期的发展目标指引下，针对不同的发展阶段又需提出阶段性的目标。2023年1月召开的职代会上提出了明泉的"三个时代之问"，明确今年的发展目标是实现百亿元经营规模，未来三年的发展目标是实现200亿元产能规模并步入稳定高质量发展的阶段，未来十年的发展目标是建设国内一流、国际先进的现代化新明泉。目标的树立是基于对企业内外部形势的综合分析和预判，关键是对"度"的把握。二是坚持目标。坚持目标是不容易的，因为实现目标的过程往往会经历波折，需要应对困难与挑战。面对困难与挑战，我们自强不息的精气神不能丢，迎难而上的勇气和坚韧不拔的韧劲不能丢。三是目标落地。我们将采用战略规划、目标管理、战略地图等管理工具，把明泉发展目标细化为各单位的具体措施，再采用项目管理方法对各项具体措施进行管控，做到事前控制、事中监督、事后考核，从而推动发展目标落地实施。

二、姿态要实时调整

黄河水随着流经的地形地貌不断变换流态，最终东流入海。大自然尚且如此，何况是一个国家和企业呢？国家政策常常根据实际发生的变化进行调整。企业也需要以变应变，根据内外部形势变化，实时调整应对姿态。姿态实时调整的目的是校正发展方向，避免出现偏差。一是发展方向事关企业全局，极其重要。在发展方向上误判甚至犯颠覆性错误，会让一个企业付出沉重代价。柯达因固守胶卷业务、未将发展方向调整到数字技术上而衰落。诺基亚手机因固守封闭系统、未把发展方向调整到开放系统上而衰落。明泉也曾在非相关多元化的发展方向上发生过决策失误，结果是逐渐步入低谷，以至于在2013年濒临绝境。二是坚持十二字方针，辨明发展方向。我们在2019年提出"明趋势、辨方向、找路径、踏节奏"，是强调要在看清明泉内外部变化趋势的基础上，辨明和校正发展的方向、路径。三是建设明泉"五个现代化"，推动明泉二次转型，是明泉未来十年的发展方向。"三个时代之问"提出了明

泉未来一年、三年和十年的发展目标。近期提出的明泉二次转型和明泉
"五个现代化"就是在为实现发展目标找方向、路径。现代化的基础产
业、现代化的产业链、现代化的服务型制造体系、现代化的经营、现代
化的管理，是我们基于明泉当前内外部形势做出的预判。接下来，我们
会密切关注宏观经济和行业的变化趋势，结合明泉所具备的资源和能
力，持续深化对"五个现代化"的认识，实时调整前行姿态，校正发展
方向，确保实现发展目标。

三、团队要充满活力

黄河东流入海的目标明确，并不断调整流态、校正流向，但如果黄
河水静止不动，那黄河就不可能抵达海洋，也就不能成其为黄河了。同
理，对于一个企业而言，目标明确、方向正确还不够，团队充满活力、
能够持续奋斗是必不可少的。要想让团队充满活力，就必须让团队远离
熵增、避免熵增。

一方面，要坚持开放式办企。一是各级管理人员要通过"走出去、
请进来"，把对标学习的制度执行到位，不断学习提升，让自己的思想
保持鲜活，对新生事物抱有强烈的好奇心。二是我们将引进资本运作、
技术研发、智能化管理等方面的高素质人才，弥补现有团队能力的短
板，为明泉发展注入新活力和新动力。三是我们将进一步加强与国内顶
级科研院所和高校的合作，为构建现代化的产业链提供技术支撑。四是
我们将以资本链促产业链，与产业链上的企业开展合资合作，构建利益
共同体，推进产业链延伸，稳固供应链或市场网络。

避免熵增的另一个方面是眼睛向内，抓企业文化落地，推进管理现
代化。以文化引导人，以机制激励人，将以文化人与依法治企相结合，
让团队活力得以充分焕发。抓企业文化落地需要做到三点：一是构建完
备的企业文化体系，从具体的发展理念、管理理念提升到经营管理哲学
的高度，完成《明泉基本法》的编撰，这是推进企业文化落地的前提；

二是依托明泉书院，依据《明泉基本法》，建立健全中华优秀文化学习和企业文化培训体系，持续推进中华优秀文化学习和企业文化培训；三是企业文化最终要靠制度落地，依据《明泉基本法》，全面梳理现行制度，对于制度中违背企业文化的部分进行修订，同时查缺补漏。对于第三点举例说明一下，"自强不息"的企业文化要求以奋斗者为本，那就需要管理制度能够量化评价，区分出谁是奋斗者，科学评价奋斗者的价值贡献，进而做到合理、公平分配。但目前，我们的管理制度还不能完全支撑企业文化落地。我们将用三年时间着力实现管理的现代化。2023年初，我们提出"学管理、用工具、抓落地"，又进一步提出了"工作项目化、管理工具化、战略地图落地化"，目的是让大家学习和使用先进、成熟的现代企业管理工具和方法。道无术不行，我们要以中华优秀文化的"道"御现代企业管理的"术"，让"道"借助"术"而施行，让企业文化通过管理的现代化而落地。

目标坚定不移，姿态实时调整，团队充满活力，是中华民族的母亲河给予我们的重要启示。道路是曲折的，但前途是光明的。我们要坚持"四个基本"，牢记"两个务必"，建设明泉"五个现代化"，推进明泉二次转型，为把明泉建设成为国内一流、国际先进的现代化新明泉而自强不息、不懈奋斗。

第五章

方法论：
遵循大道，
创新求变谋发展

"世界上唯一不变的就是一切都在变。"企业经营，始终机遇与挑战并存，企业经营也不可能总是一帆风顺。我们只有通过不懈努力才能使事物朝着对我们有利的方向发展，而这就要求我们掌握正确的企业方法，不断破解发展难题。本章主要是我关于工作方法的探索，为大家呈现一些我有关方法论的思考。

应当如何直面困难

"积土成山，风雨兴焉；积水成渊，蛟龙生焉；积善成德，而神明自得，圣心备焉。故不积跬步，无以至千里；不积小流，无以成江海。"这段引自荀子《劝学》的文字主要揭示的是从量变到质变的哲理。事物发展是质变和量变的统一。量变是质变的必要准备，质变是量变的必然结果。"世界上唯一不变的就是一切都在变"，机遇与挑战并存，只有通过不懈努力才能使事物朝着对我们有利的方向发展，而这首先要求领导者和团队具备迎难而上的勇气和锲而不舍的韧性。

稻盛和夫认为领导者必须具备像角斗士一样的坚韧意志和好胜心，才能率领团队，构建企业的繁荣。2016年明泉因"1·17"火灾事故导致停车，当时又恰遇罕见的极寒天气，检修历时四十多天，让我们面临巨大压力，但我们没有退缩，积极开展"全员事故反思活动"，认真反思、学习、讨论，结合安全"大快严"活动，强化全员安全生产意识，停车期间仍然坚守岗位按时上下班，就是这种狭路相逢勇者胜的勇气和顽强的韧劲最终确保企业安然渡过难关。事实上，2013年8月以来，我们在借搬迁之机实现企业转型升级发展的过程中，面临大小困难无数，正是我们直面困难，积极应对，愈挫愈勇，百折不挠，终于在2017年7月迎来洁净煤气化项目顺利投产、9月全部产品盈利后，于2017年10月5日，我们宣布明泉发展进入新阶段。

这种勇气和韧性来自全体明泉人的坚持，也基于我们对企业发展前景的正确预判和坚强信念，它让我们在经历了一次次生死考验后走到今天，迈入发展的新阶段。

　　四年来（2013—2017）的艰辛历程告诉我们，只有具备迎难而上的勇气和锲而不舍的韧性，才可能直面困难，愈挫愈勇，百折不挠，实现由量变到质变的飞跃。这种勇气和韧性更像是量变到质变、努力到成功的"催化剂"，在我们当下和今后的工作中不可或缺，确保我们从胜利走向胜利。

遵循大道，创新求变谋发展

  《易经》是一部中国古代哲学典籍，历代被尊为群经之首、大道之源。《易经》含盖万有，纲纪群伦，是中国传统文化的杰出代表；广大精微，包罗万象，亦是中华文明的源头活水。其内容极其丰富，涉及哲学、政治、生活、文学、艺术、科学等诸多领域，是儒家、道家等诸子百家共同的经典，对中国几千年来的政治、经济、文化等各个领域都产生了极其深远的影响。

  《说文解字》中将"易"字解释为"日月为易，象阴阳也"。"易"字以日月的运转，阐发阴阳交替的变易思想，即天地间的万事万物都处于不断的发展变化之中。我们一直所强调的"世界上唯一不变的是一切都在变"的经营哲学就是源于此。《易经》中的泰卦与否卦就是其变易思想的典型体现。泰卦，谓天地交而万物通；否卦，谓天地不交而万物不通。今之解释，即"泰"就是顺利，"否"就是失利。成语"否极泰来"就源于这两卦，意思是事物发展到了极点，就会发生变化，转化到事物的对立面。企业经营不可能一帆风顺，当经营处于困境时不可灰心丧气、妄自菲薄，要保持积极乐观心态，坚信只要坚持到底就一定能转危为安；当经营处于顺境时不可志得意满、得意忘形，要有忧患意识，居安思危，谦虚谨慎，保持奋发进取的前进动力。2016 年因"1·17"事故导致我们全面停产，加上当时罕见的严寒天气，让我们企业的处境极为艰难。但我们没有消沉，而是鼓舞士气、斗志，坚持了下来。现在，我们已渡过求生存的难关，进入快速发展阶段，但我们必须居安思危，时刻以十年来的艰难历程警醒自己，保持空杯心态，继续在明泉发展的新阶段拼搏有为。

《易经》是中华文化之根，是大道之源。回顾明泉发展历程中所面临的困境与顺境，在企业管理中我们要重视《易经》的变易思想，坚持"世界上唯一不变的是一切都在变"的经营哲学。事实上，我们也只有遵循变易之道，无论是处于顺境还是困境，都持续创新求变，才能使企业长盛不衰、基业长青。

珍惜新平台，铸就新作为

　　每当唱起国歌和《祖国颂》时，我都不禁抚今追昔，心潮起伏。中华民族有着五千年的文明史，创造了灿烂的中华文明，为人类作出了卓越贡献。而鸦片战争后，中国面临"数千年来未有之大变局"，陷入内忧外患交织、几近亡国灭种的悲惨境地。为了民族复兴，无数仁人志士不屈不挠、前仆后继，进行了艰苦卓绝、可歌可泣的斗争，终于迎来中华民族重新站起来的伟大时刻。在党的十九大上，习近平同志庄严宣布中国特色社会主义进入新时代，意味着近代以来久经磨难的中华民族迎来了从站起来、富起来到强起来的伟大飞跃。这是一个伟大的时代，我们比历史上任何时期都更接近、更有信心和能力实现中华民族伟大复兴的目标。

　　新时代必有新气象，伟大的时代必蕴含着伟大机遇。我国社会主要矛盾已经转化为人民日益增长的美好生活需要和不平衡不充分的发展之间的矛盾。我国正处于从工业化向现代化转型的关键时期，在存在不平衡不充分发展问题的同时，也有大量机遇并存。我国高新科研成果转化率仅10%左右，远低于发达国家40%的水平。为建立以企业为主体、市场为导向、产学研深度融合的技术创新体系，全国上下积极推动科技成果向企业转化。这对我们来讲是一个重大机遇。围绕以新技术培育新动能，我们确立了"上引下连"的总体发展思路，即产业链上游与科研机构合作，引入科技研发力量，自主研发关键核心技术，在企业内实现产业化，培育企业发展新动能，产业链下游连接国内外高端客户，推动产业向价值链高端发展。

　　历 60 余年风雨而愈加生机勃发，作为 1958 年全国 13 套小氮肥示范厂中的仅存硕果，明泉是一个伟大的平台。过去五年的转型升级发展与新旧动能转换，让我们具备了向更高远目标发起冲击的坚实经济基础、人才基础和管理基础。我们必须珍惜这历尽艰难、奋力拼搏得来的新平台，不志得意满，更不固步自封，依托现有基础，抓住国家经济由工业化向现代化迈进的重要战略机遇，勇于担起推进产业迈向高端的重任，力促传统动能转型升级，谋划培育发展新动能，铸就无愧于时代、无愧于明泉发展历史的伟大作为，实现"百年企业、辉光日新、惠及员工、回报社会"的美好愿景。

改过要发耻心、畏心和勇心

改过要发耻心、畏心和勇心，但现实中多数人普遍缺乏这三心。其根本原因在于：没有信仰，不知道为什么要改过迁善。只有建立起对于中华优秀传统文化的信仰，才是根本解决之道。

《了凡四训》篇幅虽不长，思想内涵却丰富而深刻，常读常新。第二篇《改过之法》讲要想"获福而远祸"，"先须改过"，要发三种心，从心而改，这对我们非常具有启迪意义。

《了凡四训》讲改过要发耻心、畏心。可在中国当前的社会环境下，个些人缺乏羞耻心和敬畏心，其根本原因就是信仰缺失。信仰缺失，就无所忌惮，更何谈羞耻心和敬畏心。信仰何来？当从学习以儒释道为主体的中华优秀传统文化开始。古往今来所有古圣先贤，千言万语，苦口婆心，其核心目的只有一个，就是导人向善。为什么要向善，为什么要做个好人，这正是《了凡四训》所要解答的最重要的问题。《了凡四训》明确告诉我们，只有积善改过，才能获福远祸；《易经》也讲"积善之家，必有余庆；积不善之家，必有余殃"，"善不积，不足以成名；恶不积，不足以灭身"。因此，只有深入学习优秀传统文化，才能真正从心上认识到积善改过对于人生的重要意义，才能真正生起耻心、畏心。

真正生起对于善恶的羞耻心和敬畏心，自然就会对党纪国法、企业规章制度心存敬畏，遵纪守法，严格执行规章制度，从而筑牢拒腐防变的思想道德防线。人人皆知党纪国法、企业规章制度不容违逆，若明知故犯，就是"有心之过"。对于企业里违反党纪国法的"以身试法之过"，我们绝不姑息纵容，坚决交由党纪国法严惩；对于知过而不以为过的"小过"，我们必须防微杜渐，"勿以恶小而为之"。一些看似不起眼的小过，如生产上的"习惯性违章"，管理上的"大错不犯、小错不断"，做事不求精益求精、只讲"得过且过"，如不引起重视、严加防范，结果必然是积小过成大过，造成生产管理水平低下，产量上不去，消耗下不来，事故接二连三，管理跑冒滴漏，最终导致企业效益低下，被市场淘汰出局。与"有心之过"相对的是"无心之过"。以维护企业利益为出发点，但因业务不熟悉、不知情、不了解而造成的工作失误或过错，就属于"无心之过"。过失无论有心无心，只要是损害了企业利益，都应发耻心，深刻反省，并通过加强业务学习、主动接受业务培训、多向业务好的同事领导请教等方式，尽快提升自己的业务能力，进而减少"无心之过"。

改过还要发勇心，勇于承认错误。"小人之过也必文"，小人为了个人利益而掩盖过错。而君子则不然，"君子之过也，如日月之食焉：过也，人皆见之；更也，人皆仰之"，君子之过不掩盖，错了就改。这是"君子之过"与"小人之过"的区别，归根结底还是思维方式的区别。"君子坦荡荡，小人长戚戚"，小人自私自利，患得患失，文过饰非；君子己立立人，襟怀坦荡，知错就改。"过则勿惮改"，要存一颗企业利益高于一切的公心，敢于担当，有过必改。

《左传》有言："人孰无过？过而能改，善莫大焉。"工作中，"不贵于无过，而贵于能改过"（王守仁语）。坚持企业利益高于一切，效仿"君子之过"，反对"小人之过"，防范"有心之过"，反省"无心之过"，我们企业才能风清气正，我们的事业才能蒸蒸日上。

自我反思、自我批评、自我提升

2018 年 10 月，明泉中层及以上管理人员的办公室里都已经挂上了"行有不得、反求诸己"的标牌，这一举措是为了提醒大家要时常自我反思，正如标牌底部那行小字所说——"做事达不到预期，就要一切从自身找原因，反躬自省，而非怨天尤人"。2018 年 10 月起，我们在明泉开展自上而下的"自我反思、自我批评、自我提升"活动，就是在自我反思的"知"的基础上，既要在"言"上敢于自我批评，也要落实到"行"上真抓实干，自我提升。要实现我们企业的全面优化提升，就必须从自我反思的"知"、自我批评的"言"、自我提升的"行"等三方面着力，三个方面不可偏废。

"自我反思"与"自强不息"是修身思想的一体两面。以儒释道三家为主流的中华优秀传统文化是以修身为本、内圣外王的文化。《大学》所谓"自天子以至于庶人，壹是皆以修身为本"，庄子所言"内圣外王之道"，融汇儒释道思想的《了凡四训》所说"命由我作、福自己求"，无一不是在强调通过修身获得事业的成功和人生的幸福。由此修身思想出发，一方面，要通过自身奋发努力把握自己的命运，也就是我们所一直倡导的"自强不息"；另一方面，还要通过"吾日三省吾身"、"行有不得、反求诸己"式的反躬自省获得自身的不断修正和提升，这就是我们所说的"自我反思"。由修身思想衍生出的"自强不息"和"自我反思"，可以说是修身思想的一体两面。

要做到"知言行合一"，在自我反思的基础上进行自我批评和自我提升。自我反思是"知",自我批评是"言",自我提升是"行",三者相辅相成、缺一不可。要在"知"的基础上,做到"知"、"言"、"行"的合一。自我反思是基础,认知不到位就不可能有正确的言与行。要敢于在同事面前自我剖析、自我批评。我们倡导自我批评,反对相互批评。自我批评旨在引导每个人由内而外、先主观后客观,这是我们认识事物、抓住主要矛盾和矛盾主要方面的重要哲学认知。自我批评应坚持实事求是,绝不可虚伪浮夸,搞形式主义。不具备自我批评能力的人是不能提拔为领导干部的。"知"和"言"要最终落实到"行"上。要在深入反思、自我批评的同时,围绕增强企业发展综合实力,切实进行自我提升、整改问题、弥补不足、消除风险,在稳生产、保安全、降消耗、减费用、提效益等各方面实现全方位的优化提升。

修身要从身、语、意三方面着力,而要实现我们企业的全面优化提升,就必须从自我反思的"知"、自我批评的"言"、自我提升的"行"等三方面着力,三个方面不可偏废。今后,我们在强调"自强不息、艰苦奋斗"的同时,还将坚持倡导自我反思、自我批评与自我提升。我们在明泉快速高质量发展的新征程上,既要开拓进取、奋勇前行,也要时时自我反思、优化调整,以推进明泉的发展行稳致远。

付出才有收获

收入分配制度与选人用人机制改革是对企业文化的贯彻。我认为，收入分配制度与选人用人机制改革是"因果律""自利利他"、付出与收获的关系等企业文化理念贯彻落实的制度保障，是吸取历史教训、推进企业快速高质量发展的内在要求。

稻盛和夫的经营哲学可浓缩精炼为八个字，即"敬天爱人，自利利他"。稻盛和夫极其重视"利他之心"，他认为"先人后己的利他之心是人一切德行中最美好、最高尚的品格"，并指出在工作生活中真正贯彻利他精神，最终会"惠及自己，扩大自己的利益"。这在儒家和道家文化中也有明确阐述，孔子说："己欲立而立人，己欲达而达人。"老子说："既以为人，己愈有；既以与人，己愈多。"对于企业内部而言，"利他"指有利于企业发展，是付出；"自利"指个人获得财富地位，是收获。只有付出了，才能有收获；只要是真正怀有"利他之心"的付出，就一定会有收获。这是我们反复强调的付出与收获的关系。

建立以结果为导向的评价机制，区分真假付出。我们要警惕"假付出"，以实际结果区分"真付出"与"假付出"。经营单位工作执行不到位，消耗费用过高，安全事故频发，效益达不到预期，在这种情况下，其领导干部如果仍然叫屈喊冤、说些"自己也付出了、没有功劳也有苦劳"之类的话，就是极端错误的认知。"行有不得，反求诸己"，导致单位经营管理出问题的根本原因就是其干部员工没有尽职尽责、尽心尽力、认真负责、主动工作的"真付出"。没有"真付出"，却以散漫懈怠、玩忽职守、麻木不仁、浑浑噩噩的"假付出"为借口要求好的工资待遇，这需要引起我们的高度警惕与反思。我们要通过以结果为导向的评价机制，让"真付出"者得到相对更好的工资和岗位待遇，让"假付出"者无所遁形，为其结果负责。

违背付出与收获关系的平均主义曾让我们付出惨重代价。有因必有果，真利他者必会自利，"真付出"者就必须得到应有的回报，这是人间正道。违背这个正道，就必然会遭受惩罚、自食苦果。20世纪50年代后期"大锅饭"式的平均主义，严重压抑了中国人的积极性、主动性和创造性，使本来生机益然的经济很大程度上失去了活力，造成了经济发展受制和1960年前后部分地区大饥荒的严重后果。明泉曾经在2000年实行过中层及以上干部全面竞争上岗，但从未进行过实质性的收入分配制度改革。平均主义所带来的收入分配激励失效，导致明泉组织僵化现象严重，并最终导致明泉在2013年以后经历了为期四年的艰难的求生存阶段。那四年，我们多次命悬一线，多次几近无路可走。痛定思痛，没有人希望重蹈覆辙，我们决不允许导致明泉再次倾覆的隐患之一——平均主义"大锅饭"思想的严重存在。

破除平均主义需要以付出与收获关系的文化理念作为指引。平均主义是最大的不公平。平均主义严重损害公平正义，并导致企业内形成看似平静的平衡局面，造成组织日益僵化，最终走向难以挽回的死亡。让"真付出"者多得，"假付出"者少得，形成能者上、庸者下、劣者汰的用人导向。唯有如此，企业处于动态平衡中，不断进行肌体的自我更新，才能真正激发出全体员工干事创业的热情和创造力，在企业内凝聚正风正气正能量，使企业保持生机与活力。

贯彻付出与收获关系的文化理念需要制度作为保障。文化是制度的指引，制度是对文化的固化。我们在企业文化建设中反复强调的思想理念，包括"因果律"、"自利利他"、付出与收获的关系，都需要通过管理制度建设固化下来，贯彻到全体员工的实际工作中去。企业文化建设没有制度作为保障，就容易浮于表面，流于形式。有些员工对集体学习中的理念宣导充耳不闻，麻木不仁；有的领导干部参加集体学习以后回去没有完整、准确、有效地传达；有些领导干部没有真正学习领会学习内容，就自以为是，对宣导的理念不以为然，非但不积极宣讲落实，还选择沉默进行软抵制。凡此种种，都是因为软文化没有硬制度的保驾护航，导致部分干部员工因为惰性、傲慢、无知对于我们大力倡导的文化理念置若罔闻，无动于衷。今后，在集体学习等文化建设过程中形成、宣导的文化理念，都必须融入各项管理制度中去，通过管理制度的制定与执行使文化理念得以固化、贯彻与强化。

推进收入分配制度与选人用人机制改革，激发组织活力。为贯彻付出与收获关系的文化理念，破除平均主义，避免企业熵增、组织僵化，我们必须进行收入分配制度与选人用人机制的改革。我们要建立健全并严格执行更加公平合理的考核制度，让"真付出"者多得，"假付出"者少得，拉开收入差距，实施优胜劣汰；独立经营单位按照效益等指标考核，允许效益突出单位的干部和员工收入水平高于效益差的单位；中层及以上管理干部要进行一次全面竞争上岗，新提拔人员必须通过公开竞争才能上岗，构建起能者上、庸者下、劣者汰的选人用人机制，选拔有思路、有能力、有威信的人员担任管理干部，不断促使干部队伍实现新老交替、新陈代谢。首先选择一个经营单位作为裂变式创业试点，参与员工用钱投票选举管理层，按照模拟股份、模拟分红的方式按照比例进行收入分配，收入不设上限，这既是收入分配制度的突破，也是选人用人机制的创新。为推进明泉在快速高质量发展的新阶段实现经营规模和效益的倍数级增长，企业收入分配制度与选人用人机制的改革已箭在弦上，不得不发。

收入分配制度与选人用人机制改革是"因果律""自利利他"、付出与收获的关系等企业文化理念贯彻落实的制度保障，是吸取历史教训、推进明泉快速高质量发展的内在要求。让利益企业发展者自利，让真正付出者得到应有的回报，我们企业才能培养起团结一心的浩然正气，凝聚起干事创业的强大正能量，为新阶段实现跨越式发展注入坚韧持久的内生动力。

达到以道驭术、中道圆融的境界

  孔子透过"六言六蔽"指出了六种品德因为"不好学"而导致的六种弊端。2019 年 9 月 28 日，我在管理处室的"中课堂"（中型规模课堂）学习分享时和大家强调，学习应当是既广泛学习优秀传统文化，又钻研业务知识技能、掌握处世方法，以达到以道驭术、中道圆融的境界。

  孔子在《论语·阳货篇》里有"六言六蔽"之论，即"好仁不好学，其蔽也愚；好知不好学，其蔽也荡；好信不好学，其蔽也贼；好直不好学，其蔽也绞；好勇不好学，其蔽也乱；好刚不好学，其蔽也狂。""六言"——"仁""知""信""直""勇""刚"，是孔子所推崇的六种品德，而孔子却直截了当地指出了这六种品德的另外一面，即由"不好学"带来的负面因素。

  "好仁不好学，其蔽也愚"，只讲仁厚而没有学识的弊端是愚蠢。一个人待人处事过于仁厚而没有学识支撑，就容易成为是非不分的滥好人，不但自己被他人愚弄，而且会"慈悲生祸害、方便出下流"。身为企业管理者，如果过于仁慈、姑息纵容，就必然会被下属蒙蔽愚弄，生出种种祸害，损害企业利益。"好知不好学，其蔽也荡"，过于追求智慧而没有学识的弊端是容易耍小聪明，没有操守。这在当下的中国已成普遍现象。人人都认为自己很聪明，猛灌各种成功学鸡汤，处心积虑、用尽机巧去追名逐利，却独独缺少了一样东西——操守。"好信不好学，其蔽也贼"，不明事理、过分讲求信义而没有学识的弊端是招致祸患、害人害己。从古至今，激于哥们儿义气、舍大义而就小义、以身试法的事例，比比皆是。在我国企业里面，凭借哥们儿义气、朋比为奸、损公私肥的现象，也不在少数。其结果只会是受到企业制度或国家法律的严惩，不但害了朋友，也害了自己。"好直不好学，其蔽也绞"，过于耿直的弊端是急切。直心而行本是好事，可如果一个人耿直而没有学识支撑，那他很容易因为急切把事办砸。我们不是生活在一个非黑即白的完美世界，接触的人也不是圣人，因为有时做事需要顾及他人的感受，需要一点待人接物的处世技巧，借助于含蓄婉曲的方式，迂回求成。这也是老子"曲则全，枉则直"所要阐明的哲理。"好勇不好学，其蔽也乱"，一味崇尚勇敢而没有学识的弊端是闯祸生乱、惹是生非。年轻人血气方刚，不知深浅，很容易因为逞一时之勇，闯下大祸，说的就是这个道理。"好刚不好学，其蔽也狂"，刚正而没有学识的弊端是刚愎自用，容易产生固执己见、狂妄自大的倾向。

孔子指出"六言六蔽"，是为了提醒弟子要遵循中庸之道，把握好"度"，不可以因一知半解，把夫子教诲当作僵化的教条，行事偏离中道、走向极端，从而滑向美德的对立面。同时，孔子给出了把握好"度"、做到适度的方法——"学"。对于如何"学"，《中庸》阐述地更为具体，即"博学之，审问之，慎思之，明辨之，笃行之"。

关于"博学"，我们要坚持"道术兼修"。在"道"的层面，我们需要对优秀传统文化有较为全面、系统、深入的了解。人性和社会都是复杂的，所以才有儒释道法等各家圣贤给出了自己的治世良方。如果偏执于一家，就会形成片面甚至错误的认识，临事也就难以做出恰当的决策。因此，我们要以兼收并蓄、博采众长为原则，广泛学习儒释道法等各家思想，采撷精华，为我所用。"以文化人、依法治企"就是我们采众家之长、结合企业实际所提出的工作理念。在"术"的层面，我们要学习钻研业务知识技能，并掌握处世方法。优秀传统文化历来具有强烈的经世致用精神，比如《论语》就是实实在在地教人们如何做人行事、如何治理国家。因此，我们学习优秀传统文化不可丢了经世致用的真精神，不可忘了学以致用、知行合一的初衷。业务知识技能和处世方法是连接优秀传统文化和实际工作生活的桥梁。如果没有足够的业务知识技能和处世方法作为支撑，践行优秀传统文化学习成果就会失去落脚点。学习优秀传统文化与学习钻研业务技能、掌握处世方法是"道"与"术"的关系：没有"道"的指引，"术"就会迷失方向；没有"术"的支撑，"道"就无以立足，二者相辅相成、不可偏废。

关于"审问之，慎思之，明辨之"，我们要积极探索，创新学习方式方法，达到学深悟透的目的。首先，学习优秀传统文化宜采用"经史合参"的学习方法。"经"是指经典，"史"就是历史。经明恒常之理，史叙古今之事。读经可以帮助我们明白恒常之理——"道"，依此"道"去读史，就容易理解史实之前因后果，做出正确评判。而读史可以帮助我们检验、领会经所说之理，并学习圣贤运用经典理论解决实际问题的方法经验。以我们所学为例，《了凡四训》《论语》《道德经》等经典属于经的范畴，而《曾国藩家书》则属于史的范畴。经史合参有助于我们通达圣贤之道，提高学习效果。其次，学习优秀传统文化要注重领会，学深悟透。一定要警惕"食而不化"的问题。目前，学习分享存在照本宣科的现象，这说明"食而不化"的问题确实存在。学习优秀传统文化不同于一般的知识学习，死记硬背、现学现卖是行不通的。对于优秀传统文化，只有学深悟透、融会贯通，才能将其思想精华融入自己的思想，提升自己的智慧。而只有融入思想、智慧提升了，才能学以致用、知行合一。

关于"笃行之"，我们要坚持躬身笃行，并在笃行的过程中力求做到中道圆融。首先，践行优秀传统文化要从自身做起，躬身笃行。初学优秀传统文化的通病往往是拿着圣贤的标准去生搬硬套。"君子求诸己，小人求诸人"，我们应当做的是自我反省和见贤思齐。对自己，要"吾日三省吾身"，时常反省自身存在的问题与不足；对他人，要有"三人行必有我师"的谦虚心态，见贤而思齐，见不贤而内自省。其次，践行优秀传统文化要实事求是、中道圆融。孔子所说的"六言六蔽"就是将儒家理论应用于实际时，因未遵循"中庸"之道、未做到圆融有度而产生的六种弊端。在践行优秀传统文化的过程中，要以业务知识技能、处世方法为支撑，审时度势，实事求是，力求做到恰到好处、适度圆融。"极高明而道中庸"，要掌握中庸之道、做到中道圆融，是有难度的。然而，如果我们在工作生活中能细心体会和运用"执其两端而用其中"的方法，就能了解中庸之道的妙用。我们所说的"踏节奏"，犹如踩梅花桩，难在不急不缓，所体现的就是中庸之道。学习优秀传统文化的目的是让我们既有情怀和操守，也具备中道圆融的智慧，成为自强不息的"立者"和实干担当的"达者"。

孔子透过"六言六蔽"告诫我们，为人处世应遵循中庸之道，把握好"度"，做到中道圆融。要达到此境界，我们就需要"博学之，审问之，慎思之，明辨之，笃行之"。我们所谓的学习应当是"道术兼修"，既广泛学习优秀传统文化，又钻研业务知识技能、掌握处世方法，并通过慎思明辨、切实笃行，达到以道驭术、中道圆融的境界。只要我们全面把握学习的要义，并坚持以道驭术、躬行践履，就必能实现人生境界和事业的双提升。

正直、简单、无私、坚韧

——培养成功者的素养

2019 年 12 月 1 日，在管理处室中课堂学习分享时，我给大家介绍了成功者所具备的素养：正直、简单、无私、坚韧。从优秀传统文化的角度来说，正直、简单、无私、坚韧具有深刻的内涵。

"德才兼备、以德为先"是我们选人用人的基本原则。对于我们每个人而言，"德"落实在工作生活中应具体体现在正直、简单、无私、坚韧等四个方面。

"正直"是正道直行。当下社会，有些人之所以做不到正直，很重要的原因是浑浑噩噩，连什么是正道都不清楚，连应当坚持什么、反对什么都不清楚。因此，要做到正直，首先就要明了何谓"正道"。"正道"就是"正确的思维方式"。要树立正确的思维方式，学习优秀传统文化是非常重要的途径。通过两年多的优秀传统文化集体学习，我们知道"正道"是自利利他、创新求变，是自强不息、厚德载物，是严格管理、深入现场，是行有不得、反求诸己，等等。仅仅知道"正道"还不够，还要坚守正道、顺道而行，扎扎实实地将"正道"落实在具体工作中。不知正道的人不可能自觉走正道，可知道正道却只是夸夸其谈，不能做到知行合一同样没有意义。我们要引以为戒。

"简单"是质朴，是直指问题核心。与质朴相对的是投机取巧，耍聪明、玩手段。世人大都爱耍聪明、玩手段，以"老实笨拙"为耻，以"精明伶俐"为荣，其原因在于不懂"正道"。真正学习优秀传统文化、懂得"正道"的人是不屑于耍小聪明的。《了凡四训》告诉我们，要聪明、玩手段是于事无补的，只有老老实实地利他积善才能"自求多福"。这一深刻哲理也能从历史和我们的生活经验中得到印证。玩手段要诈的人只能欺瞒一时，久而久之就会露出马脚，就会因此失去众人的信任，毁掉自己事业的根基和前途。而质朴拙诚的人虽然短时间里可能会吃亏，却可以获得大家的信任，立稳事业根基。由此来看，耍聪明、玩手段看似精明，实际上是本末倒置。曾国藩处世以"拙诚"为原则，有"唯天下之至诚能胜天下之至伪，唯天下之至拙能胜天下之至巧"的名言。南怀瑾说："最诚恳、最诚实，才是最有大智慧的人"，"玩聪明玩手段，没有一个不失败的，最后都是失败。真正唯一的手段只有老实、规矩、诚恳；假使你把这个当做手段，那最后成功是归于你这个老实的人了"。真正有智慧、能成功的人都是质朴和直指问题核心的人，都是简简单单的人，而不是浮躁虚华的人。

"无私"是自利利他。"无私"不是绝对没有私念、不顾及个人利益，而是要处理好自利与利他的关系，做到自他两利。没有经过优秀传统文化熏陶的人往往将自利与利他对立，并以此作为自私自利、投机钻营的借口。这是缺乏智慧、不知正道的一种表现。对于自利利他，孔子表述为"己欲立而立人，己欲达而达人"，老子表述为"既以为人，己愈有；既以与人，己愈多"。"君子爱财，取之有道"，"以其无私，故能成其私"，各家圣人都认为自利利他是我们应当秉持的处世智慧。没有自利，人将无法生存；而没有利他，生活事业都将无法长久。明泉之所以能够获得众多合作伙伴的认可和支持，能与太盟集团、十三化建、中科院、四川大学等单位合作，靠的就是自利利他、合作共赢的智慧。在工作生活中，把自己的心胸打开，不要只装着自己那点算计，多一些共享共赢的包容与豁达，我们就能在帮助他人的同时获得他人的认可与支持，个人发展之路也就会越走越宽、越走越远。

"坚韧"是坚韧不拔。曾国藩被梁启超称为"在并时诸贤中称最钝拙"，却成就了"立德立功立言三不朽"。后人以"坚忍成功"总结曾国藩的一生。青少年时，曾国藩依靠坚韧地苦读，博取了功名，取得了进身之阶；中年之后，他更是靠着坚韧治学、治家、治军，实现了儒者最高的追求——修身、齐家、治国、平天下。面对艰难困苦，曾国藩"打脱牙和血吞"地硬撑了下来，在"咬牙励志，蓄其气而长其智"中硬挺了过来。没有这种韧劲，也就没有曾国藩，梁启超所谓"设若曾国藩的意志与忍耐稍有不足，则其一生为失败之人，无疑也"。曾国藩的坚韧对我们工作有重要启示，那就是处理日常事务要"耐烦"。人都爱犯好高骛远、眼高手低的毛病，总想着干大事，对眼前的小事没有耐心。每天面对繁杂工作感到不耐烦的时候，要提醒自己"耐烦之人方可成大器"，工作"以耐烦为第一要务，若遇棘手之际须从耐烦二字痛下工夫"。因为再大的事业都是由妥善处理一件件小事累积起来的。"千里之行，始于足下"，要沉得下心来，路要一步步地走，"步步前行，日日不止，自有到期"。

通过以上的阐述，我们可以知道做到"正直""简单""无私"的前提和关键是树立正确的思维方式，而"坚韧"则更多揭示了处理繁杂事务、应对困难挑战时的智慧。一个人既有正确的思维方式，又有坚韧不拔的韧劲，一定会成就一番事业。一个团队只有每个成员都能做到"正直""简单""无私""坚韧"，那这个团队才是真诚友爱和谐的，才是无往而不胜的。

量变质变规律

对于量变质变规律，人人皆知，但在具体工作和生活实践中，能做到较好运用者却不多。在这里，我力图结合当前社会和企业实际，诠释这一规律深层次的含义，发掘其对我们个人事业和企业发展的重要指导意义。

所谓量变质变规律指的是，持续的量变可引起质变，又在新质的基础上开始新的量变，如此循环往复，不断变化。其中所包含的关系原理是，量变是质变的必要准备，质变是量边的必然结果，质变又为新的量变开辟道路。这对我们有三个方面的重要启示。

一是要埋头苦干，做好量的积累。竹子在最初的 4 年时间里仅仅长高 3 厘米，而根系在土里延伸数百平米，从第 5 年开始以每天 30 厘米的速度疯狂生长，仅用 6 周时间就能长高到 15 米。荷花开到第 30 天时能开满整个池塘，但前 29 天荷花仅会开满一半池塘，最后一天快速开满另一半。竹子如果没有前 4 年的深扎根系，荷花如果没有前 29 天的积蓄力量，是不会有后面的迅速生长的。这就是著名的"竹子定律"与"荷花定律"。没有厚积，何来薄发，这样的道理现在却往往被人忽视。中国社会的急速转型加上互联网经济的推波助澜，让人心浮气躁、急于求成，不肯下苦功、只想赚巧钱快钱几乎成为人们的普遍心态。这样做的结果是非但不能实现心中所想，反而会适得其反，"欲速则不达"。"天道忌巧"，违背客观规律、妄图走"捷径"只会事与愿违。

二是要矢志不移，坚定必胜信心。量积累的过程往往是艰苦而漫长的、短期内难见显著的成效，所以有的人就会因此丧失信心、半途而废。知道了质变是量变的必然结果，就要坚信只要步步前行、胜利终将到来，正所谓"有志者事竟成""苦心人天不负"。

三是要戒骄戒躁，发展永不止步。质变为新的量变开辟道路，因此达到质变不是终点，只是发展进入新的阶段。不少人在到达自己设定的目标之后就开始志得意满、不思进取，最终是既保不住取得的成果，又被别人远远甩在后面。企业发展也是如此。集团发展取得的每一个成绩，都是在为未来发展奠定新的基础，我们决不能骄傲自满，止步于某一个成绩而停滞不前。

从量变质变的角度来看，集团启动搬迁以来走过的路就是我们满怀信心、埋头苦干、不骄不躁，下"笨功夫"积累量变，促成一个个质变的过程。洁净煤气化项目一次开车成功是一个质变，它是我们克服缺资金、缺技术、缺人才等重重困难，采取合作模式创新、技术创新和管理创新，奋战 1 200 多个日日夜夜的结果；明升达退城进园项目一次开车成功是一个质变，它是我们在洁净煤气化项目开车成功后马不停蹄转战宁阳，顶住巨大资金投入压力，持续拼搏 1 000 多个日夜的结果。洁净煤气化和明升达退城进园项目共同促成了一个更大的质变——合成氨装备水平和产能进入国内同行业前列，它标志着集团基础产业布局基本完成，也标志着集团发展模式的转变。在此之前，我们量的积累主要集中于采用加压气化技术、扩大基础产业规模；在此之后，我们量的积累将主要集中于自主研发高新技术、开拓新材料和新能源产业。大家要认识到这两种量的积累是有本质区别的，我们形象地称前者为"抄作业"，后者为"找答案"。抄现成的答案、搞大规模复制固然不易，但自己寻找答案会因为前路不明，更加充满风险，只能是不断试错，直到找出正确答案。

"创新从来都是九死一生"，我们要对科技研发过程中的试错甚至失败抱有足够的理解和包容。集团已经建立的创新工作领域容错、纠偏机制就是鼓励创新、宽容失败的制度设计。科研和产业化风险虽大，但对集团发展模式的转变，我们应矢志不移，因为待在基础产业靠成本竞争的红海难以成为社会"二八定律"中的关键少数，也不能很好成就我们"实业报国"的理想；我们应坚定信心，因为集团已形成的基础产业为新的量的积累——高新技术研发和产业化提供了强力支撑，已成为我们实现新的质变——打造高科技明泉的雄厚基础。

回望来时路，每一段量的积累都是我们满怀信心、坚韧不拔的奋斗；每一个质变之后都是我们不忘初心、再接再厉的启程。展望新征途，我们只有坚定不移、不瞻前顾后，埋头苦干、不左顾右盼，谦虚谨慎、不骄傲自满，才能做好高新技术研发和产业化，才能实现建设高科技明泉的目标。

自强不息、厚德利他、科技兴企、基业长青

——写在《基业长青》和《明泉》发布之际

在 2022 年明泉因疫情自主封闭管理期间，我创作了《明泉》和《基业长青》两首歌曲的歌词。在这里，我想阐释两首歌曲的内涵。

明泉从 2013 年启动搬迁到现在的 2022 年 8 月，已整整九周年了。这九年时间里有个问题我一直在思考，那就是如何实现明泉发展基业长青。我们在保生存、促发展的同时，还要着眼长远，思考如何确保明泉可持续发展。思考的结果就是《明泉》和《基业长青》两首歌，我把如何确保明泉可持续发展的思考融入了这两首歌。

《基业长青》描绘的是一棵巍巍耸立的常青树。常青树顶天立地，傲然面对所有风雨冰雪。风雨冰雪只能让它更加茁壮，更有实力笑对风云变幻，更加坚定自强不息的精神。同时，常青树胸怀蓝天、扎根沃土，默默为世界造福。歌词中蕴含了中华优秀文化的精髓：天之道自强不息，地之道厚德利他。常青树就是自强不息与厚德利他精神的结合体和象征。明泉要想实现基业长青，就需要具备常青树的这两种精神。"自强不息明泉人，为社会造福"就是对这两种精神的集中表达。明泉要在自强不息谋求自身发展的同时，还要志存高远，实业报国，以高质量发展回报孕育和支撑明泉发展的这片华夏沃土。这是利他精神的践行。没有实业报国、回报社会的情怀和感恩之心，明泉发展就不可能走得长远。因此，自强不息与厚德利他是明泉实现基业长青的密码。未来我们要坚持自强不息、厚德利他的精神，永远坚定向前，永远谦虚谨

慎，永远回报社会，永远在路上。

《明泉》采用了李清照《如梦令》词牌的形式，体现的是济南市本地的文化特色。李清照用《如梦令》写出了婉约的细腻情感，我们用《如梦令》写出了明泉的薪火相传、百折不挠、转型发展和宏图再展。

第一段"常记百脉泉畔"点出明泉的诞生地，也点出明泉的地域文化。"明泉薪火相传"和"百转千回间"概括了明泉60多年的发展历程，一代代明泉人踏平坎坷、接续奋斗。"开启转型蝶变"是指明泉在发展陷入困境之际启动搬迁，实施转型升级发展，最终实现了化茧成蝶的华丽蜕变。在蜕变的过程中，明泉的发展"激起浪花涟涟"——由难以为继发展到国内同行业前十，获得社会各界的认同。

第二段"求索大道之源，路漫漫其修远"借用了屈原《楚辞》中的"路漫漫其修远兮，吾将上下而求索"。我们一直在求索能使明泉基业长青的发展之道，一直在探索明泉发展的方向和路径。"明德在心田"中的明德非常关键。"大学之道，在明明德"，关键是明什么样的德。对于明泉而言，总结过去，展望未来，我们认为明明德就是明"自强不息、厚德利他"之德。坚持"自强不息、厚德利他"之德，明泉就能"宏图再展"。"宏图"就是在巩固、优化、提升基础产业的同时，发力高端产业，"勇攀科研之巅"。"厚德利他"在高端产业板块的集中体现是其使命、愿景和核心价值观，"为客户创造价值""推动智能时代""以客户为中心"都蕴含了"厚德利他"精神。之所以说"抢滩"，是因为高端产业的赛道上，竞争者很多，我们必须全力以赴，确保率先抢滩登陆，攻克研发和产业化的难关。

第三段点出"明德"的具体含义，即"自强不息""谦谦自牧""积善"，这些都可纳入"自强不息、厚德利他"之德。秉持"自强不息、厚德利他"精神，明泉坚定向前，谦虚谨慎，就一定能在"滔滔黄河""巍巍泰山"的见证之下，再谱高质量发展的新篇章，进而臻于至善。

"明德兴业，至善源泉"是对"明泉"含义的概括和提炼，关键在于"明德"。只有明"明德"，才可能兴业，进而止于至善。根据以上阐释可知，"明德"是"自强不息、厚德利他"。"自强不息、厚德利他"就是明泉发展乃至基业长青的密码。"谦谦自牧""积善"包含在"厚德利他"之中。从这个角度来看，《明泉》和《基业长青》两首歌曲不仅是对明泉过去九年发展历程的总结，更是揭示出了明泉未来发展和基业长青的密码。每当唱起这两首歌曲，都应提醒我们牢记"自强不息、厚德利他"的精神，持续奋斗，谦虚谨慎，回报社会。我想这应是两首歌曲的价值所在。

第六章

企业战略：
以道驭术，
实现事业永续发展

企业若想长久地持续发展，需要不断地进行战略规划和战略创新。我们学习优秀传统文化"以道驭术"，就是要以利他正道驾驭才能，以利他精神克制私欲，超越小我，提升智慧，开拓心胸，扩展格局，实现基业长青、永续发展。"凡益之道，与时偕行"。我们既要用改革开创明泉新纪元，挺进明泉发展"新阶段"，也要强化科技支撑，打造科技明泉。更要构建明泉的企业战略体系，明确明泉人需要长期坚持的"四个基本"和指引明泉未来发展的"1245"思想体系。

以道驭术，实现事业基业长青

　　中国企业数量众多，但企业的生命周期却很短，不少企业重复走着"一年发家、二年发财、三年倒闭"之路，能做强做大的企业寥寥无几。据统计，中国中小企业的平均寿命仅 2.5 年，集团企业的平均寿命仅 7 至 8 年。中国企业的经营者不乏敏锐的商业眼光和非凡的才能，但企业能持续发展并获成功的却是极少数。对此，稻盛和夫认为，多数经营者"过分迷信自己个人的才能，往往最多取得一时的成功，事业难以长久"。究其根源在于多数人执着于小我，自以为是，不能放眼大局，因而私欲膨胀，沦为私欲的奴隶，埋下失败的诱因。

　　人一旦取得一定成绩，就容易出现两种倾向：一种是认为都是自己的聪明才智，贪天之功，据为己有，将功劳归于个人；另一种是自高自大，恃才傲物，自信凭借个人才能，未来也定会成功。前者是贪心所致，为博名利，无视个人成绩是平台集众人之力成就的结果；后者是傲心滋生，自以为是，对他人意见充耳不闻，固步自封，从而落入经验主义的陷阱。无论是贪心，还是傲心，都是囿于自我所致，最终必然成为自己私欲的奴隶，致使众人离心离德，自己成为孤家寡人，事业也随之到达"天花板"，开始走下坡路了。

　　要想避免成为个人私欲的奴隶，唯有"以道驭术"，以大道而非一己私欲来驾驭才能，从而使才能在正确的方向上得以施展。稻盛和夫认为，"高尚的、受尊敬的人格能够控制才能，使自己的才能在正确的方向上得到充分的发挥"，而"先人后己的利他心是人一切德行中最美好、最高尚的品格"。"大道之行也，天下为公"，大道表现在外都是利他的。无论是儒家的"己欲立而立人，己欲达而达人"，还是道家的"以其无私，故能成其私"，抑或是稻盛和夫所引自佛家的"自利利他"，无一不是在强调克制私欲，反对过分的利己主义，倡导超越小我的利他精神，在成就他人的同时成就自己。

企业之所以不能长久地持续发展，管理之所以种种弊端丛生，其根源就在于经营管理者私欲膨胀，自以为是，成为私欲的奴隶。我们学习优秀传统文化"以道驭术"，就是要以利他正道驾驭才能，以利他精神克制私欲，超越小我，提升智慧，开拓心胸，扩展格局。人人超越小我，成就大我，我们的事业才能实现基业长青、永续发展。

用改革开创新纪元

综观中外企业的盛衰成败，反观明泉发展历史和现状，曾经致使明泉发展落后以至于难以为继、岌岌可危的管理弊病，在当下仍然存在，已经有了将明泉再次拖入僵化泥潭的风险。我们反复倡导自我反思、自我批判，如果连这个最大的病根都视而不见，那所谓的自我提升就是一句空话！这个管理弊病就是平均主义。如不痛下决心，改革除弊，明泉生存就将再次危机重重，无法谈及未来发展。

平均主义从根本上讲就是惰性作祟。人性里善恶掺杂。人性恶的一面就是好逸恶劳、不思进取，还嫉妒他人，看不得别人比自己好。曲解圣人原意，拿"不患寡而患不均"当幌子，吹捧奉行平均主义，自己懒惰受穷却犹嫌不足，还要拉着别人一块受穷，这是要把公平正义置于何地？可以说，平均主义就是最大的不公平，是公平正义的敌人。中国曾为此付出过惨重代价，可如今平均主义在很多社会领域仍然阴魂不散。平均主义认为，收入要均分，不可拉开大的差距；机会和权力也要均分，干好干坏一个样，论资排辈，见不得有人脱颖而出。这样一来，因惰性而生的平均主义，愈加助长了惰性的气焰，为庸者张目，让能者寒心，漠视打压公平正义。平均主义招摇过市，社会公平正义不彰；平均主义大行其道，必然导致全体员工的积极性减退，并最终导致企业丧失竞争力。

企业必须以改革铲除平均主义。平均主义作为隐性规则存在于众多企业之中，收入分配起不到激励作用，人才难有机会展露锋芒，干部员工队伍新陈代谢缓慢，从而导致企业肌体日益僵化，走向熵死。要破除平均主义，首先就要从思想认知上下功夫，坚持以文化人，对治人性恶的一面，清理懒惰嫉妒的思想垃圾；在机会和权力分配方面，要把晋升机会、组织权力交给德才兼备的人才，要把工作机会交给认真负责、主动工作的员工，坚决淘汰掉消极懈怠、玩忽职守的人员；在收入分配方面，以奋斗者为本，要坚定不移地向优秀干部员工倾斜，不怕拉开收入差距，让奋斗者的付出与获得对等，让落后者以奋斗者为榜样，见贤思齐、努力追赶。只有这样，企业内部的公平正义才能得以伸张，浩然正气才能得以养成，生机活力才能得以激发。

以上就是我们下定决心推进企业文化重塑、用人制度改革与分配制度改革这"三项制度"改革的思想渊源。企业文化重塑，将企业文化建设制度化，通过学习中华优秀传统文化，实现以文化人，使我们树立正知正见，端正三观，塑造正确的思维方式；用人制度改革，建立健全能上能下能转的用人机制，坚决实行优胜劣汰，让优秀者脱颖而出，让平庸者下台让位，让低劣者淘汰出局；分配制度改革，逐步推行模拟股份制，让我们广大员工与企业发展同呼吸共命运，让奋斗者共同分享企业发展的成果。

没有人希望重回 2013 年前的明泉，那就让我们铭记过往，总结反思，以历史为鉴，警醒我们锐意改革，兴利除弊；没有人不期待明泉美好的未来，那就让我们瞻望前程，奋勇前行，以愿景为指引，激励我们以改革为明泉下一个甲子奠基。

甲子对联启新篇

2019 年春节，我创作了一幅对联："六十年沐雨栉风大江歌罢多慷慨，新甲子自强不息乘风破浪启新篇"。有什么含义呢？我创作这幅对联的目的是什么呢？

世界上唯一不变的是一切都在变。外部世界总是机遇与挑战并存，没有哪个企业发展能够一帆风顺，没有哪个企业可以随随便便成功。唯有自强不息才能乘风破浪、一往无前，明泉的发展同样如此。

诞生于"大跃进"的多事之秋，有过创业初期的蓬勃发展，也经历了"文革"时期的惨淡经营，有过改革开放后的十年辉煌，又错失了行业供不应求的发展良机，有过进入 21 世纪后的发展放缓、逐渐落后，也遭遇了沉疴缠身、积重难返的存亡绝境，借搬迁之机，历经五年的艰苦卓绝而浴火重生，可以说明泉走过的 60 年（1958—2018）风雨兼程、历尽坎坷。这其中尤以 2013 年启动搬迁后的五年最为震撼人心。在当时行业形势低迷、企业经营状况严重恶化的困境下，启动搬迁就是置之死地而求生存，明泉人生就一副不服输的傲骨，以破釜沉舟、背水一战的勇气和决心，自强不息，艰苦奋斗，迎难而上，不屈不挠，共同谱写了一曲艰苦备尝却又慷慨激昂的创业与奋斗之歌。如今，新明泉已巍然矗立，一曲大江东去的豪迈奋进之歌暂告一段落，抚今思昔，令人心潮澎湃、豪情满怀。

刚刚送走明泉一甲子，转眼间已进入新甲子的开局之年。与 60 年前相比，世界已发生了翻天覆地的变化，国家正处于由工业化向现代化转型的进程中，行业也从供不应求转变为产能过剩，企业优胜劣汰加速。但变化中蕴含着机遇，未来几年将是加压气化工艺、科技成果向企业转化的历史机遇期。我们必须抓住这个难得的机遇期，全力争取最大效益，减轻财务负担，轻装上阵，精心培育"新三高"的幼苗长成参天大树，使"新三高"成为明泉未来发展的强劲引擎。外因必须通过内因才能起作用，能否抓住机遇，乘机遇之风，破挑战之浪，最终还要看我们自身。明泉60年的发展历程铸就了明泉人自强不息的精神品格，明泉人历来就有股"咬定青山不放松"的韧劲，从不服输，永不言弃，攻坚克难，坚韧不拔。这一精神品格不仅未随时空变化而褪色，反而在五年来的转型升级发展中熠熠生辉。当下和未来，我们都要传承和坚守明泉人自强不息的精神品格。秉承自强不息精神，我们就要推进企业文化重塑，通过优秀传统文化学习的制度化，在思想认知上培元固本，扶正祛邪，凝聚共识，鼓舞斗志；秉承自强不息精神，我们就要推进用人制度改革，通过公开竞聘上岗和考核，使领导干部能上能转能下，打造一支充满活力、团结向上、风清气正的干部队伍；秉承自强不息精神，我们就要推进分配制度改革，以奋斗者为本，通过模拟股份制改造，最大限度地激发出干部员工干事创业的激情与活力。

大江流日夜，慷慨歌未央。一曲甫毕，一曲又起，慷慨奋进之歌永无止息，明泉已踏上新甲子的漫漫征程。逝去的是岁月，留下的是记忆，铸就的是精神。我们要秉承明泉人自强不息的精神品格，以时不我待的紧迫感和只争朝夕的精气神，眼睛向内，锐意改革，实现高水平管理，同时抢抓机遇，全力推进宁阳明升达退城进园项目、"新三高"项目取得重大突破，奋力开启明泉新甲子高质量发展的华丽篇章。

挺进"新阶段"

2017年10月5日，我们通观明泉发展全局，提出了明泉发展迈入快速发展"新阶段"的总体定位。世易时移，企业内外部形势在变，对企业发展阶段的定位也会随之而变。到2019年初，经过近一年半时间的发展，明泉发展蓝图愈加清晰，"新阶段"内涵也已丰富更新，我们有必要对"新阶段"的内涵进行再阐释。

"新阶段"概念的首次提出是在2017年10月5日明泉召开的管理处室副处级以上干部座谈会上。当时，我们经过四年艰苦卓绝的奋斗，完成了尿素等量搬迁项目、双氧水装置搬迁及提升项目、甲醛吡啶联合装置搬迁及下游产品链开发项目、生产系统平衡改造项目、动力结构调整项目等一系列项目建设和改造提升，成功恢复并超过搬迁前产能和规模。同年7月27日，洁净煤气化项目顺利投产，9月所有产品全面实现盈利，这标志着"借搬迁之机实现企业转型升级发展"、"利用3—5年再造一个全新明泉"的目标初步实现，也标志着明泉告别了"保生存、促发展"的艰难求生阶段，迎来了快速发展的新阶段。

经过全体干部员工近一年半的辛苦努力，我们关于明泉的发展思路、目标和路径都更加清晰，"新阶段"的内涵也更加丰富。明泉进入了一个快速、高质量、轻资产发展的"新阶段"。所谓"高质量"是指明泉整体发展态势已处于"含苞待放"的蓄势阶段，即将迎来"全面开花"的收获时节。明泉科技顺利投产以来，已平稳运行一年八个月，经过系统优化提升，再加上2019年循环水拖动项目和砌块砖项目的陆续投产，已经并将继续成为集团发展的支撑因素；明化新材料持续稳定运行，二期双氧水投产后，又经过模拟股份制改造，必将释放出更强劲的发展潜力；晋煤明化现有系统运行趋于稳定，并已着手进行老工艺的改造，经过改造后将成为我们发展的新增长点；宁阳明升达退城进园项目现已进入紧锣密鼓的设备安装阶段，2019年底打通生产全流程，2020年投产后成为明泉"两翼腾飞"的重要一翼；郓城威顿公司装饰车间在2019年内建成投运，1号炉2020年建成投运，2019年上半年完成模拟股份制改造，管理和效益都取得显著提升；均四项目利用精制合成气一步法制取高附加值、市场紧缺的高端化学品，2020年下半年即达到开车条件；北京高分子材料研发项目一个系列产品各项性能指标已通过终端客户评价，由小试阶段转入产业化阶段，产业化一期于2019年开始建设，2020年具备调试和投入使用条件。因此，综合来看，我们在2019年即进入经营规模大幅提升和效益增长的新发展阶段。所谓"轻资产"是指利用2013年以来五年多时间里我们积累的资源整合、行业经验、人才技术、管理能力等无形资产，寻求资本合作，实现资产的资本化，使得企业经营轻资产化，逐步卸下前几年靠银行贷款重投入所形成的沉重包袱，并为后面项目建设准备出充足资金，轻装上阵。"轻资产"化也是企业实现高质量发展的助推器。

进入快速、高质量、轻资产发展的"新阶段"，诱人的前景已依稀可见，但要想再次"心想事成"，我们必须知行合一、实干力行。"天下难事必作于易，天下大事必作于细"，"新阶段"需要我们持续不断地强化制度执行和工作落实，将各项工作部署不折不扣地按时执行到位，久久为功，积小成为大成；"新阶段"需要我们继续对内深入推进"三项制度"改革，通过企业文化重塑提升认知、凝聚共识，通过用人制度改革实现干部队伍新陈代谢，通过分配制度改革激发管理团队活力和创造力，将三者有机结合促使企业焕发出内生动力和活力，推动企业管理水平的整体提升；"新阶段"需要我们以开放的思维，着力对外开放引进，吸收外部资金、技术、管理、人才、模式和思想，为我所用；"新阶段"需要我们一以贯之地持续推进优秀传统文化学习，缩小高层、中层和基层的认知差距，使高层有使命感、中层有责任感、基层有归属感，营造真诚、友爱、和谐的工作氛围，打造一支召之即来、来之能战、战之必胜的钢铁之师。

"雄关漫道真如铁，而今迈步从头越"，2014 年 9 月我们用毛泽东同志的这两句诗回首感慨搬迁工作的艰难，并激励我们向着下一个转型升级的"雄关"挺进；如今，我们用这两句诗回望过去浴火重生、实现转型升级和快速发展的不凡历程，并鼓舞我们在明泉快速、高质量、轻资产发展的新阶段，向着更高的目标奋勇前进！

小产品、大市场、高占比、有优势

　　"小产品、大市场、高占比、有优势"是明泉新阶段的产品战略，也是新产品调研和选择的工作思路，关系到"新三高"总体战略的实施顺利与否。

　　2016年底，基于对社会和行业发展趋势的预判，我们提出了企业"新三高"发展战略，即明泉未来要朝"采用高技术，研发生产高端化工产品，实现高附加值"的方向发展。随着北京高分子材料研发项目和本部高端化学品项目——均四项目的稳步推进，我们对于高端化工产品的特点有了更加全面、深刻的认识，对于新产品调研和选择的思路也更加清晰。

　　仔细审视同行业优秀企业的发展路径，我们不难发现，这些企业高端化工产品的收入占比在不断提高，并已成为企业整体效益的主要来源。同时，我们也能发现高端化工产品从研发、投产到销售的一些共同特点。首先，高端化工产品大都经历一个需要耐得住寂寞的艰苦培育期。正确预判、先人一步采取行动固然占了先机，却也缺少技术、经验、市场等要素，产品短时不盈利甚至持续数年亏损，这时就需要坚定信心、拥有较为强大的定力。其次，高端化工产品大多面对一个市场容量相对较小的细分市场。与百万吨级甚至千万吨级市场容量的基础化工产品相比，高端化工产品一般只有多则也只有几十万吨、少则甚至仅几万吨的市场容量。再次，高端化工产品有着潜在的市场需求和良好的发展前景。最后，高端化工产品行业集中度一般较高。市场占有率最大的企业发展最好，排在第二位的勉强生存，而排在第三的企业就开始处境艰难了，更遑论排名再靠后的企业了。

根据以上对高端化工产品特点的把握，我们提出了新产品调研选择的十二字指导方针，即"小产品、大市场、高占比、有优势"。"小产品"是指我们要关注的产品应是细分市场的小众产品和技术较为先进的高端化工产品。高端化工产品因是细分市场，其装置产能往往也比基础化工产品装置动辄几十万吨甚至百万吨的产能要小得多。因高端化学品具有相对较小的市场容量和装置产能，我们姑且将其称之为"小产品"。新产品调研之所以要关注"小产品"，是因为在基础化工产品领域，大型央企等国有大型企业更具优势，我们须扬长避短，避免与这类企业形成正面竞争。"大市场"是指新产品具有潜在市场需求和未来良好发展前景的高端化工产品。"高占比"是指所要调研的新产品在未来投产后，在全国甚至全球市场的占有率必须排在前三位，要力争行业第一。前三个要素着眼于产品本身，"有优势"这个要素则着眼于我们企业的资源和能力。对于要调研的产品，我们企业应具备"立体式、多方位"的比较优势，要在技术实力、团队能力、公用工程、工业转化能力等方面具有比较优势。

中美贸易摩擦以来，国家和社会对于高端化工和新材料领域的重视前所未有，这让我们感到此前两年多前"新三高"发展战略提出的恰逢其时，也让我们更加坚定了全力推进"新三高"战略实施的信心。接下来，我们必须保持并不断增强战略定力，以"小产品、大市场、高占比、有优势"十二字方针为指导，积极考察调研和选择好新产品，精心培育企业未来发展的新动能，全力推进"新三高"发展战略落地，力争早日实现明泉高质量发展。

构建企业发展战略体系

明泉在经历了退城进园、完成初步转型升级发展后，开始进入快速、高质量、轻资产发展的新阶段。对于明泉新阶段的发展目标、发展方向和发展战略，我们逐步形成了全面、清晰的判断。在这刚刚步入发展"新阶段"的时点，理清发展思路，构建战略体系，无疑对于明泉下一步发展具有非常重要的意义。

一、明泉新阶段发展目标

明泉新阶段发展目标是深耕主业，专注创新，通过精益求精、孜孜不倦的艰苦努力，成为在化工新材料领域具有核心竞争力的高端化工企业。自2013年9月以来的退城进园、转型升级发展，更多的是"膨胀规模、涵养资源"，采用先进洁净煤气化工艺实现企业发展新旧动能转换的过程。此后五到十年，我们不单纯追求规模增长，而是更加强化创新驱动，在化工新材料领域多个细分市场构建起核心竞争力。明泉随后五年多的时间里，关闭了包括"北四厂"在内的十二家非主业子公司，是为了"回归主业、做精主业、做强主业"。在未来发展过程中，我们将继续坚持这一工作定位，决不重蹈覆辙，所进入的新成长领域必须有利于发挥企业资源的协同优势，必须有利于提升企业核心竞争力，必须有利于增强企业整体盈利能力。

二、明泉新阶段发展战略

明泉新阶段总体战略是在优化提升基础化工产能的前提下，集中资源向"新三高"（采用高技术，研发生产高端化工产品，实现高附加值）方向发展。早在2016年底，我们就提出了"新三高"战略，这是顺应我国经济进入高质量发展阶段、并由工业化向现代化转型的必然选择，也是实现企业高质量发展的必由之路。

明泉总体战略是集团层面的发展战略，其下有指导企业职能活动的职能战略作为支撑。职能战略围绕集团总体战略展开，服务于集团总体战略，包括产品战略、技术战略、市场战略、财务战略、人力资源战略、企业文化战略等。

产品战略。 明泉新阶段产品战略是"小产品、大市场、高占比、有优势"。"小产品"是指产品应是细分市场的、技术较为先进的、高端化工的小众产品。之所以要关注"小产品"，是因为在基础化工产品领域，大型央企等国有大型企业更具优势，我们须扬长避短，避免与这类企业形成正面对抗。"大市场"是指新产品要具有潜在市场需求和未来良好的发展前景。"高占比"是指新产品在未来投产后，在全国乃至全球市场的占有率必须排在前三位，要力争行业第一。前三个要素着眼于产品本身，"有优势"这个要素则着眼于我们企业的资源和能力。对于要调研的产品，我们企业应具备"立体式、多方位"的比较优势，要在技术实力、团队能力、公用工程、工业转化能力等方面具有比较优势。这一产品战略为新产品的考察调研工作指明了方向。

技术战略。 明泉新阶段技术战略是"上引下连"，坚持整合资源、研发前移的工作主基调。2018年，随着"新三高"战略的推进，我们提出了"上引下连"的工作思路，即与科研机构合作，引入科技研发力量（上引），研发突破关键核心技术，在企业内部实现产业化，产业链下游连接国内外高端客户（下连）。自主研发指的是我们包揽从实验室原创性研发阶段到中试、再到工业化装置建设的全过程，如明士新材料公司目前正在推进的高分子材料研发生产项目。技术引进指的是密切关注国内顶尖高校、科研院所正在中试的新技术，及时跟进，适时引进合作，进行工业化装置的建设，如正在关注的合成气制高端化学品项目。

市场战略。明泉新阶段的市场战略是聚焦细分市场，采取积极开拓策略，实现高占比。前已述及，在新产品的调研阶段，就要预判新产品的市场前景。新产品投产后，采取积极主动的市场开拓策略，在全国乃至全球市场的占有率至少排在前三位，力争行业第一。因为根据二八定律（即"帕累托法则"），20%的强势品牌占有80%的市场份额，第一品牌的市场占有率比第二品牌高出一倍以上。相比同行业内其他企业，行业冠军往往拥有最高的品牌知名度，占据最大的市场份额，吸引最多的社会资源，赚取最多的行业利润。而位于第二位的企业尚可勉强生存，从第三位开始就只能艰难度日了。这是一个强者恒强、赢家通吃的时代。只有拥有绝对优势的市场占有率，才能活得好、活得久。

财务战略。明泉新阶段的财务战略是转向轻资产化运营，获得更快的发展速度和更高的盈利能力。2013年以来，经过五年多的艰苦努力，我们积累了加压气化工艺的项目建设和运营维护经验，培养了一支具备项目建设和运营维护经验的人才队伍，获取了锅炉、排放、环保容量等重要的排他性资源，大大提升了基础管理水平，企业文化建设富有特色、收效显著，树立了良好的企业形象，这些成果无疑都大幅提升了企业的轻资产价值。再加上目前和未来几年加压气化工艺装置的市场机遇期，我们已具备了转向轻资产发展模式的条件和能力。我们须引入资产资本化的思路，使得企业经营轻资产化，卸下前几年靠银行贷款重投入所形成的沉重包袱，轻装上阵，进入高质量发展的"快车道"。

人力资源战略。明泉新阶段的人力资源战略是建立灵活多样的人才引进机制，推进领导干部能上能下能转，实施经营单位模拟股份制改造，严格考核奖惩。招聘方面，建立开放灵活的机制，积极引进满足企业快速、高质量、轻资产发展所需的各种人才。选拔任用方面，坚持通过公开竞聘上岗的方式，推进领导干部能上能下能转，实现干部队伍的新陈代谢。激励方面，针对经营单位实施模拟股份制改造，激发管理团队的积极性和创造力。考核方面，梳理完善制度，严格考核奖惩，提升企业执行力。

企业文化战略。明泉新阶段的企业文化战略是坚持以优秀传统文化涵养企业文化，以文化人，依法治企，道德文化与法治文化并举。我们将坚持以"自强不息"精神为指引，通过定期制度化的优秀传统文化学习，继承和发扬艰苦奋斗的优良传统，摒弃和否定导致僵化熵增的陈旧观念，统一思想，凝聚共识，激发出全体干部员工干事创业的动力和活力。儒家思想和法家思想都是优秀传统文化的重要组成部分。"坚持依法治国和以德治国相结合"就是儒法两家思想的融合运用。我们既要汲取儒家智慧，端正人生观，树立正确的思维方式，营造真诚友爱和谐的工作氛围，又要学习法家思想精华，加强制度建设和强化制度执行，严格考核和奖惩，两者有机结合使企业内部形成人人尽展其才的生动局面，锻造一支召之即来、来之能战、战之必胜的钢铁团队。

经过前期的酝酿、宣导和发动，企业总体战略及职能战略已经在实施过程中。产品战略、技术战略、市场战略正通过新产品考察调研进行实施，财务战略正通过宁阳明升达退城进园项目气化岛系统资本合作进行实施，人力资源战略和企业文化战略正通过深入推进"三项制度"改革和"制度执行年"进行实施。企业内外部形势处于不断变化中，我们将持续关注战略执行过程，做好监控、评估和纠偏。只要方向对了，就不怕路远。相信在"新三高"总体战略的指引下，我们必能在新阶段共圆明泉高端化工之梦！

强化科技支撑，打造科技明泉

在 2020 年 4 月 18 日的集团经理办公会上，我们正式提出了打造"科技明泉"的理念。这一理念虽是现在提出，但实际上从大平衡改造等技改到洁净煤气化项目，再到明升达退城进园项目、明化技改项目、"新三高"项目，我们一直非常重视并发挥了科技在支持和引领企业高质量发展方面不可替代的作用。现在之所以明确提出"科技明泉"的概念，是因为不断变化的企业内外部形势赋予"科技"以新的内涵。我想从技术尖端化、产品高端化、管理智能化三方面阐释"科技明泉"的内涵，也希望大家要重视强化科技支撑、打造"科技明泉"，建设基础牢固、优势突出的新明泉。

强化科技支撑是大势所趋。从宏观大势来看，随着改革开放 40 年中国经济的持续高速增长，人们对美好生活的需求日益增长，消费升级趋势明显。而从供给侧来看，我国正处于由工业化向现代化的转型期。要实现现代化，满足人民日益增长的美好生活需要，经济发展动力就需要从原来的主要依靠资源和低成本劳动力等要素投入转向技术创新驱动。而创新驱动的核心就是科技创新。从当前形势来看，尽管经济下行趋势与疫情冲击叠加，"环球同此凉热"，但行业内优势企业仍能保持持续、稳定盈利。这是因为其基础化学品采用先进工艺、更具成本优势，其高端产品科技含量高、技术门槛高。因此，无论是从宏观大势还是从当前形势来看，企业要想实现高质量发展，必须锻造强大的科技支撑力。在互联网、大数据、人工智能和实体经济深度融合的时代背景下，锻造强大的科技支撑力对于明泉而言，就需要在技术、产品和管理三方面着力，即技术尖端化、产品高端化、管理智能化。

首先是技术尖端化。技术尖端化不仅针对高端产品而言，也适用于基础产品。技术尖端化有两方面的含义：一是在产品考察和工艺技术选择阶段，具备超前思维，敢于采用高新技术；二是在项目建成投产后，钻研技术、精益求精，使生产系统得以持续优化提升。以洁净煤气化项目为例，2013年粉煤加压气化技术前景不甚明朗，我们经过多方求证和反复讨论，认为该技术具有工艺先进、投资少、原料煤适应性强、运行维护成本低、环境污染少等多个优点，符合国家清洁能源发展的趋势，就毅然决定采用该技术建设洁净煤气化项目。这一敢于采用新技术的超前思维也体现在宁阳明升达退城进园项目和"新三高"项目中。洁净煤气化项目投产后，明泉科技团队实施了一系列技改降本增效，使系统整体运行水平成为行业内最佳之一，这是技术尖端化含义的第二个方面。未来的技术尖端化，对于现有系统而言，各生产单元团队需要创新精进、精益求精，持续优化提升；对于新产品开发而言，已成立的集团"新三高"发展战略推进工作小组需要继续通过"上引下连"，积极与国内顶尖研发团队寻求合作。

其次是产品高端化。面对经济下行和疫情冲击，高端产品因其科技含量高、技术门槛高等特点，具有更强的抵御风险能力和盈利能力。时代在进步，"新三高"战略势在必行，我们必须坚定不移地予以推动。产品高端化并不是放弃基础产品，我们要正确看待基础产业和高端产业的关系。基础产业是必不可少的，可为高端产业发展在公共配套、人才资源、资金支持、抵御风险等方面发挥基础性支撑作用。基础产业可提供部分公用设施和原材料，有效降低高端产业项目的建设投入和运行成本；基础产业在项目建设和系统运行过程中为高端产业积累了经验和人才资源；基础产业可作为现金奶牛为高端产业发展提供资金保障；基础产业可有效对冲高端产业项目研发或工业化失利给企业带来的风险。与此同时，高端产业也是不可或缺的。没有高端产业，企业就只能"看天吃饭"，难以获得超过行业平均水平的高收益；没有高端产业，企业就不可能脱颖而出、建立起优势突出的核心竞争力；没有高端产业，企业就难以获得高收益，全体员工的收入就不可能进入全社会的前20%。总之，没有高端产业，企业就不可能实现高质量发展。

第三是管理智能化。管理智能化是一个比智能工厂含义更为广泛的新概念。智能工厂属于管理智能化的生产管理领域，主要是通过构建智能化生产系统、网络化分布生产设施，实现生产过程的智能化。我们所说的管理智能化是利用物联网、大数据、云计算等新一代信息技术和人工智能，以智能工厂为抓手和突破口，通过智能制造新模式的应用，实现企业生产管理、财务管理、人力资源管理、仓储物流管理等经营管理各环节智能化水平的提高。我们已成立数字化工厂工作推动小组，目前正在开展两大方面的工作：一是实施集团智能化管理总体规划咨询项目，二是实施智能工厂建设。智能工厂建设方面，明泉科技、晋煤明化二尿、明化新材料实施先进控制智能化；"新三高"项目实施数字化交付；明升达退城进园项目投产达效后启动智能工厂建设。我们通过实施包括智能工厂在内的管理智能化，促进集团安全水平、生产水平和管理水平的全面提升。

面对剧变的时代，唯有以变应变，方有胜算。新的时代赋予"科技明泉"以新的内涵。我们用尖端技术生产基础产品，实现降本增效；我们用尖端技术开发高端产品，实现市场高占比；我们以智能工厂为抓手，实现管理智能化。唯有强化科技支撑、打造"科技明泉"，我们才能建设基础牢固、优势突出的新明泉，才能在未来的竞争中任尔东西南北风、我自岿然不动。

明泉人需要长期坚持的"四个基本"

截至 2022 年 3 月，集团 2013 年启动搬迁已有近八年半的时间了，我们总结过去、把握当下、面向未来，提出全体明泉人需要长期坚持的"四个基本"。同时，再次重申"两个务必"。坚持"四个基本"让我们保持战略定力、坚定前行，牢记"两个务必"让我们保持谦虚谨慎、不懈奋斗。只有这样，我们才能凝心聚力、行稳致远。

一、坚持"四个基本"，保持前行定力

（一）基本道路

我们要坚持走"基础产业牢固、高新技术突出"的基本道路。其中，基础产业指的是集团年内随着明化技改项目建成投产而即将形成的三套加压气化生产系统，高新技术是指明化新材料板块和 PSPI、PPS 等高分子新材料技术。"基础产业牢固"有两层含义：一是确保基础产业稳定运行；二是优化提升基础产业，延伸产业链，开发高附加值产品。"高新技术突出"是在明化新材料和 PSPI、PPS 已取得的成果基础上，持续不断对高新技术加大投入，取得更多突破。"基础产业牢固、高新技术突出"是我们在集团搬迁八年多的时间里逐步探索出来的、被集团发展实践证明了的、切合集团自身实际的发展道路。没有牢固的基础产业，就无法稳定员工就业、保持稳定的基础产品市场和经营现金流，也难以维持对高新技术的持续投入；没有高端产业作为未来引领，"百年企业"的目标就难以实现，企业高质量发展和高于当地社会平均

水平的员工收入就不可能实现。因此，这条发展道路是实现企业高质量发展的必由之路，是企业持续健康发展、员工收入不断提升的根本保证。在企业未来发展过程中，任何人不得因为高风险，而否定和放弃高端产业；不得因为低利润，而淡化甚至放弃基础产业。

（二）基本理论

我们要坚持"百年企业、辉光日新、惠及员工、回报社会"的基本理论。这一理论明确了企业发展的目标、动力、目的和保障。"百年企业"是企业发展的目标，"辉光日新"是企业发展的动力，"惠及员工"是企业发展的目的，"回报社会"是企业发展的保障。四者之间的关系是，为了实现"百年企业"的目标，我们必须"辉光日新"，持续创新、日有所进，同时坚持"回报社会"，处理好与客户、供应商、金融机构、政府、民众等利益相关者的关系，推动企业持续健康发展，进而达到"惠及员工"的目的。"惠及员工"是企业发展的出发点和落脚点。之所以说"回报社会"是企业发展的保障，是因为只有为客户创造价值，企业才能实现自身价值；只有与供应商、金融机构、政府、民众等利益相关者互利共赢，企业才能有良好的发展环境。这一理论的核心落在"员工"上，只有全体员工自强不息、不懈奋斗、锐意创新，才能实现"百年企业"，才能惠及自身，才有可能回报社会。"民为邦本"，员工是企业发展的根本。这一理论是确保企业发展行稳致远的基本支撑，不可偏离和违背。

（三）基本制度

我们要坚持股东会领导下的"三权分设、三位一体"的基本管理制度和公平与效率兼顾的基本分配制度。所谓基本管理制度具体是指股东会总体领导下的董事会负责的事业部制。集团发展战略委员会代表股东会，决定企业重大发展战略。在股东会领导下，董事会、监事会和经理层各负其责，三权分设、三位一体，确保决策更科学、监督更有力、执行更高效。

　　所谓基本分配制度具体是指实行高于当地社会平均水平的薪资及在此基础之上的模拟股份制，并使企业有必要的盈余，用于回报各个投资方股东，同时为使企业能够降低债务水平和控制资金成本支出，企业还要有必要的利润积累，用于扩大再生产和高质量发展的再投入之所需。长期而言，我们应该处理好基本薪资支付、模拟股份制考核兑现和企业盈余分配及盈余积累之间的分配比例关系，总体而言就是"积累与消费"之间的关系，做到既照顾当前消费又着眼于长远发展。在企业效益持续提升的前提下，我们坚持提供行业内有竞争力的薪资待遇，使员工薪资高于当地社会平均水平。模拟股份制是将人力资源转化为人力资本在企业管理实践中的运用，是工资和股东分红之外的一种重要补充分配方式。对企业而言，工资是初次分配，模拟股份制是让员工参与企业增量效益的再分配。模拟股份制面向改革单位的全体员工，但绝不是搞"大锅饭"式的平均主义，而是兼顾了公平与效率、按劳分配与共同富裕，公平和共同富裕就体现在面向改革单位全体员工上，效率和按劳分配则体现在模拟股金的层级划分上。模拟股份制坚持自愿参与原则，因为它不是旱涝保收的，是有风险的。其收益来自企业效益的增量部分，这要依靠参与员工努力工作，提高工作效率和经营效益。模拟股份制实行三年以来，参与员工与企业共创价值、共担风险、共享成果，在原有工资基础上增加了一份收入，同时更加关心企业发展，更加主动积极工作，使企业内生动力得以充分焕发。

　　目前，以 KPI 考核为主要方式的模拟股份制主要适用于已处于正常生产经营状态的子公司和集团职能部门。对于从事研发等创造性工作的人员，我们采取单独的考核和薪酬体系。作为新生事物，模拟股金 KPI 考核还需要不断优化调整。我们将在新一轮 KPI 考核中进行"一增一减一调整"。"一增"是增加模拟股金的层级到 12 级；"一减"是减小层级间的额度差距，压减高层管理人员的额度上限；"一调整"是调整结构，将额度更多地划分给基层员工，使模拟股金分布呈椭圆形结构。"一增"是为了发挥榜样的力量，激励先进，鞭策后进。"一减"是为了将收入差距控制在合理范围内，避免差距过大。"一调整"是因为椭圆形结构相比于金字塔结构更加稳定。在椭圆形结构中，整体上来看是 M、T、W 三个序列齐头并进，统一划分层级，同一层级的限额相同，这是一个重大变化，是我们进一步破除官本位、尊重技术人才、兼顾公平和效率进行分配的必然选择；具体到每个序列来看，三个序列自身也呈椭圆形结构，这样可以让更多人员进入中部，有机会获取更多的额度和收益。总而言之，做这些优化调整的目的是为了让更多的人员参与改革，鼓励基层人员心无旁骛、安心做好本职工作，增强基层人员的归属感和执行力，从而增强企业的凝聚力和向心力。事实证明，我们实行的治理体系和分配制度已取得良好成效，对这项基本制度要坚持好、巩固好。

（四）基本文化

我们要坚持"以文化人、依法治企"的基本文化理念。集团从 2017 年 5 月份开始，推进制度化的优秀传统文化集体学习，用近五年时间逐步形成了"以文化人、依法治企"的企业文化理念。"以文化人"是通过学习优秀传统文化，帮助我们树立正知正念，端正三观，提升思想认知和格局，营造真诚友爱和谐的工作氛围。"依法治企"是树立法治思维，严守法律、法规和规章底线，确保各方面工作合法合规，同时推进标准化、制度化、智能化管理，确保各方面工作阳光高效。"以文化人"和"依法治企"缺一不可，不可偏废。"以文化人"是道德自律，是软约束，是追求高尚境界；"依法治企"是制度他律，是硬要求，是工作底线。持续不断的学习分享和制度建设已显著提升了我们团队的思想认知、改善了工作氛围，形成了"自强不息、自利利他""行有不得、反求诸己"等优秀的文化理念。因此，对于"以文化人、依法治企"的企业文化体系，我们应当抱有足够的信心。

二、牢记"两个务必"，谦虚谨慎戒骄

坚持"四个基本"，我们就能保持企业发展的正确方向和定力，就能稳中求进，就能不断开创企业高质量发展的新局面。但与此同时，我们必须牢记"两个务必"——"务必使同志们继续地保持谦虚、谨慎、不骄、不躁的作风，务必使同志们继续地保持艰苦奋斗的作风"。管理人员要以身作则，时刻保持忧患意识、谦虚心态。只有保持谦虚，才能团结身边同事；只有保持谨慎，才能敏锐发现问题；只有居安思危，才能常怀远虑、预判并规避风险。这对于危化品生产企业来说尤其重要。

洁净煤气化项目和明升达退城进园项目开车前，我们都强调"两个务必"提醒大家。长期坚持"两个务必"很有必要。2022 年是集团发展的蜕变阶段，明化技改项目年内将开车。在这样一个蜕变的关键时期，尤其需要我们牢记"两个务必"，做到"稳"字当头。所以，2022年我们要学习曾国藩"结硬寨，打呆仗"的战法，保持谦虚谨慎的心态，步步为营，稳扎稳打。

三、结语

明泉的基本道路、基本理论、基本制度、基本文化，是我们对集团搬迁八年多发展历程的总结，也是我们面向未来对集团发展目的、方向、路径和动力的抉择。明泉"四个基本"是引领集团未来发展、需要我们长期坚持的指导思想。背离这个指导思想，我们就会在企业发展目的、方向、路径和动力这些根本性问题上出现偏差甚至犯颠覆性错误。

我们要坚定对"四个基本"的信心，同时要防止骄傲自满。2022年是蜕变之年、收获之年，也是冲关之年。在即将实现基础产业布局收官、高端产业突破成长的关键时期，我们必须牢记"两个务必"，"战战兢兢，如临深渊，如履薄冰"，以谦虚谨慎心态稳妥做好各方面工作。

随着 2022 年冲关成功，我们必将迎来发展局面愈加稳固、盈利能

力显著提升的高质量发展阶段，企业发展模式也将完成由规模扩张型向质量效益型的转换。除了胜利，我们别无选择。我们必须坚持"四个基本"，牢记"两个务必"，凝心聚力，稳扎稳打，确保企业发展行稳致远，确保 2022 年冲关成功。

贯彻以创造者为本的理念

　　贯彻以创造者为本的理念，需要创新激励机制，形成全力创造价值、科学评价价值、合理分配价值的良性循环，激励创造者持续创造价值。

　　2021 年 12 月，我们提出了新材料板块的使命、愿景和核心价值观。"以创造者为本"作为核心价值观的第二条，已在 PSPI 研发和产业化中得到贯彻，收效显著。我们为什么要"以创造者为本"以及如何贯彻"以创造者为本"的理念，是我在这里想要回答的问题。

　　之所以要"以创造者为本"，是因为创造已成为当今时代的主题、企业发展的源动力。中华人民共和国成立以后，尤其是改革开放以来，我国工业迅猛发展，用几十年时间走完了发达国家一两百年走过的工业化历程。发展如此之迅猛的主要原因是我国大量引进国外成熟技术和设备，由于技术获取无壁垒，全国各地"抄作业"般迅速建设工业化装置，使得我国以大宗商品全面过剩为标志，以世界上前所未有的速度完成了工业化。工业化完成之后，以美国为首的西方国家认为地位受到了威胁，开始对中国实施尖端技术封锁，致使我国工业进入了"抄无可抄"的境地。在这样的情况下，我国工业要想发展、实现现代化，就必须依靠自主创造。我国工业乃至整个经济的发展速度必然会慢下来，因为已"抄无可抄"，且自主创造需要长期积累。我们企业的发展勉强跟上了国家工业和行业发展的节奏。在我国经济由工业化向现代化转型的时期，我们企业逆势成长，用搬迁以来的九年时间主要靠"抄作业"建成三套加压气化装置，连跑带颠地赶上了工业化的"末班车"。上了"末班车"以后，再靠"抄作业"搞规模扩张已几无可能，因为行业新增产能、"两高"项目受到国家严控。看清了时代趋势，我们就能知道企业发展路在何方了，"抄作业"之路不再通，那就只有自主创造了。创造已成为当下和未来企业发展的根本驱动力。创造的根本是人，要创造，就必须以创造者为本。

那么，如何以创造者为本，需要我们认真思考和探索。以创造者为本不能只是思想上重视、口头上说说，还要踏踏实实落实到行动上，形成长效的激励机制。这个激励机制要达到的目标是，让创造者创造的价值得到科学的评价和合理的奖励，以激励创造者更加积极主动地去创造新的价值，使整个组织充满创造的活力和氛围。因此，以创造者为本的激励机制是让价值创造、价值评价、价值分配形成良性循环，即全力创造价值、科学评价价值和合理分配价值三者形成闭合循环。价值分配的对象可以是工资、奖金、职权等。PSPI 研发按照此激励机制制定了考核奖惩制度，取得了很好的激励效果，PSPI 产业化也已开始实行，PPS事业部的制度正在制定。制度设计的总体思路是，价值评价方面，将创造的成果分门别类、划分级别，按创造的主体划分为个人创造和组织（即攻关小组）创造，制定相应的量化赋分和奖励标准，个人创造和组织创造的成果由评价委员会按照价值贡献大小赋分，组织创造的得分按规定比例分配给参与的成员，评价结果每天在创造墙上及时公布；价值分配方面，每月按照个人本月累计得分兑现奖励，每季度按照个人本季度累计得分加部门考核得分确定职级升降，每年底按照个人本年度累计得分加部门考核得分实行末位淘汰。还有四点需要注意和强调：一是区分出有别于日常工作的创造性工作，只奖励创造性工作；二是奖励标准必须量化，模模糊糊必有失公平；三是评价过程必须公平公正公开，不得掺杂人情私心；四是赋分与奖励不设上限、上不封顶，重大创造成果经集团审核后另有重奖。我们就是要以科学合理的激励机制和制度设计，真正做到"以创造者为本"，大力倡导价值创造，快速推动新材料板块发展。

过去几年，"以创造者为本"的理念已经在技术改造、技术革新等方面有所体现，但一直没有形成系统性的、可落地的机制和制度。我们将以 PSPI 和 PPS 两个新材料的研究开发为突破口，探索出经验，并逐步在全集团形成一种氛围、一种文化、一种理念，让"以创造者为本"的认知蔚然成风。创造不仅适用于新材料板块，基础产业和各职能部门也能创造，即使无法照搬新材料板块的具体做法，但可以透过其具体做法领会蕴含其中的指导理念，即构建价值创造、价值评价、价值分配三者闭环的激励机制。创造不仅是指技术和研发，管理同样可以创造。提出此激励机制是管理创造，根据本单位实际进行切实有效的制度设计也是管理创造。每个岗位都可以创造，只要是有助于集团发展大局，不管是生产上的降本增效，还是项目和研发上的技术攻关，抑或是管理上的改进提升，都是创造。关键是我们要通过行之有效的激励机制和制度设计，激发和保护创造者的积极性。

我国已进入创新驱动发展的时代，我们只有顺势而为，才能赢得未来。单纯规模扩张型的发展模式已成过去，我们必须依靠创造驱动企业发展，转向质量效益型的发展模式。这就要求我们必须以创造者为本。"以创造者为本"的理念是知，激励机制和制度设计及执行是行，只有知行合一，才是对理念的真正贯彻。我们要通过创新激励机制，形成全力创造价值、科学评价价值、合理分配价值的良性循环，激励创造者持续创造价值，推动新材料板块快速发展，推动企业迈向高质量发展的高级阶段。

关于明泉发展新材料的战略思考

自 2016 年底确立"新三高"战略以来，至 2022 年 8 月底，我们先后选定了 PSPI 和 PPS 两大系列高分子材料作为发展方向。经过五年多的努力，新材料产业发展取得了相当的进展。我们有必要对发展新材料的必然性和可行性进行再认识，对此前的工作思路进行再梳理，以进一步明确接下来的工作方向。

一、明泉发展新材料产业是现实选择

明泉从 1958 年建厂到 2016 年的 58 年间，一直是一个以煤化工为主业、以合成氨和尿素为主导产品的基础化工企业。2016 年底，我们提出并确立了"新三高"发展战略，即"采用高技术、研发生产高分子材料和高端化学品、实现高附加值"。之所以提出这个发展思路，是基于两点认识：

国家经济发展阶段的认识——工业化向现代化转型的时代背景。以大宗商品普遍产能过剩为标志，我国工业化基本完成，开启了向现代化的转型。在工业化推进的过程中，城市化是一个强大的助推器，是中国最为重要的发展动力。可以说，没有城市化就没有工业化。但伴随着城市化速度放缓（据国家发展改革委数据，2021 年中国常住人口城镇化率达 64.72%），与工业化相关的市场就必然会出现萎缩，而与现代化相关的市场（如新能源、新材料、高端装备制造、新一代信息技术、人工智能、节能环保等）正在快速成长。在这样的时代大势下，基础化工市场萎缩不是一时的市场波动，而是一个长期的过程。对于明泉而言，不发展新材料，就没有出路。发展新材料产业是顺应时代发展趋势。

企业发展阶段的定位——企业实现高质量发展的必然选择。明泉赶上了国家工业化的"末班车"，从2013年启动搬迁以来，用九年的时间建成三套加压气化装置，合成氨总产能将进入省内乃至国内同行业前列（在全国200家企业中位列前十）。合成氨、尿素、甲醇作为基础化工，其生产装置建设都是几十亿元的重投入，且建设周期长，但技术相对公开、投入产出比低。如果只做基础化工，虽然辛苦，但到头来一般都是利润率较低。同时，基础化工已呈现出大型化、集中化的发展趋势，实力雄厚的大型央企、国企纷纷建设产能更大的装置，行业集中度不断提高。在这样的行业形势下，明泉如果只是固守基础化工，未来会逐渐被边缘化甚至被淘汰。只有进入新材料行业，掌握一定的关键核心技术，才能构筑起核心竞争力，才可能实现高质量发展。

二、明泉已具备发展化工新材料产业的条件

国家科技体制改革的红利——可以寻找到从"0"到"1"的原创技术。1980年美国国会通过的《拜杜法案》以合理的制度安排，使小企业享有政府资助科研成果的专利权成为可能，从而产生了促进科研成果转化的强大动力，使得美国在全球竞争中能够维持其技术优势。近年来，我国科技体制改革全面发力、多点突破，持续向纵深推进。2015年，国家修订《促进科技成果转化法》，增加"国家鼓励研究开发机构、高等院校按照有关规定采取转让、许可或者作价投资等方式，向企业或者其他组织转移科技成果"，"国家设立的研究开发机构、高等院校转化科技成果所获得的收入全部留归本单位"等条文，鼓励研究研发机构、高等院校与企业相结合，联合实施科技成果转化。国家科技体制改革政策的调整，为企业寻求与高校、科研院所合作，发展新材料产业，提供了前所未有的契机。

明泉已有基础产业作为支撑——可以形成持续不断的开发投入能力。新材料的研发和产业化需要长期、持续的资金投入。如果没有基础产业作为现金奶牛，提供资金来源支撑，那发展新材料就很可能力不从心、半途而废。明泉的三套加压气化装置是明泉发展的底盘，虽然盈利能力有限，但可为新材料发展提供稳定可靠的资金来源。此外，发展基础产业长期积累的工业化经验和能力，可为新材料产业化提供技术和人才支撑。基础产业还可为新材料产业化在公共配套设施方面提供支撑，有效降低生产成本。

三、新材料产业的发展思路总结

我们需要及时对过去五年多新材料产业的发展思路进行总结和提炼，以更好地开展今后的工作。

高端研发——与高校和科研院所寻求合作。明泉长期从事基础化工，缺乏研发经验，从零开始自主组建研发机构的难度是比较大的，将会面临科研人才招聘和有效管理等诸多难题。与其自己一点点地补短板，不如从外面找块现成的"板"。为了解决研发经验缺乏的问题，PSPI、PPS两个系列高分子材料都选择了与国内知名的科研院所、高校合作的方式。实践证明，在自身缺乏研发经验的情况下，抓住国家科技体制改革的机遇，寻求与高校和科研院所合作是一条切实可行的路径。我们要秉持开放、共赢的理念，借助对外合作，弥补在研发、技术等方面的短板。

知识资本——真正尊重知识、尊重人才。我们现在所处的是知识经济时代，知识与资本的关系将从资本雇佣劳动转变为知识雇佣资本。这一点需要引起我们高度重视。用过去对待普通劳动者的方式对待现在的知识型员工，难以充分激发出知识型员工的积极性。科研人员就是典型的知识型人才。只有本着尊重知识、尊重人才的态度，采取新的有效的激励方法，才能激发出科研人员的积极性和创造力。我们已采取的激励

方法是，建立共赢的利益共享机制，变同事为合伙人，让科研人员不再是打工者，取而代之的是成为企业的合伙人。我们要充分地尊重知识、尊重人才，而且要把尊重落实到激励机制上。

选准赛道——选择正确的产品方向。前面已提到，选择新材料的目的之一是避免与大型央企、国企在基础化工领域形成正面对抗。而在选择新材料产品时也需要把握正确的方向。对此，我们提出的新产品选择指导方针是"小产品、大市场、高占比、有优势"。"小产品、大市场"是选择有广阔市场前景的小众产品，"高占比、有优势"是企业自身要有比较优势，占据行业前两名乃至第一的市场占有率。"小产品、大市场"是针对产品，"高占比、有优势"指的是企业自身，企业相对于竞争对手要有比较优势，要做就争当行业老大。只有这样，企业才能找到适合的产品，并在未来的市场竞争中牢牢占领优势地位。基础化工行业大型化、集中化趋势愈加明显，从反面证明了这一指导方针的正确性。坚持这一指导方针，可确保我们在选择新材料产品时把握正确的方向。

长期主义——做好长期投入的思想准备。工业化时代遍地机会的时期已成过去，现代化时代要想成功就要摒弃机会主义，坚持长期主义。长期主义就是瞄准目标，持续不懈地努力。"与其多掘数井而皆不及泉，何若老守一井，力求及泉"，只有积累足够的量变才能引发质变。这个时代，成功只属于坚持不懈的人。坚持未必成功，但不坚持一定不会成功。进入新材料产业，就要做好"板凳要坐十年冷"的心理准备。不可投入两三年见不到收益就打退堂鼓。有业内权威人士说，新材料不做十年就不好意思说自己是干新材料的。基础化工有比较稳定的预期和投资周期，投资总额大，投资强度大。而新材料研发和产业化投入的过程，往往是看不到路和前景的，投资周期不确定，初始投资强度比基础化工小，但投资时间长，需要持续投入。看不到成果还要持续投入的过程是令人感到煎熬和焦虑的。每个做新材料的企业都要经历这个过程。面对煎熬和焦虑，我们需要坚持长期主义，坚信量变必引起质变。

持续创新——管理创新必须要跟得上。用管理基础化工的经验和做法去管理新材料产业，一定会出问题。我们需要建立与新材料产业相适应的文化理念和管理制度。针对新材料板块，我们已建立了相对独立的企业文化："为客户创造价值"的使命、"创造高端材料、推动智能时代"的愿景和"以客户为中心、以创造者为本、谦虚谨慎戒骄"的核心价值观。只有为客户创造价值，明泉自身才有存在价值，才能实现自身价值。新材料客户个性化的需求特点决定了明泉必须以客户为中心。为创造出高端材料、满足客户需求，明泉内部必须以创造者为本。"谦虚谨慎戒骄"强调的是持续奋斗。在制度设计方面，我们已在集团层面设立了创新创造中心，目的是通过建立、实施行之有效的激励机制和制度，倡导和鼓励创新创造，快速推进新材料板块的研发和产业化工作。总之，对于新材料产业的管理，不可犯经验主义错误，我们必须认识到创新创造对于新材料产业发展的重要性，必须从文化理念和制度设计两方面入手，通过创新管理，营造创新创造的浓厚氛围，激发出创新创造的活力。

资本思维——以资本链促产业链协同。新材料行业每个产品都有其上游和下游。每个企业资源和能力都有限，只能做一个或几个产品，很少有企业能凭一己之力包揽整个产业链。在这样的情况下，一个新材料企业要稳定供应链、拓展销售市场，以快速推动新材料产品商业化成功，就需要和上下游企业寻求合作。PSPI、PPS 两个材料在研发和项目建设阶段就开始积极寻找国内供应商开展合作，规避进口风险，保障供应链稳定安全。同时，积极与下游客户对接，洽谈合资合作。目前，PSPI 在客户生产线上的验证工作推进顺利；PPS 积极与下游客户对接并寻求合作，开拓下游高端应用领域。关于上下游企业合作的方式，我们优先选择以资本为纽带开展合资合作，这样可使合作关系更加稳固。

总结过去是为了理清思路，更好地开展接下来的工作。从必然性来看，发展新材料产业是明泉的现实选择，这既是时代发展趋势的要求，也是明泉自身寻求高质量发展的内在需要。从可行性来看，明泉已逐步具备发展新材料产业的基本条件，既有科技体制改革的外部机遇，也有明泉三套加压气化的内部支撑。更为重要的是，经过五年多的实践积累，我们发展新材料产业的思路更加明晰。我们要秉持长期主义，持续推进创新创造，内部激发人才活力，适时引入外部资本，坚定不移推进新材料产业发展。

跨过"长江"去，开拓新蓝海

——写在明化技改项目投产之际

  经过一千多个日夜的艰苦努力，我们翘首企盼的时刻终于到来：明化技改项目于 2022 年 12 月 31 日产出尿素产品。明化技改项目投产标志着明泉基础产业全面完成布局和新旧动能转换。在明化技改项目投产之际，如果我们将明泉的三套加压气化装置建设项目比作"三大战役"，如今"三大战役"已全面完成，下一步我们必须要跨过"长江"去，推进基础产业和高端化学品延链，推动高分子新材料突破发展，开拓出属于明泉的一片新蓝海，争取全面的、更大的胜利。

一、"三大战役"获全胜

  洁净煤气化项目、明升达退城进园项目、明化技改项目因其投资重、建设周期长以及构成明泉发展基础的重要意义，可称为明泉的"三大战役"。

  洁净煤气化项目投资 28 亿元，采用新型粉煤连续加压气化技术，2015 年 1 月 30 日开工，2017 年 7 月 27 日一次开车成功。洁净煤气化项目是明泉建成的第一套加压气化生产装置，是明泉自 2013 年 9 月启动搬迁以来的一个转折点，标志着明泉初步完成转型升级发展，涵养资源，使明泉拥有了进一步发展的基础，具备了一定的盈利能力，为后续明升达退城进园项目、明化技改项目的建设提供了有力的支撑。

  明升达退城进园项目投资 37 亿元，采用水煤浆加压气化技术，于

2017 年 7 月 31 日全面开工，期间克服资金压力和疫情影响等重重困难，于 2020 年 7 月 16 日化工投料一次成功，顺利实现投产达效。明升达退城进园项目是明泉建成的第二套加压气化生产装置，使明泉的整体盈利能力得到显著增强，大大增强了我们建设明化技改项目的信心。

明化技改项目实际投资超过 30 亿元，采用水煤浆加压气化技术，提前 5 年完成项目立项，确保项目在"双碳""两高"政策要求下，于 2019 年 12 月顺利开建。受 2020 年新冠疫情影响，项目建设暂停了半年多，后面又遭遇 2022 年上半年和年底的疫情冲击，项目进度计划受阻。在宏观经济下行叠加疫情持续反复的外部形势下，项目建设克服资金压力、疫情阻碍等重重困难，终于在 2022 年 12 月投产。从当前的国家经济发展阶段和行业政策来看，明化技改项目是明泉第三套，也是最后一套自建的加压气化生产装置。明化技改项目的建成具有决定性意义，标志着明泉基础产业全面完成布局和发展方式的新旧动能转换。

二、开拓新蓝海的可能性和必要性

蓝海是相对于红海而言，红海是指竞争激烈的领域或商业模式，蓝海是指竞争较少甚至不存在竞争的领域或者商业模式。我们所说的"开拓新蓝海"是，在竞争激烈的尿素、合成氨、甲醇等基础化工产品的红海市场之外，进入技术含量更高、附加值更高、市场竞争程度较低的中高端产品的蓝海市场。

（一）开拓新蓝海的可能性

三套加压气化装置的建成投产，筑牢了明泉的发展基础，让明泉创造了跨过"长江"去、开拓新蓝海的条件。一是在我国经济转向高质量发展的形势下，各级政府鼓励和支持企业延伸产业链，提高产品附加值。二是科技体制改革全面发力、纵深推进，使得企业可以从科研院所和高等院校获取科研成果，拓展了延链技术来源的渠道。三是明化技改项目投产后，三套加压气化的尿素总产能将进入国内行业前十。这一规模足以支撑明泉延链，开发高端化学品和新材料。四是三套加压气化的建设和运行过程，历练了专业技术人才队伍，使明泉具备了对转让技术进行产业转化的能力。五是明化技改项目投产后，明泉整体经营形势将大幅改善，可有力支撑延链和中高端产品开发。以上五个方面使明泉具备了开拓新蓝海的可能性。

（二）开拓新蓝海的必要性

对于开拓新蓝海的必要性，可以从三方面去认识：一是明泉生存的需要。在当前的政策形势下，再建加压气化装置已几无可能，而仅仅固守三套加压气化装置是守不住的。在"双碳"目标落地、能耗双控、煤炭消费压减和碳排放减量替代的政策形势下，被归为"两高"行业的煤化工发展将受到局限。同时，仅靠基础化工产品达不到当地政府对企业的期望。占用大量的能源和资源，却在税收等方面不能令当地政府满意，是不利于营造企业发展环境的。二是明泉发展的需要。明泉发展的目标是成为高质量发展的高科技企业。仅仅依靠三套加压气化，在技术水平、盈利能力、竞争力等方面无法长期支撑明泉实现发展目标。三是员工收入提高的需要。基础化工产品所带来的人均营收不足以支撑员工收入倍增计划。要实现这个目标，我们必须在基础化工产品的基础上，开发、生产更高附加值的中高端产品，较大幅度地提高人均营收。以上三点决定了明泉不能故步自封，必须创新进取，开拓新蓝海。

三、开拓新蓝海的总体思路

开拓新蓝海的总体思路是，在做好存量产业巩固优化的基础上，着力推进产业链向下延伸，开发高端化学品和高分子新材料。存量产业的巩固优化是前提，即挖好"能源矿""安环矿""整合矿""人力资源矿""供应矿""流程矿"，确保生产系统安环稳长满优运行，并持续提质增效、节能降耗、优化人员。我们必须步步为营，稳扎稳打。

（一）基础产业延链

基础产业延链主要是指延伸尿素、合成氨、甲醇产业链。增效尿素、增效合成氨、新能源甲醇也属于延链产品，要挖好"市场矿"，做好市场开拓，提高产品附加值。

尿素延链是打造绿色高效肥料产业链（简称"肥链"），开发缓释肥、增效肥、掺混肥、复合肥等差异化产品，致力于成为现代农业综合施肥方案提供商。合成氨延链是打造胺基新材料产业链（简称"胺链"），开发胺基高端化学品。甲醇延链是打造甲醇下游产业链（简称"醇链"），利用现有原料（甲醇、一氧化碳、氢气等）和公用工程优势，打通"甲醇-醋酸-乙醇-乙醛"产业链。这不仅可以提高甲醇产品链的附加值，增强盈利能力，而且可解决吡啶生产原料稳定供应的问题。

（二）高端化学品延链

高端化学品延链主要是延伸吡啶产业链、3-甲基吡啶产业链。吡啶、3-甲基吡啶延链的前提是，建成明升达科技产业园医药中间体项目，做好吡啶的补链和强链。项目新建年产 15 万吨吡啶生产装置，一期年产 5 万吨装置计划于 2024 年三季度建成投产。补链是指新上乙醛生产装置，补全产业链的原料短板，保障供应链安全稳定。强链是指将吡啶产能扩大到行业第一，带动明泉吡啶产业链条做强，成为行业头部企业。

吡啶产业链。增效吡啶是吡啶的下游产品之一，增效吡啶市场部要做好市场营销工作。吡啶下游制 2，2-联吡啶，已与中科院签订开发合同。二联吡啶制备技术研发成功后，我们将根据明升达科技产业园医药中间体项目建成后的市场情况，适时启动二联吡啶项目。二联吡啶的下游产品是敌草快。敌草快已大有替代百草枯之势，是目前除草速度快的除草剂。

3-甲基吡啶产业链。3-甲基吡啶的下游主要是氯化吡啶、烟酰胺等。我们将以明升达科技产业园医药中间体项目为契机，以三光气的技术突破为切入点，利用先进技术，完善烟酰胺、氯化吡啶产业链布局，同时持续关注其他下游产品的市场和技术来源情况。

（三）高分子材料突破

光敏聚酰亚胺（PSPI）系列高分子材料和聚苯硫醚（PPS）系列特种新材料本身就是蓝海市场，关键在于要不断创新创造，实现突破发展。

特种新材料。特种新材料不仅包括 PPS，还包括与 PPS 相关的系列改性产品。PPS 项目 2022 年 11 月份已成功通过实验平台配方验证并产出树脂。项目一期计划 2023 年下半年开车调试。项目投产后，积极拓展下游高端应用，通过改性定制产品，满足不同客户需求。根据开车情况和市场开拓情况，择机启动本部二期建设和明升达科技产业园 PPS 项目建设。

半导体材料——PSPI 系列高分子材料。PSPI 产业化通过中试投料持续积累数据和经验，不断取得新突破，有几个产品的指标已达到国外对标产品水平。同时，北京研发中心、上海研发中心的研发工作和上海运营中心的市场开拓工作有序推进。2023 年，PSPI 产品要实现"质量达标、批次稳定"的目标，实现吨级销售；PSPI 产业化二期将开工建设。PSPI 向产业链下游延伸是通过配胶，针对客户需求，定制化开发不同性能的产品，满足客户场景的使用要求。

总之，明泉基础产业布局的完成为开辟新蓝海奠定了基础、创造了条件。我们要牢记"两个务必"，不骄不躁，持续奋斗，决不能止步不前。我们要依托"三大战役"建立起来的胜势，跨过"长江"去，推进基础产业和高端化学品延链，推动高分子新材料突破发展，开拓出属于明泉的一片新蓝海，争取全面的、更大的胜利。

凡益之道，与时偕行

——开启明泉二次转型　建设"五个现代化"

在 2022 年 12 月 31 日明化技改项目开车投产的当晚，我就开始思考明泉下一个十年的发展路在何方。我将 2013 年启动搬迁至 2022 年的十年概括为明泉的一次转型期，从 2023 年开始，明泉将开启二次转型，建设明泉"五个现代化"，明确明泉未来十年的发展目标、方向和路径。

明泉当前正处于一个非常关键的发展时期。未来明泉向何处去，成为摆在明泉人面前的重大命题。搬迁以来的十年，明泉可谓完成了第一次转型。"凡益之道，与时偕行"，对于未来十年，"三个时代之问"提出了明泉的发展目标，即建设国内一流、国际先进的现代化新明泉。为了实现这一目标，我们必须在第一次转型的基础上，开启明泉二次转型，建设明泉"五个现代化"。

一、明泉完成一次转型是大势使然

2013 年启动搬迁至 2022 年的十年时间，明泉完成了第一次转型，形成了以现代煤化工为基础、以新材料产业为引领的产业布局，形成了基础产业和高端产业双箭齐发的发展局面。明泉一次转型的内涵主要包含以下两个方面。

（一）完成由传统煤化工向现代煤化工的转型

十年间，我们投资超 100 亿元，建成三套加压气化生产装置，全面完成加压气化对固定床间歇气化的替代，实现了明泉由传统煤化工向现代煤化工的转型。这是明泉一次转型的主要内容。之所以这样说，主要基于两方面的原因：

加压气化技术使明泉重新获得盈利能力。加压气化技术使生产更加高效、低耗、安全、环保。以明化技改项目为例，按 50 万吨合成氨计算，从气化炉数量来看，固定床技术需 36 套，加压气化技术需 2 套；从压缩机数量来看，固定床气化炉需 12 套，加压气化需 1 套；从碳转化率来看，固定床气化炉是 75%—85%，加压气化可达到 98% 以上；从变换蒸汽消耗来看，固定床气化炉需耗蒸汽 200 吨，加压气化炉副产蒸汽 200 吨；从电耗来看，固定床气化合成氨电耗约 1 200 kW·h，加压气化约 300 kW·h；从占地面积来看，固定床生产装置需 1 500 亩，加压气化生产装置需 500 亩；从员工数量来看，固定床气化炉需 180 人，全厂需 1 500 人，加压气化炉需 30 人，全厂需 300 人。这组数据就能充分体现加压气化技术所带来的革命性变化。加压气化装置在效率、消耗、安全、环保、设备数量、占地面积、用工数量等方面都大幅优于固定床气化。采用加压气化技术之后，明泉产品成本均优于行业平均水平，重新建立起竞争优势、获得了盈利能力。

产能规模扩大使明泉跻身行业第一梯队。随着 2022 年 12 月份明化技改项目开车成功，明泉氨（醇）总产能达到 200 万吨以上，扩大到搬迁之初的 7 倍，其中年产合成氨 145 万吨以上、尿素 200 万吨以上，合成氨、尿素产量跻身山东省内行业前列、国内行业第一梯队。这是我们说完成向现代煤化工转型是明泉一次转型主要内容的另一个重要原因。先进技术支撑的基础产业规模扩大，是我们说明泉完成一次转型的主要底气所在。

（二）初步开启由单一煤化工向以现代煤化工为基础、以新材料产业为引领的转型

对于一个基础化工企业而言，相较于向现代煤化工转型，进入新材料行业需要很大的决心和勇气。新材料对于明泉而言是一个全新的领域，其发展思路、管理方式都与基础产业不同。要完成这个转型并取得一定成果，难度和挑战很大。我们 2016 年底确立"新三高"战略，经过六年多的探索和努力，目前光敏聚酰亚胺（PSPI）、聚苯硫醚（PPS）的研发和产业化均取得突破性进展。PSPI 项目突破实验室制备技术，实现国内研发零的突破。产业化一期建成投运后，不断接近质量达标、批次稳定的目标。上海运营中心完成首单产品销售，实现销售突破，进入世界一流企业供应商目录。2023 年，预计可实现吨级销售，产业化二期开工建设。聚苯硫醚（PPS）项目 2022 年 10 月小试取得成功，目前已进入设备安装阶段，计划 2023 年下半年机械竣工，具备调试条件。与此同时，吡啶补链强链延链医药中间体项目年产 15 万吨吡啶，分两期建设，一期年产 5 万吨装置计划于 2024 年建成投产，两期建成后明泉将成为吡啶行业头部企业。上述高端产业的发展离不开基础产业的支撑。高端产业取得的一系列成果表明，明泉开始了由单一煤化工向以现代煤化工为基础、以新材料产业为引领的转型。

二、明泉开启二次转型势在必行

明泉一次转型的成果靠守是守不住的。2023 年 2 月 27 日，我们宣布明泉开启二次转型。我们要用十年时间完成明泉的二次转型。明泉二次转型的内涵是发展模式完成由规模扩张型向质量效益型的转型，目标是成为国内一流、国际先进的现代化新明泉，路径是建设明泉"五个现代化"，即现代化的基础产业、现代化的产业链、现代化的服务型制造体系、现代化的经营、现代化的管理。

（一）开启二次转型的时代背景

经过改革开放和多年的努力，国家已基本实现了工业化，以中国式现代化全面推进中华民族伟大复兴的新征程已然开启。明泉正是在这样的大背景下开启二次转型。明泉一次转型的十年勉强赶上了我国工业化的"末班车"，完成了基础产业的技术升级和产能规模扩张。但仅有规模是远远不够的。中国式现代化的本质要求之一是实现高质量发展。"凡益之道，与时偕行"，明泉必须顺应中国式现代化的时代大势，完成发展模式由规模扩张型向质量效益型的转变，才能实现持续健康发展。总之，中国式现代化对明泉的要求是进一步提升发展质量，提升发展质量就要求我们必须开启明泉二次转型。

（二）建设"五个现代化"是二次转型的必然要求

明泉一次转型主要是以技术变革促成产能规模、经营规模的扩张，二次转型则应更加关注发展质量的提高、盈利能力和经营水平的提高。提高发展质量和盈利水平就要求我们做优存量、做大增量，以客户需求为先导，提升经营和管理。做优存量就是指建设现代化的基础产业，巩固、优化、提升基础产业，并实现高可靠性运行。做大增量就是指构建现代化的产业链，推进延链，优化产品结构，持续提升产品附加值。以客户需求为先导就是要构建现代化的服务型制造体系。拓展经营就是建立现代化的经营模式，开拓并稳固市场，降低采购成本，开发高附加值产品。提升管理就是建设现代化的管理体系。因此，"五个现代化"是二次转型的必然要求。"五个现代化"继往开来、承前启后，是明泉发展的必经阶段。"五个现代化"的实现不可能一蹴而就，需要我们付出长期的努力。

（三）建设"五个现代化"的具体内涵

1. 现代化的基础产业："巩固、优化、提升、可靠"

建设现代化的基础产业是指，基础产业板块要按照"巩固、优化、提升、可靠"的方针，稳产高产，降耗增效，改善管理，实现装置高可靠运行。"巩固"是巩固已取得的成果，实现稳产高产。"优化"是通过实施智能化改造、技改优化，实现降耗增效。"提升"是按照生产一体化的思路，全方位提升基础管理，优化部门和岗位设置，实施"机械化换人、自动化减人、智能化无人"。"可靠"是通过稳定装置运行、智能化改造、技术改造和提升管理，实现装置高可靠、安全运行的目标。

基础产业以做优存量为主，主要原因是产能新增受制于国家政策。我国已基本完成工业化，尿素、合成氨、甲醇等基础化工产能已经出现过剩。国家已把煤制尿素、合成氨、甲醇归为"两高"（高耗能、高排放）项目，并实行碳排放总量和强度"双控"，严控"两高"项目准入，严把"两高"项目审批关。行业准入政策的"天花板"已经产生，就明泉而言，尿素、合成氨、甲醇等基础化工产业新增产能已几无可能，企业依靠尿素、合成氨、甲醇等基础化工产业实现增量发展的时代已经成为过去。因此，基础产业要采用高科技，做好存量的巩固、优化、提升，实现高可靠运行。

2. 现代化的产业链："创新、创造、开发、开拓"

建设现代化的产业链是指，贯彻"创新、创造、开发、开拓"的方针，推进产业链条式发展，向产业链下游延伸实现产品高端化，向产业链上游延伸推进绿色发展。向产业链上游延伸主要关注绿电、绿氢与煤化工耦合的技术进展，适时启动。向产业链下游延伸主要包含两个方面：

一是采用高技术，向下游延伸合成氨、尿素、甲醇产业链，生产高附加值产品。延链是大势所趋。一方面，我国工业化已基本完成，合成氨、尿素、甲醇等大宗基础化工产品产能已受限于政策的"天花板"。另一方面，中国式现代化过程中对中高端产品的需求将大幅增长。因此，推进基础产业延链、实现产品高端化是顺势而为、势在必行。延链是发展所需。基础产业当前的盈利能力和水平不足以支撑明泉高质量发展。基础产业延链是明泉推进高质量发展所必需。延链是形势所迫。煤化工消耗大量煤炭资源、占用大量能耗指标、占据大面积土地，如果不推进基础产业延链、生产高附加值产品，明泉在万元 GDP 能耗、亩均产值和税收等指标方面就会达不到当地政府的预期和要求。延链是人心所向。我们决不甘心做新时代的"打工仔"，不愿处于产业价值链的最底层。只有延链进入产业价值链的中高端，我们员工的收入才能稳定在较高水平。目前，我们已确定规划建设济南明泉中科胺基新材料产业园，以合成氨、甲醇为原料，延链生产胺基高端化学品，打造胺基新材料产业链。同时，我们正与下游有实力的车用尿素、包衣尿素等生产企业洽谈合作，延伸尿素产业链。

二是推进吡啶补链强链延链，争当行业头部企业。我们正贯彻争当行业老大的理念，推进年产 15 万吨吡啶的补链强链延链医药中间体项目。在将吡啶产能扩大到行业第一、补全产业链原料短板的同时，我们将积极与国内顶级研发机构合作，获取延链技术来源，生产 2，2-联吡啶、氯化吡啶、烟酰胺等高附加值产品。同时，将主动与行业内的优势企业寻求合资合作，以资本链构建价值链、以价值链推动产业链，构建利益共同体，共同建立新的市场秩序、打造新的产业生态。

3. 现代化的服务型制造体系："以客户为中心"

构建现代化的服务型制造体系是指，贯彻"以客户为中心"的理念，研发、生产、销售等企业供应链各环节都要做到以市场为先导，致力于向客户提供整体解决方案。现代化的服务型制造体系主要包含以下两个方面：

一是贯彻以客户为中心的理念。通常情况下，越接近产业链终端，科技含量越高，附加值越高，同时更加需要关注和研究客户的需求，甚至要与客户共同创造市场。高端产业板块对此已深有体会。PSPI、PPS只有以客户为中心、为客户创造价值，才可能获得商业成功。打造现代化的产业链，向产业链下游延伸，要求我们必须真正树立并切实贯彻以客户为中心的理念，不管是前端的销售还是后台的生产、研发、小试及中试，都要坚持"以客户为中心"，围绕为客户创造价值开展工作。我们不仅要研究客户显性需求，还要发现客户的潜在需求，通过满足显性需求可赢得客户，通过发现潜在需求可帮助企业辨明发展方向。

二是针对客户需求提供整体解决方案。制造业各行业的优秀企业已经实现从单纯的产品制造转向提供完整的解决方案。我们要在做好产品制造的同时，围绕更好地满足客户需求提供有针对性的解决方案。明土和特材部已经在尝试针对客户需求提供定制化的解决方案了。基础产业板块和高材部要在推进延链、补链、强链的同时，深入研究客户需求，探索出针对细分领域提供解决方案的实施路径。

4. 现代化的经营："以资本链构建价值链、以价值链推动产业链"

明泉一次转型更多的是关注生产管理，二次转型要生产与经营并重。现代化的经营是指树立共赢思维，贯彻"以资本链构建价值链、以价值链推动产业链"的理念，创新合作模式，开拓并稳固市场网络，降低采购成本，开发高附加值产品。一是对于尿素的农业市场，要与省内外有实力的农资服务等领域的企业开展合资合作，共同搭建稳固的销售网络，实现开拓市场、稳定销售的目的。二是对于尿素、合成氨、甲醇的工业客户，要积极推进与终端客户的合资合作，稳定销售，提高市场占有率。三是在开发新产品方面，要以灵活多样的方式与科研院所、高校及下游企业开展合资合作，快速推进产业链延伸，开发高附加值的产品。四是物资采购方面，要与相关行业内排名前列的供应商建立战略合作关系，实现机电仪等物资采购的高质量、高效率、低库存，保障装置高可靠性运行。五是煤炭采购要积极与国有大型煤炭企业寻求合资合作，稳定煤炭供应，降低采购成本。经营现代化的目的是，不仅要向生产环节要效益，而且还要向采购、营销、新产品开发等环节要效益，充分挖掘明泉盈利潜力。

5. 现代化的管理："以文化人、依法治企"

现代化的管理是指贯彻"以文化人、依法治企"的理念，将中华优秀文化与现代企业管理相结合，建立标准化、规范化、流程化的管理体系。

一是客观认识明泉管理的现状。对于明泉管理的现状，我们近期总结为"一流的认知、二流的业绩、三流的管理"。"一流的认知"是指我们的团队有正知正见，具备超出很多企业的奋斗精神、团结精神和奉献精神。"二流的业绩"是指目前我们所取得的成绩与行业优秀企业相比还存在很大差距。"三流的管理"是指现在的管理仅能维持企业正常运转，离现代化的管理还有很大差距，只是处于现代化管理的初级阶段。"一流的认知"只能干出"二流的业绩"，主要原因就是"三流的管理"。

二是以文化人，推进优秀文化创造性转化。"一流的认知"来自我们持续不断推进的中华优秀文化学习与实践。中华优秀文化是明泉发展的智慧源泉和力量支撑。"三日不读书，则义理不交于胸中"，思想认知不升则降，以中华优秀文化学习为主要内容的企业文化建设必须常抓不懈。我们明泉的管理理念是，共产主义的理想，社会主义的福利，市场经济的方法，优秀文化的滋养。现代企业管理需要注入中华优秀文化的魂。我们要以中华优秀文化的"道"驭现代企业管理的"术"，不断探索将中华优秀传统文化与企业管理相融合，推动中华优秀传统文化的创造性转化，建立起蕴含中华文化精神的企业文化和管理体系。

三是依法治企，推进管理方式的现代化。中国企业不仅需要中华优秀文化的精神，还需要法治化的管理，且中华优秀文化落地要依靠法治化的管理。因此，我们在学习中华优秀文化、推进"以文化人"的同时，必须坚持"依法治企"，即学习和使用现代化管理的理论、方法和工具。要"学管理、用工具、抓落地"，学习使用现代化管理理论、方法和工具，在实际管理工作中使用现代化管理的工具，借助管理工具抓各项工作的落地。"用工具"更进一步就是"工作项目化、管理工具化、战略地图落地化"。管理工作要学会使用战略地图、目标管理、项目管理等现代化管理的工具，使用战略地图将年度工作计划具体化、条理化，对其中的各项重要措施采用项目管理的方法，做好事前控制、事中监督、事后考核，推动各项工作按照计划切实落地。现代化管理体系的建立需要人力资源管理、财务管理、法务管理等各管理职能逐个完成现代化。

四是各级管理人员必须不断学习提升。由于明泉各单位管理人员多为专业技术出身，缺乏系统、专业的企业管理培训，管理方式还停留在原始的人治状态，随意性大。管理是一门科学，要把科学的管理理论、方法和工具学到手。管理现代化给各级管理人员提出了新的、更高要求。不学习提升就会跟不上集团管理提升的节奏。"学不可以已"，领导干部任何时候都不能停下学习提升的脚步。

三、结语

"三个时代之问"提出了明泉未来一年、三年、十年的发展目标，需要各级管理人员反观自身的认知格局、业务能力和管理能力能否满足明泉未来发展的需要。而"五个现代化"是明泉未来十年二次转型和发展的方向和路径。

"凡益之道，与时偕行"，企业发展如逆水行舟，不进则退。前十年，在巨大的生存压力之下，明泉攻坚克难、救亡图存，完成一次转型，取得了令人瞩目的发展成绩。接下来，随着行业集中度的不断提高，明泉将与行业中的"高手"同台竞技，竞争的烈度将有增无减。明泉如果安于现状，不开启二次转型，几年之后就会面临再次落后的窘境。没有人想重蹈覆辙，那就让我们把握当下，坚持"四个基本"，牢记"两个务必"，建设明泉"五个现代化"，推动明泉发展模式完成由规模扩张型向质量效益型的转型，为将明泉建设成为国内一流、国际先进的现代化新明泉而努力！

指引明泉未来发展的"1245"思想体系

2023 年初召开的职代会上我提出了"三个时代之问":我们是否具备了驾驭一个百亿元规模企业的能力?是否具备了三年之后管理一个两百亿元规模企业的能力?是否具备了建成国内一流、国际先进现代化新明泉的能力?答案是否定的,这是非常令人担心的。企业发展的最大危险来自管理团队水平提升速度赶不上企业扩张的速度。这是摆在我们面前的很严峻的命题。我们要认识到与先进企业相比管理上存在的巨大差距。

一、指引未来发展的"1245"思想体系

明泉过去十年勉强跟上了国家工业化的进程。就基础产业而言,明泉再次走到了决定成败甚至生死存亡的十字路口。基础产业靠上项目扩张产能的老路已难以为继。从煤炭指标、碳排放、能耗等因素来看,我们一定程度上已经进入发展的瓶颈。"明趋势、辨方向、找路径、踏节奏",基础产业板块下一步发展的方向在哪里?经过近半年的思考、探索,结合先进企业的经验,我们找出了属于明泉自己的发展之路,形成了"1245"的思想体系,用以指导明泉未来发展。"1"指的是实现一个转型,即实现发展模式由规模扩张型向质量效益型的转型。"2"是牢记"两个务必"。"4"是坚持"四个基本"。"5"是建设明泉"五个现代化"。

二、明泉发展三个阶段的划分

我们借用《论持久战》三阶段的划分来反观明泉的发展阶段。以明化技改项目建成投产为主要标志，我们刚刚完成第一阶段，即战略防御阶段。当前，我们正逐渐过渡到第二阶段，即相持阶段。相持阶段预计持续十年时间，又可以划分为两个阶段：第一阶段是老工艺退出的前三年，第二阶段是新工艺同台竞争的后七年。在这一阶段到来之前，也就是2025年底前，明泉务必要进一步优化债务结构，各装置要进一步"挖矿"优化，不断降低综合能耗，不断降低成本和费用。这一阶段至关重要，将决定十年后明泉能否成为国内一流企业，届时行业大概率将迎来新一轮的整合。新能源时代已经开启，将逐渐对行业产生决定性的影响。我们要持续不断地关注、研究绿电、绿氢、绿氨等技术的进展。我们必须在相持阶段为第三阶段的战略反攻做好必要的准备。

为了应对相持阶段的竞争，未来三年的主要任务是强身健体，练好基本功。我们要成为现代农业综合施肥方案提供商，这是基础产业板块尿素产品的终极目标。产品营销要树立"拓市场、树品牌、创效益"的理念，用十年时间牢牢占据终端市场，树立起品牌，为山东省四分之一人口的粮食安全提供服务和保障。《基业长青》歌词中的"深情藏沃土"就是指的这个含义。只有服务于企业扎根的这片土地，企业才能长远发展。立下鸿鹄志就是要看清明泉未来的样子，走好明泉当下的道路。我们要牢牢地沿着既定的主航道前进。

三、再踏新征程的具体措施

一是自强不息、自我革命、自我提升。明泉要实现二次转型，必须从转变思想认识开始。"五个现代化"需要全体明泉人去学习、思考、探索。进入新的发展阶段，我们必须秉持自强不息的精神，以自我革命的勇气，自我成长、自我提升、自我蜕变。要认识到这首先是形势所迫。经济下行将倒逼产业升级，落后产能将进一步退出，合成氨行业的拐点预计将在三年后出现。留给我们的窗口期只有三年，我们需要马上行动，只争朝夕，拿出自我革命的勇气，自我学习提升。要"走出去、请进来"，包括引入高端人才乃至团队。我们要以开放的姿态办企业，明确目标、整合资源，创新求变，务求高效。看准目标去找资源，绝不是等资源都具备以后才去干事。

二是成立集团董事局、明泉书院两个新机构。2023年7月明泉书院正式挂牌。明泉书院肩负着培训各类技术人才、管理人才的重任，要在未来30个月实现团队管理能力的全面提升。2023年7月发起设立集团董事局。要利用未来30个月的时间，逐步完成集团化管理体系建设。董事局作为日常工作机构，直接对集团发展战略委负责，现有的董事会、监事会、党委、纪委等机构继续保持运转。

三是发起设立四个园区。我们将设立明泉绿色高效肥料产业园、明泉胺基新材料产业园、明士国华新材料产业园、明升达医药中间体产业园。

四是完善团队梯队建设。要大力培养、大胆启用年轻干部。干部年轻化是永恒的主题，势在必行，必须优化人才梯队建设。一方面，大学毕业生、各类优秀人才的引入要进一步加大力度。另一方面，现有年轻干部的提拔任用要进一步解放思想，加快培养。

五是认清主航道，持续深耕。十年前我们提出了"回归主业、做强主业、做精主业"发展定位。我们要在已经确定的主航道去深耕，用未来十年时间以强大的进取心和韧性在高科技板块有所成就。高科技板块不同于传统产业，一旦突破将呈几何级数增长。

六是牢记指导明泉未来发展的"1245"思想体系。我们要坚持"四个基本"，牢记"两个务必"，用未来十年时间，建设明泉"五个现代化"，实现发展模式由规模扩张型向质量效益型的转型。"五个现代化"是我们实现二次转型的五个抓手。坚持"四个基本"、牢记"两个务必"

可为建设"五个现代化"、实现二次转型保驾护航。

　　集团化管理制度体系即将开始构建，集团人才队伍建设已经开启，实施二次转型的基础性条件已经具备，"五个现代化"的具体内容正逐步浮现。让我们拿出自强不息、自我革命、自我提升的巨大勇气，以"苟日新，日日新，又日新"的创新精神，以舍我其谁的使命感，以"路虽远行则将至，事虽难做则必成"的坚韧，全力推动明泉二次转型，为建设让员工为之骄傲、受社会尊重的新明泉而共同努力。

从战略相持到战略反攻

　　明泉自 2013 年启动搬迁以来的发展是实力由弱转强的过程，必然会经历一个积蓄力量的较长时期，这让我不禁联想到毛泽东同志的《论持久战》。受此启发，对明泉的发展阶段及各个阶段的工作目标和任务有了更加清晰的认识。

　　《论持久战》预见到抗日战争将经过战略防御、战略相持、战略反攻三个阶段，这是中国在力量对比上由劣势到平衡到优势的过程。反观明泉的发展，搬迁之初，装置技术落后，产能不断萎缩，安全事故频发，已连续多年出现亏损。明泉就是从这样的绝境中起步，用十年时间完成新旧动能转换。直到明化技改项目建成投产，明泉发展的基础和底盘才真正稳固下来。可以说，明泉一次转型的十年是以新建产能为主，在行业竞争中处于劣势，可谓战略防御阶段。以明化技改项目建成投产为标志，明泉发展结束战略防御，进入战略相持阶段。在这一阶段，明泉已具备实力与行业其他企业在同一平台上竞争，但综合实力不占优势，处于相对平衡的状态。战略相持阶段预计将持续十年，我们还可以将其细分为两个阶段：一是前三年，行业落后产能陆续退出；二是后七年，行业先进产能同台竞技。前三年，行业内还存在落后产能，明泉凭借加压气化先进产能尚有一定成本优势，后七年则是加压气化技术普及，行业内的企业处于同一起跑线上，竞争烈度将大幅上升。我们必须在战略相持阶段，完成发展模式向质量效益型的转型，才能确保明泉十年后在行业内具备强大的竞争优势，从而进入"收复失地"的战略反攻阶段。战略相持阶段就是明泉二次转型的十年。

认清明泉的发展阶段就能更加明确我们当下和未来的工作目标和任务。战略相持阶段的前三年，即从2023年到2025年，行业落后产能陆续退出，对于已采用加压气化技术的企业而言是机遇期和窗口期。为了应对2025年之后先进产能之间的激烈竞争，未来30个月我们必须抓住机遇，做好充足的准备。一是在建设现代化的基础产业方面，要持续推进"挖矿"工作，2025年要实现综合能耗水平进入国内行业前三的目标。二是在建设现代化的产业链方面，延伸尿素产业链，建设明泉绿色高效肥料产业园；延伸合成氨产业链，建设明泉胺基新材料产业园；推进吡啶补链强链延链，建设明升达医药中间体产业园；推进PSPI系列产品研发生产，建设明士国华新材料产业园；推进PPS研发和产业化，不断开拓下游高端应用领域。三是在构建现代化的服务型制造体系方面，不管是高分子材料还是基础产品延链，都要贯彻以客户为中心的理念，逐步转向以销定产，研发、采购、生产、物流等各环节都要围绕满足客户需求高效运转和协同。四是在构建现代化的经营体系方面，未来三年重点做好尿素产品经营，要按照"以资本链构建价值链、以价值链推动产业链""拓市场、树品牌、创效益"的理念，采用资本合作、引进人才、开拓市场、品牌建设等措施，把小颗粒尿素全部转化为差异化产品，实现三个"3"的目标，即用未来30个月、开发300万吨差异化产品、新增3亿元利润，致力于成为现代农业综合施肥方案提供商。在供应链方面，积极推进与大型煤炭企业的合资合作，降低采购成本。在财务方面，大力优化债务结构，降低融资成本。五是在构建现代化的管理体系方面，以明泉书院为平台，持续加强培训，提升管理团队能力素质；设立董事局，并引进专业管理人才，加力推进标准化、规范化、流程化的集团化管理体系建设；大力培养和选拔年轻干部，坚定推进干部队伍年轻化。

明泉自搬迁以来的发展是一场持久战，我们坚信明泉必胜，但不可能速胜。我们必须认识到明泉发展当前正处于战略相持阶段，只有完成发展模式向质量效益型的转变、实现二次转型，才能迎来高歌猛进的战略反攻阶段。我们要坚持"四个基本"，牢记"两个务必"，坚定信心，抓住机遇，稳扎稳打，全力推动明泉二次转型，争取早日迎来战略反攻的时刻。

设立绿肥产园，服务现代农业

随着明化新尿素装置开车，明泉尿素总产能将达到 200 万吨，跻身省内前列、国内行业第一梯队。我们不能满足于生产小颗粒尿素这样的初级产品，而是要开发差异化产品，开拓新市场，致力于成为现代农业综合施肥方案提供商。

现代农业是相对于传统农业而言的，现代农业是指运用现代的科学技术和生产管理方法，对农业进行规模化、集约化、市场化和农场化的生产活动。为现代农业提供综合施肥方案是指，以客户需求为导向，生产包膜尿素、增效尿素、水溶肥等高效肥料产品，为现代农业绿色高效发展提供高效肥料解决方案。这一工作定位的提出既是顺应时代大势，也是明泉自身发展所需。国家提出了 2035 年基本实现农业现代化的目标。没有农业现代化，中国式现代化就无法实现。农业现代化离不开新型高效肥料的广泛应用。当前，我国化肥产业高效肥产品占比小，与发达国家相比，我国肥料利用率偏低。据农业农村部公布的数据，2021 年我国氮肥利用率约 41.3%，发达国家一般在 50%—60% 左右。随着农业现代化的推进，高效肥市场前景广阔。氮肥行业的优秀企业已从生产普通尿素转向生产缓控释肥料、稳定性肥料、增值肥料、水溶性肥料等利用率更高、附加值更高的高效肥产品。预计加压气化技术还有三年的盈利机遇期，三年后被普遍采用之时，其成本优势将不复存在，行业竞争将进一步加剧。届时，我们必须要具备差异化的竞争优势，否则就会陷入低价竞争的泥潭，因此我们不能止步于生产普通尿素。"凡事预则立"，我们必须抓住农业现代化的机遇，延伸尿素产业链，开发差异化产品，以优质产品、优质服务和综合解决方案开拓新市场，为明泉应对未来竞争早做谋划和行动。

要成为现代农业综合施肥方案提供商，我们需要重点做好以下几个方面：

一是开发差异化产品。这是提供优质服务和解决方案的基础和前提。目前氮肥市场仍然以普通尿素为主，产品同质化严重，各厂家主要靠压低成本来获取盈利空间。我们要想脱离同质化竞争的红海、提高盈利水平，就必须开发差异化产品、开拓新市场，进入高效肥料的蓝海。2022年组建增效尿素经营团队只是试水，2023年我们将开始全面发力包膜尿素、增效尿素及下游复合肥料等多种高效肥料产品，建设明泉绿色高效肥料产业园。在农业应用领域，大颗粒尿素是高效肥料的原料之一，取代小颗粒尿素是趋势。明化和明升达公司要抓紧时间推进大颗粒尿素装置的规划建设，实现旺季时大颗粒尿素装置能够消纳掉全部自产小颗粒尿素的目标，最终目标是把200万吨普通尿素全部转化为高效肥料等高附加值产品。

二是以客户需求为导向。多年以来，明泉主要是以产定销，更多关注生产，较少关注和研究客户需求。高效肥产品更多的是以销定产，以客户需求拉动整个生产过程。高效肥产品要直接面向终端客户，这就要求营销人员不能停留在单纯销售产品上，还要学习相关的农业知识，以深刻理解客户需求，围绕满足客户需求，利用明泉系列高效肥产品，提供优质服务和综合解决方案。不仅是营销需要以客户需求为导向，生产也要以客户需求为导向，构建服务型制造体系。

三是树立资本思维。市场不等人，从零开始自主研发关键技术周期长，很可能会因此错失市场机遇。我们要坚持开放式办企，贯彻"以资本链构建价值链、以价值链推动产业链"的理念，按照"选伙伴、找思路、促合作"的指导方针，利用明泉具备的区位优势、大颗粒尿素产品和产能优势、公共配套优势，积极与有实力的下游厂家寻求专项合作，积极与山东省农业科学院等科研院所和高校开展合作，快速推进大颗粒尿素产业链延伸、高效肥料产品的开发和市场开拓。

四是创新激励机制。要全面提升经营工作，经营团队的组建非常关键。我们将大幅扩充经营队伍，大力度引进高端经营人才或团队。针对高效肥某一类型产品的开发，我们将组建 PDT 团队。PDT 团队将采用裂变式创业的方式，将模拟股份制与 KPI 考核相结合，让想干事、能干事、干成事的人获得应有的回报，目的是充分激发出经营团队的活力和创造力。

2023 年是明泉经营现代化的元年。我们首先在尿素产品经营上谋个大局、开个新局。行业优秀企业已在高效肥产品开发上走在我们前面。我们必须以时不我待的紧迫感，奋起直追，开发差异化产品，开拓新市场。这是明泉应对未来更激烈竞争的需要，也是明泉二次转型、提高发展质量和效益的必然选择。我们要成为现代农业综合施肥方案提供商，助力农业现代化，推动明泉二次转型开好局、起好步。

第七章

执行力建设：
于不确定性中逆势突破

学习本身就含有实践的内涵，"学"是为了更好地"习"，最终达到"知行合一"的目的。明泉开展优秀传统文化学习决不是为了培养只会夸夸其谈的演说家，而是通过培养学习力促进执行力的提升，打造强大的执行力文化。没有执行力，就没有竞争力。各级管理人员坚持学习要锲而不舍、持之以恒，使自己的思想处于鲜活状态，始终与集团所倡导的文化认知和管理理念保持同步，共同打造强大的执行力文化，锻造一支召之即来、来之能战、战之必胜的钢铁团队。

捍卫共同的企业平台

当前，不少企业新参加工作年轻员工流失率偏高。这种现象背后显现出年轻员工以自我为中心，稍不如意就离职，不懂珍惜工作机会与平台的问题。企业为个人提供了学习成长的环境与事业成就的平台。平台可以离开某些个人，但个人离开平台就可能会失去赖以成就的基础。要清醒地认识到平台的重要性，同时扶正祛邪，坚决捍卫我们共同的平台。

橘生淮南则为橘，生于淮北则为枳。与植物类似，人也是环境的产物，环境决定人生。人的主观能动性不容否认，但主观能动性的发挥必须依赖于特定的环境，可以说环境造就人。对于企业而言，公司所营造的环境造就了员工，是员工事业发展的平台。尚处于事业迷茫期的年轻人，要明白"不会游泳的人换游泳池也没用"的道理，借频繁更换平台来提升自己的想法是不切实际的。正如稻盛和夫所说，珍惜当下，全身心投入工作，成绩自然会激励你向更高目标努力，工作兴趣和成就感也会自然产生。而对于已处于管理岗位的领导干部，要明白"众缘和合"的道理，工作成绩是众多同事和公司平台共同成就的结果，个人能力即使再强，离开平台也将一事无成。"知人者智，自知者明"，人贵有自知之明，对平台应心存感恩，谦虚谨慎，切勿张狂。

现在的平台是我们经过多年艰苦奋斗得来的，必须倍加珍惜。企业利益高于一切，这来之不易的发展局面决不允许存在违法乱纪、损公肥私的拆台行为。孔子说："政者，正也"，"其身正，不令而行；其身不正，虽令不从"，领导干部必须持身以正，正己正人，以身作则，以上率下，着力在企业内部营造积极向上、与人为善、认真正直、勤奋无私、满怀感恩的工作氛围。在扶持正气的同时，坚决祛除邪气。领导干部决不可做"一团和气"的老好人，要严格管理，敢担当，不怕得罪人，坚决制止违反管理制度、损害企业利益的行为，坚决遏制消极负面、心术不正、敷衍懒惰、自私自利、满腹牢骚的歪风邪气。

历 60 多年风雨而愈加生机勃发，明泉的今天来之不易。领导干部和广大员工要保持清醒认识，旗帜鲜明地"扬善惩恶"，扶正祛邪，坚决捍卫我们赖以生存与发展的这个平台。我们坚信，风清气正的明泉必将成就一番伟大的事业。

格物致知、准确定位，伟大时代铸就伟大作为

中国人历来重视对"度"的把握。非常典型的例子就是烹饪中对于火候的讲究和掌控，若火候不够，菜肴不能入味，甚至半生不熟；若过火，就不能使菜肴鲜嫩爽滑，甚至会煳焦。"过犹不及"，过火和火不够都是错过火候，火候到了就是恰到好处；过和不及都是失度，适度就是定位准确。一个人有自知之明，找准定位，就能做到目标清晰，顺势而为，创造不凡的事业与人生。企业发展也是如此。

明泉近十年来的发展面临无数大大小小的决策，而定位准确、把握好度就是决策的关键所在。从下决心整体搬迁，到大小平衡改造、上马洁净煤气化项目、试水精细化工，到宁阳明升达退城进园项目的全面启动，再到如今"新三高"的战略实施，其决策无一不是审时度势、拿捏好度以找准定位的过程。以洁净煤气化项目为例，经过细致考察论证，我们认为洁净煤气化顺应时代大势，工艺技术已接近成熟，甲醇作为能源产品的市场前景广阔，因此当时下定决心、排除万难启动该项目。洁净煤气化项目启动时机的定位至关重要，如果早了，由于工艺技术不成熟，项目很可能搁浅；如果晚了，失去了先机，我们会坐失大好的市场机遇。因此，从某种意义上讲，决策即定位，只有顺应社会经济发展趋势，结合企业自身资源与能力，找准定位，才能在市场竞争中精准定位、抢占先机，立于不败之地。

定位准确即适度。《中庸》所讲的中庸之道就是适度。"中庸其至矣乎！民鲜久矣"，适度是至德，因其"运用之妙，存乎一心"而难以把

握，但绝非不能把握。《中庸》讲"凡事豫则立，不豫则废"，要达到适度，就需要做出正确预判，深计远虑，未雨绸缪，"事前定则不困，行前定则不疚"；做出正确预判的方法是"博学之，审问之，慎思之，明辨之"，这与《大学》的"格物致知"思想如出一辙。因此，企业决策要定位准确，需要我们具备格物致知的能力，全面分析内外部形势，准确预判社会经济未来发展趋势。

目前，明泉工作重心已转向高端化学品和高分子材料领域，这也是我们格物致知，顺应社会发展大势所确定的发展定位。相信通过格物致知、准确预判，适时调整企业发展定位，明泉必能在未来实现更高层次的转型升级发展，在这个伟大时代铸就伟大作为。

文化建设与制度执行并重，构建企业执行力

企业经营管理的过程就是决策与制度执行的过程。决策、制度是"知"，执行是"行"。"知"很重要，但若没有将其贯彻落地的"行"，就只能是空想。只有按时、按质、按量，不折不扣地完成工作任务，执行好制度，做到"知行合一"，决策与制度才有意义。所谓"执行力"，就是按时、按质、按量完成工作任务、严格执行制度的能力。

拥有强大执行力，才能铸就伟大事业，成就不凡人生。对于个人而言，执行力是自制力和行动力，有强大执行力的人矢志不移、百折不挠，必能成就不凡人生，而那些执行力差的人，"晚上想想千条路，早上醒来走原路"，立志不坚，稍有困难就畏缩不前，这种人庸庸碌碌、荒废一生是必然的。对于企业而言，有执行力，才可能有竞争力；没有执行力就一定没有竞争力。决策和制度无法被有效执行，懒散拖拉成风，企业竞争力就会被削弱，直至积重难返，被淘汰出局。

"明泉智造2025"的高新明泉蓝图已经越来越清晰，但如果没有强大执行力作为保障，就只会是一个虚无缥缈的幻想。我们奉行"民主决策、权威管理"的决策原则，决策过程充分讨论；决策确立以后，所有人就必须声音和步调一致，把工作任务不折不扣地执行到位，没有任何讨价还价的余地。拖拖拉拉，敷衍应付，玩忽职守，必须受到应有的处罚。只有构建起强大执行力，我们"明泉智造2025"的伟大事业才能"心想事成"。

企业发展蓝图已经绘就，下一步的难点在执行力。而构建企业的强

大执行力，需要我们从企业文化建设与企业制度执行两方面入手，发挥企业文化的导向引领作用和企业制度的激励约束作用。

构建强大执行力要求我们必须坚定不移推进企业文化建设。"上下同欲者胜"，只有统一思想认识，上下一心、众志成城，才能无往而不胜。五年来的发展成果就是对此最有力的证明。当下与未来，我们仍需坚定不移地推进企业文化建设，发挥优秀文化的导向引领作用。通过学习以儒家思想为主体的优秀传统文化，我们要端正世界观、人生观和价值观，建立正确的思维方式，提升哲学思辨与工作能力，营造真诚、友爱、和谐的团队氛围，使高层有使命感、中层有责任感、基层有归属感，最终实现快乐工作、愉悦生活。

行之有效的企业文化能起到凝心聚力、提升执行力的巨大作用，而要做到行之有效，企业文化建设本身也必须强调执行力。下一步我们将通过企业文化重塑，将企业文化建设制度化，强化企业文化建设的执行力，把学习优秀传统文化贯彻到底。这是总结 2017 年以来集体学习经验教训所得出的结论。中华优秀传统文化薪火相传至今，经得起任何的质疑和讨论，但我们决不允许不加深入学习领悟就轻易否定的消极态度。"没有调查就没有发言权"，在智慧如海的中华优秀传统文化面前，没人敢称自己无所不通。轻易否定只能说明一个人的浅薄无知，也是其思想僵化、固步自封的表现。我们不可能期望这种人迸发出"苟日新、日日新、又日新"的创新精神。不换思想就换人，是保障团队执行力的必然要求。

构建强大执行力要求我们全力以赴强化对企业制度的执行力。打造强大执行力，需要我们在发挥企业文化导向引领作用的同时，通过人才选拔、奖优罚劣，充分发挥制度的激励与约束作用。

一方面，全面修订完善各类管理制度。下一步将由企业管理中心牵头，组织对各种日常管理制度的梳理和修订。建立健全合理可行、科学严谨、执行有力、量化考核的管理制度体系，使员工在工作过程中真正能做到有章可循、有法可依、流程清晰、条例分明，提升工作效率和执行力。同时，所有管理制度必须要有违反制度的处罚性条款，处罚条款要切实具有可操作性的量化指标。

另一方面，强化考核制度，为执行力提供保障。各级管理人员要做到违章必究，执法必严。针对规章制度执行和具体工作落实的情况，进行严格考核，对于违反规章制度的、未能按时、按质、按量完成工作任务的要坚决予以相应惩处，切实发挥制度的约束和震慑作用。制度执行要坚持"火炉原则"。就是把"火炉"烧得发红，放在那里，自然具有威慑力，它本身并不会主动烫人，但只要有人敢于触摸，它就必烫无疑，不会顾及触摸者的身份，人人平等，谁摸烫谁，而且立即处罚，没有下不为例。领导干部"老好人"、不敢管、管不到位，发挥不出制度应有的"火炉"效应，就是失职！尤其是生产一线管理人员，一定要清醒认识到安全对于危化品企业的极端重要性，要站在"安全是企业的生命线"的高度，严格管理、严格考核，严防习惯性违章，认真执行好操作规程、工艺指标、设备巡检等各项规章制度。

推进"三项制度"改革是激发企业活力、提升执行力的重大举措。我们要发挥"三项制度"改革的激励作用，最大限度调动全体干部员工的主观能动性；同时，强化各项制度的约束作用，为构建强大执行力提供制度保障。我们相信，"三项制度"改革必将激发企业活力，构建起强大执行力，为"明泉智造2025"宏伟蓝图的实现打下坚实基础。

以学习力打造强大执行力文化

自 2017 年 5 月开始，明泉开始集体学习中华优秀传统文化。从集团大课堂、中高层管理人员高级班，到各单位、管理处室中课堂，再到各单位自发的内部学习，收效显著。然而，关于学习的必要性和重要性仍存在认识不足的问题，有必要再次重申和深入阐释。

学习是个人、团队和企业发展进步的阶梯。首先，要明确"学习"的含义。"学而时习之"，"学"是获取知识，"习"是付诸实践，获取知识并将其付诸实践才是"学习"的真正含义。"学"是知，"习"是行，学习本身不仅仅是获取知识，而是要做到"知行合一"。其次，学习是面向未来，没有学习就没有未来。经验属于过去，不足以成为我们未来事业成功的向导，有时还会成为束缚和枷锁。外部世界剧烈变化，一个人和企业如果只满足于过往经验，就只会被时代所抛弃，不要忘了时代车轮此时此刻就在滚滚向前，不会为任何人做片刻的停留，你不进步就是退步。再次，团队认知是企业发展的"天花板"。各级管理人员的格局决定了各项工作的布局，也就决定了工作目标的结局。管理团队认知没有过人之处，怎么指望企业发展能出类拔萃？可以说，企业发展的高度取决于管理团队的认知水平，只有团队全体成员不断学习提升，才有团队认知水平的提升。

优秀传统文化学习旨在打造强大的执行力文化。学习本身就含有实践的内涵，"学"是为了更好的"习"，最终达到"知行合一"的目的。优秀传统文化学习绝不是为了培养只会夸夸其谈的演说家，而是通过培养学习力促进执行力的提升，打造强大的执行力文化。执行力已成为企业成败的关键，打造执行力文化迫在眉睫。所谓"执行力文化"就是把执行到位作为所有工作的最高准则和终极目标的文化。"上下同欲者胜"，打造强大的执行力文化，首要就在于统一思想认识。没有统一思想认识的团队，就只能是乌合之众、散兵游勇，不可能凝聚起全体成员的能量共谋发展。各级管理人员坚持学习要锲而不舍、持之以恒，使自己的思想处于鲜活状态，始终与集团所倡导的文化认知和管理理念保持同步。身教重于言教，"其身正，不令而行"，各级管理人员要以身作则、以上率下，将文化理念贯彻到具体工作中，严格执行各项规章制度，严抓各项工作部署的落实。要真正明白，疏于管理只会葬送企业发展和个人事业，严格管理才是"仁"和"善"。

唯有学习才能不断进步。优秀传统文化学习已成为打造强大执行力文化、提升团队执行力的关键。没有学习力，就没有执行力；没有执行力，就没有竞争力。各级管理人员务必要认识到学习对于企业发展和个人进步的重要性，要使思想认知与企业发展同步，共同打造强大的执行力文化，锻造一支召之即来、来之能战、战之必胜的钢铁团队。

以道驭术，构筑强大执行力

以道驭术、循道而为的内在要求是积善利他，而积善利他的必由之路是尽职尽责、执行到位。

一直以来，我们反复强调"以道驭术"。所谓"以道驭术"就是循道而为，将"道"贯彻到实际工作中去。可究竟何谓"道"，如何做到循道而为，需要我们慎思明辨，而后笃行之。

何谓"道"？时至今日，优秀传统文化已在逐步回归，传承和发展也有可喜的进步，但业已形成的文化断层让我们与优秀传统文化间产生了很深的隔阂。很多人虽然手头有各种文化经典，但读来读去还是不得要领，对类似于"道"这样的重要概念更是不知所云。实际上，"道"可分为两个层次，低层次的"道"就是指规律，所谓"兵者诡道也"的"道"就在此列。而高层次的"道"就是我们常讲的"大道"，是形而上的道。前者容易理解，没有讨论的必要，关键是对于"大道"的理解。

目前对于"大道"的认识存在两种错误倾向，一种是庸俗化，认为"大道"就是客观规律，而儒释道各家也不过是揭示规律而已，没什么高明之处，古人就是故弄玄虚；另一种是妖魔化，认为"大道"微妙玄通、深不可识，自己糊里糊涂，给别人讲起来含糊其辞，故作高深。那么，究竟何谓"大道"？"大道"是一种真实存在的纯善境界，是宇宙间万事万物的源头，也就是稻盛和夫所说的存在于宇宙间的"促使万物生生不息、绵绵不断生长发展的意志和力量"，也就是我们所说的蓬勃向上的"上升律"。这种纯善的境界和力量，要求人们必须循道而为，顺之者昌，逆之者亡！

如何做到循道而为？《了凡四训》已给出了答案，就是积善改过，也就是稻盛和夫所说的"积善行，思利他"。具体到我们企业内部，以企业利益至上，助力企业健康快速高质量发展就是最典型的积善和利他。因为企业利益代表了数以千计家庭和数以万计员工家属的利益，助力企业健康快速高质量发展就是利他，就是积善，而违背这一原则，损害企业利益，阻碍企业发展就是作恶。因此，对于积善利他一定要有正确的认识，不要肤浅片面地认为工作以外做点慈善公益才是积善利他，要知道怀助力企业发展之心，尽职尽责，严格管理，把规章制度和工作部署执行到位，本身就是积善利他。这需要管理人员做到以身作则，严格管理，严格执行规章制度、考核奖惩，严格落实工作安排；需要一线员工坚守岗位，认真负责，确保严格按照规程操作，严格按照要求控制好工艺指标。"道在人伦日用间"，并非不食人间烟火，千万不要轻视日复一日看似平凡的工作，只要是心存正知正见，尽心尽力，日积月累就能直通"大道"，成就不平凡的事业。

争做"上士"，"勤而行之"。老子有言："上士闻道，勤而行之；中士闻道，若存若亡；下士闻道，大笑之。不笑不足以为道。"我们企业里，"上士"、"中士"和"下士"都存在，这是客观事实。我们力图通过优秀传统文化学习，教育引导更多的"中士"、"下士"成长为"上士"，"勤而行之"，成为积极进取、奋发有为的奋斗者，"不待扬鞭自奋蹄"。付出就会有收获，我们会发挥用人、分配等制度的正向激励作用，让奋斗者脱颖而出，让奋斗者劳有所得。而对于那些仍然心存怀疑、摇摆不定的"中士"和不以为然、我行我素的"下士"，我们必须在加强教育引导的同时，发挥制度负激励的约束和威慑作用，严格管理监督，严格考核惩处，督促"中士"、"下士"把工作不折不扣地执行到位。由此观之，不管是企业文化重塑，还是用人制度改革和分配制度改革，最终都指向企业执行力的提升。企业执行力和战斗力得到提升以后，企业僵化熵增的问题也就迎刃而解了。

循道而为，贯通"道"、积善利他、实际工作三者之间的关系，将"道"落实到实际工作中，就是以道驭术。"大道之行也，天下为公"，循道而为的内在要求是积善利他，而积善利他的必由之路是尽职尽责、执行到位。我们的发展方向、目标和路径都已经非常清晰，只有每个人把工作执行到位，共同凝聚成企业强大执行力，再造一个高新明泉的目标就才能实现。

成功属于坚持者

从明泉基础产业建设、高端产业突破的历程中，我深切地感受到"坚持"对于企业发展和个人事业成功的重要性，认识到成功属于锲而不舍的坚持者。

"坚持"是个司空见惯的词语，也是个老生常谈的话题。"人而无恒，终身一无所成"，众人皆知"坚持"对于成功的重要性，但很少有人能真正做到"坚持"。这是个值得所有人深思的大问题。我们要坚持什么、怎样才能做到坚持，是我想要深入探讨的问题。

说到"坚持"，可能很多人第一个想到的代表人物是曾国藩。后人评价曾国藩一生是"坚忍成功"。曾国藩30岁时立下了"学做圣人"之志，以"不为圣贤，便为禽兽"明志。在通往圣人的道路上，他要求自己每日必须做到"日课十二条"，克己修身，"不求近效，铢积寸累"；受挫受辱之时，他"明励志，蓄其气而长其智"，"历百千艰阻而不挫屈"，"打脱牙齿和血吞"；大功告成之时，他"求缺惜福"，功成身退，认为"盛时宜作衰时想"，"花未全开月未圆"才是保泰之法。从曾国藩身上我们可以看出，他之所以能够做到"坚持"，首要原因是真立志，志向是一个人前行的方向和内在动力；其次，为了实现志向，他为自己制定了切实可行的方法路径，并"步步前行，日日不止"；再次，逆境中他"屡败屡战"，顺境中他谦冲自牧，始终坚守着自己的志向和道路。由此我们也能知道为什么很多人做不到坚持了。真立志、立真志的人恐怕就为数不多。大部分人的立志只是口头说说，有的"三天打鱼、两天晒网"，有的"晚上想想千条路、早上起来走原路"，这些都不是真立志。真正从内心深处确立志向的人，必定会想方设法规划具体可行的道路，必定会不惧怕路上的坎坷，也不为路旁的风光所迷惑。"真知必能行"，这是真正的"知行合一"。历史上或是现代能够长久的成功者无一不是如此。坚持是所有成功者的共同特征，可以说是人生中最重要的品质。至此，我们就可以对"坚持什么、怎么做到坚持"做个总结了：坚持首要在于立志，然后是在选择的道路上坚定前行，遭遇逆境须愈挫愈奋、磨炼提升，处于顺境则要谦虚谨慎、不骄不躁，无论顺逆都坚守志向和道路。

　　坚持首要在于立志。一说到立志，有人就认为是虚无缥缈或者高不可攀，其实立志就在工作生活中。我们每天花在工作上的时间可能比陪伴家人的时间都多，为什么不把自己的志向融入企业发展之中呢？当前社会上流行着一种观点，认为工作和生活是对立的，应该截然分开。持这种观点的人是痛苦的，他们认为工作仅仅是谋生手段，要在工作之外另建立一个志向，那工作时间对于他们事业而言就意味着被白白浪费掉了。这样做的结果往往是身心俱疲、得不偿失。何不将自己的志向融入企业愿景和目标之中，将个人事业与企业发展融为一体呢？我们经过深入思考，在发自内心认同企业愿景和发展目标的基础上，就能够找到个人事业与企业发展的"共振频率"。只有这样，工作才会具有超越谋生手段之上的意义。尽心尽力干好本职工作、助力企业发展，就是在为"实业报国"添砖加瓦，就是在为社会创造价值，就是在为推动经济社会进步贡献力量。只有这样正确认识工作的意义，才能在年富力强时不虚掷光阴，才能确保在年老体衰时不心存遗憾。如果你事业的志向还彷徨不定，与其舍近求远，不如将个人志向融入企业发展，在助力企业发展的同时实现个人抱负。

　　对道路的坚持须始终不渝。曾国藩立下"学做圣人"之志后，走的是三省吾身、诚意正心、修齐治平的路；稻盛和夫在京瓷成立之初就宣布要做世界第一,他走的是专注于精密陶瓷研发、以技术优势获得快速成长的路;马云在创建阿里巴巴的时候就立志建立一家进入全球前十的互联网公司,他走的是专注电子商务、不断创新突破的路。无论逆境还是顺境,他们对于道路的坚持都是始终不渝的。对于明泉而言,在实现企业愿景的征途上,我们走的是专注、深耕主业,在巩固扩大基础产业的同时集中发力"新三高"高端产业的路。在任何时候、任何情况下,我们都不能脱离主业,走向投机取巧赚快钱、赚巧钱的邪路。在 20 世纪日本投资房地产的狂潮中,许多银行和投机者劝说稻盛和夫加入其中,可稻盛和夫坚决不同意,他认为投机得来的利益不会长久,"只有自己辛苦赚取的钱财才是真正的利益"。这样的观点来自于他对因果律的深信不疑。投机的结果要么是徒劳无功、两手空空,要么是凭运气得到的又凭实力失去。对于每个员工而言,我们要坚持走立足本职、尽心尽力、持续学习、自我成长的道路。每一天都竭尽全力,在日复一日的工作中精益求精、点滴积累,脚踏实地,步步前行;每一天都力争学习一点新知识、新思想,日积月累下来,按照"一万小时定律",短短几年就能成为各自领域的专家。这是摆在我们面前的成功捷径,关键就看我们能不能做到坚持了。"种如是因,得如是果",没有脚踏实地的付出就不要奢望收获成功,个人和企业都是如此。

无论顺逆都坚守志向和道路。能否坚持树立的志向和既定的道路,要经历逆境和顺境的双重考验。面对逆境,曾国藩"屡败屡战"、咬牙坚持,"坚忍维持而后再振,坚忍力争而后有济";稻盛和夫埋头钻研,把逆境当作是重新审视自身、以备再次起步的绝佳时机,在逆境中不消极,不自怨自艾,无畏地迎难而上;马云激励团队说:"今天很残酷,明天更残酷,后天会很美好,但绝大多数人都死在明天晚上。"面对逆境,成功者无一例外都是坚韧顽强、迎难而上的。2013 年至今,我们就是这样一路走过来的。这次新冠疫情来得很突然,爆发初期人心惶惶,很多行业处于停滞状态、苦苦支撑。当时我就提醒大家一定要牢记初心，坚持立足本职、做好主业，后来从中央到地方都大力推动各行各业复工复产，证明我们的判断是正确的。疫情期间，相比于停下来的企业，我们只要是维持正常运转，就是占据优势。同时，"祸兮福所倚"，我们还要善于发现危险之中所蕴含的机会，进而抓住机会，借机提升。当前，国家各个部门支持企业度过难关的政策正在陆续出台，其中金融机构在加大力度支持实体经济发展，我们抓住机会就能提高授信额度、降低融资成本。每个人、每个企业在发展的过程中都会遭遇困境，关键看我们能否振作精神、化危为机。逆境是考验，顺境同样也是。不少成功者"生于忧患，死于安乐"，在逆境中能竭尽全力、艰苦奋斗，可一旦面对成功就开始踌躇满志、忘乎所以，淡忘当初的志向和道路。不管是哪个经营单元，只要是发展形势一片大好，我们就会不失时机地提醒要牢记"两个务必"。未来几年随着"新三高"战略的推进，集团经营规模、盈利能力都会快速提升，但我们必须时刻提醒自己要谦虚谨慎、不骄不躁，牢记初心、道路，始终专注、深耕主业。

"用功譬如掘井，与其多掘数井而皆不及泉，何若老守一井，力求及泉，而用之不竭。"成功从来都不属于朝三暮四、见异思迁的所谓聪明人，而是属于锲而不舍、坚持到底的人。坚守我们的初心和志向，沿着既定的道路坚定前行，在逆境中愈挫愈勇、磨练提升，在顺境中谦虚谨慎、不骄不躁，我们才能收获美好的未来。

于不确定性中逆势突破

　　2019 年底、2020 年初，突如其来的新冠肺炎疫情给企业运行带来困难与挑战。进入 2020 年春，国内疫情防控形势持续向好，但国外疫情正在持续快速蔓延，愈演愈烈的形势令人担忧。疫情发生之初，我们就强调要做好应对极端困难形势的准备。从 2020 年 3 月的形势来看，疫情所产生的影响已远超预期，世界经济社会形势正面临很大的不确定性。这种形势，正是检验我们团队领导力、执行力和精神风貌的关键时期。我们必须秉持自强不息的精神，奋然振作，凝心聚力，全力推动明泉发展实现逆势突破。我认为结合实际情况，很有必要分析一下企业所面临的内外部形势，进而明确我们接下来的工作定位。

　　企业面临动荡的外部形势。美股十天内四次熔断，油价降至历史新低点，美联储降息至零，疫情已引发剧烈的世界经济及金融市场动荡。从目前情况来看，一季度负增长已是事实，二季度很可能会出现较大幅度的下挫。至于金融市场动荡是否向金融危机演变，持续两个季度的经济衰退是否转向持续时间更长的深度衰退甚至大萧条，就要看各国的应对措施和疫情的蔓延情况了。国内的形势是中国以西方国家难以置信的强大动员能力和行动能力，仅用了短短两个月的时间就遏制住了疫情蔓延，目前正大力推进企业复工复产，加快恢复生产生活秩序，但经济下行压力继续加大，境外疫情扩散蔓延及其对世界经济产生的不利影响，给中国疫情防控和经济发展带来新的挑战。国际市场需求萎缩，国际物流受阻，外向型企业首当其冲，同时大宗物资市场率先进入调整期。

企业内部蓄势待发、喷薄欲出。随着国际油价出现历史罕见的连续暴跌，甲醇价格连续下行，行业利润水平已低于 2008 年水平。即便如此，我们明泉科技的甲醇生产无论是与采用传统工艺的企业相比，还是与采用先进工艺的企业相比，都具有成本消耗更低、离终端市场更近的比较优势；依靠中国庞大的农业内需市场，合成氨、尿素价格受国外经济颓势波及较小，价格一直处于合理水平，晋煤明化的经营状况是稳定的；随着海外疫情的不断升级，双氧水等产品需求稳定，双氧水市场价格维持稳定，甲醛、吡啶市场未受经济波动明显影响，明化新材料的经营状况是增长的；其他已实施模拟股份制改革的单位经营状况都普遍向好，郓城威顿公司订单增加，明秀运输公司效益情况持续改善，明秀环保公司生产经营逐步步入正轨，煤炭储运公司有望实现经营目标；明化技改项目全面启动，均四项目有序推进，明升达退城进园项目投产指日可待；"新三高"战略稳步推进，不断取得实质性进展；企业文化重塑取得显著成效，全体干部员工保持昂扬向上、坚定自信的精神风貌，这是支撑企业良好发展局面的最重要、最根本的因素。所有这些都是2008 年金融危机时的明泉所不具备的，我们有充分的信心和能力渡过这次难关。

自强不息、做好自己是根本。不管风吹浪打，我自闲庭信步。只要我们自己稳得住，外面再大的风浪也不怕。面对困难与挑战，我们要继续发扬自强不息精神，苦练内功，强身壮体。一是振奋精神，增强必胜信心。我们企业已具备前所未有的竞争力，有着全面向好、向上的发展态势，我们应当比明泉历史上的任何时期都更加抱有必胜信心。二是凝心聚力，形成团结合力。这个时期我们旗帜鲜明地反对自由主义，就是要打掉自私自利之心，让全体干部员工心往一处想、劲往一处使。同时，我们还必须牢记"两个务必"，始终保持谦虚谨慎、不骄不躁的作风，始终保持艰苦奋斗的作风。"不畏浮云遮望眼"，不能让眼前取得的一点成绩蒙蔽住我们高远的眼光和追求。三是立足本职，坚持脚踏实地。"千里之行，始于足下"，困难是一时的，前途是光明的，战胜困难、走向光明需要我们一步一个脚印，扎扎实实做好当下每一项工作。四是提前预判，做到未雨绸缪。"为之于未有，治之于未乱"，面对充满不确定性的外部形势，我们只有提高预判能力，对未来形势中蕴含的挑战和机遇进行相对准确的预判，才能提前制定对策，而不至于临时手足无措、乱了阵脚。五是快速反应，切实有效应对。密切关注外部形势，敏锐觉察新的变化，规避风险，抢抓机遇，这都需要快速反应、快速决策、快速行动。六是借机突破，实现逆势发展。这建立在以上五点的基础之上。振奋精神，应对外来的巨大挑战；凝心聚力，最大程度凝聚起合力；立足本职，踏踏实实做好每件事情；提前预判，预先制定对策，变被动为主动；快速反应，果断行动，规避风险，抓住机遇。把以上举措落实到具体工作中，我们才能有效应对企业面临的安全、环保与生存发展三大挑战，借机实现企业逆势发展。

"新冠"大疫，百年一遇，"环球同此凉热"。疫情已成为世界"百年未有之大变局"的最新一部分。瘟疫从来都不是一个简单的医疗卫生问题，它必然深刻影响经济、政治、社会、科技等各领域，甚至改变人类历史的进程。疫情正在考验世界各国、每个企业化解危局、转危为机的能力。我们是这段历史的见证者和参与者，同时也是明泉历史的参与者和创造者。愈是艰难险阻，愈显担当作为。我们必须始终秉持自强不息的企业精神，奋然振作，凝心聚力，提前预判，快速反应，全力推动明泉发展实现逆势突破，成就一番不辜负时代和企业的事业。

惰怠是最大的腐败

——管理人员的十八种惰怠行为

明化技改项目建成投产之后，集团盈利水平将显著提升，资金状况将大幅改善。随着"十四五"工资倍增计划和模拟股份制的进一步实施，员工收入也将明显提升，特别是部分员工股东的收益会增长较快。在这些可预见的情况下，我们必须防止出现"穷人乍富"的问题，必须防止滋生骄傲自满和盲目乐观的不良情绪，必须防止由于以上问题所导致的惰怠现象。

实际上，惰怠现象一直存在于企业中，只是程度不同而已。集团启动搬迁前，内部惰怠问题是较为严重的。启动搬迁以来，我们通过持续夯实基础管理和重塑企业文化，提升了思想认知和管理水平，惰怠问题已大为减少。但随着集团发展形势越来越好，我们很有可能面临惰怠现象抬头的挑战。集团启动搬迁以来遭遇的重重挑战甚至生死存亡的考验，给我们造成了不进则亡的压力，逼着我们跑步前进。可随着发展形势不断好转，个人收入较大增长，我们必须警惕惰怠现象的加剧。惰怠是一种最广泛、最有害的腐败。困难挑战没有打垮我们，但成功之后的惰怠极有可能消蚀我们，终置企业于死地。人人皆有可能存在惰怠问题，不要以为与己无关。下面列举管理人员的十八种惰怠行为，供我们自我反思、自查自纠。

一是自满懈怠，不思进取。满足于现状，"自强不息"只在嘴上，不愿再奋斗，不求有功，但求无过；墨守成规，缺乏创新精神，不愿离开舒适区、解决新难题。躺在功劳簿上，养尊处优。

二是疏于学习，我行我素。把学习当负担，敷衍了事；摆老资格，凭经验做事，走"经验主义"的老路；业务技能、管理能力跟不上企业发展步伐，个人价值观偏离甚至背离企业文化。

三是管理不严，怕得罪下属。对下属工作标准要求不高，甚至放任自流。对下属工作中违反规章制度的行为视而不见，造成不良后果的不敢按照规章制度严格处罚。

四是掩盖问题，怕得罪平级。对其他单位或单位间协同存在的问题不向上反映，单位间形成互不讲问题的默契，因为怕得罪平级单位后，工作得不到配合，民主评议得低分。

五是粉饰太平，怕领导批评。向领导汇报工作报喜不报忧，极力掩盖本单位存在的问题，骗得领导一时欢心，当问题积攒到自己无法收拾时扔给领导处理。

六是吃里扒外，损公肥私。手中握有企业赋予的经济权力，干"吃饭砸锅"的事，拿着企业发的工资福利却把企业利益拱手送人，损害企业利益，损害所有尽职尽责员工的利益。

七是媚上顺从，不敢担责。领导说什么就是什么，只是随声附和，搞精神贿赂，心中不认可或有意见建议也不当面说出，怕坏领导兴致，更怕领导对自己有看法，影响自己的利益。

八是事事请示，不敢决策。职责范围内的事却事事请示领导，由领导做决策，自己怕担责，不敢决策，只当"二传手"。拿着领导决策当尚方宝剑，不结合实际变通，出问题推给领导。

九是不敢淘汰，怕得罪人。单位领导对下属是否称职了如指掌，却因为怕打击报复，不敢淘汰不称职的员工，损害称职员工的积极性，致使单位内部有怨气、不团结。

十是推卸责任，息事宁人。嘴上说"行有不得，反求诸己"，一旦工作出了问题，先找别人的责任，撇清自己的关系，将责任互相推来推去，以求法不责众、息事宁人。

十一是分配不公，损人利己。在工资、福利或奖金分配时，或独吞大头，自己"吃肉"，让下属"喝汤"，或偏向与自己关系好的下属，疏远甚至打击与自己关系一般的下属。

十二是脱离现场，高高在上。喜欢坐办公室，"答案在现场，现场有神灵"只是嘴上说给别人听的，不常去现场，决策靠听汇报，不了解现场的真实情况，不了解一线员工的情况和诉求。

十三是独断专行，刚愎自用。违背"民主集中制"的决策方法和原则，为了虚荣心和维护所谓的权威，不愿意或不敢征求相关人员的意见建议，搞一言堂，听不进不同意见。

十四是只管局部，不管全局。只顾本单位考核指标的完成，对于配合其他单位工作却有损本单位利益的事，找借口能推就推，认为集团的整体利益与己无关，不管不顾。

十五是开会不说，会后乱说。开会时保持沉默或者说无意见建议，等到开完会后，就开始到处散播不同言论，不与集团保持一致，破坏执行力，损害集团在员工中的形象。

十六是只会抱怨，没有办法。看到企业在生产经营管理、项目建设中存在的问题，只会私底下抱怨、说三道四，就是不能或不敢提出问题及解决办法，损害团队正能量。

十七是吃拿下属，恬不知耻。收受下属财物、接受下属宴请，吃人嘴软、拿人手短，在工作中出现偏袒，出现派系，出现分配不公，出现管理不严。

十八是言行不一，执行力差。光说不干，对领导和下属夸夸其谈，却少有落实。口头上遵从集团部署，却宣传不到位、执行不到位，导致集团部署不能抵达基层、企业文化建设浮于表面。

以上十八种惰怠行为或多或少存在于各单位中，程度也有不同。如果我们不居安思危，加以及时地纠正和制止，随着集团发展形势越来越好，惰怠行为一定会愈加严重。为此，我们提出四点要求：一是坚持自我批判。对照这十八种惰怠行为，开展自我反思和自我批判，有则改之，无则加勉，切实做到思想上有触动、行动上有改进，实现自我提升。二是勇于反映问题。对于集团管理方面存在的问题，如发现职责划分不清、管理制度脱离实际、流程繁琐低效等问题，要勇于通过信息通道及时反映，直达集团董监事会。三是善于创新创造。管理创新创造能产生巨大价值。要善于提出创新性乃至创造性地改进集团管理的思路或方法，一经集团采纳，予以奖励。四是敢于自揭家丑。必须坚持企业利益至上，对损害集团利益的行为保持零容忍，发现损害企业利益的吃里扒外行为要及时自查自纠和由集团依法查处。

惰怠是最大的腐败。惰怠会消磨掉奋斗精神，扼杀企业的活力，损伤企业的正气，导致僵化和熵增。如果我们不对惰怠时刻保持高度警惕，惰怠就会"温水煮青蛙"般逐渐侵蚀企业健康的肌体，直到积重难返、不可救药。让我们坚持企业利益至上，通过自我反思和管理创新，减少惰怠行为，推动企业持续健康发展。

明泉的"五个现代化"之现代化经营

现代化的经营是明泉"五个现代化"之一。何谓现代化的经营，构建现代化经营的必要性、可行性和具体路径，都需要我们思考并做出回答。事实上，我们需要践行儒家"己欲立而立人，己欲达而达人"的思想，树立共赢思维，拓展经营空间，构建现代化的经营体系，提高发展质量和竞争力。

一、现代化经营的内涵与共赢思维

关于经营的定义，我们所谓的"经营"是采购、销售、资本运作等活动。所谓"现代化的经营"是指，面对企业外部环境中的不确定因素，树立共赢思维，实施资本运作，构建商业模式，开拓市场空间，树立强势品牌，提高产品附加值，赢得市场主动，从而提高盈利能力和水平。需要特别注意的是，现代化经营的原点是共赢思维，这一点极为重要。如果没有共赢思维，我们在与潜在合作伙伴接洽的过程中就不能得到其认可和信任。共赢的思维和行为也是中华优秀文化所倡导的。

"己欲立而立人，己欲达而达人"，"己所不欲，勿施于人"。我们学习和践行儒家思想就要做到在谋求企业发展的同时，也要想到各利益相关方包括合作伙伴的愿望与利益，进而实现互利共赢。孔子两千多年前的思想仍然适用于今天，因为千古不变是人性。自古至今，没有人愿意与一心只想着自身利益、自私自利的人合作。我们必须树立共赢思维，贯彻"搭建平台、整合资源、科学发展、诚信共赢"的理念，在谋求明泉发展的同时充分考虑对方的诉求和利益，获得潜在合作伙伴的认可和信任，实现互利共赢，从而快速推动明泉高质量发展。

二、经营现代化的必要性与可行性

所谓"现代化的经营"是顺应时代、行业当前的变化和未来的趋势，创新经营模式，拓展经营空间，充分挖掘经营各环节的盈利潜力，提高盈利能力和水平，提升企业竞争力。过去十年，我们更多地关注生产，项目建设也是为了新增产能，接下来，我们要生产和经营并重，推动明泉高质量发展。

构建现代化的经营势在必行。经营现代化既是明泉发展的内在要求，也是外部形势所迫。一方面，经营现代化是明泉高质量发展的内在要求。明泉要想实现高质量发展的目标，就不能只关注生产，而是要从新产品开发、采购、销售等经营的各环节，全方位挖潜，提升发展质量。另一方面，经营现代化也是外部竞争加剧的形势所迫。后工业化时代的竞争以存量竞争为主，竞争将更加激烈。优秀企业在经营方面已走在我们前面。我们必须在确保生产安环稳长满优的同时，强化经营工作，向经营要效益，提升企业竞争力。对于明泉而言，经营现代化不仅是必要的，而且是可行的。目前，明泉尿素、合成氨的产能规模已跻身省内前列、国内行业第一梯队，在行业中树立起了较强的影响力和话语权，这是我们强化经营、实现经营现代化的坚实基础和强力支撑。

三、经营现代化的实施路径

明泉建立现代化经营的具体路径是，树立共赢思维，贯彻"以资本链构建价值链、以价值链推动产业链"的指导方针，借助资本合作，开拓并稳固市场，延伸产业链，开发新产品，降低采购成本，实现经营空间拓展，提升盈利能力和竞争力。

"以资本链构建价值链、以价值链推动产业链"是指以资本为纽带开展合作，构建利益共同体，推进产业链合作。产业链合作分为两个方向：一是上游与供应商合作，稳固供应链。二是下游与大客户、大贸易商合作，开拓并稳定销售市场；与科研院所、高校、下游企业合作，延伸产业链，开发高附加值产品。贯彻"以资本链构建价值链、以价值链推动产业链"的指导方针，我们需要做好以下几方面的工作：一是要按照"拓市场、树品牌、创效益"的工作定位，开拓并占据销售市场，树立明泉品牌，提高效益水平。对于尿素、合成氨、甲醇的工业应用领域，要积极与有实力的终端客户开展合资合作；对于尿素的农业市场，要积极与大流通商开展合资合作。二是要积极与尿素产业链下游企业开展合资合作，延伸产业链，开发包衣尿素、多肽尿素、车用尿素等新尿素产品，提高尿素产品附加值。三是煤炭采购要积极与国有大型煤炭企业寻求合资合作，稳定煤炭采购，降低煤炭采购成本。四是物资采购要与相关行业内排名前列的供应商开展长期合作，保障物资质量，提高采购效率，减少库存占用。五是重视并做好进口物资的国产替代工作，确保供应链稳定安全，确保生产、研发、项目建设等工作顺利推进。

明泉 2025 年营收 200 亿元目标的实现，经营现代化应占增量部分的 50% 以上。经营现代化不仅是明泉自身高质量发展所必需，也是提升竞争力、在竞争中脱颖而出之所需。我们要把经营提高到与生产同等重要的地位，树立共赢思维，拓展经营空间，构建现代化的经营，提高发展质量和竞争力，不断推动明泉高质量发展取得新成效。

用制度激发企业内生动力

众所周知，企业管理的重要原则之一是"责权利相称"。这一原则看似简单易懂，却很容易被忽视或做不到位。环顾国内企业的管理实践，几乎所有的管理问题都能从责权利三者的关系匹配或者机制平衡上找到原因。我们有必要深入探讨一下责权利三者的辩证关系，并有意识地将其应用于管理工作中。

"责权利"分别指的是责任、权力、利益。"责权利相称"是指在管理中做到责任、权力、利益的既结合又统一，以责定权，以责定利。简单来说，就是负有什么样的责任，就当拥有相应的权力，同时获得相称的利益。责大于权，或者有责无权，意味着责任者无法履行职责，充当替罪羊或牺牲品；责小于权，责任者就会滥用权力。责权不对等，势必造成利益不公平的后果。现实中，责权不对等的情况虽然存在，但远不如责权对等、却与利益不相称的情况来得普遍。责权利三者之中，依据赋予的权力履行职责就是付出，而获得的是利，责权对等，却与利益不相称就是付出与获得不对等。

责权对等、却与利益不相称的情况往往出现于传统企业之中。晋升论资排辈，付出与获得不成正比。因此，推崇"大锅饭"的企业注定无法做到责权利对等。付出与获得不匹配，责权利就不可能对等，人的积极性就会受到抑制，企业发展就会丧失内生动力和活力，终必走向僵化和衰亡。责权利三者相辅相成、相互制约、相互作用，只有三者对等了，才能调动人的积极性。我们 2018 年以来推进的"三项制度"改革，其目标之一就是实现责权利对等。通过机构与职能调整，使各单位、岗位的责权更加明晰、对等；通过用人制度改革，以竞聘上岗的方式使晋升机会分配更加公平公正；通过分配制度改革，以奋斗者为本，实施模拟股份制改造，促使收入分配更加公平合理。其中，用人制度改革和分配制度改革是为了实现利益分配的公平合理，使利益与责权一致。企业只有构建起科学合理的责权利体系，确保责权利对等，才能激发出全员的积极性、主动性和创造力。这是增强企业内生动力和活力的必备条件，也是推进"三项制度"改革的重要目标之一。

我们企业要实现快速高质量发展，就要革除平均主义的积弊，确保责权利相统一，这就需要我们坚定不移地推进"三项制度"改革。改革的出发点和落脚点都是为了实现企业更好地发展。只有企业发展好了，我们全体干部员工的收入才有保障，尊严才有底气。改革只有进行时没有完成时，让我们共同做改革的坚定拥护者和积极参与者。

激发内生动力的模拟股份制

　　文化和制度是企业发展的两大支柱，而激励机制是企业制度的核心。如果没有行之有效的激励机制持续激发企业内生动力，那其他制度即使再严密完备，也难以阻止企业走向熵增和衰落。因此，在以优秀传统文化学习促进企业文化建设的同时，如何创建契合实际并行之有效的激励机制成为我一直以来反复思索的问题。

　　早期考察过稻盛和夫的阿米巴经营，最终因分部门独立核算对于连续流程型生产的化工企业来说会大大增加管理复杂度而作罢。后来受《裂变式创业》启发，参考孟洛川的身股制，我们根据企业实际，提出了明泉特色的模拟股份制。2018 年底，模拟股份制改革启动，首先在明秀运输公司试点，然后陆续在明化新材料公司、郓城威顿公司、明秀环保公司、储运公司、物业公司、运维公司等单位实施。实施过程中，我们不断总结、纠偏和完善，逐步形成了新的激励机制——模拟股金 KPI 考核。以模拟股金为核心的 KPI 考核改革已经从 2021 年 1 月 1 日起在明化、明泉科技、明升达三公司实行，并将在明化新材料公司第一轮模拟股份制改革期满后实施，后续还会进一步扩大实施范围。

　　不同于孟洛川的身股制和裂变式创业，模拟股金 KPI 考核改革具有以下特点：一是坚持全员、自愿的原则，改革单位的全体员工均可自主决定是否参与，这也是对"惠及员工"理念的贯彻；二是体现人力与资本的结合，参与改革者必须是在岗员工，且在岗天数与模拟股金的收益相关联，这表明模拟股金 KPI 考核改革是人资合一的动态激励机制；三是贯彻责权利相结合原则，为了避免全员自愿参与成为另一种形式的"大锅饭"，针对各个职级划定了模拟股金可交纳数额的区间，这是对责权利三者相结合原则的贯彻，也是以按劳分配为主、按资分配为辅，渗透了"以奋斗者为本"的理念。不管是孟洛川的身股制，还是稻盛和夫的阿米巴经营，激励机制的具体做法虽不同，但目的殊途同归，都是为了凝心聚力、共促发展、共享成果。与之类似，模拟股金KPI考核改革的目的是通过缴纳模拟股金，使参与改革者与企业的利益深度绑定，从思想上变"要我干"的打工者心态为"我要干"的主人翁心态，更加关心企业发展、关注本职工作，从工作上能够着眼全局、立足本职，尽心尽力、尽职尽责，从创造新增收益、实现企业高效益中获取工资以外的收入。

参与改革是有风险的，没有包赚不赔。但从目前改革的参与度来看，三公司参与改革的员工占比都在70%以上（编者注：2023年已达到95%以上），足见大家对于企业发展的前景充满信心。模拟股金KPI考核是一项重大的激励机制创新，是按劳分配、按资本分配之外的第三条道路，其价值和意义将随着时间推移、企业发展壮大被社会逐渐发现并认可。让我们通过改革创新激励机制，凝聚起共促企业发展的磅礴力量，共创价值、共担风险、共享成果，推动企业持续快速、高质量发展。

第八章

竞争力建设：
明趋势、辨方向、
找路径、踏节奏

分析明泉所面临的国际、国内、行业形势，我们认识到必须提升企业核心竞争力，才能使我们在创新增量、进入新领域的过程中，始终坚持专注专业，发挥企业资源的协同优势，增强企业整体盈利能力。本章是我关于企业竞争力建设的思考，希望以明泉的实践，能给其他企业的竞争力建设提供一些有益的参考。

"搭建平台、整合资源"就是"善假于物"

　　荀子《劝学》道："吾尝终日而思矣，不如须臾之所学也；吾尝跂而望矣，不如登高之博见也。登高而招，臂非加长也，而见者远；顺风而呼，声非加疾也，而闻者彰。假舆马者，非利足也，而致千里；假舟楫者，非能水也，而绝江河。君子生非异也，善假于物也。"这段话主要阐述的是"思"与"学"的关系，思考固然重要，但要依靠"学"提供思考的源泉。没有"学"，"思"就没了源泉，思想就会枯竭，这种思考就是瞎想，也就是孔子所说的"思而不学则殆"。这就要求我们多多学习新鲜知识，在掌握足够知识的基础上去思。这些知识使我们的思考站在巨人的肩膀上，这就是"善假于物"。

　　我们每周的国学文化学习就是"善假于物"思想的具体应用。我们每个人都有自己认知的局限性，使得我们的智慧不足，乃至思维方式不正确，所以要借助于学习先贤的智慧来塑造、修正我们的思维方式，而唯有正确的思维方式才能保证我们朝着正确的方向努力前进。企业的管理和技术方面也是如此。要不断提升我们的管理，就不能满足于"闭关锁国"，就要多出去参观考察，以谦虚的心态学习借鉴优秀企业的管理理念和方法。要实现技术提升，就需要引进和学习技术专家的经验和知识。

　　洁净煤气化项目的总预算投资为 28 亿元，是明泉建设史乃至本区（县）工业史上前所未有的大手笔。该项目顺利开车的原因之一就是我们坚持"搭建平台、整合资源、科学发展、诚信共赢"的经营理念，借助大项目的平台，在发挥自身优势的同时学习了河南省中原大化集团有限责任公司和航天炉等多方面专家的经验和知识，提出了我们自主出资、金融机构融资和第三方优质资源注资的融资新思路，充分整合社会优质资源，实现合作各方的共赢共利，最终顺利完成项目建设并投产达效。这也说明，要实现技术研发突破，仅靠我们自己的力量是不够的，还要借助领域内顶级专家的知识及才能，我们的北京研发项目（九三项目）就是如此。

企业要实现发展不仅仅要考虑自身所具备的资源和能力，而且还要充分考虑如何借助外部有利条件为我所用。我们所提出的"搭建平台、整合资源"发展思路正是这一"善假于物"思想的具体体现。

深刻认识对外扩大开放

2019 年上半年，我们反复强调"对内改革、对外开放"的发展思路。对于深入推进"三项制度"改革的认识已较为明晰，但对于"对外开放"的重要性还存在认识不足的问题。因此，有必要系统地阐明"对外开放"的内涵及其应用。对外扩大开放，是吐故纳新、激发活力、破除熵增的重要举措之一，是明泉当下及未来所要坚持的发展思路。

管理过程就是不断破熵增的过程。"熵"理论源于物理学的熵增定律，常被用于计算系统的混乱程度，后扩而充之用于度量大至宇宙、自然界、国家社会，小至组织、生命个体的盛衰，因而被爱因斯坦称为整个科学的第一法则。熵增定律是指一切自发过程总是向着熵增加的方向发展。第一个将"熵"概念引入管理领域的是现代管理学之父彼得·德鲁克。他说："管理要做的只有一件事，就是如何对抗熵增。在这个过程中，企业的生命力才会增加，而不是默默走向死亡。"企业管理的实质就是一个不断破除熵增的过程。而破除熵增的途径就是将企业打造成为一个"开放式组织"。破解熵增定律的"开放式组织"有两个最主要的特征，一个是开放，一个是打破平衡。企业要想避免熵增，必须要远离平衡，保持开放。远离平衡就是不断培育发展新动能，集聚发展势能，并以内部改革激发团队的内生动力，远离平衡死寂。下面着重阐述一下如何保持开放。

扩大开放、吐故纳新。保持开放就是坚持对外开放、交流互鉴，吐故而纳新，既要扬弃旧的思想、技术、管理，又要积极引进吸收新的思想、技术与管理，激发并维持企业机体的生命活力。开放带来进步，封闭必然落后，我们企业要在原有基础上进一步扩大开放。在发展模式方面，我们要依靠五年多时间积累的资源整合、行业经验、人才技术、管理能力等无形资产，与优质资本寻求合作，促使企业发展模式转向轻资产化，卸下前几年单纯靠银行贷款重投入所形成的沉重包袱，轻装上阵。在技术方面，我们要坚持"小产品、大市场、高占比、有优势"的新产品开发工作指导方针，积极与国内顶级科研院所、高等院校寻求合作，推动"新三高"战略实施并不断取得重要进展。在人才方面，我们要建立开放灵活的机制，积极引进满足企业快速、高质量、轻资产发展所需的各种人才。在学习借鉴方面，我们必须以空杯心态，坚持"走出去"与"请进来"相结合，学习吸收优秀企业的先进思想、技术与管理经验，以提升我们的技术和管理水平。

秉持开放心态，持续学习提升。保持开放不仅仅针对企业而言，对于我们每个人都适用。如果我们不能抱有开放的心态，则会"思而不学则殆"，怎么能期望推动企业不断发展？企业对外扩大开放，需要我们有虚怀若谷的气度、海纳百川的胸怀，乐于接受新思想、新事物，并加以审慎甄别、去伪存真，用以提升企业的技术和管理水平。相反，拒绝接受新思想、新事物，奉行经验主义，实际上是一个人熵增的表现。法国思想家罗曼·罗兰说过，大多数人在20岁或者30岁时就死了。之所以这么说，是因为大多数人过了二三十岁的年纪，就开始怠惰因循，闭目塞听，生命之熵与日俱增。要想不提早"死去"，我们就要始终秉持积极开放的心态，持续学习优秀传统文化，提升认知和工作能力。只有这样，我们的人生才会充满生命活力，我们的企业发展才能不断注入新鲜活力。

"泰山不让土壤，故能成其大；河海不择细流，故能就其深。"这是一个多元开放的时代，需要有容乃大的开放心态。改革开放四十年的成功实践以不容辩驳的事实告诉我们，只有开放才能带来进步，封闭必然导致落后。厚植开放理念，始终坚持扩大开放，我们的企业才能吐故纳新、远离熵增，我们的事业才能兼收并蓄、永葆活力。

深耕主业，构筑核心竞争力

2014 年，基于对企业内外部形势的研判，我们提出了"回归主业、做精主业、做强主业"的发展定位。在这一定位的指引下，我们用四年时间实现了"借搬迁之机实现企业转型升级发展"的目标。在明泉进入快速、高质量、轻资产发展新阶段后，我们仍然认为"回归主业、做精主业、做强主业"的基本定位对于企业现在与未来的发展具有非常重要的指导意义。这个基本定位的含义同时还包括立足"煤化工"这一基础产业之上的相关产品链的延伸，包括我们的"新三高"战略。

"回归主业、做精主业、做强主业"是我们痛定思痛后的必然选择。2013 年的"8·12"事故将明泉拖到存亡边缘，我们不得不反思安全事故的根源。最后经过反复思索讨论，我们一致认为，所有安全事故的背后都是管理出现了问题。明泉下属的十几个子公司多属于不同行业，相互之间无法形成业务协同，各自为政，这样的局面大大分散了集团管理团队的精力，削弱了对子公司的管控力度，导致投入再多的财力、物力都无济于事，反而拖累了整个集团的发展。正是企业基础管理的一再被摊薄，成为安全事故频发的根本原因。实际上，环顾国内，像明泉一样实施非相关多元化战略的企业不在少数，但多以失败告终。众多企业的前车之鉴和我们自身的惨痛教训，都在告诫我们，脱离主业、"三心二意"搞非相关多元化是没有出路的，只有"回归主业、做精主业、做强主业"，才能让我们走出困境。

在这一定位形成之初，"回归主业"是指收拢过去过于分散的财力、物力、精力，回归到化工主业上来。"做精主业"是指在生产效率、节能环保、系统衔接平衡等方面精益求精，优化存量产能。在未来几年乃至十几年的时间里，我们都必须坚持好这一理念，因为这是我们赖以生存的产业基础。"做强主业"是指采用先进工艺培育新发展动能，创新增量。以这一发展定位为指引，在"回归主业"方面，我们关闭了包括"北四厂"在内的十二家非主业子公司，回归到集团本部、宁阳的化工主业上来；在"做精主业"方面，我们启动系统大平衡改造、尿素等量搬迁技改、吹风气余热回收、双氧水装置搬迁改造升级等技改项目，对已有生产系统进行大规模的改造提升，使安全、环保、效益、效率、节能降耗等方面位于国内同行业先进水平，并依托甲醛吡啶联合装置项目跨入精细化工行业；在"做强主业"方面，我们采用具有国际先进水平的洁净煤气化技术工艺上马洁净煤气化项目，为明泉实现转型升级发展奠定了坚实的基础。正是依靠围绕"回归主业、做精主业、做强主业"发展定位的一系列重大举措，我们企业完成了初步的转型升级发展。

前事不忘，后事之师。在明泉迈入快速、高质量、轻资产发展阶段的今天，我们仍然需要坚持"回归主业、做精主业、做强主业"的基本定位不动摇。从 2018 年开始，中央多次提到"聚焦主业""做精主业"，并敏锐地指出，凡是成功的企业，要攀登到事业顶峰，都要靠心无旁骛攻主业。在明泉的新阶段，"做精主业"就是精益求精、优化存量，对现有生产系统进行持续的优化调整和技术改造，实现降本增效；"做强主业"就是开拓进取、创新增量，积极推进"新三高"战略，培育企业新发展动能。就 2019 年而言，"做精主业"包括明泉科技生产系统优化调整，实施循环水拖动、砌块砖等技术改造项目；明化新材料生产系统优化提升；晋煤明化实施老系统改造；郓城威顿公司 1 号炉和装饰车间建设投运。"做强主业"是指全力推进宁阳明升达退城进园项目于 2019 年底打通生产全流程、均四项目 2020 年下半年达到试开车条件、北京高分子材料研发项目的产业化一期 2020 年具备调试和投入使用条件。

在创新增量、进入新领域的过程中，我们将始终坚持专注专业，所进入的新成长领域必须有利于发挥企业资源的协同优势，必须有利于提升企业核心竞争力，必须有利于增强企业整体盈利能力。

无论是回望历程、着眼当下，还是展望未来，"回归主业、做精主业、做强主业"都是我们必须坚持的发展定位。只有心无旁骛、深耕主业，才能实现单点突破、以点带面，构筑起企业强大的核心竞争力。坚持"回归主业、做精主业、做强主业"，使得我们利用四年时间再造了一个新明泉；继续坚守这一发展定位，我们将再用三到五年打造一个迈进产业价值链高端的全新明泉！

明趋势、辨方向、找路径、踏节奏

2019年9月21日，在中华人民共和国70华诞即将到来之际，在企业迈入新甲子的第一年，在集团启动搬迁六周年的特殊日子，我们相聚在明泉凤凰涅槃、浴火重生的启程之地，隆重召开大会共同庆祝建国70周年、纪念集团搬迁六周年。会上，我代表集团党政向过去六年来敢于直面困难、勇于迎接挑战、自强不息、坚韧不拔并做出卓越贡献的全体同事们，致以崇高的敬意和衷心的感谢。

同时，我宣布，从9月20日开始，明化集团正式更名为"明泉集团"。"明泉"的内涵取自《礼记·大学》开篇之要义，即"明德兴业、至善源泉"。这八个字由四个词语组成，词语之间有着紧密的关联。只有人人修身明德，企业才能兴旺发达；企业只有兴旺发达了，才能惠及员工、回报社会，臻于至善。由此可见，"明德兴业"是"止于至善"的源泉。同时，我们也可以看出，"明德兴业、至善源泉"也体现了"百年企业、辉光日新、惠及员工、回报社会"的企业发展理念。

企业发展理念是我们过去、当下和未来都必须坚守的发展初心。不忘初心，方得始终。全体明泉人六年来坚守初心，造就了一支召之即来、来之能战、战之必胜的钢铁团队，完成了初步的转型升级发展，奠定了迈向高质量发展的坚实基础。当前，集团发展正处于一个关键的上升时期。未来一年内，我们的基础产品规模将跃升到一个更高的平台；未来三年内，集团产品结构将优化升级，高端产品占比将大幅提升，我们将涉足新材料领域。届时，明泉的"化"字将不足以涵盖集团主业，这是集团更名的原因之一。"明化"到"明泉"的转变，既是因为企业业务范围之变，又是为了使企业名称与品牌一致起来，同时也寄托了我们"日月之明"与"涌泉不息"的美好愿望。在会上，我和大家共同回顾明泉六年发展历程，分析当前及今后几年形势，展望新明泉未来。

一、六年发展之百转千回

世人感叹于明泉的浴火重生，可少有人能真正体会其中的艰难困苦。只有亲身经历的我们，才能刻骨铭心，念念不忘。六年的时间，我们"借搬迁之机实现企业转型升级发展"，兑现了"利用三到五年再造一个新明泉"的诺言。回首来时路，我们可以发现有这么几个关键词记录了我们的足迹，它们是搬迁与稳定、重整与"断臂"、改造与提升、项目与突破、文化与精神、改革与创新、资产与资本、"新三高"。

（一）搬迁与稳定

2013 年，氮肥行业产能已开始呈现出产能过剩的局面，行业竞争异常激烈，产品价格快速下滑。公司内部生产成本居高不下，安全事故频发，经营状况严重恶化，发展空间不断被城市的拓展所挤压。"8·12"事故成了北四厂全面关停并启动搬迁的"导火索"，把明泉瞬间拖入风雨飘摇、朝不保夕的危险境地。明泉何去何从，成为摆在我们面前的重大命题。与其抱残守缺、苟延残喘，不如拼命一搏，开辟一番新天地！9 月 20 日、21 日，我们连续召开了中层管理人员会议、职工代表扩大会、老干部座谈会和集团职工搬迁动员大会四次会议。会上宣布位于明水城区的老装置永久关停，揭开了"借搬迁之机实现转型升级发展"的序幕。人员分流安置工作千头万绪，为此我们制定了"积极应对、稳妥处置、两手齐抓"的工作方针，积极主动应对，全面掌控局面，顺利完成了各类历史遗留问题的处置。明水老厂区的拆除工作实现了人员分流安置、系统处理、装置拆除等全方位、全过程安全平稳，取得了"城市安全、城市环保、城市空间拓展、优化生态环境和企业转型升级"五大综合社会效益。与此同时，集团依托一系列切合实际的发展理念，赢得了各家金融机构的认可与信任，为企业顺利搬迁和稳定创造了必要条件。公司因此获得了中国石油和化工行业"十二五"十佳人物的殊荣。明泉的退城进园与2015年"8·12天津滨海新区爆炸事故"后在全国推进化工企业"退城进园"相比，早了两年多时间。

(二) 重整与"断臂"

自2007年开始频繁发生的系列恶性事故，特别是2013年的"8·12"事故将明泉拖到生死存亡的边缘，我们不得不反思安全事故的根源。明泉下属的十几个子公司人心散乱，而且各自为政，相互之间无法形成业务协同，这样的局面大大削弱了对子公司的管控力度，摊薄了企业管理，成为安全事故频发的根本原因。同时，十几个子公司均处于亏损状态。痛定思痛，我们提出了"回归主业、做精主业、做强主业"的发展定位。在"回归主业"方面，我们关闭了包括"北四厂"在内的十二家子公司，回归到煤化工主业上来。这一重大举措使明泉把人力、财力、物力收拢聚焦在一点，为"做精主业"和"做强主业"创造了条件。

(三) 改造与提升

在企业重组"瘦身"、员工分流安置的同时，明泉轻装上阵、集中发力，开启了技改"强身"的新征程。企业在短时间内上马40万吨尿素等量搬迁技改项目、系统大平衡改造项目、吹风气余热回收项目、双氧水装置搬迁改造升级项目、甲醛装置搬迁及下游产品链延伸改造项目。在一年时间内使生产装置安全、环保、效率、节能降耗等方面达到国内同行业先进水平，并通过甲醛吡啶联合装置的成功投产达效，跨入高端精细化工领域，多项技术获得国家专利。目前，吡啶产品国内市场占有率位列前三位。

（四）项目与突破

2013 年底，我们开始关注洁净煤气化技术。经过多方论证，我们认为洁净煤气化技术是大势所趋，并下定决心建设洁净煤气化项目。为解决项目无资金、无技术、缺人才的难题，我们提出了"搭建平台、整合资源、科学发展、诚信共赢"的创新发展理念，提出了公司自主出资、金融机构融资和第三方优质资源注资的新思路，先后与大连金重、中石油、西安航天等十几家大型国有和军工企业实现战略合作，顺利完成项目建设。洁净煤气化项目于 2017 年 7 月 27 日一次开车成功，标志着集团初步实现了转型升级发展和新旧动能转换。7 月 31 日，明升达退城进园项目组奔赴宁阳，正式启动了宁阳明升达科技产业园建设。项目现已进入全面安装和调试阶段。与北京玻璃集团合作的郓城威顿玻璃项目 2018 年 5 月投产，是集团 2022 年第一个建成投产的项目，现生产稳定。晋煤明化老装置改造项目已全面开工建设。待明升达项目、明化技改项目投产达效，集团将拥有三套独立的加压气化生产系统，基础产品产能将进入国内同行业前列。

（五）文化与精神

技术、产品都是一时的，只有文化可以使企业生生不息。从 2014 年初，我们开始系统倡导学习优秀传统文化，并从 2017 年 5 月份开始，执行"每周一课"（3.5 个小时）的学习制度，在集团内部全面开展优秀传统文化学习活动，实现了从中高层管理人员到基层管理人员、青年骨干的全覆盖。我们集体学习了《弟子规》《大学》《中庸》《论语》《孟子》《道德经》《群书治要》《曾国藩家书》等国学经典，并现场交流分享心得体会。正是由于发挥了企业文化凝心聚力的强大作用，全体明泉人众志成城、攻坚克难，利用四年时间再造了一个新明泉。2017 年 5 月份，在洁净煤气化项目投产达效前夕，我们通过学习毛泽东的"两个务必"，及时预防了骄、躁情绪的滋生，从认知上确保了由项目建设期向安稳长满优运行的转变和持续优化提升。2018 年 11 月启动的企业文化重塑，进一步将优秀传统文化学习制度化。经过近两年的优秀传统文化学习和实践积累，我们逐步形成了"以文化人、依法治企"的企业文化建设指导思想。儒法并用，使自律和他律相辅相成，为企业的正常运行和长治久安奠定了思想基础。

（六）改革与创新

经过五年的艰苦奋斗，集团实现了初步的转型升级，经营形势有了根本性好转。但导致明泉陷入衰退和熵增的文化和制度因素，还没有完全消除。为激发企业内生动力、实现企业持续健康发展，2018 年 11 月，我们正式启动了"三项制度"改革，即企业文化重塑、用人制度改革和分配制度改革。企业文化重塑是为了塑造"自强不息"的企业文化。而用人制度改革和分配制度改革则是对"自强不息"企业文化的贯彻。2018 年 11 月份至今，我们已经完成所有管理人员的竞聘上岗和三个子公司的模拟股份制改造。世界上唯一不变的是一切都在变，企业内外部形势日新月异，企业只有不断地自我革新才能应对变化。改革是提升管理、破除熵增、激发活力的必由之路。"苟日新，日日新，又日新"，改革只有进行时没有完成时，改革永远在路上。

（七）资产与资本

明泉借搬迁之机实现转型升级发展的过程是重资金投入的过程，加上之前的历史包袱，导致企业债务负担沉重。在这样的情况下，我们还要投资建设明升达退城进园项目、明化技改项目、"新三高"项目，就显得"心有余而力不足"了。因此，转向引进资本、实现轻资产发展是形势所需，势在必行。我们在转型升级发展过程中积累的行业经验、资源整合、技术人才、企业文化等轻资产和对经济、行业发展趋势的研判，获得了太盟集团的高度认同，双方达成了战略合作。随着太盟集团对明升达项目、明化技改项目的资金注入，集团的轻资产化发展实现了重要突破。实业与资本的联姻，为资本找到了出口，也为实业插上了腾飞的"翅膀"。未来，我们与太盟集团之间将继续扩大合作。

（八）"新三高"

2016年底，我们首次提出"新三高"战略。2019年4月，我们对"新三高"概念进行了扩充和完善，明确了明泉新阶段的总体战略，即在优化提升基础化工品产能的基础之上，集中资源向"新三高"（采用高技术，研发生产高端化学品和高分子材料，实现高附加值）方向发展。2017年9月，集团与国家级科研团队牵手合作，在北京设立高分子材料研发中心，组建了以众多教授、博士组成的研发团队，自主研究开发面向新一代信息技术的关键材料——微电子应用领域光敏聚酰亚胺（PSPI）。经过两年多的努力，研发团队完成了PSPI材料的实验室制备技术，申请专利4项，形成了三大产品体系，引起了北京市和山东省科技管理部门的高度关注，2019年5月，项目入库山东省重大专项，9月被列为北京市科技计划项目。PSPI是芯片制造与封装不可或缺的关键材料，随着5G时代的来临，未来几年其市场前景将会更加广阔。目前，规模化生产基地规划正在同步开展。计划2021年实现稳定、批量制备工艺技术，达到100 kg/批次稳定批量制备。均四项目利用集团现有精制合成气一步法制取高附加值、市场紧缺的高端化学品。截至目前，项目已经完成设计，立项、安评、环评、节能审查均已完成；长周期设备完成采购，现场基建开始施工。计划2020年下半年完成项目试生产手续办理，达到试开车条件。

二、当前及未来形势分析

总体来看，当前和今后两到三年，企业面临的形势是有利因素和不利因素交织存在。

（一）有利因素

1. 宏观经济层面，国家正在推进"脱虚向实"

这有利于降低我们资金链风险和财务融资成本。一是坚持"房住不炒"的定位，抑制房地产"野蛮生长"。二是按照习近平同志"实体经济是一国经济的立身之本、财富之源"的重要指示，国家反复强调实体经济的重要性，并不断通过各种政策扶持实体经济发展。三是为缓解经济下行压力，国家开始放松银根，通过增加信贷供给，降低利率，促使投资增加，促进经济增长。

2. 国家持续深入推进安全、环保政策

这对基础管理相对较好的我们来说是利好。安全、环保政策深入推进的过程，也是倒逼落后产能退出的过程。随着行业落后产能的不断退出，产能缩减必然导致供应趋紧，而刚性的社会需求又保持相对稳定，因此行业竞争程度会逐步减弱，我们将将面对产品价格处于合理区间的良性市场环境。

3. 宁阳明升达退城进园项目即将投产

项目投产后，集团氨醇产品结构将得到调整，氨醇之间将形成相互支撑的互补格局。集团在实现规模增长的同时，效益将获得显著提升。

4. 企业内部基础管理水平逐步提升

启动搬迁以来安全生产形势的稳定、转型升级发展的"心想事成"、员工精神面貌的焕然一新，都是我们基础管理水平逐步提升的结果。随着管理制度的持续完善和强化执行，随着"走出去、请进来"考察交流工作的持续开展，企业各项基础管理水平将得到进一步提升。

5. "三项制度"改革持续推进

企业文化重塑、用人制度改革、分配制度改革是统一思想、凝心聚力，让奋斗者脱颖而出，让奋斗者劳有所得，充分激发企业内生性动力和创造活力的基本制度保障。改革不可能一蹴而就，需要久久为功，持续推进。

6. 实现了章丘、宁阳两个园区的布局

这两个园区的布局为我们企业未来发展打开了空间。山东省化工园区从整治前的 199 家已减少到 85 家，数量下降了 58%。山东省严格实行总量控制，化工园区总量将控制在 85 个以内。我们各生产单位都位于园区内，并且在章丘、宁阳两个园区内都处于龙头企业地位，这非常难能可贵，为未来发展创造了重要的前提条件和发展空间。同时，两个园区之间可形成产业互补的协同优势，有效降低经营风险，拓展发展空间。

7. 集团进入轻资产发展的新时期

与太盟集团的战略合作，开启了明泉轻资产发展的新时期。接下来，我们将实施"资产资本化"，实现更进一步的轻资产化，进一步降低资产负债率，调整优化债务结构，达到规避资金链安全风险和降低融资成本的目的。

8. 集团资金状况正在持续改善

之前的时间里，受资金限制，我们的一些工作进展缓慢。如今，随着内外部资金环境的改善，我们有条件在推进宁阳明升达退城进园项目、明化老系统改造的同时，加力推动实施我们的"新三高"战略。这意味着我们在强化基础产能的同时，有条件开拓新产业。资金状况的持续改善，为集团未来产品结构调整优化、培育壮大发展新动能创造了重要的有利条件。

（二）不利因素

1. 宏观经济形势下行，对于大宗化工产品市场的不利影响已开始显现

随着贸易问题加剧、全球经济增长放缓，全球 38 个主要央行 2022 年以来已经降息 32 次，这意味着全球经济下行压力加大。国内经济必然会受到拖累影响，这将造成甲醇等大宗化工产品需求萎缩，市场价格持续在低位运行的可能性加大。

2. 安全环保基础不牢，仍然是威胁集团稳定运行和快速发展的首要不确定因素

2018年晋煤明化的"12·2"事故直接导致晋煤明化产能缩减55%。晋煤明化生产系统因工艺落后、设备老化，仍然存在安全风险，同时环保水平难以满足国家不断提高的环保标准要求。其他各生产单位也都存在不同程度安全环保基础不牢的问题，这已成为威胁集团稳定运行和快速发展的首要不确定因素。

3. 晋煤明化老系统运营经济效益差，蚕食集团整体效益

晋煤明化现有老生产系统因工艺落后、煤价高、电耗高等原因，生产成本居高不下。即使在当前合成氨、尿素市场较好的情况下，晋煤明化仍然处于亏损状态，拉低了集团整体盈利水平。但为了员工就业的稳定、与合作伙伴关系的稳定，明化老系统还需要在持续优化降耗的同时，保持稳定运行。

4. 企业整体债务仍然偏重，对集团整体效益形成较大压力

过去几年，集团的转型升级发展依靠的是银行融资为主的重资金投入，导致企业债务负担重。占用资金就要付出经济代价，从而在一定程度上削弱了集团的整体盈利能力。

5. 企业管理中的"粗放"、精细化程度不够，导致消耗高、费用高、产量低、效益差

我们管理的"粗放"表现在精细化管理的水平与优秀企业相比，存在较大差距。各级管理人员对于管理的深度思考不足，导致管理缺乏规范化、精细化。这不仅使企业安全生产受到威胁，而且造成了消耗高、费用高、产量低、效益差的现状，致使集团盈利水平低于同行业优秀企业。

6. 晋煤明化老系统改造还需持续两年时间

晋煤明化老系统改造势在必行，因为根据2018年10月29日山东省政府发布的鲁政字〔2018〕248号文，到2022年，尿素生产企业固定床气化炉全部予以淘汰。老系统改造在三年前就已完成立项，如果不抓紧时间推进项目建设，我们就会丧失掉这个重要机会。项目建设将持续两年，需要我们持续的投入，丝毫不能懈怠。

7. 广大员工和各级管理人员的内生性动力有待激发

过去6年的时间里，不少同志通过学习脱颖而出，大大提升了个人能力和境界。但是，还有许多人员的潜力还未得到开发。只要是认识到差距，知耻而后勇，潜力就能被激发出来。曾国藩说，"人才非困厄则不能激"，人的才能不经历困顿厄难就不能激发出来。因此，面对困难挑战，只有保持昂扬的斗志，迎难而上，内生动力才能被激发出来。

8. "新三高"产品占比偏低，对基础产品的依赖度过高

当前，精细化工板块年销售收入仅仅5亿元，在集团整个产品结构中占比偏低。基础产品缺少独特竞争优势，导致我们只能"看天吃饭"，企业经营状况随市场形势波动而起伏。要改变这一现状，我们还需要抓紧推进北京九三项目、均四项目的实施和"新三高"产品的考察筛选。

三、展望未来明泉

综合内外部形势来看，集团正处在非常关键的上升期。2020年中期宁阳明升达退城进园项目投产达效，集团经营规模扩大的同时，效益状况将显著改善。未来一年内，即到2020年上半年，随着明升达退城进园项目投产和行业优质产能的整合，明泉集团在基础产品方面，合成氨产能将争取进入国内合成氨行业前列。在基础产品产能形成以后，我们将集中力量向高端化工领域发展，进一步优化升级产品结构。未来五年内，"新三高"产品在集团全部产品中的销售收入占比将逐步达到1/3以上，利润占比将达到50%以上，集团发展质量、核心竞争力和综合实力将实现质的跃升。

未来的新明泉将是氨（醇）产业基础牢固、高端产业优势突出的发展格局。要建设基础牢固、优势突出的新明泉，我们需要做好以下十二个字，即"明趋势、辨方向、找路径、踏节奏"。

（一）"明趋势"

基础产品集约化、大型化、加速化是必然的发展趋势。现在，市场正经历着由"春秋战国"时代向"胜者为王"时代的转变。

1. 集约化

随着国家对化工行业环保、安全生产监管趋严，对过剩落后产能的出清，对"散乱污"的治理力度加大，行业中大量中小企业已经或正在退出，化工行业集中度不断提升的趋势已经非常明朗。未来几年，各类资源，包括环保排放、人才、技术、土地、水、政策等资源，都会越来越向行业内的优势企业集中。

2. 大型化

无论是大宗化学品的大行业，还是精细化学品的小行业，都存在大型企业产能、产量占比不断提升的趋势。在大行业内，装置越来越大型化；在小行业内，"高占比、有优势"企业的产能、产量规模占比越来越高。行业大型化的结果是逐渐形成第一名赚大钱、第二名赚小钱、第三名以后不赚钱的竞争态势。

3. 加速化

我们所处的时代正处于剧烈变化之中，有两只推手在加速整个变化进程，这两只推手就是市场和政府。二者共同对存量资源和增量资源进行配置。市场配置资源主要表现为资本、技术、人才、资金；政府配置资源主要表现为政策（支持或取缔等）、土地、环保及公共配套设施，甚至是税收、资金。市场配置资源更多地表现为"锦上添花"或"落井下石"，即优胜劣汰，是自愿行为。而政府配置资源则更多地站在社会管理层面进行，是强制行为。无论是市场或者是政府，都更加喜欢看到优势企业胜出，在这一点上二者是相同的。

（二）"辨方向"

不忘初心，才不会迷失方向。因此，要"辨方向"，就要回到我们6年前的"初心"上看，即"回归主业、做精主业、做强主业"。"主业"是指我们在市场中有比较优势的业务领域。就我们当下而言，"主业"就是基础产业和"新三高"。基础产业就是指氨醇，"新三高"就是在相关联领域"高占比、有优势"的高端化学品和高分子材料。集团本部现有产能加上明升达项目、明化技改项目产能，氨醇总产能将达到200万吨，再加上未来可能在氨醇领域的整合资源，这些将构成明泉集团未来十年乃至二十年的基础产业，产生源源不断的现金流，为降低债务负担和资金成本压力乃至形成资本积累，也为明泉转向"新三高"发展提供基础资金支持。"新三高"是国家经济迈向现代化、高质量发展的必然要求。我们只有认清这个大势，积极拥抱这个时代，才能在快速变化的形势中不迷失方向，不随波逐流，既不盲目自大，亦不妄自菲薄，坚定不移地走出属于自己的明泉之路。

（三）"找路径"

1. 基础产业发展的主要路径

坚持走"轻资产"和"大整合"的路径，即在推动明升达项目、明化技改项目建设的过程中，要坚定不移地走与太盟集团合作共赢的路子。引入太盟资本，走"产业＋资本"的发展路子，提高工艺装备水平，扩大企业运营规模，增加企业效益来源点，增强企业财务抗风险能力。15年前与晋煤集团战略合作是产业链的有效衔接。今天与太盟集团的战略合作是资本链的协同互补，产业扩张到了必须依靠资本推动的新时代。通过拥抱资本来实现产业的扩展布局，对于新明泉而言是一种恰当的选择。

2. 高端产业（"新三高"）的主要路径

首先是要认识到国家科技体制改革所释放出来的巨大政策红利，将进一步解放科技生产力，促进科技成果向企业转化，建立以企业为主体、市场为导向、产学研深度融合的技术创新体系。其次是我们要快速抓住政策红利机遇期，通过制度设计，强力推进与相关科研院所、高等院校及顶级科学家的合作，并与国际一流化工企业主动对接、寻求合作，探索出一条"走出去、请进来""上引下连"的"研发-转化-产出"的高端化学品和化工新材料的路子。

（四）"踏节奏"

在企业发展过程中，既会遇到许许多多的机遇，也会遇到多种多样的风险和挑战，也就是我们常说的"机遇与挑战并存"。在机遇与挑战相互转化的过程中，有时挑战会装扮成机遇来到面前，有时机遇又会装扮成挑战来到我们面前。抓机遇有时就像踩梅花桩，步子大了小了都会踏空，只有功夫熟练了，才能踏准节奏。抓机遇有时又像是猎人在草原上追逐猎物，找不到、打不准或是被猎物所伤害。我们常说的"审时度势"，就是既要认识到"形势比人强"，又要学会因时而动、顺势而为，甚至要有点"英雄造时势"的勇气。"踏节奏"是我们在前进过程中的随机应变；"踏节奏"是我们在发展过程中的精准把握；"踏节奏"是我们探索前行中的知己知彼；"踏节奏"有时还是我们走过"戈壁"、跨越"雄关"的无畏精神。

"不谋全局者，不足谋一域"，企业要做好当前工作，就需要我们准确把握国家发展的"大节奏"、产业发展的"中节奏"和企业发展"小节奏"。

1. "大节奏"

"大节奏"即国家发展节奏。中国正处在由工业化向现代化的转型升级时期。这个转型升级时期必然伴随着大量企业的退出和优势企业的崛起。像其他行业一样，合成氨行业正经历着集约化、大型化的发展过程。预计未来10年，我国合成氨行业将由10—20家左右的大型优势企业所主导，中小企业将会被逐步边缘化甚至强制退出。

2.“中节奏”

“中节奏”即产业发展节奏，体现在以下三个发展周期上：

（1）金融周期。中美贸易摩擦让整个国家更加深切地认识到，实体经济才是立国之本。金融的本质应当是服务实体经济，满足企业融资需求。为更好地使金融服务实体经济，人民银行决定于 9 月 16 日全面下调金融机构存款准备金率；中央深改委 9 日审议通过《统筹监管金融基础设施工作方案》。我们正迎来国家层面大力推动金融服务实体经济发展的新时期。

（2）行业周期。要推动经济高质量发展，就要加快推进新旧动能转换。我们所在的行业正处于加压气化工艺加速替代固定床间歇式气化的新旧动能转换关键阶段。我们预计这个阶段今后还将持续 5—7 年。这对于加压气化工艺已经投产达效的我们来讲，是一个重要的战略机遇期。

（3）政策周期。产业周期决定了政策周期，二者是基本同步的。当前，为了推动合成氨行业的新旧动能转换和高质量发展，安全、环保政策不断提高标准，煤炭消费总量受到严格限制，产业政策更是强制落后产能出清。在这样的政策环境下，达不到政策标准要求、不符合产业发展趋势的企业将会退出，各类资源逐步向优势企业集聚，行业集中度不断提升是大势所趋。

3.“小节奏”

“小节奏”即企业发展节奏。在准确把握以上国家发展“大节奏”、产业发展“中节奏”的基础上，我们就能清楚把握企业当下的前进节奏了，那就是“战战兢兢，如临深渊，如履薄冰”，稳住脚步，坚定前行。“千里之行，始于足下”，当下和今后几年我们需要做好以下几方面的工作：

（1）牢守安全环保生命线。安全环保是集团生存和发展的生命线。如果安全环保出问题，后果就是“一失万无”。同时，安全环保又是生产力。做好安全环保，企业就会有发展空间。

（2）生产系统持续优化提升。各生产单元须发扬精益求精的工匠精神，对标行业优秀企业，认清差距，举一反三，不断优化提升生产系统，确保平稳运行，实现降本增效。对李光小组的重奖只是个开端，希望涌现出更多优秀的技术攻关成果。

（3）着力提升基础管理水平。我们必须清醒地认识到，企业管理水平的提升如果赶不上规模扩张的速度，后果将不堪设想。我们要继续坚持"走出去、请进来"的工作方法，进一步借鉴经过实践验证的管理工具，进一步改进完善管理制度体系，提升各项基础管理水平。

（4）持续推进"三项制度"改革。重点解决技术序列力量薄弱的问题。中国正在经历从增量经济到存量经济的周期之变、从资源红利到知识红利的要素之变、从需求侧拉动到供给侧推动的结构之变、从科技产业化到产业科技化的动力之变。知识和技术已经开始成为经济发展的新引擎。再抱着官本位的思想和制度不放，我们就会被这个时代所抛弃。下一步我们将扩充技术序列人员数量到与中层管理人员数量相当，大幅提高技术序列人员待遇，使技术人才待遇不低于甚至高于管理人员待遇。我们要打造一支有力支撑集团未来发展的强大技术团队。

（5）确保宁阳项目如期投产达效。我们要认识到宁阳明升达退城进园项目投产达效对于集团发展的重要意义。明升达退城进园项目的投产达效，将使集团在实现规模增长的同时，盈利能力和水平获得大幅提升。我们必须齐心协力，全力以赴推动明升达退城进园项目如期投产达效。

（6）抓紧推进明化技改项目建设。山东省正想方设法压减煤炭消耗指标，可能会把落后产能出清的截止时间提前，最迟是 2022 年底。明化技改项目计划于 2022 年投产达效。时间紧迫，我们必须抓紧时间推进项目建设。这不仅是山东省的时间要求，更是行业转型阶段给我们的机遇期。机不可失，时不再来。

（7）抢抓时机整合行业优质产能。行业已经进入"大淘汰、大提升、大整合"的转型升级阶段，风险与挑战中蕴含着机遇。要坚定不移地推进与太盟集团的战略合作，借助资本的力量整合行业内的优质产能，扩大基础产品产能规模，"打好基础建高楼"，为"新三高"战略实施筑牢基础。

（8）坚定不移实施"新三高"战略。中国经济由工业化向现代化转型的过程必然伴随着消费升级，而消费升级必然倒逼产业升级。这一变化要求我们在夯实基础产业的同时，必须向中高端产业迈进。因此，"新三高"战略势在必行。不论前方有多少艰难险阻，我们都要坚定不移地推进北京九三项目的研发、中试和工业化。均四项目已开工建设。新产品的考察和筛选工作正在紧锣密鼓地进行，今后几年还会有多个"新三高"项目进入培育或建设阶段。

（9）促进优秀传统文化学以致用。从学习现场分享的情况来看，不少人员学习优秀传统文化还停留在"知道"的层面。部分入脑了，真正入心的不多，落实到行动上的就更少了。为了解决这个问题，我们正在探索建立"以道驭术、道术兼修"的课程体系。既有阐释"道"为主的课程（如"四书"、《了凡四训》），又有注重实践运用的以"术"为主的课程（如《曾国藩家书》）。"道""术"课程相结合，让大家既能加深对"道"的领悟，又能知道如何将"道"应用到工作生活中，达到学以致用、知行合一的目的。

（10）确保员工收入与集团效益同步增长。2014 年 5 月，我们在职代会上提出了"三个树立""三个确保"，其中有树立企业发展终极目标是为了广大员工、确保职工收入与企业效益同步增长的理念。"惠及员工"是集团发展的初心之一。未来三年，集团将实现更高层次的转型升级发展，整体经营规模和效益将会快速提升，我们应逐步将员工平均收入提高 30%以上。

回首往昔，我们感慨万千；展望未来，我们信心满满。集团更名是一个新的起点、新的开端。"潮平两岸阔，风正一帆悬"，新征程"航线"已然非常明确，明泉集团这艘巨轮正在乘风破浪、扬帆前行。在这艘巨轮上，每一份力量都不可或缺。让我们戮力同心、携手并进，为建设基础牢固、优势突出的新明泉而共同努力奋斗！

树立上游思维，构筑先发优势

回顾明泉启动搬迁七年多的发展历程，不管是基础产业敢为人先、抢抓机遇、扩大规模、抢占先机，还是高端产业在经营困难的情况下超前谋划、冲到国内最前沿，我们都快人一步、取得了先发优势。这得益于我们着眼长远、提前预判、应变求变、诚信共赢，我们称之为"上游思维"。

与"上游思维"相对的是"下游思维"，指的是目光短浅、只看眼前，疲于应付，且私心过重，缺乏开放、宽广的胸怀与他人合作共赢、共同成就。"人无远虑，必有近忧"，具有"下游思维"的人容易困于眼前繁杂琐碎的事务，时时充当"消防员"的角色，搞得处处被动，再加上自私自利，缺少他人相助，长此以往路就会越走越窄，越来越落后，事业难以获得成功。"先发制人，后发制于人"，要想事业取得成就，我们需学会"上游思维"，构筑先发优势。

树立上游思维、构筑先发优势，一是要树立长远思维。洁净煤气化、明升达退城进园项目的技术选择、"从高从严从长远"的环保理念都是长远思维的体现。着眼长远，敢冒风险选择加压气化技术而非固定床工艺，并高标准建设环保设施，才使得我们现在有能力抓住新老工艺交替的机遇期。

二是要树立提前预判的思维。如果不是预判加压气化技术是煤化工发展趋势，我们就不会克服重重困难上马洁净煤气化项目，也就不会有后来的明升达退城进园项目和明化技改项目。如果不是准确预判我国产业必将由低端迈向中高端的趋势，我们就不会在 2016 年底提出"新三高"战略，就不会有当下的 PSPI 和 PPS 项目。提前预判的重要性不言而喻。

三是要树立量变到质变的思维。PSPI 项目研发初期找不到出路，突破看似遥遥无期，人人心里都没底。可研发人员照常每天在实验室里埋头苦干、日复一日，结果超出大部分人预期，在国内率先突破实验室制备技术。PSPI 项目研发突破的过程就是由量变到质变的过程，证明只要方向对了，就只问耕耘、莫问收获，少些感性的烦恼，正所谓"步步前行，日日不止，自有到期，不必计算远近而徒长吁短叹也"。

四是要树立变化的思维。不管是着眼长远，还是提前预判、量变质变，都渗透了变化的思维。不要惧怕变化带来的不确定性，因为不确定性中才蕴含着机遇。同时，变化的思维还提醒我们要胜不骄、败不馁，在顺风顺水的时候牢记"两个务必"，在陷入困境的时候坚信否极泰来。

五是要树立借势思维。集团搬迁过程较为顺利，是借了章丘区各政府部门和社会各界支持集团搬迁和转型的势；洁净煤气化、明升达退城进园项目建成投产之日就优势明显，是借了现代煤化工取代传统煤化工的势；PSPI、PPS 项目受到各界重视和支持，是借了国家层面大力推进关键核心领域突破发展的势。"抟圆石于千仞之山者，势也"，不需用力，圆石就能从高山之巅急滚而下，所凭借的就是势。"善战者，求之于势"，在变化中正确把握大势、顺势而为，就能事半功倍，更快、更好、更顺利地做成事。

六是要树立共同成就的思维。"搭建平台、整合资源、科学发展、诚信共赢"的合作理念成就了洁净煤气化、明升达退城进园和明化技改项目，也促成了我们与国家级科研院所顶级研发团队的合作。社会分工越来越细的时代，单打独斗难成气候，只有开放合作、共同成就才是正道。

《黄帝内经》云："圣人不治已病治未病，不治已乱治未乱。""上游思维"永远是稀缺品，善于谋划长远、合作共赢的人在当今这个时代更容易获得成功，但少之又少。要想成为社会"二八定律"中的关键少数，我们就要树立"上游思维"，构筑企业先发优势，推动企业更快、更高质量发展。

对通胀的几点认识

　　2021年上半年，大宗商品价格持续快速上涨。1—5月煤炭涨幅同比超过50%，一天一个价，甚至出现一天三连涨。不仅是煤炭，铁矿石、钢材、铜等大宗商品价格亦突飞猛进。面对汹涌而来的上游原料涨价潮，我们有必要分析研判当前形势，并对自身工作做出安排部署。

　　这轮大宗商品价格的"涨声"不断表面看来是供需关系紧张，其根源则是美国自2020年疫情爆发以来出台的大规模刺激方案。2020年疫情以来，美国开启"直升机撒钱模式"，年初2万亿美元，年末9 000亿美元。加上2021年3月的1.9万亿美元，美国政府一年多的时间狂撒了4.8万亿美元。这笔钱来自美元印钞机，是印钞机印出来的增发货币。这一大笔资金由印钞机产出流向美国市场，再通过美元的全球货币属性，流转和传导到世界各国，造成全球性的通货膨胀，让全球一起为美国印钞买单。而中国作为全球第二大经济体和全球最大的消费市场，必然成为买单和消化美国大规模刺激方案所带来的通胀的主要对象。大量美元涌入市场，造成全球范围内的货币过剩，全球资产泡沫不断扩大，最为直接的表现就是大宗商品价格的上升，石油、铁矿石、铜、铝等等一系列大宗商品和基础原料价格将持续上涨。经过以上分析可知，国内这轮大宗商品价格快速上涨的根本原因是美国大规模经济刺激所带来的输入性通胀。将会对我们企业造成的影响是，首先原料价格上涨，然后传导至产品价格上涨。产品价格上涨会助推企业经营规模扩大，将会对企业债务形成相对的稀释作用。因此，我们要危中见机，既要看到原料上涨的"危"，也要看到债务稀释的"机"，并通过我们的努力转危为机。

转危为机需要我们着力做好以下四点。一是密切跟踪。当前及未来一个时期原料和产品市场都会处于急速、剧烈变化之中，我们必须密切关注市场变化，及时采取措施，维护企业利益。二是确保运转。在任何情况下必须确保企业生产经营正常运转，这是底线。要树立"产能即效益"的观念。在碳达峰、碳中和加快推进的大背景下，高耗能、高排放"两高"项目成为重点管控对象，合成氨、甲醇行业产能新增的可能性已微乎其微，但对存量产能却是利好。我们只要确保现有生产系统"安环稳长满优"运行，就能获得预期的收益。三是抢抓机遇。这轮通胀对于实体经济企业总体来说是利大于弊，对于大手笔、重投入的企业更是个难得的稀释债务的机遇，关键是我们要将原料价格的上涨向下传导到产品价格，并实现企业经济效益的提升。四是借势成长。目前阶段，我们仍处于明化技改项目建设的关键期，要借此轮通胀之机，加力推动项目建设，确保按计划完成项目建设和投产达效。这样企业就能借宏观经济的大势实现加速发展，有可能提前实现"十四五"发展目标。

从本轮大宗商品价格快速大幅上涨就能看出，未来几年企业外部形势将持续复杂多变，容不得我们慢下来喘口气、歇歇脚。我们的锐气不能弱，我们的基础管理不能松，我们的工作效率不能低，我们企业的发展速度不能慢，我们已取得的成果不能丢！我们必须长期坚持自强不息的奋斗精神，锐意进取，攻坚克难，不断夯实基础管理、提高工作效率，去争取更大的胜利。

新材料板块的使命、愿景和价值观

　　2021 年 12 月，我们经过反复研究，确定了集团新材料板块——明士新材料、明化新材料的使命、愿景与核心价值观。这三者构成了新材料板块企业文化的核心内容。新材料板块为什么要单独确立企业文化，要确立什么样的企业文化，是我在这里想要着重阐释的内容。

　　新材料客户的需求特点需要与之相匹配的企业文化。尿素、液氨、甲醇等基础化工产品市场容量大，客户需求趋同，产品基本不需要针对单个客户单独开发、生产，我们只需要生产出合格产品，就能实现销售。而新材料产品却大不相同。高分子材料市场容量较小，客户需求具有差异化、多样化的特点。要想满足客户需求，让客户购买我们的产品，我们必须针对每个客户的需求定制开发。此外，新材料产品客户的需求还具有不断升级的特点，和基础化工产品自诞生之日就保持相对稳定不同，新材料产品需要随着客户需求升级而不断迭代。客户需求不断升级以及差异化、多样化的特点，都要求企业在研发、生产、管理等方面持续不断地创新创造。总之，新材料客户需求的特点对我们的工作提出了新要求。我们需要将集团"自强不息、自利利他"企业精神应用于新材料板块，建立切合实际、适应其发展需要的企业文化。

　　使命、愿景、核心价值观是支撑起企业文化体系的骨架。使命是一个企业存在的理由，即一个企业为什么存在于这个世界上。利他才能真正自利，企业只有利他才能生存和发展。企业利他就是为社会创造价值。而企业为社会创造价值最直接、最重要的对象是客户，因为在企业所有的利益相关者中，只有客户是企业实现价值的源泉，所以必须为客户创造价值。只有为客户创造价值，客户购买我们的产品，企业才可能生存和发展，进而履行社会责任。所以，"百年企业、辉光日新、惠及员工、回报社会""实业报国"，最终都要落脚在为客户创造价值上。因此，我们将新材料板块的使命定为"为客户创造价值"。

愿景是一个企业的发展方向。使命牵引愿景，新材料板块践行"为客户创造价值"使命的途径就是立足自身实际，通过研发、生产高分子材料，满足客户需求，从而推动时代发展。当今世界已进入智能时代，可以预见未来几年对芯片的需求将迅猛增长，而 PSPI 作为芯片封装与制造必需的材料，其市场需求必将伴随芯片出现几何倍数的增长。目前 PPS 主要应用于电子电器、汽车、航空航天等领域，接下来随着智能移动终端、智能汽车、智能家居、可穿戴设备的需求暴涨，PPS 的应用领域将迅速扩大。因此，PPS 和 PSPI 都将是智能时代的助推者。所以，我们将新材料板块的愿景定为"创造高端材料，推动智能时代"。

核心价值观是企业处理内外部利益关系最根本的价值判断标准。企业外部最重要的利益相关者是客户，如果没有客户，企业也就失去了存在的价值和意义。因此，企业必须以客户为中心，这也是践行"为客户创造价值"使命的必然要求。企业以客户为中心、为客户创造价值的途径是创造高端材料，这就要求企业内部致力于创造，以创造者为本。创造即通过创新实现价值创造，包括前端的研发、小试，也包括中期的中试，还包括后端的产业化和市场开拓、企业管理等。客户需求是差异化、多样化和不断升级的，要坚持以客户为中心，就必须自强不息，持续奋斗。而牢记"两个务必"，谦虚谨慎、戒骄戒躁，才能确保持续奋斗。因此，我们将新材料板块的核心价值观定为"以客户为中心，以创造者为本，谦虚谨慎戒骄"。

使命、愿景、核心价值观是一个有机整体。使命是企业存在的理由，回答的是"为什么"的问题；愿景是企业的阶段性发展目标，回答的是"成为什么"的问题；核心价值观是企业处事评判原则，回答的是"怎么成为"的问题。这三者之间的关系是，使命决定愿景和核心价值观，核心价值观是践行使命、达成愿景的基础。其内在逻辑是，为客户创造价值的使命要求我们必须以客户为中心，依靠创造者持续奋斗，创造高端材料，帮助客户成功；只有以客户为中心，以创造者为本，谦虚谨慎戒骄，持续艰苦奋斗，才能不断创造高端材料，为客户创造价值。因此，新材料板块的使命、愿景、核心价值观构成了一个内在联系紧密的有机整体，明确了新材料板块发展的目的、方向和动力之源。

新材料板块使命、愿景、核心价值观的提出，来自我们对新材料板块发展实践的总结，标志着新材料板块企业文化体系框架的建立。企业文化源自实践，又指导实践。现在我们适时确立新材料板块切合实际、面向未来的企业文化，将对新材料板块的持续突破和高速发展起到至关重要的指引作用。我们对新材料板块的大突破满怀期待，也坚信利他者必能自利，我们定能再一次心想事成！

树立人均营收观念

我们 2021 年初宣布了"十四五"期间全员工资倍增计划。工资的增长源自于企业效益的提高，更确切地说是来自人均营收的增加。而人均营收的增加依靠员工劳动效率的提高。在当前扑面而来的智能时代，提高劳动效率行之有效的一条重要途径是推进"三化融合"，即推进标准化、信息化和智能化建设。因此，我们要树立人均营收的观念，积极推动"三化融合"，着力提高劳动效率，同时控制人员总数，以实现人均营收和工资收入的提升。

一是要树立人均营收的观念。我们常说，员工工资收入提高的前提是企业效益的增加，但更为准确的说法是人均营收的增加。人均营收就是企业营业收入与员工总数的比值。它是衡量企业创造效益能力的重要指标，也是绩效考核重点关注的数据之一。集团 2013 年搬迁之初的年人均营收是 20 万元左右，现在已超过 200 万元，这是我们工资收入这几年能够不断提高的根本支撑和底气所在。要想在"十四五"末实现工资倍增，前提是人均营收要实现倍增，集团 2025 年人均营收要超过 400 万元，力争达到 500 万元。我们将通过基础产业的优化、提升、延链与新材料的研发、产业化，努力增加营收。只有这样，我们才能大幅提高劳动效率和人均营收，实现工资倍增的目标。

二是要积极推动"三化融合"。当下和未来，"三化融合"是提高劳动效率、减少人工的切实可行的有效途径。标准化强调的是工作要有章可循，表现为管理的制度化和流程化、技术的规范化和统一化。信息化主要是指管理流程和业务流程的自动化，例如金碟云·星空系统可后台自动完成财务核算，明泉科技公司生产系统可实现自动顺控与装置联锁。智能化是在信息化基础上实现生产系统和管理系统的自主判断、决策与执行。"三化"之间是相互融合的关系：标准化是信息化的基础，信息化是智能化的基础。没有标准化，就难以表述为计算机算法，信息化就寸步难行；没有信息化，智能化算法所需的数据就没有来源，智能化就成为无本之木。

由以上分析可知，"三化融合"实际上已指明了企业智能工厂建设的路径：首先是踏实做好管理、业务、数据的标准化，其次是建设好管理和生产信息系统，然后是建设具有自主感知、分析、决策、执行能力的智能化系统。需要注意的是，智能化不是凭空出现的，而是以信息化为基础，是信息化的升级；智能化系统是应用了大数据、云计算、物联网等人工智能技术的系统，是信息系统的升级，比信息系统更加聪明。我们推动"三化融合"就是以建设智能工厂为目标，扎实做好标准化工作，建设并整合好各信息系统，消除信息孤岛，并在此基础上建设智能化系统，达到提高劳动效率、减少人工干预、提升安全管控水平、实现精细化高效管理的目的。各单位要结合自身实际，积极推进"三化融合"，做到思想上高度重视、学习上格物致知、行动上强力推进。

三是要严格控制员工总数。曾国藩带兵的指导思想是"精兵厚饷"。据记载，湘军建立之前，清军常备军中有 66 万绿营兵，湘军开始只有 1 万余人，全盛时也仅有 12 万人。人多的绿营兵战斗力低下，几乎是一触即溃，节节败退。而人少的湘军战斗力最为强悍，取代正规军成为主力军，成就了"历史上之奇迹"。绿营兵战斗力低下的原因之一是军饷微薄，不足以养家，致使兵士自谋生计、训练松弛。而曾国藩实行"精兵厚饷"，以高出正规军数倍的厚饷让兵士安心训练，同时坚持"将必亲选，兵必自募"，并"勤练精训"，终使湘军成为远超绿营的劲旅。曾国藩"精兵厚饷"的做法给了我们很大的启示，那就是兵在精而不在多，提高薪资并精简人员才是正道。

"十四五"期间，我们必须严格控制员工总数，保持人员基本动态平衡，优化队伍结构，提高人员素质，实行增项不增人、减人不减资、增人倒扣资等办法。增项不增人是增加新工作任务但企业员工总数保持不变，新增人员主要通过内部优化调剂解决；减人不减资是某个单位减人后该单位总薪资保持不变；增人倒扣资是某个正常运转单位增加人员后对该单位总薪资实行倒扣。我们这样规定的目的是鼓励各单位减员增效。存量板块——各生产经营单元、运维公司、集团职能部门，要加强培训学习，提高人员素质，同时要积极推进"三化融合"，以智能化的视角全面审视各项工作，通过实施先进控制、新上智能化设备、建设智能化系统等手段最大限度地控人减人。新增板块——各新建项目，要严格控制新进人员数量，根据实际工作需要严格、准确划分部门职能和岗位职责，杜绝因人设岗。与此同时，我们将进一步完善内部人才市场制度，通过双向选择进行人员分流，优化人员配置，提高人岗适配度。

只有"精兵"，"厚饷"才可持续。我们将把人均营收作为KPI考核的重要指标之一。为了提升人均营收和管理水平、可持续地提高工资收入，我们必须积极推进"三化融合"，着力提高劳动效率，严格控制人员总数。希望各单位结合实际做好落实，也希望大家持续学习、自我提升，紧跟企业发展的步伐，与企业同进步、共成长。

树立科技兴企的长期主义

2020 年 4 月，我们提出"科技明泉"的理念，下定决心走科技兴企之路。打造"科技明泉"的排头兵是由 PSPI、PPS 两大系列高分子材料组成的高端产业。与基础产业相比，高端产业有着迥然相异的特点。如何正确看待两者之间的不同以及如何做才能满足高端产业发展的需要，是需要我们思考的问题。

以 2017 年 9 月 3 日 PSPI 研发合作协议签订为集团开启高端产业的标志，至现在的 2022 年 6 月，我们涉足高端产业已有近五年的时间了。这五年的时间里，我们对高分子材料研发和产业化的认识逐步深化和扩展。我们认识到，高端产业与基础产业有很多不同点。总结起来至少包括以下几个方面：一是成功周期的不同。基础产业项目有确切的成功周期，投产达效即标志着项目成功。从项目立项、手续审批到土建施工、设备安装调试，再到试生产、正常生产，全过程各环节时间可预估、可控制。而高端产业没有确切的成功周期，研发和产业化探索的时间都是无法预估和控制的，且研发和产业化成功并不代表项目成功，还需要开拓市场。只有商业成功，才标志着项目成功。因此，高端产业项目的成功周期普遍比基础产业项目要长。二是投资轻重的不同。基础产业的加压气化装置投资总额大，投资周期较短，正常情况下要在 24 个月的建设周期内密集投入超 30 亿元，投资的密度和强度大，属于重投资。而高端产业项目投资要经历从研发到产业化再到商业成功的过程，虽然总投资额也可能较大，但投资周期更长，短期内的投资额相对较小，投资密度和强度也相应较小，属于较轻的投资。三是风险点的不同。基础产业项目拥有成熟的工艺技术和市场，由于投资总额大、投资密度和强度大，其风险点主要集中在资金保障上。而高端产业项目属于较轻的投资，其主要风险点不在资金，而是在研发、产业化和市场开拓上。高端产业项目不仅风险点多，而且各点存在诸多不确定性，整体风险更大。四是创新重要性的不同。基础产业固然需要在优化、提升和延链方面进行创新，但基本上都属于在现有基础之上的创新。而高端产业需要解决从无到有的问题，不仅需要创新还需要创造，没有创新创造就寸步难行。五是产品市场的不同。基础产业项目在立项时无需太关注市场，因为市场是成熟的、产品是通用的，只要是生产出合格产品就能卖得出去。而高端产业的产品生产出来还需要下大力气开拓市场，因为产品需要按照客户需求定制开发，需要经过客户生产线验证。这是我们提出"以客户为中心"理念的原因。

根据上面的对比，我们就能知道，高端产业项目要实现商业成功，需要经历从研发到产业化再到市场开拓的整个过程，而且整个过程都要在探索中前进。因此，"短平快"的机会主义不适用于高端产业，只有坚持长期主义，高端产业才可能取得成功。坚持长期主义对于高端产业而言，就是摒弃赚快钱的想法，以"板凳要坐十年冷"的精神，以"结硬寨，打呆仗"的战法，坚定不移，稳扎稳打，打通研发到产业化再到商业成功的全流程，当细分领域的头部企业。这需要我们做好以下几个方面：一是树立正确认识。要充分认识到进军高端产业的必要性，没有高端产业就没有未来，就不可能实现高质量发展，就不可能实现高于当地社会平均工资水平的收入。要以长期主义的观点看待高端产业的发展，步步为营，稳扎稳打，不可急功近利；要坚定不移，不可因一时看不到成果就动摇信心。要宽容失败，探索前进的过程就是试错纠错的过程，不试错纠错就不可能找到正确的方向。宽容出错失败才能让研发技术人员和管理人员放开手脚、大胆尝试。二是持续学习提升。我们中的绝大部分人都没有从事过高端产业，且在基础产业中积累的经验大都不适用于高端产业。既然这样，我们除了学习提升，别无他法。我们必须具备强大的学习能力，借助"走出去、请进来"的工作方法，积极学习和研究高端产业的行业特点、技术和管理。三是善于整合资源。既然高端产业项目风险大，那我们就要想办法降低风险。降低风险的有效办法之一是寻找合作伙伴优势互补。我们要以产业链思维，按照以资本链促产业链的思路，在坚持独立自主的前提下，采取资本合作等灵活的合作方式，寻求与产业链上下游企业的合作，必要时引入战略合作伙伴，以实现对技术和市场资源的有效整合。四是创新管理机制。我们缺乏高端产业的管理经验，唯有不断推动管理创新，才能使管理切合实际，发挥出激发活力、提高效率的作用。一方面，要按照"全力创造价值、科学评价价值、合理分配价值"的价值创造管理循环，建立和完善对研发技术和管理人员的绩效考核机制，激发出创新创造的内在活力和积极性。另一方面，要贯彻"以客户为中心"的理念，以客户需求为导向，持续推进研发、生产、营销等方面管理的体系化。

进军高端产业、走科技兴企之路，是一个在探索中前行的过程。探索不可能是短期的，也不允许墨守成规，这就要求我们必须坚持长期主义、勇于创新创造。坚持长期主义需要我们正确看待高端产业，坚定信心，宽容失败。勇于创新创造需要我们不断学习提升，整合资源，改进管理。在过去五年的时间里，高端产业发展已取得相当的成绩。方向是正确的，只有我们瞄准主航道、长期坚持，打造"科技明泉"的目标才能最终实现。

外部形势与内部姿态

有数据显示，2022 年上半年国内共有 46 万家公司倒闭。2022 年以来，世界政治、经济、军事局势持续动荡，我国经济下行压力持续增大，企业发展的外部环境正面临新的巨大的不确定性。我们要敏锐察觉和分析外部形势的变化，及时调整内部的发展姿态予以有效应对。

明泉发展的外部环境不利与有利因素交织。国际方面，新冠疫情、俄乌冲突、逆全球化、通货膨胀及美元加息等因素导致全球经济动荡。发达国家消费替代，传导到国内，造成我国出口压力加大。除此之外，国内局部疫情反复，消费持续低迷；房地产持续不振，出现断供潮，加剧恶性循环。出口下行加上国内消费低迷，已传导到甲醇行业，受出口受限等因素影响，合成氨、尿素产品价格有可能进一步下跌。同时也存在有利因素，一是俄乌冲突造成的粮食供给问题引发国内对粮食安全的高度重视，国家将粮食安全提到新高度，着力增加耕地面积，将会对合成氨、尿素市场起到提振作用；二是国家高度重视实体经济发展，近期接连出台留抵退税等多项扶持政策，对行业发展是利好。从我们企业自身来看，启动搬迁至今的项目建设重投入让明泉背负着较重的财务负担，而同时三套加压气化装置运行将使我们具备应对市场竞争的硬件基础。综上所述，我们应当对当前明泉所处的内外部形势持谨慎乐观的态度，一方面要做好应对行业竞争加剧、产品价格下滑的准备，另一方面要对三套加压气化装置的技术和成本优势以及由此带来的竞争力有信心。

为了有效应对当前和未来一段时期的形势变化，我们最需要做的是做好自己。无论外部形势如何变化，做好自己是根本，企业具备竞争力，就无惧风起云涌。一是认清形势，坚定信心。认清形势不仅是看到不利因素，还要看到机遇和我们的优势。国内加压气化完成对常压气化的替代预计至少还需要三年的时间，未来的这三年将是加压气化的机遇期。我们有技术先进、具备竞争力的三套加压气化装置，我们有经过九年磨炼、凝心聚力的明泉团队，我们有员工和社会各界的信任支持。我们有足够的信心和硬实力应对困难和挑战。二是严格管理，强化执行。关键时期更要严格管理，强化执行力。对于违反规章制度流程、工作拖拉不得力的人员和现象，要敢于批评，严格按照制度进行处罚，不可只顾人情面子，当老好人。在关系到明泉利益的大是大非面前不要做无原则的伪善者。三是刀刃向内，提升管理。装置是硬件，管理是软件。如果装置技术先进，而管理跟不上甚至拖后腿，落后的管理就会抵消掉装置的优势。加压气化装置目前来说是先进的，如果我们的管理不能与之匹配，加压气化的成本优势就难以充分发挥出来。因此，我们要认识到管理的重要性。明化技改项目投产后，我们将眼睛向内，下大力气、下狠功夫提升管理水平。我们要通过改进生产管理，优化人员队伍，提高工作效率，实现降本增效；我们要通过改进行政管理，实现管理的规范化、标准化、流程化，并使职责划分更清晰、协同配合更高效、考核奖惩更严格；我们要通过智能化建设，减少人工干预，提高工作效率、安全系数和管理水平。

　　世界百年未有之大变局与百年不遇的疫情叠加，使得企业的生存和发展环境充满不确定性。"不谋全局者，不足谋一域"，我们要时刻关注国际、国内和行业形势的演变，提前预判；我们还要及时采取行动，抓住机遇，规避风险，克服困难，应对挑战，以内部的确定性应对外部的不确定性。

第九章

人才队伍建设：
保障持续发展

人才是企业参与市场竞争的核心要素之一。近几年，我们通过加强院校招聘和调整管理干部队伍，通过更加重视专业技术团队、提高其工资待遇，实现了明泉人才队伍的结构优化和年轻化。可以说，近几年的人才队伍建设卓有成效，但我们如果放眼五年后，再审视当下，就会发现人才队伍建设存在较为严重的问题，需要我们予以重视，并加以解决。总体来看，人才队伍目前的建设情况尚不能满足明泉二次转型的需要。我们要秉持自强不息的精神，拿出自我革命的勇气，建设一支与明泉发展脚步相适应的高水平人才队伍。

忠孝仁义与选人用人

　　"德才兼备、以德为先"是我们的选人用人原则，而在对"德"的评价标准中，"忠孝仁义"被列在首位。为什么要在企业内部强调"孝"，"孝"与"忠""仁""义"等诸德之间的关系，是一个值得深思和探讨的问题。作为儒家极其重要的经典，《孝经》全面完备地阐述了孝道思想，认为孝乃"德之本也"，"始于事亲，中于事君，终于立身"。之所以有此观点，是因为孝作为一个人的根本德行，是可以推己及人、扩而广之的。

　　"孝"是"仁""义""忠"的根本。真正孝敬父母的人，也就会"父母之所爱亦爱之"，就会关爱兄弟姐妹，可见"孝"是"悌"的根本。将孝悌精神推及于人，就是"老吾老以及人之老，幼吾幼以及人之幼"、"泛爱众"的"仁者爱人"精神，可见孝悌为"仁"的根本，正所谓"孝弟也者，其为仁之本与"。"义者，宜也"，所谓"义"，就是适宜。何谓适宜？合乎"仁"才是适宜，因此合乎"仁"才是义，可以说"义"的内核是"仁"。所以，"孝"是仁义的根本。中国自古就有"求忠臣必于孝子之门"的传统，大家普遍认为孝敬父母者也必能为国效力，因为"君子之事亲孝，故忠可移于君"（《孝经》）。"孝"乃仁义之本，一个人能孝于父母，才有可能爱他人、爱国家，进而忠于职守、忠于国家；如果对父母都不孝，那他不可能真正忠于他人。由此可知，"孝"也是忠的根本。所以，"孝"是仁、义、忠等诸德之本。因此，要行教化，使民风归于淳厚、社会风气净化，莫过于使民众崇尚孝道、践行孝道，正如孔子所说："夫孝，德之本也，教之所由生也""教民亲爱，莫善于孝"。

践行孝道，才可能有竭诚尽责的强大执行力。"孝"是忠的源头，只有恪守孝道的人，才可能忠于职守、忠于国家。然而，现代人提到"忠"往往嗤之以鼻，究其原因是把"忠"和"愚忠"混为一谈。《说文解字》定义"忠"为"尽心曰忠"，人做到竭诚尽责就是忠。而"愚忠"则是不辨是非、唯命是从，完全按照命令行事，没有或不敢提出自己的想法。儒家既不提倡"愚孝"，也反对"愚忠"。《孝经》里讲："当不义，则子不可以不争于父，臣不可以不争于君。"如果父亲、君主做事违反义理，做儿子、臣子的就应该直言劝告，尽谏诤之义，这才是真正的孝顺和忠诚。由此我们可知，在企业里面真正的"忠"是对企业竭诚尽责。如果发现上级出现违章指挥等错误行为，就要敢于当面指出或者举报，这样才是尽职尽责，才是"忠"。对上级只知道唯命是从甚至阿谀奉承，即使发现上级的错误行为，也不指出或举报，这种看似完全听话的行为从本质上讲就是对企业的失职，是"愚忠"！总而言之，一个真正践行孝道的人，才可能忠诚于企业，才会在工作中竭诚尽责、全力以赴，才会有围绕着目标创造性地高质量完成工作的强大执行力。

践行孝道，才可能有真诚友爱和谐的工作氛围。孝乃仁义之本，《孝经》讲："爱亲者，不敢恶于人；敬亲者，不敢慢于人。"这是经过对人性的深刻洞察所得出的真知灼见。一个真正孝敬父母的人，才能在工作中对同事爱敬存心、做到"仁义"；一群恪守孝道的人聚在一起，才能共同营造真诚、友爱、和谐的良好风气和工作氛围。相反，《孝经》又说："不爱其亲而爱他人者，谓之悖德；不敬其亲而敬他人者，谓之悖礼。"那些对自己父母不孝敬、却对他人摆出一副和善面孔的人，其所作所为就是违背人性常理的"悖德""悖礼"，只不过为一时的利益所驱使，其中必有伪诈。试想，一个人对自己最应该感恩的父母都不孝敬，怎么能指望他以仁义之心对待他人呢？关于如何在具体工作中做到真诚、友爱、和谐?

孔子说:"君子之事上也,进思尽忠,退思补过,将顺其美,匡救其恶,故上下能相亲也。"对待上级,在工作中应竭心尽责,工作之余要思考补救上级过失。如上级指令正确,就立即执行;如上级有过错,就设法补救。这样上下级之间才能同心同德。每个企业团队里都有上下级,如果每一级下级能"进思尽忠,退思补过,将顺其美,匡救其恶",每一级上级都能兼听则明、从善如流,那整个团队就必定会具有坚不可摧的凝聚力和攻无不克的战斗力。

"忠孝仁义"中,"孝"为诸德之本。由"孝"而由近及远、推己及人,才有了"仁""义""忠"等诸德。我们在选拔德才兼备的人才时,需要认识到"忠孝仁义"中"孝"的根本性地位,把"孝"放在人员德行考察的首位。只有这样,我们才能选拔出在德行方面切实符合企业要求的人才,进而才能锻造出具有强大执行力的钢铁团队,才能共同营造真诚友爱和谐的工作氛围。

培养选拔年轻干部

经过近几年的选拔，到 2022 年 6 月，不少年轻员工补充到管理序列的助理岗位。但随着集团持续发展，行政管理人员队伍年龄偏大、年轻人储备不足的问题仍较突出。我们需要对，找出问题，分析原因，制定针对性的措施。

当前，集团 M 序列的行政管理人员共有 201 人，其中 50 岁及以上的人员有 30 人，占 14.9%；40 至 49 岁的人员有 106 人，占 52.7%；30—39 岁的人员有 60 人，占 29.9%；30 岁以下的人员有 5 人，占 2.5%。经过近几年的努力，管理干部中 30—49 岁的人员占到 82.6%，说明管理干部队伍年龄结构已得到改善。但从总体上来看，存在三个问题：一是行政管理人员平均年龄仍然偏大；二是 30 岁以下的管理人员偏少；三是后备的年轻人才储备不足。第一个问题的原因主要是，集团 2013 启动搬迁至今（2022 年 6 月），大部分时间处于非常时期，非常时期最需要管理团队的稳定，团队新陈代谢的速度放缓下来。第二个和第三个问题是相关联的，只有解决了第三个问题，才能解决第二个问题。造成这两个问题的主要原因是，集团 2013 年至 2019 年处于搬迁和洁净煤气化、明升达退城进园项目建设的非常时期，除 2015 年因项目建设需要招聘超 30 人之外，其他年度人员招聘力度不够，2020 年才开始大量招聘本科及以上学历的年轻员工，而年轻员工成长至少需要 2 至 3 年的时间。以上三个问题是集团发展非常时期的必然产物。随着集团发展形势越来越好，我们已具备条件解决这些问题。

为解决上述问题，优化干部队伍结构、加强人才储备，我们需要做好以下几方面的工作：

一是将批量招聘和严格淘汰相结合。每年按照超出人员实际需求一定比例的数量，对外招聘重点大学本科及以上学历的毕业生。根据试用期和正式上岗的表现，坚决淘汰不认同企业文化或素质能力不能胜任的。对此各单位不可心存顾虑、不能心慈手软，这种淘汰既对企业有利，也对被淘汰者有利，能让被淘汰者有机会选择更适合其成长的环境。

二是各单位负责人应切实承担起培养干部的责任。培养人才不只是人力资源管理部门的工作。各单位要高度重视后备干部培养和举荐工作，要在集团人力资源中心的指导下，制定人才储备计划，为年轻员工制定职业生涯规划；要加强教育、培训和帮带，传承企业文化，提高年轻员工素质能力；要关注关心年轻员工的工作生活，增强年轻员工的归属感和凝聚力。

三是严格按照标准做好干部选拔。选拔人比培养人更为重要。选对人，事半功倍；选错人，事倍功半，甚至徒劳无功。我们要选拔认同企业文化、价值观端正、具有进取精神、具备基层工作经验、胜任岗位职责的人到干部岗位。要对不认同企业文化、德行有问题的人，实行一票否决。自强不息精神集中体现在进取心上，进取心比素质能力更重要，缺乏进取心就会惰怠，干部惰怠就会拖慢整个团队，所以我们坚决不能提拔缺乏进取心的人到干部岗位，我们要选拔具有强烈进取心的人牵引团队前进。"宰相必起于州郡，猛将必发于卒伍"（引自《韩非子》），不具备相关基层工作经验的人不得提拔为干部，我们要坚持逐级提拔的原则，尽量避免越级提拔、破格提拔。新招聘人员进公司后必须经过生产操作、维修岗位的实习轮训，才可参加管理干部竞聘。人员素质能力与岗位的匹配是个动态的过程，对岗位的要求会随企业发展不断提高。对于不能胜任岗位的干部，要坚决予以及时撤换。"将帅无能，累死三军"，我们必须坚持干部"能上能下能转"的常态机制。

四是推进干部培养选拔的制度化建设。要把后备干部培养纳入各单位主要责任人的考核指标，人力资源管理部门定期考察后备干部的成长情况。缺少培养对象的单位要及时提交人才储备计划。对培养过程中确实达不到要求的培养对象，要及时更换。对于培养后备干部尤其是接班人工作不力的干部，不予提拔。接班人源源不断，企业发展才能兴旺发达。培养接班人体现的是管理干部为企业长远发展着想的公心和胸怀。在年轻干部培养方面，还要探索建立帮助年轻员工快速成长的机制和制度。可考虑针对重点培养对象实行轮岗制，在一个岗位原则上不超过两年，之后轮换到新岗位，这样可使年轻员工创造力充分发挥并全面掌握本单位情况。在年轻干部选拔方面，要建立和完善干部评价体系，认同企业文化是基础，工作成绩是分水岭，品德作风是底线，素质能力是关键成功要素。

年轻干部培养在任何时候都是企业的一项重要工作，关系到企业的创新和活力，关系到企业的传承和未来。各单位要把培养选拔年轻干部提到集团可持续发展的高度上来，予以充分重视；要承担起培养年轻干部的责任，积极采取行动，主动建言献策。年轻员工是企业基业长青的生力军。希望年轻员工们秉持自强不息精神，勇于奋斗进取，不断学习成长，早日脱颖而出，成为支撑明泉发展的栋梁之材。

"精兵厚饷"的人员队伍优化观

2022年7月，由明泉人力资源中心牵头，与明化、明泉科技、明升达、运维公司赴内蒙新奥等四家企业进行考察，收获颇丰。大家考察回来后的感受高度一致，那就是与这四家企业相比，我们在生产和运维人员队伍方面存在明显差距。我们不仅要认识到差距，还要深入分析差距背后的原因，拿出有针对性的改进措施。

这四家企业给我们的第一印象是生产和运维人员很精干，同样是加压气化装置，在产能相同的情况下人数只有我们的一半左右。进一步考察就会发现是这些企业的生产管理和智能化建设水平高于我们。在生产管理方面，这四家企业在纵向上是扁平化的管理，在横向上是精简化的岗位设置，能合并的岗位全部合并。反观我们自身，生产人员偏多，其原因在于生产岗位设置过细、过多。这样的岗位设置造成冗员过多，且加大了岗位之间的协调工作量，导致信息传递和工作协同不够及时、顺畅。在智能化建设方面，这四家企业中已有企业通过智能化新技术的应用减少人员20%至30%。我们智能工厂概念提出较早，从2020年初到现在，实施也有两年半的时间了，但总体进展未达到预期。再进一步深究原因就是我们的思想认识已落后。我们的生产管理思想还受固定床工艺时期经验的束缚，未能完全跟上生产技术提升的速度，导致生产管理部分脱离加压气化的实际。我们对智能化的认识还很局限和浅薄。总之，我们人员过多只是表象和结果，根本原因是思想认识落后，直接原因是生产管理、智能化建设落后于先进企业。

认识到了差距，找出了原因，然后就要对症下药。为解决生产和运维人员过多的问题，我们需要着力做好以下四个方面。一是坚持对标学习。对标学习是快速打开思路、改进工作的捷径。我们要按照"走出去、请进来"的思路，坚持并完善对标学习制度。对标学习不仅包括外出到先进企业学习，还包括邀请专家、先进企业人员来明泉授课或交流。我们要通过对标学习，解放思想，加深对加压气化、智能化等方面的认识，使生产管理更加切合实际，加快推进智能化建设。二是优化生产管理。学习先进企业的经验做法，以提高工作效率、加强工作协同、降低安全风险为目标，审视我们生产的组织架构和岗位设置，将分得过细的岗位进行合并、精简，重新定岗定编。三是推进智能化建设。考察的四家企业都在积极推进智能化，借助智能化替代人工已成为共识。我们必须持续推进智能化建设，在现有信息系统优化和互联的基础上，建立先进控制、设备预测性维护等系统，减少人工干预，提高生产效率，提升装置的可靠性和本质安全水平。四是做好培训和选拔。各单位内部要做好宣导，讲清楚优化生产管理、推进智能化建设的必然性，如果这两方面不加紧行动，明泉发展就会落后于同行。生产单元和运维公司要针对新的岗位设置，对相关人员进行培训和考试，要实现一人多能、一岗多能，优化人员配置。对于不学习上进、考试达不到标准的人员，予以多渠道分流或解除劳动合同。

"精兵厚饷"是我们人员队伍建设的指导思想。只有"精兵"，才能提高管控水平，"厚饷"才可能持续。不仅是生产和运维人员需要优化，各单位都存在人员优化的问题。优化人员队伍将是一项长期性、持续性的工作。对此，大家要正确认识、统一思想，要持续自我学习、自我提升，跟得上明泉发展的节奏，与明泉同进步、共成长。

完善人才梯队，保障持续发展

2022 年 11 月 14 日，通过分析行政管理序列（M 序列）、专业技术序列（T 序列）人员现状，我提出要在梯队接续、梯队素质、梯队激励方面，着力做好人才梯队的建设工作，保障企业持续发展。

近几年，我们通过调整管理干部队伍、每年选拔 M 序列助理，通过更加重视专业技术团队、提高其工资待遇，实现了明泉人才队伍的结构优化和年轻化。可以说，近几年的人才队伍建设卓有成效，但我们如果放眼五年后，再审视当下，就会发现人才梯队存在较为严重的问题，需要我们予以重视，并加以解决。

一、M 序列人员现状分析

目前，除决策层（明泉集团发展战略委员会）管理干部之外，明泉执行层 M 序列管理干部共有 182 人。出生在 1970 年以前的有 3 人，占干部总数 1.65%，第一学历均低于全日制本科。出生在 1971 年至 1980 年的有 92 人，占干部总数 50.55%，其中全日制本科学历 2 人，占本年龄段干部总数的 2.17%。出生在 1981 年至 1990 年的有 76 人，占干部总数 41.76%，其中全日制本科学历 44 人，占本年龄段干部总数的 57.89%。出生在 1991 年至 1995 年的有 11 人，占干部总数 6.04%，第一学历全部为全日制本科。

从这组数据能看出，M 序列主要存在两方面的问题：一是年龄结构方面，如果不尽快提拔年轻干部进入各子分公司高管层，五年之后子分公司高管层就将面临无人可用的窘境。干部的培养一般需要一个三到五年的过程。如果不提前培养，用人时就只能越级提拔，这是拔苗助长，对被提拔者和企业都是不利的。如果我们不提前选拔年轻干部进行培养，就是对明泉发展的不负责任。二是学历结构方面，重要管理岗位存在学历水平偏低的问题。"70后"干部占到了干部总数的50.55%，大多处在重要管理岗位，拥有全日制本科学历的只占2.17%；相比之下，"80后""90后"干部占到干部总数的47.80%，取得全日制本科学历的占到了63.22%，大多还未进入重要管理岗位。也就是说，M序列干部队伍的职务分布和学历结构之间出现了不匹配的问题。

二、T序列人员现状分析

目前T序列人员有349人。出生在1970年以前的有28人，占总数8.02%，其中全日制本科学历2人，占本年龄段人数7.14%。出生在1971年至1980年的有90人，占总数25.79%，其中全日制本科学历7人，占本年龄段人数7.78%。出生在1981年至1990年的有99人，占总数28.36%，其中全日制本科及以上学历42人，占本年龄段人数42.42%。出生在1991年至2000年的有132人，占总数37.82%，其中全日制本科及以上学历128人，占本年龄段人数96.97%。

从以上数据可以看出，经过近几年的努力，T序列在人员总数上超过M序列，在年轻化方面优于M序列，在学历水平上高于M序列（T序列本科及以上学历人员占比51.29%，高于M序列的31.32%）。尽管如此，T序列仍然存在两方面的问题：一是从各年龄段的人数来看，处于中间的"80后"人数较少，几年之后"70后"部分岗位将直接由"90后"接任。二是从人员的分布情况来看，T序列人员主要集中在高端产业板块，在基础产业板块分布较少，不利于双创工作和"挖矿"活动的开展。

三、完善人才梯队建设的措施

首先要统一一个认识，那就是从现在开始，M序列、T序列人员选拔的学历标准原则上是全日制本科，人员招聘面向的范围是一本院校本科及以上学历的毕业生。我们反对"唯学历论"，但不可否认的是学历在一定程度上代表着一个人的学习能力。总体来看，高学历人员的学习能力高于低学历人员；相同学历情况下，双一流大学毕业生的平均学习能力高于其他高校。从双一流大学招到人才的概率必然比其他高校要大。划定这个标准和范围是时代和明泉发展的要求。一是智能化时代对干部队伍和专业技术人员队伍的学习能力都提出了更高要求。二是明泉基础产业的巩固优化提升、高端产业的突破发展都需要持续不断的创新创造，这要求队伍必须具备强大的学习能力。时移世易，我们要认识到并顺应时代的变化，对工作做出适当的调整。

面对当前M序列和T序列的现状和问题，我们要站在明泉可持续发展的高度，着眼明泉未来五年乃至十年发展的需要，着力做好人才梯队的建设工作。在梯队接续方面，一是从2022年开始，每年选拔年轻干部到各子分公司的总经理助理岗位，原则上不搞兼任，空出来的中层正职岗位由副职接任，空出来的中层副职岗位由本单位助理接任，以达到优化干部队伍年龄结构和学历结构的目的。二是延续前几年形成的惯例，每年选拔一部分年轻员工担任M序列部门助理，储备年轻干部。三是为了不断为明泉发展注入新鲜血液、补充新生力量，每年招聘一定数量的一本院校毕业生，充实到T序列，重点输送方向是集团和各单位的双创中心。希望通过以上三个方面的努力，五年之后，M序列中全日制本科学历人员的占比要由现在31.32%提高到70%以上，T序列人员总数达到M序列的2倍以上。在梯队素质方面，一是以明泉书院为平台，在聘请外部专家授课的同时，聘任M序列和T序列骨干作为内部讲师，开展企业文化、管理技能、专业技术培训，提高队伍认知和工作能力。二是依托明泉书院，每季度开展一次游学考察等形式的团队建设，进一步开阔视野、解放思想、提高境界，增强团队的凝聚力和向心力。在梯队激励方面，一是坚持 M 序列和 T 序列并重，要进一步认识到对于制造业企业，专业技术人员将在知本时代和智能化时代发挥越来越重要的作用，给予 T 序列更多重视和尊重。二是以价值为纲，坚决反对和抵制"官本位"，要构建两个序列体系：T 序列人员的工资待遇应当与 M 序列相提并论，让 T 序列人员心无旁骛、专心致志地钻研技术、提高技能。三是进一步畅通 M 序列和 T 序列之间的通道，让具备管理潜质或能力、乐于从事管理工作的专业技术人员有机会成为懂技术的管理者，让有志于专心钻研技术的管理者有机会成为懂管理的技术专家。对于这两种选择，我们必须予以充分尊重。

总之，人才队伍是明泉发展之本，人才梯队建设关乎明泉可持续、高质量发展。在梯队的纵向上，我们要确保队伍的新老接力做到平稳有序。在梯队的横向上，我们希望，不管是管理团队还是专业技术团队，其工作创造的价值都能得到公正的评价、合理的回报和充分的尊重，实现人尽其才、才尽其用。也希望得到晋升的人员能谦虚谨慎，珍惜机会，持续学习提升，做到德位相配。

明泉二次转型的团队打造

　　明泉二次转型任重道远，建设"五个现代化"的大幕正徐徐拉开。任务能不能完成、发展目标能不能实现的关键是团队。总体来看，团队目前的能力素质尚不能满足明泉二次转型的需要。我们要秉持自强不息的精神，拿出自我革命的勇气，快速学习提升，跟上明泉发展的脚步。

　　明泉一次转型的十年是以建项目、扩产能为主。我们一切围绕项目建成投产，克服了资金、技术、人员等重重困难，所有参建人员和协同单位都付出了巨大的努力，充分展现出了明泉人自强不息的奋斗精神和同舟共济的奉献精神。应当说，明泉前十年是一切围绕"活下去"和"打胜仗"——项目建成投产，后十年是要在这个基础上全面提高发展质量和效益，就像建设一个国家远比战场取胜更复杂，明泉的二次转型已经给我们这个团队提出了新的、更高的要求。一是现代化的基础产业"巩固、优化、提升、可靠"的目标之一是三年内综合能耗指标进入国内行业前三，这对团队的技术和管理水平提出了很高要求。二是构建现代化的产业链对团队的新产品开发、新技术掌握等能力提出了很高要求。三是构建现代化的服务型制造体系对团队以客户为中心思维和落地体系的建立提出了新的要求。四是现代化的经营在资本运作、市场开拓、网络营销等方面对团队提出了全新要求。五是现代化的管理在个人管理能力提升、管理体系搭建、智能化支撑等方面对团队提出了新的更高要求。

　　我们必须清晰地认识到，目前明泉发展最大的挑战来自于团队成长。团队的能力素质还达不到明泉二次转型的要求，亟需提升。为此，我们需要重点做好以下三个方面：一是以明泉书院为平台，全面加强培训，通过学习实现团队提升。以引入玫德课堂为标志，明泉书院进入实质运行阶段。明泉书院要借助外部专业机构的力量建立较为完善的教学管理体系，从一开始就要标准化、规范化、流程化运作，成为现代化管理的一个范本。集团技术、管理等各方面的培训都要纳入明泉书院的管理范围，都要执行明泉书院的培训管理制度。明泉书院将在全面加强、提升内部培训的同时，与国内著名高校开展合作，引入外部师资，着力提升管理人员的能力素质。二是以自我革命的勇气，主动学习提升。管理团队要切实认识到自身能力素质与明泉二次转型所需之间的差距，要有强烈的危机感，要拿出自我革命的勇气，抓住培训、对标学习等一切可以学习提升的机会，抓紧时间自我提升、自我成长。我们将不断引进高素质的经营人才、管理人才，引入新的经营思维、管理思维，进一步激发团队的活力。三是以管理现代化为目标，建立管理体系。管理培训的目标不只是管理人员提升自身的能力素质，更为重要的是引入现代化的管理思维、方法和工具，建立现代化的管理体系。管理人员要带着本单位管理方面存在的问题和不足参加培训，在培训中找到解决问题、弥补不足的办法，靠自身力量实现不了的就考虑引入"外脑"，目标是建立起现代化的管理体系。

年初我们提出"三个时代之问"，要求团队反思自身的认知格局、业务能力、管理能力能否满足明泉未来一年、三年、十年发展的需要。时间不等人，发展催人急，我们一定要有时不我待的紧迫感，要有不提升就淘汰的危机感。"天行健，君子以自强不息"，我们要继续发扬自强不息精神，以勇于自我革命的决心，如饥似渴地抓住一切学习的机会，快速自我提升。只有这样，个人才能持续胜任本职工作，明泉才能实现二次转型。

第十章

高质量发展:
识变应变求变

2019 年 3 月，我们宣布明泉迈入快速、高质量、轻资产发展的新阶段。随着集团各方面工作的持续推进，对于"高质量"内涵的认识也愈加全面和深刻。明泉迈入高质量发展阶段后要面临发展速度之变、产业结构之变、发展方式之变和发展动力之变。全面准确把握"高质量"的内涵，对于我们认清集团当前发展阶段、预判未来发展趋势、理解当下和未来的重点工作都非常有必要。本章就是近几年我关于高质量发展的思考。

转向轻资产发展模式

基于长期以来对企业内外部形势的综合研判，我们认为，明泉的发展模式已经到了需进一步优化调整的关键节点。明泉发展模式要从现有的重资产模式向轻资产模式转变。

"轻资产"最早源于国际著名管理顾问公司麦肯锡所推崇的"轻资产运营"战略。资产的轻重是个相对的概念。就企业而言，厂房、设备、原材料等，往往需要占用大量资金，属于重资产。而轻资产，主要是企业的无形资产，包括企业的行业经验、管理能力、人力资源、企业文化、企业形象、资源获取和整合能力等。从财务报表来看，一般固定资产与总资产或者销售收入之比非常低的公司属于轻资产公司。轻资产因占用资金少，可以更轻便灵活。与以自有资本经营相比，以轻资产模式扩张发展，可以获得更快的速度、更强的盈利能力与更持续的增长力。

转向轻资产模式势在必行。2013 年启动搬迁以来，我们实现了"借搬迁之机实现企业转型升级发展"的总目标。但限于当时的企业状况，我们只能采取重投入的发展模式，加上过去多年形成的历史包袱，这让企业背上了沉重的债务负担。沿着这条路再走下去，我们将面临巨大的挑战，一方面银行融资难、融资贵的问题短期内难有改观；另一方面，愈加沉重的包袱将严重拖慢我们前进的脚步，"新三高"战略实施会因此减缓，我们将难以实现所期望的快速高质量发展。因此，现在已经到了调整发展思路、转变发展模式的关键当口，依靠自筹和银行贷款的重投入方式已难以为继，我们须引入资产资本化的思路，使得企业经营轻资产化，卸下包袱，轻装上阵，进入高质量发展的"快车道"。

转向轻资产模式万事俱备。退城进园的四年里，我们不提轻资产模式，是因为企业轻资产各方面都很薄弱，不具备条件。经过这几年的艰苦努力，我们积累了加压气化工艺的项目建设和运营维护经验，培养了一批具备项目建设和运营维护经验的人才，获取了锅炉、排放、环保容量等重要的排他性资源，大大提升了基础管理水平，企业文化建设富有特色、收效显著，树立了良好的企业形象，这些成果无疑都大幅度提升了企业的轻资产价值。加上目前和未来几年加压气化工艺装置的市场机遇期，我们的轻资产发展模式可谓"万事俱备，只欠东风"。"东风"就是开放的创新思维，我们决不能被以往的发展经验框住，须以变化的眼光去审视企业外部形势和内部状况，提前预判、理清思路，及时果断采取行动，抓住机遇，未雨绸缪。

目前，我们正将轻资产发展思路付诸实施。可以想见，轻资产化的明泉，必能卸下包袱，轻装上阵，以更快的速度、更强的盈利能力和更持续的增长力，实现快速高质量发展。这是发展思路与发展模式的重大转变，也必是明泉发展历史上的重要转折点。明泉未来可期，我们满怀信心，翘首企盼。

物有本末——重新审视实体经济

中美贸易摩擦让国人开始重新审视实体经济对于中国生存和发展的重要意义。事实上，实体经济作为财富之源具有很强的辐射带动作用，实体经济是立国之本、强国之基，是国家命脉之所在。

从"脱实向虚"到"脱虚向实"，有关经济的虚实之争，成为社会各界关注讨论的焦点。一个经济学界早有定论的问题引发大讨论，这本身说明经济取向出现了问题。2018年10月"实体经济是一国经济的立身之本、财富之源"的重要论断可谓一锤定音。可面对迷失已久的社会舆论，我们有必要对这一论断条分缕析，拨开迷雾，去看清实体经济不可替代的重要价值。

首先需要清楚实体经济的概念。实体经济是指由生产服务部门提供的物质产品、精神产品的生产、流通、消费等经济活动。实体经济既包括农业、工业、交通运输、通信业、商业服务业等物质生产和服务部门，也包括教育、文化、信息、艺术等精神产品的生产和服务部门，其中制造业是实体经济的核心。而与实体经济相对应的就是虚拟经济，简单地说，虚拟经济就是直接以钱生钱的活动，是资本独立运动的经济。当前，有观点认为互联网是虚拟经济，这是不严谨的。互联网经济除互联网金融外，电子商务、即时通讯、搜索引擎、网络游戏都创造出了实实在在的服务产品。以阿里巴巴为例，网店打破了地域性限制，让商品在全国乃至全世界范围内自由流通，不仅直接带动了工厂产品的销售，也大大方便了人们的生产生活。实体店销售受到互联网冲击，就把互联网说成是虚拟经济，是犯了常识性错误。

实体经济是财富之源。首先，实体经济直接创造社会财富。近年来，以金融证券为代表的虚拟经济畸形发展、迅速膨胀。"宁炒一座楼，不开一家厂"，大量实体企业不再甘心辛苦做实业，拿着钱投入资本市场、金融衍生品市场或炒作房地产，纸面上的财富打着滚地翻倍增加。然而，纸面上财富的增加并未带来社会财富的增加，带来的只有资产泡沫的不断加大。因为虚拟经济只是实现了社会财富的转移和重新分配，未能创造出新的社会财富。而只有生产出物质产品的实体经济，才是社会财富的真正来源。其次，实体经济具有更强的辐射带动作用。以制造业为例，作为实体经济的核心，制造业在所有经济部门中拥有最高的乘数效应。据美国生产与创新制造商联盟的研究表明，制造业 1 美元产出的乘数效应为 3.6 美元，即制造业 1 美元的产出产生 3.6 美元的经济贡献，同时制造业部门每雇用 1 名工人就会带动其他部门 3.4 个人的就业。这是美国积极推动制造业回流、企图重振制造业的主要原因。

实体经济是立国之本。古往今来，人们都有吃穿住用行等方面的基本需求，而这些需求的满足必须依赖实体经济生产出的各种各样的生活资料。尤其是对于拥有 14 亿人口的中国，实体经济是国家命脉。以粮食安全为例，民以食为天，14 亿人的吃饭是个天大的问题。中国粮食如果出现短缺，世界粮食就会随之出现短缺，因为没有任何一个国家能够满足 14 亿人规模的粮食需求。"谁来养活中国"，只有靠中国自力更生，只有靠农业、化肥工业等实体经济。作为新中国首批建设的全国 13 套小氮肥示范厂之一，集团前身明水化肥厂为山东省农业生产做出了重大贡献。在化肥工业的强力支撑下，我国粮食产量从 1958 年的 19 765 万吨，增长到 2017 年的 61 791 万吨，增长了 42 026 万吨，化肥投入量增加了 3 240 万吨（1958 年为 54.5 万吨），即 1 吨肥增产了约 13 吨粮食；主要经济作物产量取得了几倍到几十、几百倍的增长。氮肥工业的发展为国家农业发展和粮食安全作出了巨大贡献，功不可没。显而易见，没有农业、化肥工业等实体经济，社会稳定都难以保证，更何谈发展。

实体经济是强国之基。截至 2019 年 10 月，中美贸易摩擦差不多已持续 18 个月，美国挑起贸易摩擦的意图已显露无遗，那就是以"扭转中美贸易逆差"之名，行打压中国先进制造业之实。"中国制造 2025"涵盖了所有推动当今发达国家经济增长的高技术产业。中国要通过实施"中国制造 2025"，从全球制造业产业链的中低端迈向中高端，从西方制造业的附属者成长为其竞争者。美国不允许其他国家与其并驾齐驱、分庭抗礼，所以就通过打压中国先进制造业来遏制中国崛起。因此，从某种意义上讲，我们应该感谢美国，感谢美国一棒子打醒了正沉迷于炒房、赚快钱的国人，感谢美国揪着耳朵告诉国人只有制造业才是强国之基。可以说，没有制造业的强大，就没有中国的崛起。

正在上演的中美贸易摩擦，让我们开始重新思索以制造业为核心的实体经济对于中国生存和发展的重要意义。实体经济是财富之源、立国之本、强国之基，是国家命脉之所在。对于明泉而言，"实业报国"从来都不是一句口号，而是我们当前正在从事的具体工作。60 余年来我们坚守制造业阵地，为社会创造财富，助力经济发展。未来几年，我们还将通过"新三高"战略的深入实施，为"中国制造 2025"落地、先进制造业崛起贡献更大力量。

权变——识变应变求变

2019 年 3 月，我们宣布明泉迈入快速、高质量、轻资产发展的新阶段。随着集团各方面工作的持续推进，对于"高质量"内涵的认识也愈加全面和深刻。明泉迈入高质量发展阶段后要面临发展速度之变、产业结构之变、发展方式之变和发展动力之变。全面准确把握"高质量"的内涵，对于我们认清集团当前发展阶段、预判未来发展趋势、理解当下和未来的重点工作都有必要。

首先需要全面准确把握"高质量"的内涵。中国在 2010 年制造业增加值就超过美国，成为世界第一制造业大国。在世界 500 多种主要工业产品当中，中国有 220 多种工业产品的产量居全球第一。从供给角度来看，中华人民共和国成立 70 多年来，工业品经历了从短缺到过剩，再到去产能的过程。大宗物资产能过剩标志着中国工业化已基本完成。在由工业化转向现代化的进程中，我国经济的发展速度将由高速增长转向中高速增长，经济结构将从增量扩能为主转向调整存量、做优增量并举，发展方式将从规模速度型转向质量效率型，发展动力将从主要依靠资源和低成本劳动力等要素投入转向创新驱动。这是宏观经济正在发生的四个重大变化。

从行业层面来看，以合成氨行业为例，国内合成氨行业的总体短缺持续了 50 多年，在经历了高速增长之后，2015 年出现全面过剩，之后进入大淘汰、大提升、大整合的阶段。目前，合成氨行业的增长速度已放缓，未来发展以先进工艺替代落后工艺、优化存量产能为主。具体到我们企业，转向"高质量"发展将会经历四个变化：一是随着宁阳明升达退城进园项目、明化技改项目的陆续投产达效与行业优质产能的整合，基础产业的增长速度将有所放缓；二是产业结构将以优化存量、做优增量为主；三是发展方式将由规模速度型转向质量效益型；四是发展动力将从主要依靠资源投入的模仿复制转向创新驱动。这四个变化就是企业"高质量"发展的内涵。据此，我们就能对企业所处的发展阶段和未来发展趋势有更加清晰的认识，也就能对以下重点工作有更为深入的理解。

全力以赴推动宁阳项目、明化技改项目投产达效。进入存量经济阶段后，合成氨行业新项目的审批难度会越来越大，集团新项目建设的机会非常难得。我们必须牢牢把握住机会，全力推动，确保宁阳明升达退城进园项目、明化技改项目按计划投产达效。随着宏观层面由增量经济转向存量经济，行业进入大淘汰、大提升、大整合的阶段，未来集团基础产业的扩张将主要依靠兼并收购。需要注意的是，这里的兼并收购不同以往，整合对象是行业优质产能，这属于集团基础产业的做优增量。

发扬精益求精的工匠精神，提高发展质量和效益。过了增量经济阶段以后，基础产业新上项目的机会就不多了。不管是对于集团现有产能，还是对宁阳明升达退城进园项目、明化技改项目投产后的新增产能，我们都深知其来之不易，必须倍加珍惜。我们必须发扬工匠精神，精益求精，从管理和技术等方面做好存量产能的持续优化提升，提高生产系统运行质量和劳动生产率，以质量求发展，向质量要效益。

以坚定不移的决心毅力，推进"新三高"战略实施。在我国由工业化转向现代化的进程中，增量经济将转向存量经济，基础产业"抄作业"式的大规模、快速扩张已难以为继。进入增量经济阶段，制造业一方面是存量产能的优化提升，另一方面是创新驱动的转型升级。我们可以守着宁阳明升达退城进园项目、明化技改项目投产以后的基础产业过日子，可十年以后企业发展靠什么？我们不能走固步自封的老路，必须未雨绸缪，靠"新三高"战略实施做优增量，优化产业结构，为企业未来发展打下基础。除此之外，别无他途。

深入推进三项制度改革，激发企业内生动力和活力。高质量发展是强化创新驱动的发展，过去依赖资源高投入实现经济粗放式高速增长的路子已经走不通了。创新就是知识的创造与利用，知识已经成为经济发展的新引擎。如何充分发挥知识型员工的才干和创造力，已经成为企业管理的重大命题。对此我们给出的答案是三项制度改革。我们要通过深入推进三项制度改革，激发专业技术人才、管理人才的积极性和创造力，通过技术创新和管理创新推动企业高质量发展。

树立开放式思维，通过扩大对外开放补齐创新短板。以创新驱动高质量发展需要雄厚的研发实力作为支撑，而研发是我们的短板。短期内靠自身力量弥补这个短板是不可能的。"搭建平台、整合资源、科学发展、诚信共赢"的理念不仅适用于洁净煤气化项目、宁阳明升达退城进园项目和明化技改项目建设，也适用于技术研发的合作。我们必须树立开放式思维，扩大对外开放，通过引进外部的科技研发力量补齐企业创新短板。

明泉迈入高质量发展阶段，已开始面临发展速度之变、产业结构之变、发展方式之变和发展动力之变。只有准确识变，才能科学应变，甚或主动求变。我们要敏锐地认识到国家经济、行业和企业正在上演的变化，准确把握这些变化对企业"高质量"发展所提出的新要求，采取有效的措施应对变化，更要力争先人一步、提前布局，构筑起企业决胜未来的核心竞争力。

以人才为本——紧紧把握知识经济时代大势

知识经济将取代工业经济成为时代的主流，人类的发展将更加倚重自己的知识和智能。2020年是21世纪的第20个年头了，世界发达国家的经济形态已经体现出了很强的知识经济特征，而知识在中国经济发展中所占的比重也越来越大，并逐渐成为引领要素。知识经济的兴起是一场无声的革命，正在并将对我们的生产生活方式产生极其深远的影响。我们非常有必要深入探讨一下知识经济时代到来将对企业发展所带来的影响，以及我们应当采取的行动。

知识经济时代已悄然来到我们身边。所谓"知识经济"就是"以知识为基础的经济"，即建立在知识的生产、分配和使用之上的经济。知识包括人类迄今为止所创造的一切知识，最重要的部分是科学技术和管理学知识。虽然知识经济的概念在20世纪90年代就提出来了，但我们真切感受到它的到来也就是近几年的事。我们渐渐发现阅读、收听、收看等知识付费成为一种常态，互联网、大数据、人工智能、5G通信等科技进步剧烈改变我们的生活工作，2019年12月份全国首单知识产权证券化项目让"知本"真正变资本，美国举全国之力打压华为让我们真正认识到科技才是一个国家的核心竞争力，我们蓦然意识到以知识为基础、以科学技术为主要驱动力的知识经济时代已经来到身边。

中国的知识经济时代与现代化进程是交织重叠的。当今世界正在经历"百年未有之大变局"，而中国经济也正处在重大的历史转折期。所谓"历史转折期"就是我国工业化基本完成、现代化正在开启的过渡期。经过了改革开放以来 40 年的经济粗放式高增长，目前在世界 500 种主要工业品中，中国有 220 种产品产量位居全球第一位。各类大宗物资全面过剩，标志着我国工业化已基本完成。在由工业化转向现代化的进程中，我国经济的发展速度将由高速增长转向中高速增长，经济结构将从增量扩能为主转向调整存量、做优增量并举，发展方式将从规模速度型转向质量效率型，发展动力将从主要依靠资源和低成本劳动力等要素投入转向创新驱动。在经济发展动力转向创新驱动的时代背景下，知识成为推动经济发展的核心要素资源，同时知识创新本身又可以有效促进其他要素资源优化配置，提升整个社会的全要素生产率。因此，对于我国而言，知识经济时代的来临与现代化进程是交织重叠、密不可分的。

顺应知识经济时代大势，推进研产供销工作创新。《周易》有言："凡益之道，与时偕行。"只有紧扣知识经济时代脉搏，与现代化进程同步，我们才能做出有益于企业发展的判断和决策。

在研发方面，我们要继续坚持"上引下连"的工作思路。经济转向现代化要求企业迈向高质量发展，企业的发展动力必须从主要依靠资源投入的模仿复制转向创新驱动。创新就需要高新技术作为支撑，而高新技术的研发是我们企业的短板。我们难以在短期内补齐这个短板，可行有效的解决办法就是从外部引入科技研发力量。我们在寻求与外部科技研发团队合作的过程中，秉持"自利利他""诚信共赢"的理念，拿出了足够大的诚意，获得了中科院、四川大学等研发团队的高度认可。集团层面已成立筛选、聘任专家顾问的工作小组，今后将加大工作力度，较大幅度增加外部专家数量，建立起为"新三高"战略实施、企业高质量发展出谋划策的智囊团。包括科学技术在内的知识正取代资本成为经济发展的核心推动力量，知识也将成为企业未来发展的核心要素资源，对此我们必须统一思想，高度重视。

在生产方面，必须坚定不移推进智能工厂建设。智能化是伴随大数据、云计算和物联网等新一轮信息技术发展应运而生的产物，是知识经济发展、科学技术进步的必然结果。智能工厂可部分取代人的脑力活动，在生产过程中进行分析、推理、判断和决策等智能活动，实现更高的生产效率、更高的管理效率和更高的安全水平。智能化是大势所趋，我们必须顺势而为。明化技改项目将是集团首个按照智能工厂概念进行数字化交付的项目，明升达退城进园项目后续也需要适时引入智能化理念、启动智能工厂建设。我们也将在"新三高"项目建设中从设计阶段开始就引入智能工厂概念，通过实施数字化交付、智能制造，实现集团安全水平、生产水平和管理水平的全面提升。

与智能制造的方兴未艾不同，供应、销售工作有成熟的网络交易平台可供使用，有众多的网上招投标系统可供借鉴。在供应方面，我们已经实行了办公用品、IT设备等物资的网上采购，利用电子商务优势，有效地提高了采购效率，降低了采购成本。下一步考虑在工程施工、标准设备采购方面采用网上招投标系统，减少人为因素干扰，在网络上执行在线招标、投标、开标、评标和监督监察等一系列操作，实现高效、专业、规范、安全、低成本的招投标管理。在销售方面，我们已经启动了营销体制改革，甲醇销售的线上平台已实现突破，在甲醇网、阿里竞卖平台、化多多平台建立了线上销售渠道。2020年我们进一步推进营销体制改革，使更多产品建立网上销售通道，以压缩人为操作的空间，达到提高销价和效益的目的。

顺应知识经济时代大势，人力资源管理需创新突破。人才是知识的载体，因此在知识经济时代做好人力资源管理的重要性不言而喻。随着明升达退城进园项目、明化技改项目的陆续建成，随着集团新旧动能转换的全面完成，随着"新三高"战略的持续推进，集团人力资源结构配置不合理的矛盾将愈加突出，部分技术要求不高的岗位将出现人员富余，而技术人员、科研人员等高素质专业技术人才和管理人才的缺口将逐步加大。基于此，在人员招聘方面，从2020年开始集团每年都会重点招聘"211""985"高校（"双一流"建设高校）本科及以上的毕业生，并引进集团发展急需的科研技术和管理人才。在薪酬待遇方面，继续深入推进分配制度改革，突破原有的条条框框，不怕拉开收入差距，对内提高技术序列薪酬待遇，扩充专业技术人员队伍，建立内部技术专家团队；对外部引进的人才，提供行业内有竞争力的薪酬待遇。在职位晋升方面，继续深入推进用人制度改革，巩固完善能上能下能转的用人机制，进一步畅通晋升通道，让德才兼备的技术、管理人才脱颖而出。在培养规划方面，对于新入职的毕业生，要通过传帮带、轮岗等方式重点培养，并进行长期的跟踪、评估和筛选，待其能力经验具备，便适时调整到对应的职位。知识经济时代，人才是第一资源，是企业发展的基础、前提和根本。我们的人力资源管理工作需要不断解放思想，在创新中突破，在突破中提升。

终身学习、持续提升是知识经济时代的立身之本。知识经济时代，科技进步成为经济发展的主要驱动力。互联网、大数据、人工智能、5G通信等新技术层出不穷，不断催生新产业、新业态和新模式。身处这样的时代，每个人只有坚持终身学习，不断自我成长，才能确保自己不成为时代的落伍者。我们既要学习中华优秀传统文化，树立正知正见，让我们保持正确的人生方向和持久的精神动力；又要加强业务知识学习，不断提高工作能力。我们要努力成为学习型、创新型、专家型、管理型的"四型"人才，也就是成为持续学习、敢于创新、钻研技术、会带队伍的复合型人才。"艺多不压身"，多一技之长就会多一条生存之道，也会增强自身的不可替代性。所谓的"不可替代性"在知识经济时代有两重含义，首先是不被人工智能所替代，然后是不被其他人所替代。智能制造必然会淘汰技术要求不高的岗位，这是科技发展的趋势，不可逆转。我们每个人能做的是不满足于一技之长，不满足于日复一日的重复劳动，通过持续学习多掌握几门技艺，不断提高自身的"含金量"。"物以稀为贵"，一个人的价值和他的不可替代性成正比；一个人在公司的收入和地位，取决于他的不可替代性。要对此深入思考，深刻领会。如果对自己的收入和职位不够满意，就要"行有不得，反求诸己"，从自身的不可替代性上找原因。增强不可替代性的唯一途径就是持续学习、终身学习，自我成长、自我提升。

知识经济时代就是知识为本、人才为本的时代，中国社会各领域正在经历着一场重大变革。知识经济对企业发展的影响是全方位的，也对企业经营管理提出了新要求，浑然不觉者必定会被时代、实际上是被自己所抛弃。我们要敏锐认识到时代的变化，并主动采取行动应对变化，力争走在前列、引领变化。我们每个人都被时代的洪流所裹挟，没有人可以置身事外。与其被时代洪流裹挟着向前，不如勇立潮头、奋楫争先！

抢抓"双碳"发展机遇

    2021 年两会期间，我国提出力争 2030 年前实现碳达峰、2060 年前实现碳中和的总体目标，引发舆论高度关注。以煤为原料的氮肥及煤基化学品生产成为备受关注的重点行业之一，但是危还是机需要具体问题具体分析，视企业具体情况而定。我这里就从主要产品的角度，分析"双碳"目标落实即将给我们带来的发展机遇。

一、"双碳"带来的影响

    "双碳"落地所带来的直接影响是"两高"项目审批将受到严控。2021 年的政府工作报告将"扎实做好碳达峰、碳中和各项工作"作为年度重点工作，要求制定 2030 年前碳排放达峰行动方案。2021 年中央及部委频频强调严控"两高"（高耗能、高排放）项目，因为这项工作是实现碳达峰的一大关键。5 月，山东省发展改革委、山东省工信厅等 9 部门发布《关于进一步开展"两高"项目梳理排查的通知》，甲醇、氮肥等 16 类产业被列入"两高"项目清单，并提出严厉处置措施：对不符合产业政策、产业规划、"三线一单"、环评规划、减量替代要求，未履行相关审查审批手续，违规审批、未批先建、批建不符的，坚决查处，严格要求整改；未审批的一律停止审批，已经开工建设的责令立即停工，已经建成投产的立即责令停产。全国碳排放达峰行动方案及各省份的碳达峰方案还未公布，但可以肯定的是包括氮肥、甲醇在内的"两高"项目的审批、建设将受到严控。

二、行业当前的形势

落后产能淘汰退出。"十三五"以来，我国氮肥行业强力推进落后产能淘汰退出，2016—2020年累计退出合成氨产能1 979万吨、尿素产能1 787万吨，相比2015年分别下降8.7%和19.1%。山东省2020年与2015年相比，合成氨产能压减15.7%，尿素产能压减19.2%。"十三五"期间，甲醇落后产能退出1 178万吨，涉及企业162家。

行业结构快速调整。在落后产能退出的同时，代表现代煤化工发展趋势的新型洁净煤气化技术作为先进动能，填补落后产能腾出的市场空间，逐步成为供应的主体。到2020年，全国采用洁净煤气化技术的合成氨产能占比达到46.1%，相比2015年提高16.9%。山东省采用洁净煤气化技术的合成氨产能已占到67.3%，大幅领先全国46.1%的平均水平。2020年采用新型洁净煤气化技术的甲醇生产企业达83家，占总产能的66.7%，比2015年提高了18.5个百分点。

行业集中度大幅提升。据中国氮肥工业协会统计，氮肥行业已形成一批大型企业集团，合成氨和尿素产能达百万吨的企业数分别达到20家和24家。山东省氮肥行业的4家龙头企业，其合成氨产能占全省氮肥的76.3%。

市场需求稳步增长。氨是化肥工业和基本有机化工的主要原料。合成氨是人类科技史上的一项重大突破，使世界粮食产量增长近一倍，对于人类生存具有重大意义。当前正在上演的疫情和世界贸易摩擦，更是引发了世界各国政府对粮食安全问题的严重关切。我国粮食产需一直处于紧平衡状态，粮食安全形势依然严峻。化肥是国家粮食安全的压舱石，粮食的刚性需求在逐年增加，如果化肥供应得不到保障，粮食产量就会大幅降低，粮食安全就会受到威胁。因此，国内农业对于合成氨和尿素的需求是刚性需求，将保持稳定的态势。据山东省氮肥工业协会统计，2020年山东氮肥企业生产合成氨598.6万吨，同比增长1.6%；

2021 年 1—3 月，全省累计生产合成氨 158.6 万吨，同比增长 8.9%。此外，对于合成氨的非农业需求则呈现多元化增长。

甲醇产业规模持续增长，2020 年产能相比 2015 年增长 22.6%，产量增长 53.8%。2020 年我国甲醇表观消费量 8 550 万吨，比 2015 年增加 62.6%，年均增长率 10.2%。甲醇制烯烃自 2014 年开始成为我国甲醇下游消费的第一大领域，且逐年攀升。此外，甲醇燃料由于其经济性、环保性，得到越来越多的关注，成为又一个发展潜力巨大的下游应用。

三、我们具备的实力

作为全国第一批 13 套小氮肥示范厂之一，明泉集团始建于 1958 年，中间经历了氮肥行业的大淘汰、大整合，已成为当年 13 套小氮肥示范厂中仅存的硕果。集团 2013 年 9 月份启动搬迁，并借搬迁之机实现了新旧动能转换和转型升级发展，先后投资 28 亿元、37 亿元建成 2 套洁净煤气化生产装置，还有 1 套（明化技改项目）2022 年下半年投产。集团现具备 200 万吨总氨醇生产能力，综合实力在省内 6 家政府支持发展的龙头企业中位列前三。从全国氮肥行业来看，明泉位于前 20 强，据中国氮肥工业协会统计，合成氨产能达百万吨的企业达到 20 家。随着明化技改项目明年投产，明泉合成氨产能和综合实力将跃居省内同行业第二位和国内同行业前十。

四、需要抢抓的机遇

落后产能退出腾出市场空间。到 2020 年底，全国合成氨行业未采用洁净煤气化技术的落后产能占比达到 53.9%，山东省合成氨行业未采用洁净煤气化技术的落后产能占到 32.7%。山东省对落后产能退出的要求是，到 2022 年，固定床气化炉淘汰率达到 90% 以上，尿素生产企业固定床气化炉全部予以淘汰。在"双碳"目标落实的压力下，明年落后产能退出的企业若想通过上马新项目恢复产能，项目立项难度之大将前所未有。省内落后产能将退出腾出大约 32.7% 的市场空间。

存量先进产能迎来发展良机。未来几年，随着"双碳"目标的落实，落后产能将加速退出，但产能新增基本停滞，而合成氨、尿素、甲醇市场需求在逐年增加，这将造成市场供应紧张，产品价格持续走高。这对于已经采用先进洁净煤气化技术的企业来说是一个难得的发展机遇期。预计在碳达峰目标实现之前，这个机遇期一直存在，将持续十年左右。明泉已建成 2 套洁净煤气化生产系统，明年又将有明化技改项目生产系统投产，届时采用洁净煤气化技术的氨醇先进产能将达到 200 万吨。根据我们的分析，预计碳达峰目标的逐步落地将给我们带来长达十年的发展机遇期。

强者恒强的时代已经到来。我们必须正确研判形势，发现其中蕴含的机遇。我们必须继续发扬自强不息的奋斗精神，继续保持奋发有为的锐气，持续优化提升生产系统，坚守安全环保底线红线，确保生产"安环稳长满优"运行，以抓住"双碳"所带来的发展机遇。

我们该如何践行新发展理念

2019 年 3 月，我们宣布明泉迈入快速、高质量发展的新阶段。而 2020 年明升达退城进园项目投产是集团推进高质量发展的一个重要里程碑。随着集团"十四五"规划的实施，"6＋N"产业体系雏形初具，我们对于"高质量发展"的内涵、路径与前景有了更加深入的思考。

"高质量发展"是中央在 2017 年首次提出，又在 2021 年的两会上被接连强调的：高质量发展必须长期坚持，它是"十四五"乃至更长时期我国经济社会发展的主题。经济高质量发展的前提是企业实现高质量发展。具体到我们企业，高质量发展应当是高科技、高效益、高收入的发展。所谓"高科技"就是企业强化创新驱动和科技支撑，自主研发突破核心技术，具备强大的技术实力和核心竞争力；"高效益"是指企业生产高附加值产品，具备可引领行业的市场地位，形成产业链头部优势，保持较高的利润水平；"高收入"是指以高效益作为支撑，企业员工收入高于本地区和同行业平均工资水平。三者之间是递进的关系，即高科技支撑高效益、高效益支撑高收入。至于如何实现企业高质量发展，国家层面提出的新发展理念对我们也具有重要的指导作用。

新发展理念即创新、协调、绿色、开放、共享的发展理念。我们要结合企业实际，理解把握其含义，发挥其指导作用。

一是强化创新驱动。2013 年集团启动搬迁至今，我们依靠理念创新、合作模式创新、技术创新、管理机制创新、企业文化创新，投资 28 亿元建成洁净煤气化项目，投资 37 亿元建成明升达公司退城进园项目，实现了企业新旧动能转换和转型升级发展。"十四五"期间，我们将强化创新驱动，以智能化为主要手段巩固提升氨醇基础产业；在此基础上，依托明泉研究院和北京、上海、成都等地研发中心，攻克功能高分子材料及电子化学品核心技术，在集团本部实施产业化，力争打造山东省最大的高端电子化学品产业基地，力争实现新一代半导体产业的自主可控。我们将全面发力中高端化学品和新材料产业，构建"2＋6＋N"产业体系，即2个综合园区加6大产业链加N个产品。2个综合园区是章丘园区、宁阳园区。6大产业链是绿色高效肥料产业链（简称"肥链"）、胺基新材料产业链（简称"胺链"）、甲醇下游产业链（简称"醇链"）、医药中间体产业链（简称"药链"）、光敏聚酰亚胺产业链（简称"PSPI链"）、聚苯硫醚产业链（简称"PPS链"）。N是指现有产品加上延链形成的多个新产品。

二是协调好基础产业与高端产业的关系。已建成的两套加压气化装置加上2022年建成投产的老系统技改项目每年可形成340万吨以上化学品的产能，这将构成公司长远发展的坚实基础。而进军高端新材料产业又势在必行，需要基础产业提供资金、技术、人才支持，二者之间需要掌控好节奏，协调发展。

三是坚持绿色发展。"从高从严从长远"的环保工作理念需要长期坚持，我们要顺应时代大势，着眼长远，高标准、严要求建设环保设施，加强环保管理，坚持走绿色低碳发展道路。

四是坚持开放发展。我们要始终以开放的心态和"走出去、请进来"的工作思路，打造开放式组织，积极引进外来资金、技术、人才和管理经验，规避熵增，保持活力。

五是坚持共享发展，我们要继续秉持"搭建平台、整合资源、科学发展、诚信共赢"的合作发展理念，与合作伙伴携手共赢；秉持以员工为本的理念，通过实施以模拟股金为核心的模拟股份制改革和KPI考核改革，让员工分享企业发展成果。

在新发展理念引领下，企业高质量发展的前景十分令人期待。2022年明化技改项目投产后，我们具备的产品产能是合成氨140万吨、尿素200万吨、甲醇70万吨、双氧水16万吨、甲醛5万吨、吡啶（含3-甲基吡啶）2万吨、均四甲苯2万吨、聚苯硫醚5千吨、二氧化碳30万吨、硫酸铵2万吨、硫酸2万吨、砌块砖30万立方米。三大加压气化平台形成的合成氨产能有望进入山东省前三位。我们将真正实现2000年提出的"百亿元规模"的目标，实现百亿元资产、百亿元规模的"双百亿"，年实现10亿元利税（5亿元利润、5亿元税收），员工收入也将进一步提高。"十四五"期间，我们要在高质量发展中扎实推进共同富裕，实现员工工资"十四五"末倍增的目标。我们要力争保持员工平均工资超过济南城镇非私营单位平均工资50%以上，超过山东省城镇非私营单位平均工资60%以上，并且成为济南市规模以上企业中办公和福利条件最好的企业之一。

坚持新发展理念，推进高质量发展，目标是共同富裕。"社会主义的初心、法治主义的管理、中华文化的精神"是我们对企业的构想和期许。我们坚持以员工为本，致力于员工物质财富和精神财富的双提升；我们坚持以开放的心态，兼收并蓄，融合东西方管理和技术的优点和长处；我们坚持将中华优秀传统文化融入企业文化，赋予中国企业以中国魂。工资倍增、福利优厚以至于共同富裕必须在高质量发展中得以实现，让我们坚持新发展理念，共同推动企业坚定走好高质量发展之路！

准确判断企业当前的发展阶段

  "高质量发展"是明泉"十四五"乃至更长时期内的发展主题。我们需要不断深化对"高质量发展"的认识，明晰"高质量发展"的目标和路径，对企业当前的发展阶段做出恰当的判断。

  立足于企业自身的资源和能力，我们制定了企业"十四五"时期的高质量发展目标，即到"十四五"末，集团年营业收入确保200亿元、力争300亿元，年利润25亿元以上，年人均营收800万元以上，年人均创利税80万元以上，其中基础产业年营收要实现翻一番，力争达到200亿元；产业链产值和贸易额应达到100亿—150亿元。要实现这个目标，我们总体的工作思路是用更低的能耗、更少的排放、更高的效率创造更多的价值，提高单位能耗增加值和亩均增加值；用更高科技含量、更高附加值的产品，满足中高端产品市场需求；用对外开放、整合资源的理念，整合上下游产业链，构建产业生态圈。在此目标指引下，我们的基础产业要通过智能工厂建设和技术改造，持续优化提升生产系统，使生产更安全、更环保，实现更高生产效率和效益；要向产业链下游延伸，优化调整产品结构，生产更高科技含量、更高附加值的产品，充分挖掘现有资源的盈利潜力。对于高端产业，我们要坚定信心，以全新的思维正确看待，加力推进PSPI和PPS两大系列高分子材料的研发和产业化；要积极寻求与国内外顶级研发人才和团队的合作，并适时引进战略投资者，快速推进全产业链生态圈的构建。

  以集团"十四五"发展目标作为参照物，我们就能对集团当前所处的发展阶段做出实事求是的判断：我们正处于集团高质量发展的初级阶段。集团 2021 年营收超过 70 亿元，人均营收达到 240 万元，年利润 5 亿元。这与"十四五"发展目标相比、与行业优秀企业相比都还有很大差距。基础产业方面，我们建成了两套加压气化生产系统，还有一套在建。即使三套系统全部建成，生产的产品也只是基础化工产品。为了充分利用已有资源、提高盈利水平，我们必将面临向下延伸产业链、调整优化产品结构的繁重任务。高端产业方面，PPS 项目一期年产 5 千吨装置在建，生产过程中可能还会遇到困难；PSPI 研发已近四年，产业化一期下半年投用，但离实现产业化以及商业化成功还有很多困难需要克服。虽说明升达退城进园项目投产标志着集团迈入高质量发展阶段，但 2013 年 9 月份启动搬迁至今也仅仅是"万里长征走完了第一步"，我们只是处于高质量发展的初级阶段。因此，我们必须牢记"两个务必"，常怀忧患之思，始终坚持自强不息、艰苦奋斗的精神，始终保持谦虚谨慎、不骄不躁的心态。实施 KPI 考核改革以后，部分人员收入有所提高，这是好事，但若出现过于乐观的苗头，就是"得意忘形"，好事就会变成坏事。我们要牢记收益是与企业发展挂钩的，企业发展是有风险的，还要知道只要共同推动企业高质量发展，收益还会有较大的提升空间，所以切不可小富即安、止步不前，要居安思危，奋发有为的锐气不能丢。

集团"十四五"的发展目标是切合实际的，是通过努力可以实现的。我们需要做的是，认清我们当前所处的发展阶段，沉下心来，脚踏实地，一步步推动基础产业优化提升，一步步推动高端产业取得突破。我们只有"步步前行，日日不止"，集团高质量发展的目标才能"自有到期"。

树立产业链思维

　　随着明化技改项目于 2022 年下半年建成，明泉集团基础产业将拥有明泉科技、明升达、明化三套加压气化装置，也将具备向产业链下游延伸的基础条件。2022 年 3 月 24 日，基于对企业内外部形势的分析判断，我们适时提出树立产业链思维，对基础产业延伸产业链进行谋篇布局，目的是推进企业迈向高质量发展阶段。

　　就明泉而言，所谓产业链思维就是不局限于单个产品，而着眼于产品上下游，致力于向下延伸产业链，开发中高端化学品，提高产品附加值，增强企业盈利能力。之所以现在提出产业链思维，是因为现在已经到了必须着手进行产业链延伸工作的时候了。从国家和行业层面来看，一方面是"两高"行业产能受到严控，随着"双碳"目标逐步实施、碳排放总量和强度"双控"，"两高"项目审批持续收紧；另一方面是我国制造业迫切需要迈向产业链中高端，中美贸易摩擦、"逆全球化"、新冠肺炎疫情、俄乌冲突等事件都凸显出产业链安全稳定的战略意义和重要性，而产业链中高端是当前我国制造业的短板和痛点。在这样的大形势下，我们明泉基础产业的发展只能是向产业链下游延伸，而不是继续上基础产品大项目、扩大基础产业产能规模。从我们企业自身来看，如果我们仅仅是做合成氨、尿素、甲醇等基础产品，待两三年后加压气化技术成本优势不再，我们将成为制造业的"末端"，辛苦付出，却收入微薄；我们企业将沦为制造业的"第一产业"，占用大量社会资源和能源，却创造不出与之相匹配的经济社会价值，到头来只是"为他人作嫁衣裳"。搬迁八年多的时间，我们历尽艰辛、浴火重生，不能甘心只做处于产业链底层、社会地位低下的"打工仔"。如果我们止步不前，就是对我们八年多拼搏努力和辛苦付出的辜负。我们必须推进基础产业向产业链下游延伸，提高产品附加值，大幅提高企业盈利能力和水平。只有这样，才可能实现"十四五"发展目标，才可能实现企业高质量发展，才可能如期实现员工工资倍增计划。

基础产业向下游延伸产业链是必要的，也是切实可行的。我们企业三套加压气化装置所具备的产能规模、成本优势足以支撑产业链延伸。而且产业链延伸是被先进企业发展实践证明了的正确发展道路，如万华化学、华鲁恒升等。产业链延伸是围绕化工和新材料主业开展的相关多元化，将成为企业主业的重要组成部分。我们要坚持深耕主业、做精主业、做强主业，搞相关多元化，不能脱离我们的优势去搞其他非相关的多元化。我们还要认识到基础化工产品和下游中高端化学品的差别。与合成氨、尿素、甲醇等基础化工产品不同，中高端化学品具有市场容量小、成长快、生命周期短、附加值高，技术门槛高、获取难度大，项目建设投资强度小、周期短、风险大等特点。这些特点对我们工作提出了新的更高要求。

要做好基础产业的产业链延伸，我们需要着力做好以下几个方面的工作。一是有针对性地加强学习，拓展认知边界。中高端化学品生命周期较短的特点要求我们提高快速决策能力，缩短决策时间，以及时抓住市场机遇。二是按照"小产品、大市场、高占比、有优势"的指导方针，筛选出有广阔市场前景、与企业现有产业相关、能够发挥企业比较优势的中高端产品。三是强化平台思维，按照"搭建平台、整合资源、科学发展、诚信共赢"的理念，以开放心态主动对接具有研发能力、掌握关键技术的市场主体，从我们自己搭建平台到与其他市场主体共同搭建平台，以资本为纽带开展合作，快速推进项目建设。四是更加重视市场开拓，中高端化学品市场容量小且大多需要针对客户需求个性化定制，这就要求我们强化"以客户为中心"的理念，围绕客户需求做好市场开拓。五是引进高端人才，技术引进、消化、提升和产业化项目建设都需要高端人才，我们要采取更加灵活的方式引进人才，采用更加有效的激励措施用好人才。

基础产业的产业链延伸是"新三高"战略在基础产业领域的贯彻实施，是"三岛一圈"理念落地的具体措施，是坚持"四个基本"、巩固基础产业的必然举措，是企业发展模式由规模扩张型转向质量效益型的必然要求，是企业迈向高质量发展的必由之路。让我们树立产业链思维，以明泉科技一头多尾改造为开端和标志，着力做好基础产业的产业链延伸工作，推动企业高质量发展，为把明泉打造成为高端材料领域具有国际水平的隐形冠军企业开好头、起好步。

树立行业老大思维

对于新产品筛选，我们提出了"小产品、大市场、高占比、有优势"的指导方针。集中度不断提升是行业发展的必然趋势和基本规律。基于此，我们认为"高占比"不仅适用于新产品筛选，也适用于集团存量高端化学品板块巩固、基础产业延链和高端产业成长。"高占比"就是在细分市场当行业老大。我们要顺应行业发展规律，树立行业老大思维，提前预判，奋发有为，构筑企业长期竞争优势。

我们必须争取当行业老大。行业老大是在行业内产能规模和市场占有率占绝对优势的企业。就我们企业而言，树立行业老大思维就是企业的中高端化学品和新材料产品要在各自细分行业争当老大。我们要深刻认识到当行业老大的必要性。我国正处于后工业化向现代化的转型期，大多数中高端产业仍处于群雄逐鹿的增量时代，未来发展的必然趋势是行业集中度逐步提高，逐步进入存量竞争阶段，最后进入三足鼎立甚至一家独大的时代。这一趋势已被发达国家的市场经济发展史所证明。我们如果不当行业老大，总会有人当。行业老大将以绝对的优势胜过其他企业，最大限度地占有生存空间。行业老大可以凭借足够大的产能规模取得成本优势，可以凭借足够大的市场占有率赢得掌控市场的话语权和主动权，可以凭借头部企业优势吸纳更多优质的经济资源，单个企业的盈利占到全行业总额的 50% 以上。要么当老大引领行业，要么不当老大被淘汰出局。我们必须选择前者。

我们要巩固成果、扩大战果。我们树立行业老大思维的目的在于构筑企业长期竞争优势。为此，存量板块要巩固成果，新增板块要扩大战果。存量板块是指明化新材料的高端化学品。存量板块不能满足于现状，要以攻代守、巩固成果，积极采用新技术增加产能，甚至新上装置扩大产能、提高质量、降低成本，凭借规模和成本优势超越对手、抢占市场，坚持不断地把产业做深做大，做行业的头部企业。

新增板块是指 PSPI 和 PPS 两大系列高分子材料、基础产业向下游延伸的中高端化学品和高分子材料。新增板块扩大战果需要做好以下工作：一是按照"小产品、大市场、高占比、有优势"的指导方针，考察筛选新产品和新技术，不断采用先进技术，确保做到高质量、低成本。二是以当行业老大为目标，规划项目产能。三是按照"为客户创造价值"的理念，凭借规模、质量、技术优势，深入做好市场开拓，确保项目投产后市场占有率行业第一。四是进一步深化和贯彻"搭建平台、整合资源、科学发展、诚信共赢"的理念，从自己搭建平台到与合作伙伴共同搭建平台，以资本为纽带开展合作，以资本链促产业链，同时整合资源补短板，引进先进技术、高端人才等资源，快速推进产业发展。五是采取"单点突破、纵深推进、横向扩张"的战术，集中人力、财力、物力实现单点突破，然后通过纵深推进、横向扩张迅速扩大战果，不断巩固自身的优势。以 PPS 为例，PPS 一期建成投产是单点突破，然后立即启动二期建设和明升达年产 3 万吨项目是横向扩张，同时以高性能 PPS 树脂为基础，通过不断改性切入下游市场是纵深推进。六是为构筑长期的竞争优势，我们要根据市场容量和竞争态势，在行业未达到寡头垄断阶段前持续扩大产能规模；通过技术升级，持续提高产品科技含量和质量、降低成本；通过做深做透细分市场，持续提高市场占有率、巩固市场地位。总之，"做行业老大"的思维要成为存量板块巩固、基础产业延链和高端产业发展的指导思想。

社会发展和行业发展的规律告诉我们，要想在未来构筑长期竞争优势，就要从当下开始奋发有为，抢先占据赛道。存量板块不能小富即安，新增板块要有雄心壮志。我们要秉持自强不息精神，树立行业老大思维，以时不我待的紧迫感、敢于胜利的精气神、舍我其谁的大气魄，持续向行业之巅攀登。

我们处于企业高质量发展的初级阶段

随着明化技改项目投产，集团基础产业布局将收官，三套加压气化系统的产能规模将跻身省内行业前列，企业盈利水平将显著提升，发展风险将大幅降低。尽管如此，我们仍处于企业高质量发展的初级阶段。这是当前集团发展的最大实际。从这个实际出发，我们才能正确把握集团未来发展的目标、任务和节奏。

一、集团高质量发展及初级阶段的含义

首先要对"高质量发展"及其"初级阶段"有个清晰的认识。"高质量发展"是"十四五"乃至更长时期我国经济社会发展的主题。具体到明泉集团，高质量发展应当是高科技、高效益、高收入的发展。所谓"高科技"就是强化创新驱动和科技支撑，研发、掌握关键核心技术，具备强大的技术实力和核心竞争力；"高效益"是指生产高附加值产品，取得市场主导地位，成为产业所处行业头部企业，保持较高的利润水平；"高收入"是指以高效益作为支撑，员工收入高于当地社会平均工资水平。三者之间是递进的关系，即高科技支撑高效益、高效益支撑高收入，以高收入集聚人才并推动企业高质量发展。集团高质量发展的"初级阶段"是指集团逐步摆脱相对落后状态、开启实现现代化的发展阶段。现代化是吸纳现代先进思想和科技，以跻身时代主流甚至前沿，并顺应未来时代发展趋势的一个过程，是一个相对概念。现代化之于明泉就是吸纳现代先进的理念、技术和管理为我所用，凭借较强的产品竞

争力和领先的企业管理水平跻身行业前列，并构筑决胜未来的核心竞争力的过程。集团高质量发展的"初级阶段"包括三层含义：一是集团已开启高质量发展阶段，二是集团的高质量发展还处于初级阶段，三是集团高质量发展初级阶段的目标和终点是全面实现现代化。

二、集团已开启高质量发展阶段

至 2022 年 5 月，经过搬迁以来九年的持续努力，集团已经开启高质量发展阶段，主要体现在以下方面：一是集团发展基本上做到了与国家经济发展阶段同步，赶上了工业化的"末班车"，我们采用先进的加压气化技术建成三套加压气化装置，实现安全、环保、高效生产，恢复了盈利能力，合成氨产能规模进入省内行业前列，筑牢了集团下步发展的基础。二是我们确立并实施"新三高"战略，推进 PSPI、PPS 两大系列高分子材料研发和产业化，已取得相当进展。PSPI 突破实验室制备技术，产业化一期已建成投产，产业化二期建设将启动。PPS 项目一期 2023 年进入开车调试阶段。三是跨入精细化工领域，吡啶和 3-甲基吡啶的质量和市场占有率均位于行业前列，要不断扩大市场份额。四是我们不断完善公司治理结构，建立了股东会领导下的董事会、监事会、经理层"三权分设、三位一体"的公司治理体系，对各事业部按照"激励机制＋流程管控"的原则实施管理。五是持续夯实基础管理，生产、安全、环保、供应、销售等各方面的管理水平得到大幅提升。六是创造性提出并实施模拟股份制，有效地激发出企业内生动力。七是大力推进智能工厂建设，智能财务、智慧物流、智能人事、云招采平台、智能出入库、明秀云智能网络货运平台等系统的建立有效提升了企业管理水平。八是制度化开展优秀传统文化集体学习，起到了统一思想、提升认知的作用，打造了一个凝心聚力、团结奋进的团队。这九年的努力不仅让明泉浴火重生，更让明泉开启了高质量发展阶段。对明泉这九年取得的发展成绩，对全体明泉人的辛苦付出，是毋庸置疑的，必须予以充分肯定。同时，我们也要清醒地看到明泉与先进企业的巨大差距，明泉的高质量发展仅仅是处在初级阶段，还是相对落后状态。

三、集团高质量发展还处于初级阶段

（一）产品结构以基础化工产品为主

基础产业的合成氨、尿素、甲醇等产品属于最基础的化工产品，处于产业链的最前端和价值链的最底层，技术门槛低，附加值偏低，盈利能力较弱。

（二）精细化工产品营收占比较低

精细化工板块产品规模偏小，在集团营收中的占比小，吡啶、3-甲基吡啶、均四甲苯还未形成市场主导地位。

（三）高端产业发展处于起步阶段

PSPI 产业化要达到质量达标、批次稳定还需要不断摸索和积累。PPS 项目一期开车后要实现达标稳定生产还需要解决一系列技术难题。

（四）高端产业管理还在探索阶段

基础产业积累的管理经验不完全适用于新材料的开发，必须建立适应新材料开发特点和规律的管理模式。一是研发管理尚未形成科学完善的制度和流程体系。二是研发人员的激励和考核无经验可循，还在不断探索。三是各项管理体系有待建立。四是研发和产业化的人才队伍还需完善。

（五）基础产业生产管理存在差距

基础产业的硬件水平已经走在行业前列，但管理水平与先进企业相比差距较大。一是在精细化、规范化、标准化、制度化等方面与业内先进企业差距明显。二是存在不靠现场、执行不到位、岗位考核不量化等问题。三是生产系统还有进一步优化调整的空间，生产系统的产量、物料消耗和能耗等指标与行业先进值有差距。

（六）智能化建设跟不上发展节奏

自 2019 年以来，我们持续推进智能工厂建设，取得一定成绩，但智能化建设落后于集团发展节奏，离黑灯工厂和统一的数据共享平台还有很大距离。一是缺乏智能化总体规划，导致智能化建设的目标和步骤不明确，工作总体推进较慢，且出现各单位系统建设各自为政的问题。二是智能生产未实现，基本未建立先进控制、设备预测性维护等系统。三是智能管理系统（智能财务、智能人事、云招采平台、智慧物流、明泉竞拍等）取得初步成效，但各系统之间未完全打通，且需要优化提升。

（七）管理思想和方式落后于时代

集团管理总体上延续了老国企的管理风格，管理思想、方法和工具与现代化的企业管理存在很大差距。一是管理人员大多观念陈旧落后。二是管理偏软，存在"老好人"现象，执行力不足。三是集团现代化的制度和流程体系未完全建立起来，"人治"成分偏多，离靠制度流程自运行（无为而治）还有较大差距。四是"四个基本""产业链思维""以创造者为本"等理念提出后还有待深入贯彻。

（八）人力资源管理激励作用不足

人力资源管理还停留在传统的人事管理阶段。一是在贡献价值评价方面还未建立起较细致、可量化的绩效考核体系，未能为价值分配（包括薪酬、晋升、奖惩等）提供依据，分配的激励作用发挥不充分。二是人才队伍年龄结构不尽合理，平均年龄偏大。三是青年员工培养未形成长效机制。四是人才队伍尚不能满足集团高质量发展的需要，缺乏管理高科技企业的经验、素质和能力。

（九）企业文化建设需进一步提升

集团搬迁以来，提出一系列经营管理理念，对集团发展起到指导作用，员工思想认知明显提升，但离成熟的文化体系还有较大差距。一是在"以文化人"方面，对优秀传统文化要义的解读不深入，离"知行合一"还有相当差距，与现代企业管理的结合还在探索阶段。二是在"依法治企"方面，"依法治企"理念未通过建立现代化的管理体系予以全面贯彻，管理体系建设与先进企业相比存在很大差距；合规意识欠缺，未贯穿到合同洽谈、签订和履行的全过程。

（十）企业整体盈利能力和水平较低

集团当前的产品结构以基础化工产品为主，盈利也主要依靠基础化工产品，盈利能力较低，再加上财务负担重，整体盈利水平与先进企业相比差距还很大，这是企业处于高质量发展初级阶段的集中表现。

四、集团高质量发展初级阶段的目标和任务

全面实现现代化是集团高质量发展初级阶段要实现的目标，也是初级阶段的终点。我们要力争在"十四五"末即 2025 年，实现明泉的初步现代化。我们离明泉现代化——强大的产品竞争力、领先的企业管理水平、决胜未来的核心竞争力还有很大差距。对照目标找差距，就能明确我们 2022 年当前和未来三年的工作任务。

（一）发展理念现代化

自 1958 年建厂至今，如果以 2016 年底提出"新三高"战略为里程碑，前面的 58 年以基础化工产品为主，后面的 6 年时间我们逐步深入认识高端化学品和高分子材料。基础化工产品与高端化学品、高分子材料有着截然不同的产品、技术和行业特点，因此其发展理念也迥然相异。用基础产业发展经验指导新材料板块必会出问题，我们必须建立适应新材料板块特点和规律的发展模式，这需要我们尽快完成发展理念的现代化。我们已经提出了"小产品、大市场、高占比、有优势""为客户创造价值""创造高端材料，推动智能时代""以客户为中心，以创造者为本，谦虚谨慎戒骄""四个基本"以及树立产业链思维、树立行业

老大思维等一系列的新发展理念。接下来，为了全面实现明泉现代化，我们将进一步丰富初级阶段的发展理念，以完成发展理念的现代化。

（二）发展模式现代化

发展模式现代化就是推动企业发展模式由规模扩张型向质量效益型转变。有两方面的含义：一是强化创新驱动。搬迁以来，集团基础产业之所以能实现规模快速扩张，主要依靠复制现有的工艺技术。但随着国家经济由工业化转向现代化、产业政策对"两高"项目的严控，单纯依靠复制快速发展的工业化时代已一去不复返。我们只有自主研发新技术、新工艺，依靠创新驱动发展。二是优化产品结构。提高企业发展的质量与效益要求我们必须优化产品结构，提高产品附加值。基础产业在装置优化、提升管理的同时，要贯彻产业链思维，推进产业链延伸，开发中高端化学品，提高产品附加值；精细化工板块要贯彻行业老大思维，进一步扩大产能，以规模化和高质量产品抢占市场，争当行业老大；高分子材料要集中力量首先推进单个产品突破产业化，然后通过纵深推进、横向扩张迅速扩大战果，抢占市场，争当行业老大。经过以上努力，我们要争取到 2025 年实现中高端产品年销售收入占比达到 1/3 以上，利润占比达到 50% 以上，实现集团盈利能力质的提升，完成集团发展模式由规模扩张型向质量效益型的转变。

（三）技术研发现代化

主要有三个着力点：一是针对研发人员，贯彻"以创造者为本"的理念，创新激励机制，建立行之有效的考核评价和薪酬制度，激发研发人员的主观能动性和创造力。二是探索建立研发管理体系，规范研发流程，提高研发效率，控制研发风险。三是切实发挥明泉研究院的前沿引领作用。借助山东产研院等平台招揽高端人才，促进 PSPI 和 PPS 系列高分子材料的研发和产业化，并按照"小产品、大市场、高占比、有优势"的指导方针，筛选和研发新技术、新产品，将技术引进和自主研发相结合，努力做到"投产一批、研发一批、储备一批"，确保集团竞争力始终保持行业领先水平。

（四）公司治理现代化

一是坚持和完善股东会领导下的董事会、监事会、经理层"三权分设、三位一体"的公司治理体系，不断建立完善体系化的激励机制和管控流程，确保做到决策科学、执行高效、监督有力、活力焕发。二是以入驻明泉大厦为契机，进一步完善集团化管控模式，优化组织架构，对各事业部做到充分授权与有效监督的相结合，建立起行之有效的企业内控体系，并对各职能部门与各事业部之间的职责划分进行优化调整，确保职能部门与事业部之间、事业部与事业部之间协同高效运行。

（五）管理思想现代化

要实现管理现代化，首要是做到管理思想现代化。一是传承在集团搬迁以来的发展过程中形成的企业文化理念，坚持"四个基本"，落实好"答案在现场、现场有神灵"、严格管理、以安全环保为核心、整体安全观等各项管理理念。二是加强管理人员培训。通过系统化学习，建构完整的现代化企业管理知识体系，树立对现代化企业管理的正确认识。明泉大厦投用后，我们将以明泉书院为专门培训机构，开展针对各类人员的系统化培训。三是系统学习先进企业某方面（如研发管理、质量管理、供应链体系）的理念和做法，结合企业实际，先僵化、后固化、再优化，快速弥补短板或优化现有的制度流程。四是贯彻"整合资源"的理念，整合外部优秀的管理思想、方法和人才，或邀请专家提供指导或授课，或邀请专业机构进行诊断、量身定制优化提升方案，帮助我们了解、掌握最新的管理理念和做法，实现管理思想的现代化。

（六）人力资源管理现代化

人力资源管理现代化就是把握现代人力资源管理的特点，以先进的理念和有效的机制、制度，激发出企业内生动力和活力。一是要在完善提升招聘、培训、选拔等工作基础上，构建以价值创造、价值评价、价值分配为主体的现代人力资源管理体系，通过客观公正的价值评价和公平合理的价值分配，激发员工全力以赴创造价值，形成全力创造价值、科学评价价值、合理分配价值的闭合循环，发挥好人力资源管理的激励作用。二是对于 PSPI、PPS 等新材料板块，切不可墨守成规，要解放思想，开拓创新，以行之有效的制度和措施落实"以创造者为本"的理念。以上两点实现的途径可以是选择对标企业，系统学习其管理体系，或邀请高端专业咨询机构帮助构建人力资源管理体系。

（七）财务融资现代化

一是财务现代化。借助智能财务平台，优化人员配置，减少大量非增值的事务性环节，使财务人员从繁琐重复的劳动中解脱出来，聚焦管理分析、风险识别监控等工作，为集团的战略、管理、经营提供数据支持。二是融资现代化。推进实施资产资本化、资本证券化，从目前的金融机构间接融资为主逐步转向直接融资为主，降低融资成本和资产负债率。资产资本化方面，将资产转化为资本，盘活存量资产，开展产业链合作，构建产业生态，快速推动延链工作。资本证券化方面，积极推进明化新材料公司和明士新材料公司的上市工作，彻底改变当前主要依靠金融机构融资的模式，降低企业财务负担，消除企业融资风险。

（八）供应链体系现代化

供应链体系是以满足客户需求为目标，链接上下游核心企业，实现研发、采购、生产、销售、物流等全过程的高效协同。我们尚未建立起现代化的供应链体系，存在协调点多、线下操作多、信息系统未完全对接整合等问题。尤其是随着 PSPI、PPS 等新材料产品面市，要贯彻"以客户为中心"的理念，就需要从客户端的需求开始，串起研发、采购、生产、销售、物流等全流程，最终又回到客户端、满足客户需求，做到端到端整个闭环的顺畅高效。一是构建现代供应链体系。借助专业咨询机构的力量，优化和理顺供应链上生产单元、煤炭供应部、物资供应部、招标中心、销售公司、明秀物流、煤炭储运公司等单位的职责划分和工作流程，达到职责清晰、协同高效、减少协调、人员精干的目标。二是建立智慧供应链体系。在云招采平台、金蝶云星空进销存模块、明泉竞拍、智慧物流、明秀云智能网络货运平台等现有系统互通和优化提升的基础上，致力于建立智慧供应链体系，实现产供协同、供应商管理、招标询价、合同管理、销售管理、物流管理等全过程的数字化管理，切实做到业务公开、过程受控、全程在线、永久可追溯，进一步落实"阳光工作、高效明泉"的理念。三是实施供应商全生命周期管理。利用集团智慧供应链体系平台，对供应商的开发、引入、考核、淘汰等全过程进行标准化、流程化、数字化管理，减少人为干预。四是随着集团盈利情况改善，煤炭采购需提升长协合作的深度，最大限度降低采购成本；物资采购需坚持"长协＋直采＋线上"，着力开发国内供应商，替代进口，规避供应链风险，确保供应链安全稳定。

（九）智能管理现代化

总体目标是在智能化总体规划的指引下，查缺补漏地进行系统建设，将集团全部业务纳入系统，建立集团智能化综合管理平台，消除信息孤岛，减少手工录入，实现无纸化办公，提高工作效率和安全系数，为管理和决策提供数据支持。我们将完成集团智能化综合管理平台的总体规划，明确总体架构及各层次（从下往上依次是智能设备层、智能控制层、生产运营层、经营管理层、决策层）需要建设的信息系统，明确信息系统的建设步骤，规避建设风险和投资风险。从目前来看，一是智能出入库、智能煤棚、自动装车等都属于智能设备层，接下来还会有智能巡检等，智能设备实施周期较短、见效快，可替代人工、大幅提高效率和安全性。二是现有的分散控制系统（DCS）、安全仪表系统（SIS）等属于智能控制层，制造执行系统（MES）属于生产运营层，在优化提升的基础上还将建立先进控制系统，提高设备自控率，实现黑屏操作乃至黑灯工厂；还将建立设备预测性维护系统，监测设备运行状态，捕捉故障信息，提高设备的计划检修率和利用率；还将建立安全生产智能管理系统，实现智能视频监控、人员定位、特殊作业全过程管控、在线安全培训教育、证件电子档案、线上风险管控和隐患排查等功能，支持电脑、手机等多种终端登录使用，提高安全管理水平。三是现在已投用的智能财务、智能人事、云招采平台、金蝶云星空进销存模块、明泉竞拍、智慧物流、明秀云智能网络货运平台属于经营管理层，接下来我们需要在用好这些系统的基础上，做好各系统之间的互联互通。四是在决策层建立智能决策支持系统，整合各系统的数据，以直观的图形化界面，为管理层决策提供及时、准确的生产经营数据支持。我们要通过智能化建设，推进"机械化换人、自动化减人、智能化无人"，提高劳动效率和人均营收，提升企业本质安全水平和管理水平。同时，智能化建设的过程也是管理变革的过程，我们要以"三化融合"为总抓手，以智能生产和智能管理系统建设为契机，完成流程再造和优化，建立完善配套制度，并进一步明确相关部门的岗位设置及职责，以快速完成制度流程的现代化。

（十）企业文化现代化

企业文化现代化就是做好中华优秀传统文化在现代企业经营管理中的创造性转化。我们要坚持和贯彻"以文化人、依法治企"的理念。一是进一步挖掘优秀传统文化在个人修养、组织管理等方面蕴含的智慧，并且正确认识和把握现代企业的本质，围绕集团高质量发展目标，推进优秀传统文化智慧与集团经营管理的有机融合。二是强化法治思维，对标学习先进企业做法，建立完善集团管理机制、制度和流程，用规则和制度守望明泉，逐步实现无为而治自运行；构建集团合规管理体系，提升集团依法合规经营管理水平，有效防范合规风险，保障集团持续健康发展。三是汇集集团发展理念、管理思想，提炼集团经营管理哲学，不断完善丰富企业文化体系，形成明泉集团基本法（2023年年底完成），作为我们必须长期坚持的指导思想。

五、结语

毛泽东曾指出："认清中国的国情，乃是认清一切革命问题的基本的根据。"之所以会发生这样那样"左"的和"右"的偏差，很重要的原因在于对中国的国情缺乏清醒准确的认识，导致决策脱离实际。认清国情，最重要的是搞清楚社会所处的发展阶段。企业发展也是如此，只有认清企业的发展阶段，我们才能切合实际、实事求是地制定发展目标、明确工作任务。这是我们提出集团处于高质量发展的初级阶段的重要意义所在。

据中国氮肥工业协会的统计，2021年全国合成氨产能5 200万吨，其中气头约占20%，固定床工艺约占24%。从这个数据能看出，工业化时期落后的固定床工艺产能正在加速退出历史舞台；随着加压气化技术的普及、行业集中度的提高，我们即将迎来层次更高、烈度升级的市场竞争。为了能在未来的竞争中胜出，我们必须推动明泉全方位提升，尽快实现明泉的现代化。

处于明泉高质量发展初级阶段的我们，既不能妄自菲薄，也不能骄傲自满；既不能小富即安，也不能好高骛远；既不能松懈怠惰，也不能急功冒进。我们应当做的是坚持"四个基本"，牢记"两个务必"，保持战略定力，找准发展坐标，静下心来，实事求是，用结硬寨、打呆仗的笨功夫，扎实做好初级阶段的各项工作，推动明泉全面实现现代化，构筑决胜未来的核心竞争力，去迎接明泉高质量发展的高级阶段。

以资本链促产业链，构建利益共同体

2022 年 9 月，基于对明泉当前经营形势的分析判断，我们认为在明泉现阶段和未来发展过程中要树立构建利益共同体的理念。关于利益共同体的含义以及构建利益共同体的必要性和具体路径，需要我们不断思考、探索和总结。

所谓利益共同体就是双方或多方以利益为纽带组成的、使各方利益方向趋于一致而追求互利共赢的行动体。世界上最稳固的关系就是利益共同体。不建立在利益基础之上的关系往往是脆弱的。当然，利益不仅仅是经济利益，还包括权利、名誉、地位、工作平台等所有能满足人类自身需求的事物。但对于作为商业组织的企业而言，最重要、最主要的利益还是经济利益。企业之间组成的利益共同体主要以经济利益为纽带，其中尤以资本纽带关系最为稳固。明泉现阶段寻求构建利益共同体的必要性：一是解决投入压力大的问题。明泉启动搬迁以来的九年是对外融资进行重投入的九年，总投资额超 100 亿元，这导致我们财务负担较重，资金链承受较大压力。在这样的形势下，仅靠自身投资谋求进一步发展会加大资金链的压力和风险。我们需要通过对外合作，构建利益共同体，共同投资，减轻我们的投入压力，解决资金短缺和企业发展之间的矛盾。二是整合资源的需要。不管是基础产业的巩固、优化、提升，还是高端产业的研发、产业化，除了需要资金投入，还需要技术、市场等资源。我们可通过构建利益共同体整合技术、市场等资源，推动明泉快速高质量发展。三是构建产业链的需要。未来的竞争将不再是企业与企业之间的竞争，而是升级为产业链与产业链之间的竞争。我们需要以产业链思维，与优质供应商、客户形成利益共同体，共同构建产业链，以达到稳定供应链和产品市场的目的。

构建利益共同体的具体路径是以资本链促产业链，即以资本合作推动产业链发展。对于基础产业的产业链延伸（如甲醇下游延伸制碳酸二甲酯）、高端化学品的补链强链延链（如吡啶的扩能及补链、延链）、高分子材料的产业链打造（包括 PSPI 和 PPS 的研发和产业化），我们都要树立构建利益共同体的理念，通过寻求资本合作，快速推动产业链发展。通过资本合作结成稳固的利益共同体只是手段，推动产业链发展才是最终目的。因此，对于合作对象的选择，一定要贯彻产业链思维，一般情况下不选择纯财务投资者，而要寻求与明泉所在产业链上的国内头部企业（至少是行业内综合实力排在前三的企业）开展合作，联大联强，着力推进建链、补链、延链、强链。在链上的头部企业中，我们要选择对接规模大、管理水平高、具备竞争优势、发展理念接近、发展思路吻合的企业。对于合作方向的选择，在产业链纵向上，向上延伸与关键供应商开展资本合作，可稳定供应链；向下延伸与关键客户开展资本合作，可开拓并稳定销售市场。在产业链横向上，与兄弟企业开展合作，可保持良性竞争，共同创造良好的生存空间。

构建利益共同体不仅是明泉当前发展的现实需要，也是明泉未来发展的重要指导理念。构建利益共同体的理念与明泉开放、共赢、整合资源的理念一脉相承。我们要树立构建利益共同体的理念，以资本链促产业链，与优秀企业携手同行，共同推动产业链发展，以更好更快地实现明泉高质量发展的目标。

附　录

附录一

解惑：
创新求变，知行合一

本附录通过十个小专题，详细介绍企业管理与优秀传统文化的 100 个问题，涵盖企业经营管理的诸多方面。也对前 10 章内容作了重要补充，对于我们将中华优秀传统文化运用于企业管理、修身齐家的理论和实践大有助益。

以道驭术

一、天行健，君子以自强不息

语出《周易》，意为天（即自然）的运转刚健向上，君子应效法天道，自我力求进步，奋发进取，永无止息。明泉 1958 年建厂，到 2018 年已整整走过 60 个年头，期间经历了"大跃进"、"文革"、改革开放、市场经济、国企改制、行业产能过剩、搬迁重建、转型升级等历史阶段。明泉之所以能够克服重重苦难、步履坚定走到今天，靠的是明泉人自强不息的精神品格。"自强不息"精神要求我们不拘泥于陈规，因时而变，随事而制，锐意改革，奋发有为。因此，我们正在推进的三项制度改革从根本上说是对"自强不息"精神的传承和贯彻。我们要通过企业文化重塑，调动起大家只争朝夕的精气神，统一思想、凝聚共识；通过用人制度改革，推进领导干部能上能转能下，打造一支充满活力、健康向上、风清气正的干部队伍；通过分配制度改革，以奋斗者为本，实施模拟股份制改造，促使收入分配更加公平合理。"自强不息"的奋斗精神将通过三项制度改革熔铸于明泉的企业文化和企业制度之中，并不断传承下去。

二、大道之行也，天下为公，选贤与能，讲信修睦

语出《礼记·礼运篇》。原意是在大道得以施行时，天下为人民所共有，要把有德行和才能的人选拔出来，带领民众建立诚信、和睦的社

会。那大道如何才能得以施行呢？只有天下人都有一颗先人后己的利他之心，也就是公心，大道施行的社会才可能成为现实。反之，如果人人都是自私自利、唯利是图，那结果只能是互相争夺倾轧，所谓的"大同社会"就是镜中花、水中月。这个道理放到企业里，同样适用。一个企业里人人都打着自己那点小算盘，没有为企业谋发展的公心，不能真诚相待，搞"办公室政治"那套，相互之间拆台暗算、请客送礼，那企业还有什么发展前途可言！"大道之行也，天下为公"不是一句大话、空话，我们正在将它贯彻到企业的方方面面。我们通过企业文化建设，培养以利他之心为核心的正知正见，树立正确的思维方式；我们通过制度设计力求公平公正，让奋斗者脱颖而出，让奋斗者劳有所得。而所谓"选贤与能"正是我们"用人制度改革"的目的。"讲信修睦"就是我们常讲的"真诚、和谐、友爱"的工作氛围。我们要借助三项制度改革，选拔出德才兼备的领导干部，打造一支"召之即来、来之能战、战之必胜"的胜利之师，确保明泉不断从胜利走向胜利。

三、选贤与能

贤、能二者之间的关系就是德行与才能之间的关系。关于德才之间的关系，司马光在《资治通鉴》中写道："君子挟才以为善，小人挟才以为恶。挟才以为善者，善无不至矣；挟才以为恶者，恶亦无不至矣。"君子与小人的区别在德行，德行决定了才能施展的方向。德行也就是稻盛和夫所说的思维方式，只有思维方式正确，一个人的能力和热情才会在正确的方向上施展，事业和人生才会有好的结果，否则只会在邪路上越走越远，最终自食恶果。身为领导干部，尤其是掌握各种权力的管理人员，一定要深入学习体悟优秀传统文化，在德行上做到持身以正，时刻绷紧廉洁自律之弦，千万不要等到面对惩处时再痛哭流涕，悔之晚矣。简言之，德行指引才能施展的方向，起到决定性作用。德才兼备、以德为先是我们坚持的选人用人原则。

四、以道驭术：道是河流，术是船

"以道驭术"最简单的解释是以道来承载智术。"道"和"术"的含义是多层面的，因此"以道驭术"的含义也是多层面的。在最高层次的"以道驭术"中，"道"指的是大道，"术"是在工作生活中处理具体问题的判断和选择，以大道指引工作生活中处理具体问题时的判断和选择就是"以道驭术"。"大道"是一种真实存在的纯善力量，是宇宙间万事万物的源头，也就是稻盛和夫所说的存在于宇宙间的"促使万物生生不息、绵绵不断生长发展的意志和力量"，也就是我们所说的蓬勃向上的"上升律"。这种纯善的力量客观存在，主宰着世界运转，顺之者昌，逆之者亡。人只有在工作生活中循道而为，才能收获成功的事业和幸福的人生。"道"并非虚无缥缈，就在优秀传统文化中。我们要通过学习优秀传统文化，去认识、领会和践行"道"。如果将"术"比作船，那"道"就是河流。船一旦离开河流的承载，就会搁浅迷失、进退失据，这就是"道"与"术"的关系。

五、格物致知，诚意正心，修齐治平

语出《礼记·大学》的八目——格物、致知、诚意、正心、修身、齐家、治国、平天下。修身是这八条目的核心，是格物、致知、诚意、正心功夫的落脚点，又是齐家、治国、平天下的始发点。改变世界从改变自己开始，这是我们优秀传统文化的智慧之一。威斯敏斯特教堂那块无名氏墓碑名扬世界，凡是去大教堂的人，可以不去参观那些曾经显赫一时的英国国王墓碑和牛顿等世界名人的墓碑，但没有不去参观无名氏墓碑的，没有不被碑文所折服和震撼的。那是一个人"行将就木"时的幡然醒悟，只可惜为时已晚。与之相比，我们是幸运的，因为我们已经通过学习优秀传统文化知道了这样的道理，那为什么不将其贯彻于工作生活中呢！学习优秀传统文化就是格物致知、诚意正心的过程，是达到修身目标的途径。自身真正从中受益了，自然会惠及家人和同事，家庭因此而和睦、团队因此而和谐，所谓的"齐家"是自然而然的事情。自身受益也会由衷焕发出奋发有为的精气神和舍我其谁的责任感，各项工作都做好了，"新三高"战略就能落地，企业就会实现高质量发展，就能推动关系国家安全的重要新材料实现国产化，就能为国家关键领域核心技术不再受制于人稍尽绵薄之力。国家强大了，就能不战而屈人之兵，就能消弭对立与战争于无形。因此，格物致知、诚意正心、修齐治平实际上与每个国人都相关，并不是什么大话、空话。之所以有人觉得这是大话、空话，是因为我们远离我们自己的文化太久了，连一点"位卑未敢忘忧国"的情怀都生不起来，岂不可悲！

六、变化律、因果律、上升律

"变化律"也即"世界上唯一不变的是一切都在变"。世界万事万物都处于不断变化中，日新月异，企业内外部环境也是如此。"明者因时而变，知者随事而制"，一味守着已有的设备、工艺、技术和管理，是不可能决胜未来的。"时移世易，变法宜矣"，只有坚持"对内改革、对外开放"，才能未雨绸缪、抢占先机。

"因果律"就是"种如是因，得如是果"。只有先付出，才会有收获。财富名誉地位只是结果，如果只盯着结果，不愿付出，那就是痴心妄想，这样非但事与愿违，而且徒增焦虑，浪费时间。在此，正告那些想不劳而获、以身试法的人，赶紧收手，不要做火中取栗的蠢事。"莫问收获，但问耕耘"，认真学习优秀传统文化，并去体悟和实践，就会减少焦虑与迷茫，就会做到在付出中获得快乐，在快乐中撷取收获。

"上升律"即"天行健，君子以自强不息"。天地宇宙的运转是蓬勃向上的，顺之者昌，逆之者亡。人只有顺应这个天道，生命不息，奋斗不止，才能收获成功的事业和幸福的人生。我们"对内改革"也是顺应这个天道，通过改革贯彻"自强不息"的奋斗精神，把全体干部员工的主观能动性真正激发出来，我们的企业就会攻无不克、战无不胜。在选拔领导干部时，我们也会关注这一点，不认同企业文化、缺乏冲劲的人是不适合做领导干部的。企业改革是变化的形势所迫，势在必行，只有进行时，没有完成时。

七、知行合一

知行合一是王阳明的核心思想之一。王阳明说："知是行之始，行是知之成。"思想认知是行动的开端，行动是思想认知的达成。与行相分离的知，不是真知，而是妄想；与知相分离的行，不是笃行，而是盲行。知与行二者相辅相成，不可偏废。对于个人事业而言，只有高远目标，没有踏踏实实地努力进取，结果只能是一事无成。对于我们企业而言，一定要做到企业文化与企业制度的相统一，让优秀传统文化学习的思想认知落实到具体工作中，这是"知行合一"；有了企业制度，还要强化制度落实，不能让制度只停留在"知"的层面，要通过强化制度落实，使企业各项工作部署得以不折不扣地执行到位，这也是"知行合一"。我们既需要"仰望星空"的"知"，也需要"脚踏实地"的"行"。只有知行合一，我们才能实现"利用三到五年再造一个高新明化"的目标，才能收获我们个人的事业成功和人生幸福。

八、天下难事必作于易，天下大事必作于细

语出《道德经》，意是天下的难事都是由简单的小事发展而来的，天下的大事都是从细微的小事做起来的。一个人要想成就一番事业，就得从简单的小事做起，从细节入手。明泉 2013 年启动搬迁以来，企业实现了转型升级发展，新明泉浴火重生。这样一个现在看来极其复杂庞大的工程，实际上是由日复一日的简单小事不断累积而成的。我们企业未来发展的方向、目标和路径都已经非常清晰。推动"新三高"战略落地、"再造一个高新明化"的目标看似宏大，只要全体干部员工每天把

一件件手头的事做好，久久为功，锲而不舍，实现目标就是水到渠成、瓜熟蒂落的事。因此，千万不要轻视工作中每个简单小事，要举轻若重，把各项制度和工作部署不折不扣地执行到位，我们的目标就一定会达成。

九、不积跬步，无以至千里；不积小流，无以成江海

语出荀子《劝学篇》，原意是没有一步半步的累积，就无法到达千里的地方；不汇集小河流，就无法汇成江海。对于企业而言，企业的发展是由每位干部员工的工作所汇聚而成。企业的健康快速高质量发展，有赖于全体干部员工坚守岗位、尽职尽责的工作累积。对于个人而言，未来的事业成就来自当下一点一滴的工作累积。因此，不必好高骛远，用心把握当下，认真学习提升，前途必一片光明。

十、合抱之木，生于毫末，九层之台，起于累土，千里之行，始于足下

语出《老子》（《道德经》）。原意是合抱的大树，生长于细小的幼苗；九层的高台，筑起于每一堆泥土；千里的远行，开始于脚下迈出的第一步。万事积于忽微，量变引起质变。要成就大的事业，必须从小事做起。我们企业的发展蓝图已经非常清晰，要想使"新三高"战略落地、实现企业健康快速高质量发展，就需要每位干部员工日复一日坚守岗位、尽职尽责。只要全体干部员工把每天的工作落实到位，日积月累，我们的愿景和目标一定会实现。

企业文化

一、足食，足兵，民信之矣

语出《论语·颜渊》。子曰：足食，足兵，民信之矣。接下来，子贡问："必不得已而去，于斯三者何先?"孔子答："去兵。"子贡又问："必不得已而去，于斯二者何先?"孔子答："去食。自古皆有死，民无信不立。"在孔子看来，一个国家的国防、经济固然重要，但离开民众的信任，终不免土崩瓦解。

作为第二次世界大战后唯一可以抗衡美国的"超级大国"，苏联在解体时，广大苏联人民却采取了静观态度，他们都不愿站出来维护苏共和苏联，这样一个失去民心的政党和国家焉能不亡! 得民心者得天下，可失民心者也必失天下。这类事例在古今中外不胜枚举。国家治理和企业管理都是这个道理。唯有树正气，才能聚人心。同样道理，一名员工若在日常工作中不能做到"持身守正"，则会失去同事和上级的信任，造成"无信不立"。久而久之，不仅不能取得工作成绩，自身的工作岗位也将堪忧了。

各级管理人员要持续不断地培育自己的正能量，不仅要有工作分工形成的"权"，还要有个人操守高洁形成的"威"，进而形成广大员工对上级的"信"，这样才能使得各级管理人员在安排工作时得到员工的坚定执行。否则，一旦失信于"民"，则必然出现"其身不正，虽令不从"的局面。"信任"是构建企业管理文化的基础。上级与下级、同级之间，若失去了信任，必将大大增加管理上的"内耗"，增加管理成本，降低工作效率，执行力减弱，并导致企业的竞争力下降。"民无信不立"，企业无信亦不立。信任无价，愿大家都认识到信任的宝贵，用实际行动打造一个上下左右互信的工作氛围，为构建"真诚、友爱、和谐"的工作氛围而努力。

二、儒法结合与企业管理

儒家和法家在战国时期就已经势同水火，争论不休。儒法之争的争论点在内在修养与外在规范的孰轻孰重上。其实这种将儒法截然对立的思维方式是有问题的。我们知道，内因永远起决定性作用，修身始终是成就人生事业的根本，在任何时代都是如此。但同时又不能无视现实社会的复杂性，现实社会仍存在许多不尽如人意之处，甚至一些丑恶现象，需要外在的法律规章来规范行为，惩恶扬善。因此，治理国家既需要儒家思想精华，让人们认识到修身的重要性，提升人们的正知正见，弘扬自强不息的精进精神，也需要法家思想精华，借助法律规范人们的行为。国家所强调的"坚持依法治国和以德治国相结合"，就体现了儒家思想和法家思想的有机结合。国家治理和企业管理道理相通。我们既要学习以儒家为主体的优秀传统文化，端正人生观，树立正确的思维方式，营造真诚友爱和谐的工作氛围，培养助力企业发展的使命感和责任感，又要强化一视同仁的制度建设和执行，严格考核和奖惩，在企业内部形成人人尽展其才的生动局面。企业文化建设与企业制度建设相结合，才能增强企业内生动力，推动企业实现快速高质量发展。

三、企业文化与企业制度

历史上儒法两家思想的斗争、对立与整合，给我们的启示是我们既要重视企业文化建设，也要重视企业制度建设。那企业文化与企业制度之间的关系究竟是怎样的呢？简而言之，文化是制度之母，制度是对文化的贯彻。企业文化若没有企业制度作为保障，就会沦为口号，流于形式；企业制度若没有企业文化作为指引，就是断线的"风筝"，盲目乱窜。只有企业文化与企业制度相辅相成，才能成就企业的高水平管理。明泉60年发展史铸就了以"自强不息""自利利他""行有不得，反求诸己""修齐治平""格物致知"等精神为主要内容的企业文化。2018年11月开始推进的"三项制度"改革就是为了使企业制度与企业文化相匹配。企业文化重塑是以"自强不息"等精神为指引，通过定期制度化的优秀传统文化学习，继承和发扬艰苦奋斗的优良传统，摒弃导致僵化熵增的陈旧观念，统一思想，凝聚共识，激发出全体干部员工干事创业的动力和活力。用人制度改革和分配制度改革旨在构建"以奋斗者为本"和"按劳取酬"的晋升与分配机制，使奋斗者脱颖而出，让奋斗者劳有所得。因此，"三项制度"改革从根本上说是围绕"自强不息"的企业文化开展的，目的是为了实现企业制度与企业文化相辅相成、相得益彰，共同促进企业高质量发展。

四、时移世易，变法宜矣

语出《吕氏春秋·察今》。意为时代和社会形势变化了，国家的法令制度也应随之做出变革。这句话的后文进一步做了解释："譬之若良医，病万变，药亦万变。病变而药不变，向之寿民，今为殇子矣。故凡举事必循法以动，变法者因时而化。"世界上唯一不变的是一切都在变。变化客观存在，不以任何人、企业、国家的意志为转移，当下的世界正发生着快速而深刻的变化。如果用过去的眼光看现在，就是刻舟求剑、形而上学。60年间，山东省从明泉作为第一套氮肥企业开始，到行业繁荣时期的100多家，再到行业稳定期的48家，直到2018年10月29日山东省人民政府出台文件仅保留6家氮肥骨干企业，我们所处的行业环境已经并仍将发生剧烈变化，从48家到保留6家仅用了不到五年时间。随着我国工业化的基本完成，行业从总体短缺到总体过剩，竞争激烈程度远胜于前，未来还会有企业出局。我们预计，留给我们的时间不会超过 8 年，我们不能等到 8 年后再做一次生死抉择。病树前头万木春，形势不会等任何人，一个企业停滞不前、落后他人，就必然会被淘汰。激烈竞争、快速成长抑或是快速淘汰的时代已经来临，如果我们不能更强大、更敏捷，就会被淘汰出局。我们唯一能做的是通过改革推动我们企业尽早强大起来，借助制度创新激发企业内生动力、增强机体活力。

五、穷则变，变则通，通则久

语出《周易·系辞下》。《周易》是五经之首、大道之源，是古代汉民族思想、智慧的结晶。其中提到的"穷则变，变则通，通则久"概括了"变化"这一基本规律，即万事万物发展遇到瓶颈时，只有主动调整、适应变化，寻求到新的发展路径，才能保证事物能够稳定持续地发展。"通古今之变"、变通而图存是从古至今的中国智慧。形势所迫，改革势在必行，与其被动应对，不如主动改革。2013 年当明泉发展走入绝境、不得不启动搬迁时，为了内聚人心、外树形象，为了回归主业、做精主业、做强主业，为了培育未来发展的新动能，我们大刀阔斧地进行了机构和职能调整，砍掉了十几个非主业的子公司，搭建平台、整合资源、排除万难上马洁净煤气化项目。这是我们根据当时形势做出的改革举措。在退城进园和转型升级目标实现了以后，我们是不是就万事大吉了呢？不是的。当下，宏观形势和行业形势都已经并正在发生深刻而急剧的变化，只有行业引领者才能活得好、活得久。我们分析，未来留给加压气化先进工艺的高收益期为 8 年左右，我们必须抓住机遇，抓紧时间，尽早实现工艺改造升级。高质量发展须有高水平管理作为保障，但我们的管理水平已远远不能满足快速高质量发展的需要，这就是我们推进"三项制度"改革的原因所在。只有推进改革，才能消除管理瓶颈；只有实现高水平管理，才能开创高质量发展新局面。

六、为什么要推进三项制度改革

时移世易，变法宜矣。改革是形势所迫，势在必行。进入 2019 年，宏观形势和行业形势都已经并正在发生深刻而急剧的变化。中华人民共和国成立 70 年和改革开放 40 年的发展成果是，我国已处于工业化基本完成、向现代化发展的转型期。我们必须全力推动企业快速高质量发展。但是一个不能回避的现实是，我们许多干部和员工的思路仍然停留在过去形势相对稳定、发展相对缓慢的行动迟缓状态中，在企业发展需要强大的推动力时，打不起精神，看不到危机，平均主义"大锅饭"思维严重存在，这种僵化的思想、僵化的体制和机制已远远不能适应企业由工业化向现代化转型发展的需要。为此，我们提出的以企业文化重塑、用人制度改革、分配制度改革为内容的"三项制度"改革，是生存之所需，也是发展之急需。

七、企业文化重塑的内涵和措施

企业文化重塑的内涵是以"自强不息"精神为指引，通过定期制度化的优秀传统文化学习，继承和发扬艰苦奋斗的优良传统，摒弃和否定导致僵化熵增的陈旧观念，统一思想，凝聚共识，激发出全体干部员工干事创业的动力和活力。企业文化重塑的措施包括：一是学习吸收以儒家思想和法家思想精华并重的优秀传统文化，修订完善和充实企业文化纲领，形成具有丰厚文化底蕴、特色鲜明的企业文化体系，使之成为新阶段企业经营管理工作的指导思想和基本原则；二是围绕企业文化纲领，进一步推进优秀传统文化学习制度化，按照"分层次、有重点、重实效"的原则，依据学习情况与认知水平，有针对性地制定学习内容和形式，确保学习取得扎实成效；三是通过报纸、微信平台等多种渠道做好企业文化的宣传引导，有效推动企业文化建设落地，营造有利于集团发展的良好内外部环境。

八、"三项制度"改革中三者之间的关系

三项制度改革围绕同一个核心——"自强不息"的企业文化。企业文化重塑、用人制度改革和分配制度改革都是为了激发全体干部员工自强不息的奋斗精神，增强企业内生动力。

企业文化重塑是为了塑造自强不息的企业文化。企业文化重塑以"自强不息"精神为指引，通过定期制度化的优秀传统文化学习，继承和发扬艰苦奋斗的优良传统，摒弃和否定导致僵化熵增的陈旧观念，统一思想，凝聚共识，激发出全体干部员工干事创业的动力和活力。

企业文化重塑的过程是凝聚改革共识的过程。企业文化重塑提升思想境界和塑造正确的思维方式，统一思想认知，凝聚改革共识，为用人制度改革和分配制度改革提供思想保障。

用人制度改革和分配制度改革是对"自强不息"企业文化的贯彻。用人制度改革是为企业发展提供干部队伍上的保障。分配制度改革则是体现"责权利"三者有机统一的制度性保障。二者结合，使奋斗者脱颖而出，让奋斗者劳有所得。

九、"三项制度"改革中企业文化重塑的重要性

企业文化重塑的过程是丰富和充实企业文化内容、凝聚改革共识的过程。企业文化重塑统一思想认知，凝聚改革共识，为用人制度改革和分配制度改革提供思想保障。

用人制度改革和分配制度改革以重塑的企业文化为遵循。企业文化重塑的目标是塑造自强不息、大道致远的企业文化。文化是制度之母，制度是对文化的贯彻。因此，企业文化重塑的目标决定了用人制度改革和分配制度改革的方向和路径，用人制度改革和分配制度改革是对自强不息、大道致远企业文化的贯彻和落实。

基于以上两点，企业文化重塑是其他两项改革的先导，是改革成败

及顺利与否的重要条件。可以说，企业文化重塑决定了改革的方向和路径，同时又为改革提供思想保障。

十、如何让"燕雀"知"鸿鹄"

"燕雀安知鸿鹄之志"出自《史记·陈涉世家》，意思是燕雀怎么能知道鸿鹄的远大志向，比喻平凡的人哪里知道英雄人物的志向。放在企业里面，要让"燕雀"知"鸿鹄"，就是要让下属全面准确了解上级的所思所想。作为团队的领导者，自己的使命情怀、管理思路和措施要随时随地在团队内部讲解分享，直到整个团队都能理解和接受。只有理解接受了，整个团队才可能把领导者的意图完全执行到位。分享的途径和场合有很多，其中最重要的是每日班前班后会上的讲解和每周集中学习时的分享。集中学习时的分享受众面更广泛，阐述也能更全面准确，互动式教学更能激发大家的思考，并形成认知上的统一。因此，要尤为重视集中学习。由此也可以看出，让"燕雀"知"鸿鹄"的过程更多的是企业文化宣导和分享学习的过程。

发展思路

一、如何破解企业管理团队中的熵增

爱因斯坦认为，熵理论对于整个科学来说是第一法则。"熵"的原始出处是热力学第二定律（又称"熵增定律"）。熵增定律认为，一切事物都是由井然有序倾向于走向混乱无序，直至灭亡。后来提出的"耗散结构"理论认为，远离平衡态的开放系统，通过与外界交换物质和能量，可以在一定的条件下形成一种新的稳定的有序结构。"熵增定律"令人绝望，"耗散结构"理论却给出了化解之道。"耗散结构"理论给我们的启示是企业作为一个相对独立的系统，要想避免熵增，必须要远离平衡，保持开放。因此，就企业层面而言，企业要以创新思维，在夯实基础产品产能的同时，不断发现新机遇，推动"新三高"战略落地，培育新动能，以此来集聚发展势能，远离平衡沉寂；要以开放思维，引进吸收资金、技术、模式、思想与管理经验。就个人层面而言，要以企业文化提升认知、凝聚共识，以能上能下能转的选人用人机制促使干部队伍新陈代谢，以模拟股份制激发管理团队和员工的积极性和创造力，从而使整个干部员工队伍远离平衡死寂；要建立开放灵活的机制，积极引进满足企业快速、高质量、轻资产发展所需的各种人才。简而言之，对目前的明泉来说，要破除熵增，我们就需要对内持续推进"三项制度"改革，对外扩大开放，全力推进宁阳明升达退城进园项目、均四项目、九三项目等重点项目顺利投产达效。

二、自强不息与开放引进的关系

自强不息与开放引进的关系即企业发展内因和外因的关系。企业发展是自强不息的内因和开放引进的外因共同起作用的结果。自强不息是企业发展的内因，它是企业发展的源泉和动力，是决定企业发展状况的根本因素。开放引进作为外因，是企业发展、破除熵增的不可缺少的条件，对于企业发展起到重大作用。内因起决定性作用，企业自强不息谋发展所取得的成绩决定了开放引进的水平，只有"栽下梧桐树"，才能"引得凤凰来"。外因只有通过内因才能起作用，开放引进所能发挥的作用最终还是取决于企业自强不息谋发展的能力。"君子求诸己"，自助者，天助之。自强不息永远是第一位的，只有自强不息才能更好地开放引进，自己不是"梧桐树"，怎么引来"金凤凰"？但我们在强调自强不息作为内因起决定作用的同时，也不可忽视外部条件在企业发展中的重要作用。"假舆马者，非利足也，而致千里；假舟楫者，非能水也，而绝江河。君子生非异也，善假于物也。"我们要以开放的思维，积极引进吸收外部的资金、技术、模式、思想与管理经验，为我所用，进一步提升企业自强不息谋发展的能力和水平。

三、企业的"对内改革、对外开放"

"对内改革、对外开放"是我们当下及未来所要坚持的发展思路。对内改革和对外开放相结合，是破除企业发展熵增的重要举措。改革只有进行时没有完成时，改革会一直在路上。推进"三项制度"改革是一项长期性工作。"三项制度"改革的目的是为了激发全体干部员工自强不息的奋斗精神，增强企业内生动力。企业文化重塑是为了塑造自强不息的企业文化。企业文化重塑以"自强不息"精神为指引，通过定期制度化的优秀传统文化学习，继承和发扬艰苦奋斗的优良传统，摒弃和否定导致僵化熵增的陈旧观念，统一思想，凝聚共识，激发出全体干部员工干事创业的动力和活力。同时，企业文化重塑还起到统一思想认知、凝聚改革共识的作用，为用人制度改革和分配制度改革提供思想保障。用人制度改革和分配制度改革是对"自强不息"企业文化的贯彻。用人制度改革是为企业发展提供干部队伍上的保障。分配制度改革则是体现"责权利"三者有机统一的制度性保障。二者结合，使奋斗者脱颖而出，让奋斗者劳有所得。

"对外开放"是以开放的思维，积极引进吸收资金、人才、技术、模式、思想与管理经验。要依靠五年多以来我们积累的资源整合、行业经验、人才技术、管理能力等无形资产，与优质资本寻求合作，促使企业发展模式转向轻资产化，卸下前几年靠银行贷款重投入所形成的沉重包袱，轻装上阵；要建立开放灵活的机制，积极引进满足企业快速、高质量、轻资产发展所需的各种人才；要以空杯心态，坚持"走出去"与"请进来"相结合，学习吸收优秀企业的先进技术、模式、思想与管理经验，以提升管理水平，实现高水平管理。

对内改革和对外开放相结合，才能破除企业长期以来所形成的怠惰思想和僵化制度，才能革故鼎新，建立起适应明泉快速、高质量、轻资产发展的企业文化和企业制度。

四、青青子衿，悠悠我心；但为君故，沉吟至今

语出曹操《短歌行》，表达的是对人才的渴望。从人力资源角度来看"对内改革、对外开放"的发展思路，我们就不难发现，"三项制度"改革也是为了实现更好的人才培养、选拔、任用和激励，对外开放也包括对于人才的引进。"三项制度"改革中的企业文化重塑通过塑造"自强不息"的企业文化，重在人才的培养；用人制度改革通过建立领导干部能上能下能转的选人用人机制，重在人才的选拔和任用；分配制度改革通过创新分配机制，激发出干部员工的积极性和创造力，旨在实现人尽其才、才尽其用。"对外开放"的一个重要方面就是建立开放灵活的

机制，积极引进满足企业快速、高质量、轻资产发展所需的各种人才。进入快速、高质量、轻资产发展新阶段的明泉对于人才的渴求愈加迫切，我们期待有更多的年轻才俊涌现，我们也会不拘一格引进企业发展所急需的人才。

五、膨胀规模、涵养资源、提升优势、强基固本

2014年底，我们通过对内外部形势和行业发展阶段的判断，提出了公司未来五年发展的基本指导思想，即"膨胀规模、涵养资源、提升优势、强基固本"。"膨胀规模"指采用洁净煤气化工艺替代落后工艺，提升公司产能产量。"涵养资源"是尽量多地整合土地、水、环保容量等指标资源，牢牢把握并综合利用，增加公司发展所需的外部资源。"提升优势"指在先进工艺成本优势的基础上，对产品结构、动力结构、原料结构进行优化调整，进一步降低综合能耗，增强公司综合竞争优势。"强基固本"是眼睛向内，苦练内功，夯实基础管理，促进公司各方面工作的全方位提升。时至今日，这一指导思想仍然适用。在我们所处的行业，没有大的规模，就没有行业话语权，就不能吸引整合优质资源。因此，我们规划的高端化学品项目，其产能规模必须在行业内占据领先地位。随着国家环保节能政策的逐渐收紧，土地、水、环保容量等指标资源将更加稀缺并具有排他性，谁掌握了这些资源，谁就有了下一步发展的基础和空间。正是凭借企业这几年涵养积累的资源，我们才有了转向轻资产发展模式的可能。"提升优势"，对生产系统不断优化调整，"强基固本"，持续强化基础管理，二者都是需要持之以恒、常抓不懈的工作，在企业发展的任何时期都适用。

六、长征是宣言书，长征是宣传队，长征是播种机

"长征是宣言书，长征是宣传队，长征是播种机。"此言出自毛泽东《论反对日本帝国主义的策略》一文。这是毛泽东对长征伟大意义的

生动概括。明泉这五年多以来走过的历程是全体明泉人的"长征"。与二万五千里长征相比，明泉人的"长征"同样是面临绝境所不得不做出的抉择，在"长征"的路上同样充满艰难困苦，最终都同样取得了超出预期的胜利。长征是宣言书，向中国和世界宣告，中国共产党人领导的红军是不可战胜的。明泉人的"长征"也是宣言书，向世人宣告，明泉人是能干成事的团队，是一支"召之即来、来之能战、战之必胜"的胜利之师。长征是宣传队，通过长征在全国扩大了革命影响。明泉人的"长征"也是宣传队，通过五年多来的奋斗历程提升了企业的知名度和影响力。长征是播种机，保留下了久经考验的革命骨干，中国革命就有复兴的希望和光明的前途。明泉人的"长征"也是播种机，经历五年多重重困难考验的干部员工，是明泉未来发展的宝贵财富。因此，与长征类似，明泉这五年多的发展虽然艰苦卓绝，但又收获颇丰，意义非凡。

七、道生一，一生二，二生三，三生万物

语出老子《道德经》第四十二章。对于这句话，《淮南子》做了最早的解释："道始于一，一而不生，故分而为阴阳，阴阳合和而万物生。"意思为，道独一无二，本身包含阴阳，阴阳合和而形成万物。这是一个从无到有、无中生有的过程。从老装置拆除，到新明泉矗立，这也是一个从无到有、无中生有的过程。返观明泉五年多来的发展，"道"是自强不息的奋斗精神，从这个"道"出发，产生了企业转型升级的发展理念、思路方法和制度安排，由此形成了富有明泉特色的企业文化和企业制度，企业文化和企业制度相辅相成，最终凝聚成了企业转型升级发展的成果。因此，企业文化和企业制度可以说是企业发展的"阴"和"阳"，两者共同作用、相辅相成，决定着企业发展的方向和结局。以儒化人、依法治企是需要我们长期坚持的管理方针。

八、敬天地、尊礼义、讲仁智、守信用

此为明泉集团的鼎文中的一句"敬天地"是为了遵循天地自然正道。"天行健，君子以自强不息；地势坤，君子以厚德载物。"两句意谓：大自然运行劲健刚强，君子应效法天道，刚毅坚卓，发奋图强，永不停息；地道厚实和顺，君子应效法地道，增厚美德，承载万物。而"仁义礼智信"是做人基本的道德准则，在任何时代都不过时，与天地同长久，因此被称为儒家的"五常"。明泉2013—2018年这五年多来的艰苦奋斗，既是自强不息的过程，也是厚德载物的过程。明泉人在过去五年多的时间里，对园区已有生产系统进行大规模的改造提升，在一年时间内使生产装置安全、环保、效率、节能降耗等方面达到国内同行业先进水平，并进入精细化工领域，建成投资28亿元、事关转型发展成败的洁净煤气化项目。这些都是"自强不息"精神的最佳体现。

儒家的核心思想是"仁"，只要做到了"仁"，其他"义礼智信"自然也就同时做到了。所谓"厚德载物"就是将"仁者爱人"的精神推己及人。企业发展依靠员工，也为了员工。以员工为本、实现员工物质财富和精神财富的双提升，是企业发展的终极目标和最终目的。在搬迁实施员工分流安置过程中，坚持"积极应对、稳妥处置、两手齐抓"的指导原则，充分保障了员工利益，使各类问题得以顺利处置。在后来的发展过程中，承诺"确保员工收入与企业效益同步增长"，目前员工收入与搬迁前相比已经翻番。在安全工作方面，坚持"生命至高无上，安全从我做起"的工作理念；在环保工作方面，我们坚持"从高、从严、从长远"的工作理念。这不仅仅是为了顺应日趋严厉的安全环保要求，更是为了保障全体员工安全与健康的切身利益。洁净煤气化项目曾一度面临无资金、缺技术、缺人才的困难局面，我们提出了"搭建平台、整合资源、科学发展、诚信共赢"的合作发展理念。这十六个字中，"诚信共赢"是基石，"搭建平台、整合资源"是方法、路径，"科学发展"是

目的。没有"诚信共赢"，前面三个要素都将失去基础。没有诚信共赢的利他之心，就不可能找到好的合作伙伴，项目也就不可能如期顺利建成。由以上分析来看，明泉这五年多来的发展历程，既是自强不息、艰苦奋斗的过程，也是厚德载物、践行"仁义礼智信"的过程。

九、百年企业、辉光日新、惠及员工、回报社会

这是明泉的企业愿景，也是明泉"四个基本"中的基本理论。百年企业是明泉的发展目标。明泉发展坚持长期主义，志在基业长青，谋求可持续、高质量发展。辉光日新是明泉的发展动力。"苟日新，日日新，又日新"，只有持续创新、不懈奋斗，明泉发展才会有不竭的发展动力。惠及员工是明泉的发展目的。"民为邦本"，员工是企业发展的根本，明泉发展依靠员工，也为了员工。"惠及员工"是明泉发展的出发点和落脚点。"回报社会"是明泉的发展保障。只有处理好与客户、供应商、金融机构、政府、民众等利益相关者的关系，做到为客户创造价值、与合作伙伴互利共赢、积极履行社会责任，才能为明泉发展营造良好的发展环境。四者之间的关系是，为了实现"百年企业"的目标，我们必须"辉光日新"，持续创新、不懈奋斗，同时坚持"回报社会"，为企业创造良好的发展环境，从而推动企业持续健康发展，最终达到"惠及员工"的目的。

十、六十年沐风栉雨大江歌罢多慷慨，新甲子自强不息乘风破浪启新篇

这是为 2019 年春节写的对联。上联"六十年沐风栉雨大江歌罢多慷慨"是回顾明泉 60 年特别是近五年多来的发展历程。明泉诞生于"大跃进"的多事之秋，有过创业初期的蓬勃发展，也经历了文革时期的惨淡经营；有过改革开放后的十年辉煌，也经历了对行业供不应求发展良机的失之交臂；有过进入新世纪后发展放缓、逐渐落后以致沉疴缠

身、积重难返的存亡绝境，也经历了自强不息、艰苦卓绝的浴火重生。明泉走过的 60 年风雨兼程、历尽坎坷。这其中尤以 2013 年启动搬迁以来的五年最为震撼人心。在当时行业形势低迷、企业经营状况严重恶化的困境下，启动搬迁就是置之死地而求生存，可明泉人生就一副不服输的傲骨，以破釜沉舟、背水一战的勇气和决心，自强不息，艰苦奋斗，迎难而上，不屈不挠，共同谱写了一曲艰苦备尝却又慷慨激昂的创业与奋斗之歌。如今，新明泉已巍然矗立，一曲大江东去的豪迈奋进之歌暂告一段落，抚今思昔，怎不令人心潮澎湃、豪情满怀！

下联"新甲子自强不息乘风破浪启新篇"是展望明泉未来。其中"乘风破浪"是指乘机遇之风，破挑战之浪。挑战主要来自国家由工业化向现代化转型的进程中，行业从供不应求转变为产能过剩，企业优胜劣汰加速，安全环保形势日益严峻，而我们企业的管理水平已难以满足外部形势复杂多变、内部谋求快速高质量发展的要求。机遇与挑战并存，未来几年将是加压气化工艺、科技成果向企业转化的历史机遇期。为抓住机遇、应对挑战，我们必须秉承明泉人自强不息的精神品格，以时不我待的紧迫感和只争朝夕的精气神，眼睛向内，锐意改革，实现高水平管理，同时抢抓机遇，全力推进宁阳明升达退城进园项目、"新三高"项目取得重大突破，奋力开启明泉新甲子快速、高质量、轻资产发展的华丽篇章。

格局力行

一、格局决定布局，布局决定结局

这句话所要阐明的哲理深刻且抽象，难以准确把握，因此我们不妨用"烙饼"来做个形象的比喻，便于大家理解。就烙饼而言，先要有烙多大饼的想法，有了想法然后选对应尺寸的锅，最后烙出自己期望的饼。"烙多大饼的想法"就是"格局"，"选对应尺寸的锅"就是布局，"烙出自己期望的饼"就是结局。格局是视野、远见和目标，布局是方法和路径，结局是朝着目标方向、沿着路径努力的结果。说一个人格局大，是说他视野开阔、眼光长远、志存高远，而布局是在其志向指引下的事业方向和实现路径，结局是在其事业方向和路径上努力所达到的结果。王阳明少年"慨然有经略四方之志"，毛泽东青年时代就"身无分文、心忧天下"，圣贤和伟人都是格局极大之人。正是在这种格局的驱动下，圣贤伟人投身于为国为民的事业，最终取得令世人瞩目的成就。格局背后是一个人的情怀，悲天悯人的情怀生不起来，格局也必然大不了。情怀不是凭空产生，而是来自于文化的熏陶。因此，文化决定情怀，情怀决定格局，格局决定布局，布局决定结局。对于我们企业而言，"惠及员工、回报社会"是格局，"百年企业、辉光日新"是布局，而结局还是"惠及员工、回报社会"。"惠及员工、回报社会"是我们事业的出发点和落脚点。"惠及员工、回报社会"这一格局要做到入脑入心，落实在实际工作中，我们就必须学习优秀传统文化，向古人"为天地立心，为生民立命，为往圣继绝学，为万世开太平"的博大情怀靠拢。学习优秀传统文化，使高层有使命感、中层有责任感、基层有归属感，营造"真诚友爱和谐"的工作氛围，打造一支"召之即来、来之能战、战之必胜"的钢铁之师，是我们推进优秀传统文化学习的初衷和目的。

二、求功要求百世功，求利要求千秋利，求名要求万世名

这个名句是谈如何求名、求利、求功的问题。功业有大小之分，小功业为一己私利，大功业为利益大众。相应地，名利也有大小之分，小名利为满足私欲，蝇营狗苟，大名利则源自利益大众，不求自来。正如明代戚继光所言，"封侯非我意，但愿海波平"。保国安民是我建功立业的初心，而名利只是随之而来，非我所愿。"种如是因，得如是果"，利益大众的百世功是因，而千秋利和万世名是果，立百世功，千秋利和万世名就会不求自来。而一味自私自利，只想追求所谓的个人成功，往往拼命追求名利而不可得。这就是我们经常强调的付出与收获的关系。孔子说："己欲立而立人，己欲达而达人"，不管是个人抑或是企业，都应真真正正有个自利利他的发心和格局，通过利益他人来利益自己，通过成就他人来成就自己。只是在商言商，一门心思扑在如何赚钱上，这样的企业难有前途，更不会长久。正在实施的"新三高"战略，是我们尽一个产业人的本分，在高端化工和新材料领域推动行业进步和经济社会发展的战略部署。"新三高"战略取得重大突破之日，必是利益和名誉不求自来之时。因此，企业发展绝不能唯利是图、鼠目寸光、只顾眼前利益，而是要立百世功，谋千秋利，求万世名。

三、仰望星空与脚踏实地

仰望星空与脚踏实地的关系就是立志与力行的关系。仰望星空就是要树立远大理想和高尚情怀。王阳明说："志不立，天下无可成之事。"

苏东坡说："古之立大事者，不惟有超世之才，亦必有坚忍不拔之志。"可见，立志对于一个人的人生有多么重要。但只有鸿鹄志是远远不够的，还需要力行，知行合一，做实干家。正所谓"道虽迩，不行不至；事虽小，不为不成"。每一件事、每项工作，不论大小，都是靠脚踏实地、一点一滴干出来的。只说不做，或是眼高手低，只会一事无成。明泉立下了"百年企业、辉光日新、惠及员工、回报社会"的志向，制定了"新三高"发展战略，还需要全体干部员工实干力行，强抓执行，将企业的各项工作部署不折不扣地落实到位。既要志存高远，又要笃实力行，这就是"仰望星空与脚踏实地"所蕴含的哲理。

四、伟大时代孕育伟大机遇，伟大平台铸就伟大作为

当前阶段，我们国家比历史上任何时期都更接近、更有信心和能力实现中华民族伟大复兴的目标。这是一个伟大的时代。我国正处于从工业化向现代化转型的关键时期，存在不平衡不充分的发展问题，同时也有大量机遇并存。国家层面推动化工行业落后过剩产能加快退出，这将使我们企业至少五年以内处于现代煤化工全面替代传统煤化工的重要战略机遇期。我们2018年以来推进的科技成果向企业转化，是明泉"新三高"战略落地实施、培育企业发展新动能、实现企业高质量发展、利用三到五年打造高新明泉的重大机遇。明泉是一个伟大的平台，历60年风雨而愈加生机勃发，经五年艰苦卓绝而浴火重生。过去五年多的转型升级发展，让我们具备了向"新三高"战略目标发起冲击的坚实经济和人才、管理基础。我们必须珍惜这历尽艰难、奋力拼搏得来的新平台，不志得意满，更不固步自封，抓住机遇，坚持"对内改革、对外开放""以文化人、依法治企"，推动传统动能转型升级，并谋划培育发展新动能，铸就无愧于时代、无愧于明泉发展历史的伟大作为。

五、个人与工作平台

要正确认识个人与工作平台的关系，就是要对个人与单位的关系有全面准确的理解和把握。单位是我们安身立命的所在，是我们家庭的后台，是我们提升身价的增值器，是我们社会交往的桥梁。我们离不开单位，因为一旦离开单位，我们的生活就失去着落、精神就失去寄托。认识到单位的重要性，就应学会珍惜。珍惜手上的工作，那是我们展现能力、实现价值的机会，也是单位对自己的信任；珍惜难得的同事关系，相遇即是缘分，更何况为了共同的事业而并肩奋斗！认识到单位的重要性，还应知恩感恩。千里马也需伯乐来识，再有才华的人，也需要单位给予机会。单位给了我们工作，所给的不仅仅是报酬，还有学习、成长的机会；同事给了我们工作中的配合协助；客户给了我们创造工作成绩的机会；表扬我们的人给我们以鼓励，批评我们的人给我们的是警醒。"知者行之始，行者知之成"，懂得了珍惜和感恩，还应落实在实际工作中。这就需要我们立足岗位，日复一日地做好手头的每项工作，持之以恒，久久为功。

六、在企业管理中实现个人价值的提升

只有创造、提升企业价值，才能实现我们个人价值的提升。首先是需要我们尽职尽责，提升执行力。一线干部员工应切实做到"五懂五会五能"，不仅懂生产工艺、技术原理、设备结构、危险特性、岗位应急，还要会生产操作、异常分析、设备点检、风险辨别、处置险情，同时能遵守劳动纪律、安全纪律、工艺纪律，并能制止他人违章、抵制违章指挥。管理人员要坚持企业利益至上，把企业利益摆在首位，真正领会"严格管理是爱，是积善；姑息放纵是害，是作恶"的道理，做到严格管理、狠抓执行，将企业工作部署不折不扣地执行到位。其次是需要我们热爱工作，追求卓越。不能仅满足于尽职尽责，还应把工作做到尽善尽美，追求卓越。做同一件事情，我们要争取比别人做得更好；别人也做得

同样好时，我们要争取比别人做得更快；别人也做得同样快时，我们要争取比别人成本低；别人成本也一样低时，我们要争取比别人附加值高。能把平凡的工作做得有声有色，把平凡的工作干得不平凡，别人无法比拟或无法取代我们，我们的个人价值就得以提升了。然后是需要我们持续学习提升。"学不可以已"，如果不能持续学习提升，个人的生命之熵就会与日俱增，思想落伍、经验主义、自以为是的问题就会愈发严重，最终结果就是被自己淘汰出局。持续学习优秀传统文化，持续拓展深化业务知识，持续关注相关部门岗位的工作内容，不断提升自身认知和工作能力，就会不断给个人价值加码。总而言之，提升个人价值，不仅要做到尽职尽责、提升执行力，还要力求尽善尽美、追求卓越，并持续不断地学习提升。

七、没有完美的个人，但可以有完美的团队

从个人性格方面来说，人无完人，"尺有所短，寸有所长"，每一种性格都有其长处和短处。格局大的人往往对于细节关注不够，心细的人又往往格局不够大；谨慎的人往往魄力不足，果敢的人又往往轻率冒进。诸如此类，没有一个人的性格是完美的，但众人组成的团队却可以做到性格互补，这样就可以做出适时、合理、妥善的决策和执行。从知识技能方面来说，随着经济社会各领域知识的迅速增长，社会分工越来越精细，越来越专业，越来越复杂。成就今天华为的是十多万人三十几年的辛勤耕耘。每个人所掌握的知识技能和积累的经验阅历都是十分有限的，没有一个人能掌握世界上所有的知识和技能，所以必须要以"知之为知之、不知为不知"的谦逊态度，融入团队，与他人合作。从办事效率方面来说，由于人体生理机能的限制，每个人的精力都是相对有限的。"独木不成林，一花难成春"，企业发展是由各生产单元和职能部门共同努力的结果，仅靠一个人的孤军奋战是绝无可能完成的。由以上分析可知，没有完美的个人，但可以有完美的团队。我们所说的"伟大平台铸就伟大作为"，实际上是伟大团队铸就伟大作为。

八、临渊羡鱼，不如退而结网

语出《淮南子·说林训》，原文是"临河而羡鱼，不如归家织网"，后在《汉书·董仲舒传》中进一步转化为"临渊羡鱼，不如退而结网"，意为比喻空怀壮志，不如实实在在地付诸行动。这个名句简单易懂，但真正落实在行动上的人却少之又少。很多人羡慕他人的财富名誉地位，却很少去探究他们成功背后所付出的艰辛努力，即便是知道了，也少有付诸行动的。大多数人就是这样在羡慕、嫉妒中因循虚度一生，以碌碌无为收场。孔子说"见贤思齐"，看似稀松平常，可究竟有几人能做到呢？我们反复强调"请进来、走出去"，目的就是为了让大家看到优秀企业的过人之处，认识到自身存在的不足，在思想深受启发的同时，真正改进以提升我们的工作。"新三高"战略是能够使我们企业跻身行业前茅的"法宝"，与其面对优秀企业望洋兴叹，不如立即行动，将包括"新三高"在内的各项工作部署落实到位。我们的发展思路、方向和路径都已非常清晰，只要全体干部员工尽职尽责、执行到位，我们所向往的发展目标就一定会实现。

九、六个念念不忘

2015 年 5 月，为推动企业转型升级发展再上台阶，我们提出了"六个念念不忘"，即念念不忘安全保生产、念念不忘环保达标准、念念不忘采用新技术、念念不忘开发新产品、念念不忘开拓新市场、念念不忘管理上水平。自 2015 年开始，我们每年都将强化基础管理作为核心工作，2019 年定为"制度执行年"和改革元年，这都是我们"念念不忘管理上水平"的具体行动。全力推进"新三高"战略实施，确立"小产品、大市场、高占比、有优势"的新产品调研"十二字方针"，是我们"念念不忘采用新技术、念念不忘开发新产品、念念不忘开拓新市场"的重要举措。坚持践行"生命至高无上、安全从我做起"的安全工作理念与"从高、从严、从长远"的环保工作理念，是对"念念不忘安全保生产、念念不忘环保达标准"的贯彻。安全、环保是企业生存发展的生命线，"新三高"战略实施关乎培育企业未来发展的新动能，强化执行力关系到企业各项工作部署能否落实到位，"三项制度"改革关系到企业管理水平的整体提升，这些无不需要我们时刻牢记"六个念念不忘"，并将之贯彻到日常工作当中。

十、二八定律

二八定律又名 80/20 定律、帕累托法则，是 19 世纪末 20 世纪初意大利经济学家帕累托发现的。他认为，在任何一组东西中，最重要的只占其中一小部分，约 20%，其余 80% 尽管是多数，却是次要的。这一定律被广泛应用于社会学及企业管理学等领域。二八定律对我们自身发展也有重要的现实意义，即我们要学会抓主要矛盾，有所为而有所不为，避免将时间和精力花费在无谓的琐事上。一个人的时间和精力都是非常有限的，因此要学会合理地分配时间和精力。将有限的精力集中到我们自己的本职工作中，这是我们之所以提出"回归主业、做精主业、做强主业"，砍掉十二家非主业子公司的根本原因。二八定律还被应用于品牌法则，认为 20% 的强势品牌占有 80% 的市场份额，第一品牌的市场占有率比第二品牌高出一倍以上。这是一个强者恒强、赢家通吃的时代。相比同行业内其他企业，行业老大往往拥有最高的品牌知名度，占据最大的市场份额，吸引最多的社会资源，赚取最多的行业利润。而位于第二位的企业只能勉强生存，从第三位开始就落得艰难度日的境地了。这也是我们在新产品调研"十二字方针"中明确提出"高占比"的深层次考虑。我们所要考察调研的高端化工产品，将来投产后必须要在全国乃至全球市场力争第一，至少名列前三。从整个企业层面来看，我们正在做的所有努力是让明泉成为行业内的前 20%，只有成为关键少数，明泉发展才能进入螺旋式上升的良性循环。届时，我们所有干部员工的收入待遇也将成为行业内的前 20%。

创新求变

一、苟日新，日日新，又日新

"苟日新，日日新，又日新"是商朝的开国君主商汤刻在浴盆上的警词，原意为"如每天能洗干净自己身上的污垢，那就应当天天清洗，新了还要新"，以此比喻道德日进、自新不已。这对我们的启示是，人应当自强不息，日有新得，并持之以恒。"周虽旧邦，其命维新"，"创新"是儒家思想的精华之一。中华民族是富有创新精神的民族，创新精神是中华民族最鲜明的禀赋。世界上唯一不变的就是一切都在变，外部世界处于瞬息万变之中，企业只有不断创新、持续精进，才能不被时代所淘汰，进而引领发展。从 2013 年 9 月份启动搬迁开始，在"借搬迁之机实现企业转型升级发展"的整个过程中，我们每天都面对新的问题和挑战，没有工作思路和方法的创新，就找不到出路。洁净煤气化项目、进军精细化工及各个技术改造项目的成功，都是我们思路创新、技术创新、融资模式创新与管理创新所取得的成果。在经历了求生存、促发展的阶段之后，我们的创新并未止步。以优秀传统文化涵养企业文化，以文化人、依法治企，道德文化与法治文化并举，是我们企业文化建设创新的成果；推进"三项制度"改革是我们进行企业制度创新的重要举措；通过资产资本化实现轻资产运营是我们发展模式创新的成果；"小产品、大市场、高占比、有优势"是我们产品战略创新的成果；"上引下连"、整合资源、研发前移是我们技术战略创新的成果。唯有继续秉持创新精进精神，我们才能在明泉快速、高质量、轻资产发展的新阶段，攻坚克难，取得更大的发展成果。

二、日新之谓盛德

语出《周易·系辞上》，意为修德日日增新才称得上品德高尚。人生满百岁，也不过三万六千多天。时光易逝，不知珍惜时间，虚度一天都是罪过。每天都在学习提升中度过，才是人生该有的态度和状态。孔子63岁时形容自己："发愤忘食，乐以忘忧，不知老之将至。"曾子说："吾日三省吾身。"可见圣贤在进德修业上的日有新得精神。学习古圣先贤的"日新"精神，首先也是最重要的是克服思想上的封闭和惰性，破除思想上的熵增。人在一个相对稳定的环境里专注一项工作久了，视野和思想就会不由自主地局限于工作所及的狭小领域，很容易对外部世界正在上演的快速复杂变化浑然不知。这是非常危险的。那些曾经风光无限的行业霸主之所以在短时间内土崩瓦解，往往是因为思想上固步自封，被时代所抛弃，像诺基亚、柯达就是非常典型的例子。因此，所谓"日新"首先是思想意识上的"日新"，没有思想意识上的"日新"，就不可能有行动上的与时俱进。要做到思想意识"日新"，我们就要不断从学习优秀传统文化中汲取圣贤智慧，塑造正确的思维方式，明辨是非善恶，并从古人修齐治平的历史经验中体悟企业经营管理之道；我们还需要保持开放心态，坚持"走出去"与"请进来"相结合，学习借鉴优秀企业的先进思想、技术和制度，认识到差距，见贤而思齐，使我们的思想意识、技术水平、管理能力都处于不断动态更新提升的状态。思想意识"日新"是先导，我们还需要做到"知行合一"，以思想意识"日新"引领实际工作的提升。把手头的工作列出个清单，每天逐项落实进展情况、查缺补漏、改进提升，力求每天都有所进步。每个人都能这样做，那我们企业的发展就会"辉光日新"。

三、变化律与刻舟求剑

我们所说的变化律是指世间万事万物都处于永恒变化中，也就是"世界上唯一不变的是一切都在变"。刻舟求剑是由一个寓言故事演化而来的成语，出自《吕氏春秋·察今篇》："楚人有涉江者，其剑自舟中坠于水，遽契其舟曰：'是吾剑之所从坠。'舟止，从其所契者入水求之。"这个故事讽刺了那些思想僵化、墨守成规、看不到事物发展变化的人。刻舟求剑故事中所蕴含的哲理就是变化律，而刻舟求剑本身是对变化律的违背。刻舟求剑的故事浅显易懂，人人皆知，可偏偏有人在此处栽大跟头，一败涂地。还记得大润发被阿里巴巴收购后其创始人黯然离场时所说的那句名言吗？"我战胜了所有竞争对手，却输给了时代。"没有一种模式是长存的，没有一种竞争力是永恒的！过往的成功经验非但不是未来前进路上的向导，还往往成为绊脚石。要想不被时代淘汰，就只能与时代同步。我们唯一能做的是始终保持自身思想意识的新鲜活力，始终敞开胸怀接纳新思想、新事物，始终关注经济社会和行业的新变化，始终预判趋势，因时而变、顺势而为。

四、人不能两次踏进同一条河流

此言为古希腊哲学家赫拉克利特的名言。他把我们所处的时空比作一条河，并声称人不能两次踏进同一条河。因为当人第二次踏入这条河时，水流已不再是原来的水流，而是新的水流。这是赫拉克利特关于变的思想的形象表达，他还说："太阳每天都是新的。"在他看来，"一切皆流，无物常住"，宇宙万物没有什么是绝对静止的和不变化的，一切都在运动和变化中。也正如孔子那著名的临河感叹："逝者如斯夫！不舍昼夜。"历史车轮滚滚向前，时代潮流浩浩荡荡，不会因为任何人的消极迟缓而稍有停留。我们能做的是觉察变化、认识变化、顺应变化，直至引领变化。我们一定要觉察到中国经济发展阶段的变化——高增长转向高质量、工业化转向现代化，一定要认识到这种转变对行业和我们企业提出的新要求——从产业链中低端向中高端迈进，我们一定要全力推动"新三高"发展战略实施以顺应变化、与时俱进，不断以优异的发展成果引领行业发展。

五、持经达变，君子豹变

持经达变即"守经达权"。"经"与"权"是儒家思想的重要概念，反映了中国人对人生原理的原则性与灵活性的统一。经者，常也；权者，变也。经与权不可偏废，唐代柳宗元对此曾有过精辟的诠释："经也者，常也。权也者，达经者也；皆仁智之事也。离之，兹惑矣。经非权则泥，权非经则悖。""经"是永恒不变的原理原则，"权"是执行原则的变通手段，两者不可或缺。背离这一点，必定有失偏颇。没有"权"的"经"是拘泥的，而没有"经"的"权"则是悖谬的。君子豹变是一个成语，出自《周易·革卦》"大人虎变，小人革面，君子豹变"，意思是君子因时而变，敏捷迅速。综合来看，持经达变、君子豹变是指君子行事既要坚持原则，又要灵活变通，随事而制，因时而变，迅速敏捷。对于明泉而言，"经"是永不褪色的自强不息精神和艰苦奋斗品质，"权"是与时偕行、持续改革，使企业文化、组织结构、流程制度、人才队伍等适应新发展阶段的需要。对于个人而言，"经"是确保企业实现快速、高质量发展的基础，"权"是树立大局意识，思想上紧跟企业改革发展形势，与时俱进，坚定不移做改革发展的积极参与者和坚定推动者。中华优秀传统文化倡导的是经与权的统一，体现了中华民族的生存智慧和发展理念，我们应该坚持守经达权，与时偕行，因时而动，因时制宜，推动企业实现快速、高质量、轻资产发展。

六、生于忧患，死于安乐

语出《孟子·告子下》，意为忧愁患难的逆境可以使人发奋而使国家得以生存，安逸享乐的顺境可以使人懈怠而导致国家灭亡。无论是国家还是企业，只有常怀忧患之思，在取得成绩之后仍保持自警之心，不贪图安逸、懈怠不前，才能获得持续发展。

首先，要认识到企业的内忧和外患始终存在。世界上唯一不变的是一切都在变，不断变化的内外部形势所带来的内忧和外患将始终伴随明泉的发展。我们必须要对此有清醒的认识，时刻惕厉警醒，在成绩和赞誉面前保持冷静，始终保持前进的定力和拼搏的锐气。

其次，要对企业现阶段的内忧和外患有清醒的认识。在外部，国家层面着力防范化解金融风险，融资难、融资贵的问题短期内难有改观；行业内落后工艺正被加压气化工艺加速替代；优秀企业正抓住机遇，扩大领先优势，快速拉开与后来者的差距；安全与环保依旧呈高压态势。在内部，安全与环保之弦需时刻绷紧，基础管理仍需大力提升，债务负担导致发展包袱沉重，加压气化工艺的优势仅能持续七年左右。要实现企业快速、高质量、轻资产发展，我们必须常怀忧患之思，居安思危，激扬自强不息、艰苦奋斗的强大精神力量，以时不我待的紧迫感、只争朝夕的精气神、舍我其谁的责任感，踏踏实实抓执行，稳扎稳打促改革，奋力开创明泉高质量发展的新局面。

七、君子终日乾乾，夕惕若厉，无咎

语出《周易·乾卦》的九三爻辞，意思是指君子勤奋不懈"进德修业"，而又戒惧谨慎，则无灾祸。仔细分析可知，明泉2018年进入九三爻所象征的发展阶段。明泉2013—2018年五年的发展经历了由"潜龙勿用"到"见龙在田"的阶段。初期发展陷入困境，面对外部普遍看衰、内部人心惶惶的局面，我们只能外树形象、内聚人心，隐忍前行，这就是"潜龙勿用"阶段。经过大小平衡改造、试水精细化工、启动洁净煤气化项目建设，直到洁净煤气化项目一次开车成功，明泉迎来外部全面肯定、内部士气高昂的发展新阶段，犹如旭日初升，也如龙现于地上，这个阶段就是"见龙在田"。2018 年以后，明泉发展至"九三"阶段。在发展形势转好的"九三"阶段，更需要"夕惕若厉"、戒惧谨慎，坚守"自强不息"精神，"终日乾乾"，锐意进取，绝不可骄傲自满，得意忘形，否则就不是"无咎"了。

八、物极必反，物壮则老

语出《吕氏春秋·博志》，指事物发展到极端，会向相反方向转化。"物壮则老"语出《老子》第五十五章，指一切事物盛极必衰的自然规律。《周易》中也说"日中则昃，月盈则食"，说的都是盛极必衰的道理。这一道理对我们人生事业的启发在《菜根谭》里总结得很到位："衰飒的景象就在盛满中，发生的机缄即在零落内。故君子居安宜操一心以虑患，处变当坚百忍以图成。"真正明白了盛极而衰的道理，我们就应当在处于顺境时居安思危，以防范祸患于未然；而一旦处身于变乱的逆境中，就要坚韧不拔、百折不挠的毅力，以求事业成功。明泉在 2013 年开始的"借搬迁之机实现企业转型升级发展"的四年时间里，经历了千难万险，屡次命悬一线，可谓艰苦卓绝。可就在那样艰难的环境下，我们仍然坚信我们的目标一定会实现，苦日子终会过去，好日子还在后面。正是坚守了这种"否极泰来"的信念，我们才能苦中作乐，以一种革命乐观主义精神坚持了过来。但在洁净煤气化项目一次开车成功之前，我们就开始学习毛泽东同志的"两个务必"，目的是让我们在处于发展形势全面转好的顺境时，能继续保持谦虚谨慎、艰苦奋斗的优良作风，避免得意忘形、乐极生悲。不管是"革命乐观主义"，还是"两个务必"，都是对物极必反、物壮则老所蕴含哲理的具体运用。

九、否极泰来

语出《周易·否》和《周易·泰》，意思是逆境达到极点，就会向顺境转化。它给我们的启示是要以变化的眼光看待自己所处的艰难境遇，真正领会"世界上唯一不变的是一切都在变"的变化律，在身处逆境时不悲观自弃，而坚定转危为安的信念。明泉从 2013 年启动搬迁到洁净煤气化项目一次开车成功（2017 年）的四年，是攻坚克难、艰苦卓绝的四年，却也是坚信必胜、苦中作乐的四年。虽然处境令人忧心，但我们坚信"否极泰来"，坚信我们"借搬迁之机实现企业转型升级发展"、"利用三到五年再造明化"的目标一定会实现，坚持苦中作乐的革命乐观主义精神，最终得以"心想事成"。逆境中坚信"否极泰来"，但顺境中必须警惕"泰极否来"。这是我们在洁净煤气化投产达效前学习"两个务必"的原因。要想避免"泰极否来"，唯一的办法就是一个"谦"字。虚怀若谷，永怀谦卑之心，常怀忧患之思，就会避免"泰"到达极点，也就不会转向另一面"否"。曾国藩将自己的书房取名为"求缺斋"，并说："平日最好昔人'花未全开月未圆'七字，以为惜福之道、保泰之法，莫精于此。"那他如何做到"花未全开月未圆"的呢？就是一个"谦"字，纵然事业花开，心上花也永远不开。对于我们而言，无论企业未来发展多么顺遂，我们都要保持谦虚谨慎，居安思危。

十、沉舟侧畔千帆过，病树前头万木春

语出唐代诗人刘禹锡的《酬乐天扬州逢席上见赠》，原意为翻覆的船只旁仍有千帆竞发，枯萎树木的前面仍有万木争春。明泉进入 2000 年后发展速度放缓，后来出现管理滑坡、导致问题丛生，再到安全事故频发，最终积重难返，不得不启动搬迁。在明泉历时四年借搬迁之机实现企业转型升级发展后，我们举目四望，发现行业内有很多企业因为跟不上时代而被淘汰出局，也有少数优秀企业抓住了机遇，发展势头强劲，已把落后的企业远远地甩开了。这是一个百舸争流、千帆竞发的时代，别说原地不动，就是跑得慢了，都会跟不上时代前进的步伐。大润发被阿里巴巴收购就是一个典型的例子。时代抛弃你时，连一声再见都

不会说！面对这个日新月异、复杂多变的时代，我们必须拿出只争朝夕的精气神和时不我待的紧迫感，抓住机遇，对内深化改革，对外扩大开放，全力推动"新三高"战略取得重要突破，力争在明泉快速、高质量、轻资产发展的新阶段早日实现明泉高端化工的战略目标。

持续学习

一、民惟邦本，本固邦宁

语出《尚书·五子之歌》，意为只有人民是国家的根本，根本稳固了国家才会安宁。我们认为，企业发展依靠员工，企业发展为了员工。以员工为本、实现员工物质财富和精神财富的双提升，是企业发展的终极目标和最终目的。在处理企业四大利益相关者关系时，我们坚持"员工第一、客户第二、股东第三、社会第四"的次序原则。员工是企业发展的根本所在，只有根本稳固了，企业才能健康持续发展。在启动搬迁后的员工分流安置工作中，我们制定了"积极应对、稳妥处置、两手齐抓"的指导原则，充分保障了员工利益，使各类问题得以顺利处置。后来，我们又做出了"确保员工收入与企业效益同步增长"的承诺，如今员工收入与搬迁前相比已经翻番，节日福利和定期福利显著增加。在安全和环保工作方面，我们确立了"生命至高无上、安全从我做起"的安全工作理念和"从高、从严、从长远"的环保工作理念，这不仅仅是为了达到安全环保标准，更是为了保障全体员工安全健康的切身利益。民惟邦本、本固邦宁也是儒家核心思想——"仁"在国家层面的具体体现。企业只有将"仁者爱人"的精神推己及人，惠及员工，才能使上下同欲，凝心聚力，共同推动企业实现快速、高质量发展。

二、学而不思则罔，思而不学则殆

语出《论语·为政》，意为只是读书而不加思考，就会迷惑而无所得；只是思考却不读书，就会精神疲倦而无所得。一味读书而不结合实际工作生活深入思考，就不能做到融会贯通、活学活用，结果只有陷入迷茫、无所适从。而如果一味空想而不读书博学，则终究是沙上建塔，一无所得。孔子这句名言告诫我们，只有把读书和思考结合起来，才能广学博闻、学以致用，否则顾此失彼就会收效甚微。学习与思考、勤学与善思是相互联系和相辅相成的，不可把二者割裂开来。要处理好学与思二者之间的辩证关系，就需要做到"学而思"。首先是认识到"学"的重要性。"学不可以已"，人的一生应当是终身学习、持续提升的一生。懒惰懈怠只会消磨志气，致使生命之熵与日俱增，最终是"年与时驰，意与日去"，徒留伤悲，追悔莫及。其次是应把"学"放在首位。孔子说："吾尝终日不食，终夜不寝，以思，无益，不如学也。"空想无益，不如埋头学一点新知识。不管是学习优秀传统文化，还是对标先进"走出去"、成功经验"请进来"，都能充实、更新我们的思想。然后是"思"应联系实际。"思"不仅是知识之间的整合贯通，更应该是将学到的知识联系实际工作生活，做到学以致用。不能将优秀传统文化只当做一般的知识去学习，而应当将其结合个人修养和工作提升进行深入的思考和领会。无论是"请进来"，还是"走出去"，都必须结合我们的实际情况思考、活学活用，不能照本宣科、生搬硬套。孔子这句关于学与思辩证关系的至理名言对我们的学习启发很大，"勤学而善思"才是正确的学习方法。

三、三日不读书，便觉语言无味、面目可憎

语出北宋著名文学家、书法家黄庭坚，原文是："士大夫三日不读书，则义理不交于胸中，对镜觉面目可憎，向人亦言语无味。"这里需

要注意的是，从"义理不交于胸中"可以看出黄庭坚读的是圣贤书。为什么一定要读圣贤书，这是一个非常重要的问题。虽说开卷有益，但并不是读什么书都有益，而圣贤经典能使我们终生受益。之所以这么说，是因为圣贤经典记载的都是宇宙人生的大道，是自然而然的规律。这种大道和规律都是古圣先贤在生活中观察体悟出来的，并不以人的意志为转移。我们读圣贤书，与圣贤人为伍，其实就是了解宇宙人生的真相。只有在了解宇宙人生真相的基础上，我们才能够离苦得乐，才能够趋吉避凶，让我们拥有一个幸福、美满、成功、长远的人生。圣贤经典传达的大道和规律是正知正见，是帮助我们提升心智境界的，但人自身有向下坠的惰性，只要是稍加放松，就会往下坠落。三日不读圣贤书，便觉心中正知正见的正气有所减退，所以自己觉得面目可憎、言语无味。这才是"三日不读书，便觉语言无味、面目可憎"的真正含义。正气一旦不彰，邪气就会横行！由于历史原因造成了文化断层，中国社会远离圣贤经典久矣，结果是正知正见得不到宣扬、邪知邪见趁虚而入，人们的思想观念积非成是，错误的思想观念经年累月后，反而逐渐被当成正确的看待。这是当前中国社会价值观混乱、丑恶现象丛生的根本原因。如果我们不能持续推进优秀传统文化学习、从圣贤经典中汲取智慧，企业内部正知正见的正能量就得不到弘扬，各种邪知邪见的负能量就会趁机作乱，企业就不可能实现健康快速可持续发展，我们每个人都将成为负能量的受害者。因此，优秀传统文化学习必须常抓不懈，这绝不仅仅是为企业发展计，更是为了我们每个人都有一个幸福、美满的人生。

四、学习优秀国学文化的意义

国学，一国所固有之学术也。优秀国学文化是指以儒家为主体的中华优秀传统文化。《礼记·学记》说，"人不学，不知道"，又说"虽有至道，弗学，不知其善也"。优秀国学文化，即优秀传统文化不是可学可不学的普通知识，因为其中蕴含天地人生的"至道"，能告诉我们宇宙人生的真相，可指导我们领悟人生的意义和活法。不学优秀传统文化，仅靠自己蒙头乱撞，穷其一生也终将是浑浑噩噩。对于优秀传统文化的主要认识，在个人层面可概括为"明道正心、修身笃行"八个字。首先是"明道"。"明道"是指明了宇宙人生的真相，明白自然大道和人生规律。只有明白了"道"，才可能循道而为。所谓"大道"就是宇宙间"促使万物生生不息、绵绵不断生长发展的意志和力量"，具体化为"变化律""因果律"和"上升律"，循道而为就是诚意正心、修身笃行，也就是思利他、积善行，自强不息、奋发有为。"明道正心"和"修身笃行"是知和行的相统一。对于优秀传统文化的主要认识，在企业层面可概括为"以文化人、依法治企"八个字。我们既要汲取儒家智慧，端正人生观，树立正确的思维方式，营造真诚友爱和谐的工作氛围，又要学习法家思想精华，加强制度建设和强化制度执行，严格考核和奖惩，二者有机结合使企业内部形成人人尽展其才的生动局面，锻造一支召之即来、来之能战、战之必胜的钢铁团队。优秀传统文化传承对于个人、企业乃至整个国家都具有不可替代的作用。这是党的十八大以来，国家层面大力弘扬优秀传统文化、倡导以优秀传统文化涵养企业文化的根本原因。

五、优秀传统文化学习与"以道驭术"的关系

"以道驭术"就是以道来承载智术。"道"和"术"的含义是多层面的，因此"以道驭术"的含义也是多层面的。从优秀传统文化学习角度来看，"道"指的是我们在优秀传统文化学习过程中获取的智慧，"术"是我们从事的具体工作，"以道驭术"就是用从优秀传统文化学习中获取的智慧指导我们的具体工作。以"变化律"、"因果律"和"上升律"为例。"变化律"也就是"世界上唯一不变的是一切都在变"，这就要求我们在工作中秉持创新精进的精神，面对复杂多变的内外部形势，因时而变，随事而制；也启发我们在处于逆境时要坚信"否极泰来"，在处

于顺境时要警惕"泰极生否";同时也给予我们"时移世易,变法宜矣"的启示,要通过不断改革破除一切制约企业发展的思想障碍和制度藩篱。"因果律"通过"种如是因,得如是果",告诉我们在工作中要正确处理付出与获得的关系,在付出中获得快乐,在快乐中撷取收获。"上升律"通过"天行健,君子以自强不息"告诉我们在工作中要顺应刚健向上的天道,自强不息,奋发有为,不可萎靡不振、固步自封。由此可知,优秀传统文化学习解决的是具体工作之上的"道"层面的问题,其层次高于一般意义上以教授知识和技能为主的培训。

六、十年树木、百年树人

语出《管子·权修第三》,原文为:"一年之计,莫如树谷;十年之计,莫如树木;终身之计,莫如树人。""十年树木、百年树人"即"十年之计,莫如树木;百年之计,莫如树人",原意为"作十年的打算,最好是种植树木;作百年的打算,最好是培育人才",比喻培养人才是长久之计,也比喻培养人才是长期而艰巨的事。我们企业要实现"百年企业"的目标,人才是根本,而人才培养是根本大计。在人才培养方面,企业文化建设是根本,唯有企业文化可以传承并生生不息。企业文化是我们凝心聚力谋发展的精神动力,是指引我们企业发展方向的智慧源泉。而企业文化建设的最佳途径就是优秀传统文化的集体学习。同时,我们也要清醒地认识到,人才培养是一项长期而艰巨的工作,必须持之以恒,常抓不懈。在优秀传统文化学习过程中,我们发现优秀传统文化中所蕴含的智慧真正做到入脑入心、落实在行动上,不是一件轻而易举的事。究其原因,不外乎两方面。一方面是部分人员思想懒惰,被动接受,消极应付,另一方面是有些人员固执己见,自以为是,概不接受。实际上,这两种情况都是中国社会价值观长期积非成是所导致的,长年累月下来习惯了错误思想,反而认为本该如此,岂不可悲?要解决这两种问题,我们必须坚持不懈学习优秀传统文化,反复学习,长时薰修。从这点上，我们也可想见，人才培养是一项长期而艰巨的工作。总而言之，要实现明泉"百年企业"，人才培养是根本大计；同时，人才培养是一项长期而艰巨的工作，必须坚定不移、贯彻始终。

七、气象盛则虽饥亦乐，气象衰则虽饱亦忧

语出《曾国藩家书》，原句为"凡盛衰在气象，气象盛则虽饥亦乐，气象衰则虽饱亦忧"，原意为凡是事情的盛衰重在气象（精神），气象（精神）兴盛则虽遭受饥饿也觉快乐，气象衰败则虽能饱食也感忧虑。明泉在2013年9月开始的"借搬迁之机实现企业转型升级发展"过程中，每天都面临诸多困难和挑战，每天都是投入大于产出的状态，每天都承受巨大的压力。然而，明泉人自强不息的精气神没有丢，舍我其谁的气魄没有丢，刚毅不屈的劲头没有丢，能凝心聚力、一往无前、愈挫愈奋、苦中作乐，终于积小成为大成，实现了企业的新旧动能转换和转型升级发展。回顾整个过程，从明泉人的精气神、气魄和劲头来看，明泉的气象无疑是兴盛的，正是因为气象盛，明泉人虽面对种种困难挑战却仍然保持乐观、充满信心。这个过程中，企业文化建设起到了至关重要的作用，我们设立了教育培训中心，加大了内刊《明泉人》的发行频次，及时传递企业发展思路和举措，极大地提振了全体明泉人奋发有为的士气。面对逆境，人可以团结一心、奋发有为，可一旦转入顺境，人又往往得意自满、追求安逸、不思进取，原来兴盛的气象就会因此转为颓败。所以，在洁净煤气化项目投产达效之前，我们就开始学习"两个务必"，系统学习优秀传统文化，2018年11月又启动了以企业文化重塑为引领的"三项制度"改革。凡此种种，都是为了使明泉的气象始终保持在"盛"的状态。气可鼓而不可泄！我们必须"一鼓作气"，再接再厉，以滴水穿石、久久为功的韧劲和坚持，深入推进"三项制度"改革，踏踏实实抓执行，全力推动高端化学品和高分子材料项目建设，利用未来三到五年再造一个全新明泉！

八、如入芝兰之室，久而不闻其香；如入鲍鱼之肆，久而不闻其臭

　　语出汉王肃《孔子家语·六本》。子曰："与善人居，如入芝兰之室，久而不闻其香，即与之化矣；与不善人居，如入鲍鱼之肆，久而不闻其臭，亦与之化矣。丹之所藏者赤，漆之所藏者黑，是以君子必慎其所处者焉。"原意是，和品行优良的人交往，就好像进入摆满香草的房间，久而久之就闻不到香草的香味了，这是因为你和香味融为一体了。和品行不好的人交往，就像进入了卖臭咸鱼的店铺，久而久之就闻不到咸鱼的臭味了，这也是因为你与臭味已融为一体了。藏朱砂的地方就有红色，有油漆的地方就有黑色，因此有道德修养的人必须谨慎选择相处的朋友和环境。人们还常说"近朱者赤，近墨者黑"、"物以类聚，人以群分"、观其友而知其人，都是在告诫我们谨慎交友，选择了什么样的朋友，就选择了什么样的生活工作环境。朋友关系交织构成的环境会潜移默化地影响一个人的思想和德行，最终的结果就是同化。这给我们的启示是，一方面要结交德行端正的朋友，另一方面要加强自身的学习提升，因为我们希望身边多感召来什么样的朋友，自己需要首先成为那样的人。我们要通过学习优秀传统文化，增长智慧、培养情怀、拓展格局、明辨善恶；通过钻研业务知识，提高专业技能和管理能力。随着自身的不断提升，我们就能结交越来越多的"善人"和"高人"，这些"善人"和"高人"又反过来帮助我们继续提升，这样一来我们的人生事业就会进入一个良性循环。而平时不注重自身学习提升，一旦不慎结交了一些品行不端的朋友，久而久之我们就会逐渐认同他们的价值观，最终难免不被拉着往下堕落，人生事业就会进入一个恶性循环。因此，我们必须要加强自身学习，同时慎重交友，决不能轻视环境潜移默化的同化作用。

九、浅释"谦德之效"

"谦德之效"是《了凡四训》一书的第四篇。"谦德之效"就是谦德的好处，用作者了凡先生的话就是"惟谦受福"，只有谦虚的人，才可以承受福报。正如《尚书·大禹谟》所言："满招损，谦受益，时乃天道"，自满会招来损害，谦虚才能得到益处，这是自然规律。在《周易》中，也是只有谦卦"六爻皆吉"。概括地讲，违背谦德、骄傲自满有两大害处。一是令人厌烦，正所谓"人道恶盈而好谦"。《菜根谭》有言"盖世功劳，当不得一个矜字"，就是有再大功劳的人，一旦骄傲自大，就离灾祸不远了。二是止步不前，一个人只要是骄傲自满，那他就已经到达人生事业的天花板、转而开始走下坡路了。这正如《了凡四训》所讲，"彼气盈者，必非远器，纵发亦无受用"，那些心高气傲的人，一定难成大器，就算一时能发达，也不会长久。因此，在工作和生活中，我们一定要永怀谦卑之心，以谦德律己，以谦德待人。领导干部只有保持谦德，才能树立威信、团结团队，凝心聚力；领导干部只有"念念谦虚"，才能以"三人行必有我师"的心态，"受教有地"、"取善无穷"，在不断提升自身德行的同时促进工作取得更大的成绩。

十、"两个务必"与"我们决不当李自成"

1949 年 3 月 5 日，在中国革命即将胜利的前夜，毛泽东同志在党的七届二中全会上提出了"两个务必"思想，告诫全党："务必使同志们继续地保持谦虚、谨慎、不骄、不躁的作风，务必使同志们继续地保持艰苦奋斗的作风。"1949 年 3 月 23 日，毛泽东同志在乘车从西柏坡前往北平的路上，对周恩来说："我们决不当李自成，（进京赶考）我们都希望考个好成绩！"以史为鉴，虽然 70 多年过去了，但毛泽东同志的"两个务必"、"决不当李自成"，对于今天仍然具有十分重要的现实意义。当初，李自成也是率领劳苦大众打天下，南征北战十几载才推翻了明王朝统治。但在建立政权后，却因居功自傲、贪图安逸而人亡政息。"两个务必"、"决不当李自成"，就是要吸取骄兵必败的历史教训，避免李自成"打江山 18 年坐江山 18 天"的历史悲剧重演。2017 年在洁净煤气化项目开车前，我们学习过"两个务必"，并把那句话挂在了明泉科技会议室里，为的是防止开车成功后滋生骄傲自满、贪图安逸的情绪，避免出现艰苦奋斗四年却因得意忘形而毁于一旦的可怕情况。明泉现正进入快速、高质量、轻资产发展的新阶段，现在及未来几年将呈现出全面播种、次第开花的生动景象。随着高端化学品项目、高分子材料项目以及技改项目的陆续投产，企业的经营规模将快速扩大，效益更会实现倍数级增长。但一个个即将到来的发展成果绝不能成为我们骄傲自满、安逸享乐的资本，而只能成为我们决战下一个目标的信心来源。永远不要有形势好了就歇口气的心态，"躺在过去的功劳簿上"，只会功败垂成。"以史为镜，可以知兴替；以人为镜，可以明得失"，我们一定要牢记毛泽东同志提出的"我们决不当李自成"的深刻警示，牢记"两个务必"，牢记"生于忧患，死于安乐"的古训，始终秉持自强不息的奋斗精神，不断推动我们的事业迈向新的胜利。

知行合一

一、"坐而论道"与"起而行之"

语出《周礼·考工记》："坐而论道，谓之三公；作而行之，谓之士大夫；审曲面势，以饬五材，以辨民器，谓之百工。""坐而论道"与"起而行之"的关系就是"知"与"行"的关系，"知是行之始，行是知之成"，二者相辅相成、不可偏废。只是夸夸其谈，即使说得头头是道，也于事无补；而只是埋头蛮干，即使是雷厉风行，终不免背离正确的目标，南辕北辙。需要注意的是《周礼》原文中并未贬低"坐而论道"的重要性。很多人都说当今社会拜金主义盛行、丑恶现象丛生，这难道不是社会主流价值观的"道"没有得到匡正所导致的吗？没有正确的"道"指引人们的思想和行为，结果是"起而行之"只为一己私利，无所不用其极。在这样的社会环境里，人人都是受害者，没有哪个人可置身事外。正是看到了社会问题的症结所在，为企业健康可持续发展计，我们启动了优秀传统文化学习。学习优秀传统文化主要从两方面给我们提供助益，一方面是端正价值观，可教我们树立正确的思维方式，明辨是非善恶，濡养浩然正气，营造真诚和谐友爱的工作氛围；另一方面是为企业发展提供重要的思想启迪和智慧借鉴，比如"以文化人、依法治企"、自强不息、"日新"精神、"行有不得、反求诸己"、居安思危等。在强调学习优秀传统文化、"坐而论道"的同时，我们也认识到"起而行之"的重要性，没有不折不扣的强大执行力，再好的发展蓝图也终成泡影。因此，把今年定为"制度执行年"，加大制度执行的考核力度，严格奖惩，并创新执行力培训形式，通过管理人员集训，打造强大的执行力文化。"坐而论道"是知，"起而行之"是行，合则两利，分则两伤。

二、静如处子，动如脱兔

语出《孙子兵法·九地》："是故始如处女，敌人开户；后如脱兔，敌不及拒。"用以比喻军队未行动时就像未出嫁的女子那样沉静，一行动就像逃脱的兔子那样迅速敏捷。"静如处子"和"动如脱兔"分别用来形容思考的平静和行动的迅捷。思考是为了学有所得和更好地决策。"静如处子"的思考过程有一定的规律可循，那就是《礼记·大学》开篇所说的"知止定静安虑得"的功夫，即："知止而后有定，定而后能静，静而后能安，安而后能虑，虑而后能得。""知"是知"大学之道"，"止"是止于至善，"定"是志向坚定，"静"是淡泊宁静，"安"是身心安泰，"虑"是思虑周详，"得"是有所收获。连起来就是，知"大学之道"并力求达到"止于至善"的境界才能够志向坚定，志向坚定才能够淡泊宁静，淡泊宁静才能够身心安泰，身心安泰才能够思虑周详，思虑周详才能够有所收获。这个思维过程应用到企业决策中就是，知《大学》"内圣外王"之道、为达到"惠及员工、回报社会"的愿景而志向坚定，志向坚定便能淡泊宁静，淡泊宁静便能身心安泰，身心安泰便能思虑周详，思虑周详便能恰当决策。"谋定而后动"，"动如脱兔"是就行动力和执行力而言，"谋后而定、行且坚毅"（引自《曾国藩家书》），决策一旦确定，就要坚定不移地执行到位。对于当下而言，时代复杂多变，只有"动如脱兔"，行动迅捷，才能抓住机遇，与时俱进，推动企业发展。

三、如何解决"知行合一"中"行"的问题

知行合一是王阳明的核心思想之一。王阳明说："知是行之始，行

是知之成。"思想认知是行动的开端，行动是思想认知的达成。知与行二者不能分离，与行相分离的知，不是真知，而是妄想；与知相分离的行，不是笃行，而是妄行。对于个人而言，"行"是行动力。要解决"行"的问题，首先要解决立志的问题。方向一旦偏了，越是努力地前行，离正确的目标也就越远。即便是志向正确了，还有个是否真切的问题。真知就能真行，一个人真立志，气象就能为之一新，就会朝着心中的目标坚定前行。而一个人精气神起不来，犹豫不决、瞻前顾后，就说明其志向未能真正树立起来。志向树立需要优秀传统文化的熏陶。志向树立起来以后，还需要有恒心，在学习提升上"步步前行、日日不止"，在工作上踏踏实实、一丝不苟把负责的工作执行到位，并精益求精、坚持不懈。对于企业而言，"行"是执行力。为解决执行力的问题，我们从学习、培训和制度三个方面着手强化执行力。首先是在学习方面，我们通过集团学习和会议的途径反复强调执行力的重要性，强化无条件、不折不扣、坚决执行的执行力意识，同时阐明"严格管理是爱，是积善；姑息放纵是害，是作恶"的道理，明辨善恶，向严格管理要执行力的提升。其次，在培训方面，我们下定决心启动军事管理文化集训，让所有班组长以上管理人员从中强化对企业的归属感、发掘自身潜力、增强自信心和执行意识，从而能够创造性地、高质量地将各项工作落实到位。再次，在制度方面，将 2019 年定为"制度执行年"，全面梳理完善企业制度，修改考核奖惩条款，加大制度的奖惩力度，继之以对工作落实情况的严格考核，通过强化制度刚性督促干部员工将各项工作执行到位。有"知"无"行"，一切都是空谈！没有行动力，一个人即使智识过人，也必将一事无成；没有执行力，一个企业即使决策再正确，也终不免百病缠身，被淘汰出局。因此，"行"的重要性怎么强调都不为过。

四、对"执行、执行、无条件执行"的理解

无条件执行就是不找任何借口，坚决认真地完成上级指派的任务。

无条件执行在军队中体现最为显著。一个统帅指挥千军万马，如果没有各级将领直至兵士的绝对服从和无条件执行，那么这个军队立马就会因为建制单位各行其是、不能做到令行禁止而陷入混乱，无法形成强大的战斗力，结果就是一击即溃。因此，带兵打仗首先要做到有令则行、有禁则止，军人要以服从为天职，一切行动听指挥，否则就必然导致兵败。《孙子兵法》说："将听吾计，用之必胜，留之；将不听吾计，用之必败，去之。"同为组织，企业和军队在无条件服从、执行方面的道理是相通的。企业的决策、工作部署和规章制度，每个单位、每个干部员工必须无条件执行，必须做到统一意志、统一行动，如果各自为政、各行其是，企业就成一盘散沙，还有什么竞争力可言。可以说，没有无条件执行，就没有竞争力！

五、"制度执行年"如何强化执行

《管子·立政》有言："令则行，禁则止，宪之所及，俗之所被。如百体之从心，政之所期也。"意思是，有令则行，有禁则止，凡是法令和习俗所影响到的地方，都像四肢百骸服从意志一样，这是为政所期望的局面。同样道理，企业管理也期望各单位、各位干部员工像身体各个器官服从大脑指令那般，坚决立即执行企业的决策部署和规章制度。这样做的目的是企业和个人都从发展中受益，试想身体器官不受大脑指挥，最终整个身体、大脑和器官有哪个能受益呢？我们把 2019 年定为"制度执行年"也是出于这样的目的。"制度执行年"强化执行就是持续完善各项管理制度，加大制度的奖罚力度，使各单位、各级领导干部和员工在执行集团决策部署和规章制度过程中做到令行禁止。在制度的执行过程中，各级管理人员要坚持严格管理，认真贯彻"严格管理是爱，是积善；姑息纵容是害，是作恶"的管理理念，做到严格考核、及时奖惩，通过考核奖惩让各位干部员工明白企业的期望，自觉地将自己的思想和行为统一到企业发展的大局上来。

六、从《了凡四训》之"积善之方"谈对"积善"的理解

积善之方是《了凡四训》一书的第三篇,教我们明辨善恶、力行真善,而不是做毫无原则的"老好人"。积善之方中鲜明地指出为善要"穷理",否则"为善而不穷理,则自谓行持,岂知造孽,枉费苦心,无益也"。为善也要深究其中的道理,不要自以为在行善、实际上在作恶,这样只会枉费心力,没有任何益处。因此,文中说:"善有真,有假;有端,有曲;有阴,有阳;有是,有非;有偏,有正;有半,有满;有大,有小;有难,有易;皆当深辨。"又说积善的途径大致分为十种:"第一,与人为善;第二,爱敬存心;第三,成人之美;第四,劝人为善;第五,救人危急;第六,兴建大利;第七,舍财作福;第八,护持正法;第九,敬重尊长;第十,爱惜物命。"我们企业制定了"百年企业、辉光日新、惠及员工、回报社会"的企业愿景,在实现自身发展的同时,惠及几千员工及上万家属,力所能及地泽被社会。我们每个人坚守岗位、尽职尽责,把所负责的工作做好,难道不是"与人为善"吗?为企业实现美好的愿景而贡献一份力量,难道不是"成人之美"吗?因此,立足岗位,兢兢业业,尽职尽责,就是积善。要注意,严格管理是管理人员尽职尽责的一部分,姑息纵容是管理人员的失职。善有真假,姑息纵容违规违纪的行为是"好人主义",不仅是假善,而且是在作恶;严格管理,及时制止违规违纪行为,防止其犯更大的错误,使其幡然悔悟,才是真善。总而言之,在企业中工作尽职尽责、严格管理就是积善。

七、企业管理中的善恶标准

《了凡四训》在第三篇"积善之方"中谈及善恶的标准,即"有益于人,是善;有益于己,是恶。有益于人,则殴人詈人皆善也;有益于己,则敬人礼人皆恶也。"做对他人有益的事情,是善;做对自己有益

的事情，是恶。若是做的事情，可以使他人得到益处，哪怕是骂人打人，也都是善；而有益于自己的事情，那么就是恭敬人、以礼待人，也都是恶。在企业管理中，严格管理可以督促下级往正确的方向努力，规避下级懈怠敷衍甚至走上邪路的风险，因此严格管理是真正有益于人，是善。那些在管理中姑息纵容违规违纪行为的"老好人"，其目的是只求自己有个好人缘、好名声，而罔顾下级是不是走上正路，这种只求利己、罔顾他人的行为就是作恶。因此，在企业管理中，严格管理有益于人，是对下级的爱护，是积善；姑息纵容只求有益于己，却有损于人，是对下级的伤害，是作恶。

八、如何在企业管理中实现"积善"和"惩恶"

《了凡四训》的第三篇"积善之方"谈及善与恶，明确指出："有益于人，是善。"这与稻盛和夫所称的"利他"是同样道理。我们每个干部员工在自己岗位上兢兢业业、尽职尽责就是积善。通过自己的努力工作，为企业发展尽一己之力，不就是有益于企业数千名员工和背后数以万计的员工家属吗？有益于人就是积善！"积善之方"还大致列举了十种积善方法，包括与人为善、爱敬存心、成人之美、劝人为善、救人危急、兴建大利、舍财作福、护持正法、敬重尊长、爱惜物命。在实际工作中，以仁爱恭敬之心，尊重领导长辈等各位同事，积极协助同事实现工作目标，正确引导身边同事的思想和行为，主动学习践行优秀传统文化，这些思想和言行不正是做到了"爱敬存心""敬重尊长""与人为善""成人之美""劝人为善""护持正法"吗？因此，积善并不是仅限于在工作之外去做"好人好事"，这样的观点太肤浅片面了。我们在工作中就能积善，兢兢业业、尽职尽责就是积善。对管理人员来讲，严格管理是职责所在，是兢兢业业、尽职尽责的题中应有之义。严格管理是对下级的爱护，有益于人，是积善；姑息纵容但求有益于己，却不利于下级的成长，是作恶。对于那些违规违纪、损害企业利益的"恶"也需要严格管理来惩处。"惩恶"就是对工作中违规违纪的人和事，决不视而不见，决不姑息纵容，要及时纠正、严厉问责，触犯法律底线的交由司法机关处理。这都需要管理人员尽职尽责，做到严格管理。

九、企业"惠及员工"与严格管理

儒家的核心思想主张就是一个"仁"字。孔子把"仁"作为最高的道德原则、道德标准和道德境界，形成了以"仁"为核心的伦理道德体系。从"仁者爱人"的思想出发，我们形成了"企业发展的终极目标是为了员工"的理念。企业发展依靠员工，也为了员工。以员工为本、实现员工物质财富和精神财富的双提升，是企业发展的最终目的。因此，在处理企业的"四大关系"时，我们将员工放在客户、股东和社会之前，并且把"惠及员工"写进了我们的企业愿景。儒家主张以仁爱之心待人，但绝不是鼓励大家做"滥好人""老好人"。孔子尖锐地指出："乡愿，德之贼也。""乡愿"就是孟子所说的"同乎流俗，合乎污世"的人。这种人圆滑处世、处处讨好、全不得罪，俨然是个"好好先生"，实则是抹煞是非、混淆善恶、不主持正义、不抵制邪恶的"滥好人"，是危害仁义道德的人。孔子还说："君子成人之美，不成人之恶。小人反是。"意思是君子成全别人的好事，而不促成别人的坏事，小人则与此相反。因此，从儒家思想来看，在企业管理中充当"老好人"、对违规违纪的人和行为不纠正惩处反而"成人之恶"的人，就是"小人"！所以说，"惠及员工"是君子当为，严格管理也是君子当为。法家是中国历史上提倡以法治为核心思想的重要学派，主张以严刑峻法治理国家。从法家思想出发，企业严格管理是势在必行。法家思想指引下的严格管理更加强调制度的外在约束，而从儒家思想出发的严格管理则更注重思想道德的内在驱动。二者结合，便可内外兼修、标本兼治，这也是我们坚持"以文化人、依法治企"、道德文化与法治文化并举的深层考虑。总而言之，从儒法两家思想来看，惠及员工与严格管理并不矛盾，严格管理是为了实现企业更好地发展，落脚点还在惠及员工。

十、扶正祛邪

扶正祛邪，是中医治疗疾病的总纲，也是基本的指导原则。扶正祛邪是指扶持好的事物，纠正错误倾向。在企业管理中，扶正祛邪主要体现在匡正全体干部员工的思想和行为上。在思想方面，我们坚持以优秀传统文化涵养企业文化，通过优秀传统文化学习，树立正见正念，继承和发扬自强不息、艰苦奋斗的优良传统，摒弃和否定导致僵化熵增的陈旧观念，统一思想，凝聚共识，激发出全体干部员工干事创业的动力和活力，同时营造真诚、友爱、和谐的工作氛围。在行为方面，我们完善企业制度，加大制度奖惩力度，严格考核、及时奖罚，提升执行力，对助力企业发展的技术创新、经营业绩提升等行为进行重奖，对因责任心不足、懈怠拖延等原因造成的工作达不到预期进行严厉扣罚，同时反复宣导"严格管理是爱，是积善；姑息纵容是害，是作恶"的理念，对违规违纪、损害企业利益的人和事，及时制止纠正、严厉问责，触犯法律底线的交由司法机关处理。正如"现代管理学之父"彼得·德鲁克指出的那样，管理的本质就是激发和释放每一个人的善意。我们正在进行的优秀传统文化学习、三项制度改革"制度执行年"等举措，其目的只有一个，就是扬善去恶、扶正祛邪。

正己正人

一、得道者多助，失道者寡助

语出《孟子·公孙丑下》，原意是能行"仁政"的君王，帮助支持他的人就多，不施行"仁政"的君主，支持帮助他的人就少。今天，我们理解这个"道"，不应局限在仁政、君王和国家层面。实际上，每个人都遵循着自己的人生之"道"过完一生，只是这个人生之"道"千差万别、层次各异，因而每个人的人生际遇和轨迹都不尽相同。通过优秀传统文化学习，我们知道那个形而上的"大道"就是宇宙间"促使万物生生不息、绵绵不断生长发展的意志和力量"，具体化为"变化律""因果律"和"上升律"。循"大道"而为应当是诚意正心以修身、自强不息以利他，不断提升人生层次和境界，度过有意义的一生。在生活工作中，秉持"自利利他"的利他精神，践行"己欲立而立人，己欲达而达人"的仁道和"己所不欲，勿施于人"的恕道，与他人交往合作能诚信共赢、自他两利，自然就能广结善缘。因此，循"大道"而为，就会"得道者多助"。相反，循着"唯求自利"的"道"走下去，路只会越走越窄，善缘远离甚至众叛亲离，这就是背离"大道"所致，也就是"失道者寡助"。与此类似，企业是由人组成的集合体，也遵循着同样的规律。企业存在的过程也是循道而为的过程，所遵循的道就是企业核心价值观。我们遵循"自强不息、艰苦奋斗、厚德载物、仁爱利他"的核心价值观，体现在合作方面就是"搭建平台、整合资源、科学发展、诚信共赢"。这十六个字的合作发展理念中，"诚信共赢"是基石，没有这个要素，其他三个要素就失去基础，无从谈起。正是在这个理念的指引下，洁净煤气化项目和明升达退城进园项目才得以与几十家大型国有和军工企业实现战略合作，获得了超过总投资额半数以上的资金支持。明泉的核心价值观体现在企业内部，就是"惠及员工"，以员工为本，致力于实现员工物质财富和精神财富的双提升；体现在处理与社会的关系，就是"回报社会"，依法经营、照章纳税，力所能及地通过捐资助学、扶危济困、义工工作站等方式回馈社会。明泉正是因为坚守了正确的核心价值观、循"大道"而为，才得到了社会各方的大力支持和帮助，这就是"得道者多助"。而那些只知道在商言商、一门心思只想着赚钱的企业，最终可能会落得"孤家寡人"的下场，因为他们所遵循的不是"大道"。"失道者寡助"就是对这种唯求自利的企业讲的。总而言之，不管是企业还是个人，只有恪守正道、循道而为，才能"得道者多助"，广结善缘、共谋发展，正所谓"德不孤，必有邻"。

二、行有不得，反求诸己

语出《孟子·离娄上》，意思是做事达不到预期，就要一切从自身找原因，反躬自省，而非怨天尤人。这句话与孔子所说的"君子求诸己，小人求诸人"意思相近。然而，现在社会上很多人的做法却与上述观点背道而驰，一遇到问题，就开始指责他人、抱怨社会，而不是从自身找原因，这就不是正确的认知方式。我们把"行有不得，反求诸己"八个字挂到了每个管理人员的办公室里，目的是提醒大家要以此自警。在几千人的企业里，如果工作出现一点问题，就人人互相推诿指责，那企业内部就会出现严重的内耗，甚至形成相互对立的负面情绪。人人想着怎么不担责、怎么推卸责任，那企业还怎么发展？五年多的发展实践告诉我们，对于明泉这样一个人员众多又迫切需要完成浴火重生，实现快速高质量发展的企业而言，要迅速凝聚全体干部员工的力量，必须要求所有干部员工从自身做起，工作出现问题要从自身找原因，反对相互之间的抱怨指责，要通过自我反思、自我批判实现自我提升。人人从自身做起，自我反思、自我批判、自我提升，就能形成"真诚、友爱、和谐"的工作氛围，造就一支"召之即来、来之能战、战之必胜"的钢铁团队。

三、德不配位，必有灾殃

"德不配位，必有灾殃"的意思是指，一个人的德行与他拥有的财富和所处的社会地位不相匹配，就必有灾祸发生。类似的话，孔子在《周易·系辞下》里也说过："德薄而位尊，智小而谋大，力小而任重，鲜不及矣。"南怀瑾认为，这是人不能犯的"三个基本错误"。"德薄而位尊"，一个人德行不够，意味着缺乏正知正见，一旦拥有财富、地位尊荣，难免不忘乎所以、私欲膨胀，做出种种恶事来，最终自食恶果，这就是"德不配位，必有灾殃"。在企业里面，同样如此。德行不足却上到高的位置，有的人就开始飘飘然、目中无人了，听不进不同意见了；有的人就开始动歪心思、想钻空子了，甚至掌握一定权力的人滥用权力去谋取私利。结果是因为自己持身不正，不仅自己没什么好下场，更糟糕的是带坏了企业风气，于公于私都是伤害。因此，已经身居高位的领导干部要时常反思自己是否德能配位。孔子说，"不患无位，患所以立"，那些渴望升到高位的，需要认真思考一下自己的德行是不是足以支撑了。不管上到什么位置，都需要持续不断地学习提升，因为环境在变，工作内容也在变，德行如果不能随之提升，就极有可能退步。"德"与"位"的匹配是个动态的过程。因此，身为领导干部应时常以"德不配位，必有灾殃"自警，持续学习优秀传统文化，不断提升个人德行。

四、政者，正也

语出《论语·颜渊篇》。季康子问政于孔子。孔子对曰："政者，正也。子帅以正，孰敢不正?"意思是："政就是端正。您带头端正，谁敢不端正呢?"在孔子看来，为政者自身正是第一位的，上行才能下效。孔子认为，为政者如果自身品行端正，就能树立威信，对其他为政者和民众产生潜移默化的影响，施不言之教，使整个社会风气咸归于正。正己才能正人，但正人必先正己，"其身正，不令而行；其身不正，虽令不从"，"以直措诸枉，则枉者直；以枉措诸直，则直者枉"，这在国家或企业都是适用的。首先，领导干部自身正，才能实现本单位风清气正。领导干部只有自己品行端正，才能影响和带动周围的人，要求下级也"正"。相反，领导干部如果自身不正，即使三令五申，下属也会表面应承、背后敷衍，正如孟子所讲"吾未闻枉己而正人者也"，枉己而正人是不可能行得通的。其次，只有自身品行端正，才能严格管理。领导干部持身以正，才能在下级和员工中树立起威信，才有底气严格管理、纠正他人的违规违纪。有的领导干部不想管、不敢管，实际上是因为自己不正而心虚，怕一旦严格要求他人，自己被揭短举报。再次，只有自身品行端正，才能确保工作部署得到不折不扣地执行。领导干部以身作则、率先垂范，说话才有分量，下级才会心悦诚服地接受和执行，各项工作才能不折不扣地落实到位。身教重于言教，领导干部如果自己品行不端，就不可能得到大家的认可，怎么还指望本单位有强大的执行力呢?由此来看，领导干部自身是否端正关系重大，因为本单位能否风清气正、能否做到严格管理、能否形成强大的执行力和战斗力都系于领导干部自身。正己才能正人，正人必先正己，每个领导干部都必须牢记在心、身体力行。

五、其身正，不令而行；其身不正，虽令不从

语出《论语·子路篇》，意为为政者自我品行端正了，即使不发布命令，老百姓也会去实行；若自身不端正，即使发布命令，老百姓也不会服从。这给我们的启示是，领导干部品行是否端正，关系到单位执行

力的强弱，必须引起高度重视。所谓的"正"是指品行端正，既包括品德，也包括行为。品德端正就要求领导干部做到以企业为先、持身正直、谦虚谨慎、有进取心等，行为端正则包括处事公正、严格管理、深入现场、奋发进取、开拓创新、学习提升等。《孔子家语·入官》记孔子之言说："欲政之速行也，莫善乎以身先之。"《群书治要·政要论》也说："故君子为政，以正己为先，教禁为次。"领导干部要迅速推进工作落实，以身作则是最好的办法，与制度相比其效果更加立竿见影。我们反复强调"答案在现场、现场有神灵"，各单位领导有没有每天都去几次现场？单位领导深入现场了，车间主任还能整天坐在办公室里、遥控指挥吗？车间主任每天大部分时间在现场，基层员工还能懈怠敷衍吗？我们反复强调学习的重要性，领导干部带头学习优秀传统文化、钻研工艺技术设备了吗？员工不看你说得多么天花乱坠，就看你的行动，从行动里就能看出你对工作的真实看法和重视程度。一个单位工作执行不得力、风气不正，责任就在领导干部！领导干部自己品德和行为不正，怎么要求他人正！当官老爷、摆官架子，自己做不到却要求别人做到的，都是不合格的领导干部！把"其身正，不令而行；其身不正，虽令不从"当成所有领导干部的座右铭，时刻以此警醒、鞭策自己。

六、责人之心责己，恕己之心恕人

语出《增广贤文》，意思是用苛求和责备别人的心来要求、反省自己；用宽恕、体谅自己的心去宽容体谅别人。唐代林逋《省心录》说："以责人之心责己，则寡过；以恕己之心恕人，则全交。"以苛求他人的心要求自己，就能改过而寡过；以宽恕自己的心去体谅别人，就能广结善缘。这对我们的启示是，无论是在生活还是在工作中，遇到问题应多从自身找原因，尽可能少地苛责于人，这样一来，不仅自己可以反思提升，而且还能处理好人际关系。"吾日三省吾身"，工作中遇到问题多从我们自身找原因，找出自身存在的问题并加以解决，我们的工作就能不断得以改进，我们的德行就能不断得以提升。苛责自己、宽恕别人还有一个好处，就是可以团结同事，共同营造真诚友爱和谐的工作氛围，正所谓"躬自厚而薄责于人，则远怨矣"。领导干部带头自我反思、自我批判，就能影响和带动本单位形成这种良好的风气。人人都能自我反思、自我批判、自我提升，那大家就都能在愉快的氛围里开展工作。孔子所言"君子求诸己，小人求诸人"，孟子所说"行有不得，反求诸己"，都有"以责人之心责己，则寡过；以恕己之心恕人，则全交"的深层次考量在里面，要以自己的生活工作阅历去体会，才能真正领悟和运用。

七、勿以善小而不为，勿以恶小而为之

语出《三国志·蜀书·先主传》，原句为："勿以恶小而为之，勿以善小而不为。"这是刘备给其子刘禅的遗诏中的话，目的是劝勉他要进德修业、有所作为，不要因为好事小而不做，更不能因为坏事小而去做。小善积多了就成为利天下的大善，而小恶积多了则"足以乱国家"。对我们企业而言，我们用四年时间再造了一个新明泉，初步实现了明泉的转型升级发展，将明泉从岌岌可危的生死边缘重新拉回到生机勃勃的发展新阶段。这样一个复杂的大工程是由各个岗位日复一日的琐碎工作逐渐累积而成的。同样，"新三高"战略实施也是个复杂工程，需要我们各个岗位久久为功。"天下大事必作于细"，不要小看手头的每份小工作，"步步前行，日日不止，自有到期"，只要每个岗位日复一日地兢兢业业、尽职尽责，我们的"新三高"战略实施就一定能取得成功，这就是"勿以善小而不为"的道理。"勿以恶小而为之"对于危化品企业的教训尤为深刻。任何一点疏忽、失误、违规都有可能引发事故，导致整个企业就此停摆。特别是生产一线，任何一个岗位都不要认为自己手头的工作无足轻重，不要对任何敷衍疏忽甚至习惯性违章操作存侥幸心理。"勿以善小而不为，勿以恶小而为之"是在提醒我们要注重细节。

只有注重细节，我们的工作部署才能不折不扣地执行到位；只有狠抓细节，我们所强调的严格管理才能真真正正地管控到位。

八、善不积，不足以成名；恶不积，不足以灭身

语出《周易·系辞下》，意为好事做得不多就不能成为有名望的人，坏事做得不多就不能毁灭自身。后文为："小人以小善为无益而弗为也，以小恶为无伤而弗去也，故恶积而不可掩，罪大而不可解。"小人认为行小善不会得到什么好处，就索性不去做，以为做些小恶无伤大体，便不改过，因此日积月累下来，就会到达无法掩盖和不可救药的地步。我们所说的"因果律"是"种如是因，得如是果"。一个人的成功来自他日积月累的艰辛努力。可现在不少人急功近利，只看到财富名誉地位的"果"，却对努力奋斗的"因"选择性无视，徒增焦虑浮躁，这对自己发展毫无益处。行贵有恒，认准了兢兢业业、尽职尽责就是积善，那就日复一日地坚持下去，久久为功，必有收获。同时，还须以"恶不积，不足以灭身"自警，时刻谨记"千里之堤，溃于蚁穴"，"勿以恶小而为之"。尤其是那些掌握经济权力的管理人员，其所作所为直接关系到企业的利益得失，很容易成为别人"围猎"的对象，一旦失去防微杜渐的自觉意识，从收受小额财物开始，就一步步落入别人设计的圈套。不但自己从此背上心理负担，而且有损福报、祸延子孙，最终"竹篮打水一场空"。"小善渐而大德生，小恶滋而大怼作"，小善不可不积，而对小恶要保持高度警惕、防微杜渐。

九、勿贪意外之财

原句为"勿贪意外之财，勿饮过量之酒"，意为不要贪不属于你的财，不要喝过量的酒。从事上讲，这句话是告诫我们不要贪图不属于自己的财物。从理上讲，为什么不要贪图意外之财呢？孔子在《易传·文言传·坤文言》中说："积善之家，必有余庆；积不善之家，必有余

殃。"用非常确定的语气告诉我们，凡是积德行善的人家，恩泽必及于子孙；而多行不善的人家，祸害必殃及子孙。这也是我们常讲的"因果律"——"种如是因，得如是果"，这是恒常不变的自然规律。贪取不义之财是作恶，必会有损自身福报，还将祸延子孙，可谓得不偿失。而且"货悖而入者亦悖而出"，财物得自意外，也必将在意外中失去，最终还不是自己的。因此，贪取意外之财是非常愚蠢的行为，处心积虑瞎忙活，到头来还是两手空空，徒增了自身恶因，将来还要遭受恶报。从心上讲，懂得了"勿贪意外之财"背后的道理，就要从心上戒除对于不义之财的贪念，对于不义之财视若无物，不造恶因，自然就能无欲则刚，堂堂正正做人，清清白白做事。"菩萨畏因，众生畏果"是大智慧，是对明智的人讲的。孔子说"不义而富且贵，于我如浮云"，又说"见利思义"，这是看透"积善之家，必有余庆；积不善之家，必有余殃"这一"因果律"后的坚定和从容。违背这一规律去贪取不义之财，只会自取其辱。

十、如何理解改过之法

"改过之法"是《了凡四训》的第二篇，放在"积善之方"之前，是因为"欲获福而远祸，未论行善，先须改过"。改过须发三种心，即耻心、畏心和勇心。发心改过的功夫又分三个层次，即从事上改、从理上改、从心上改。我们拿学习优秀传统文化举例说明。轻慢圣贤、学习懈怠就是"过"，然而如何才能改过呢？首先是发耻心。近代以来，国人一心以西方为师，彻底否定了传统文化，结果是邯郸学步，西方的宗教文化接受不了，自己本民族的文化却丢了，就如同"倒洗澡水把孩子一起倒掉了"。与此同时，西方却发现了中国传统文化的不朽价值，积极学习中国传统文化。被誉为"近世以来最伟大的历史学家"的汤因比认为，21世纪是中国人的世纪，因为中国传统文化尤其是儒家思想和大乘佛教能引领人类走出迷雾和苦难，中国文明将为未来世界转型和

21世纪人类社会提供无尽的文化宝藏和思想资源。日本思想家池田大作曾问汤因比希望出生在哪个国家地区，汤因比说希望出生在公元1世纪佛教已经传入的中国新疆。一个外国人都对中国传统文化那么有感情，而我们却数典忘祖、累累如丧家之犬，难道不该感到羞耻吗?! 其次是发畏心。我们之所以是中国人、是炎黄子孙，不是因为长了一张黄皮肤的中国人的脸，而是因为中华优秀传统文化的养育。中华优秀传统文化是中华民族的基因。失掉中华优秀传统文化，还能称其为中华民族吗? 全盘西化的民族，只能是西方世界的附庸，民族都不存在了，还谈什么民族自立，还谈什么民族自强，还谈什么民族自豪! 面对中华优秀传统文化岌岌可危、几近断绝的危局，面对中国人即将失去共同精神家园、沦为别国文化殖民地的危险，面对十几亿中华民族子孙即将成为西方文化孝子贤孙的窘境，我们难道还感觉不到恐惧吗?! 然后是发勇心。懂得了中华优秀传统文化的重要性，了解了中华优秀传统文化所处的危险境地，我们为什么不从当下、从自身做起呢? 奋然振作、从我做起，学习优秀传统文化，不迟疑、不等待，我们就能影响和带动自己的家人、朋友和同事，共同为延续中华文脉而努力。而一味因循退缩，都认为宏观大事与自己无关，那我们这个国家、这个民族将永无复兴之日，我们的生活也不会有未来可期。

利他成才

一、成己为人，成人达己

语自《论语·雍也》的"夫仁者，己欲立而立人，己欲达而达人"。意思是，有仁德的人，想自己站得住（立身），需也让他人站得住；想自己行得通（事业通达），需也让他人行得通。"己欲立而立人，己欲达而达人"是儒家核心思想"仁"的具体体现。成己为人、成人达己体现的是自利和利他之间的关系，即自利是为了利他，只有利他才能自利。从易感知的浅层次来看，立身处世只有超越一己私利，兼顾他人利益，在成人之美、广结善缘的同时，才能成就自己。而只是着眼于自己的利益，认为有利于他人就会有损自身利益，把自己与他人的利益关系看成是零和游戏，这样必然导致行为上事事只顾自己，变得越来越孤立，没有众缘和合，很多事情都会事与愿违。从不易感知的深层次来看，成己为人、成人达己的背后是"积善之家必有余庆"的"因果律"在起作用。成人之美是善举，善举必然带来好的结果。由以上分析可得出一个有趣的结论，越是想尽办法谋求个人利益，就越难以心想事成，而设身处地为他人着想、成人之美，却往往能成就自己。我们洁净煤气化项目"搭建平台、整合资源、科学发展、诚信共赢"的合作发展理念中的"诚信共赢"就是这一思想的具体运用。保证合作方的合理收益，才能寻找到优质的合作方，才能进而实现我们自身的发展。这一理念也在明升达退城进园项目建设中得到应用，使得两个项目实现了与几十家大型国有和军工企业的战略合作，获得了超过总投资额半数以上的资金支持。因此，成己为人、成人达己的思想无论是对于个人事业，还是企业发展，都具有重要的指导意义。

二、以其无私，故能成其私

语出老子《道德经》，原句为："是以圣人后其身而身先，外其身而身存。非以其无私邪，故能成其私。"意思是，圣人谦退居后，反而却能占先；置自身于度外，反而能保存自身。这不是由于他无私吗？因为无私，故能成全他自己。宋代范仲淹在《岳阳楼记》里引用了老子这句话的含义，才有了"先天下之忧而忧，后天下之乐而乐"的千古名句。为政者尤其是带兵作战的将领，都是把自身的利益往后放，有艰难困苦，自己身先士卒，而有了利益则是谦让他人，这就是"后其身""外其身"。在为政者或将领"后其身""外其身"无私精神的感召下，上下齐心协力取得成功，这时为政者或将领的职责也就尽到了，工作也就随之成功了。这就是"以其无私"却能"成其私"的道理。对我们的启示是，作为领导干部，面对困难挑战，必须身先士卒，冲在最前面；面对利益分配，必须甘居人后，不与下级争利益。只有具备这样的胸怀和担当，领导干部才能树立起威望，整个单位才能令行禁止、众志成城，集团的重大部署才能贯彻到位。身为领导干部，应当从优秀传统文化学习中领会管理哲学和领导智慧。

三、积善成德，而神明自得，圣心备焉

语出《荀子·劝学》，原句为"积土成山，风雨兴焉；积水成渊，蛟龙生焉；积善成德，而神明自得，圣心备焉。故不积跬步，无以至千里；不积小流，无以成江海。"意思是，堆积土石成高山，就可起风雨；汇积水流成深渊，就可生蛟龙；积累善行养成高尚品德，自然会心智澄明，也就具备了圣人的境界。所以不积累一步半步的行程，就没有办法

到达千里之远；不积累细小的流水，就没有办法汇成江河大海。这段文字揭示的是量变到质变的规律。具体到"积善成德，而神明自得，圣心备焉"，要明确一个观点，圣贤不是一个个供人膜拜的牌位，而是人人都"可学而至"的。孟子一向主张"人皆可以为尧舜"，王阳明也认为"圣人必可学而至"。圣人不是神仙，和我们一样都是人。圣人之所以成为圣人，是因为他们较早地体悟到了自己内心本就具备的善性。如果在圣人的指引下，我们能够"明明德"，找到自己的善性并"扩而充之"，那我们也可以成为圣人。在这一点上，中国文化和西方文化是有本质区别的，西方文化中的信徒永远是信徒，永远成不了教主。因此，如《了凡四训》所讲，学习优秀传统文化要发耻心、畏心和勇心。同样是人，"彼何以百世可师？我何以一身瓦裂"？因此要发耻心。时光荏苒，如白驹过隙，人一生那么短暂，再不奋进就要空过，因此要发畏心。下定了决心，就不能再因循退缩，而"须奋然振作，不用迟疑，不烦等待"，因此要发勇心。"圣人必可学而至"，汲取优秀传统文化智慧，在工作中尽职尽责、尽心尽力，在生活中以正知正念积功累德，就必能提升人生境界，渐臻"神明自得，圣心备焉"的圣人之境。

四、吾日三省吾身，为人谋而不忠乎？与朋友交而不信乎？传不习乎？

语出《论语·学而》，是孔子弟子曾子所说的。曾子说："我每天多次反省自己：替别人办事是不是尽心竭力了呢？同朋友交往是不是诚实可信了呢？老师传授的知识是不是践行了呢？"需要注意的是，"忠"并不是现在普遍认为的对于君主的愚忠，按《说文解字》中的释义是"尽心曰忠"。人做到竭诚尽责就是忠。这里的"习"与"学而时习之"的"习"字一样，指反复实践。古汉语的"习"字没有现在的"复习"之意。曾子这句话体现的是圣贤自我反思的精神。在个人层面，我们每天都需要反思的是，对工作是不是做到尽职尽责、尽心尽力了？对家人、朋友、同事是不是做到诚实可信了？对优秀传统文化学习和"走出去、请进来"获得的新思想是不是真正实践了？在企业层面，我们必须经常反思我们企业存在哪些问题和不足，必须经常反思与优秀企业的差距在哪里。切不可骄傲自满，一个人失掉自我反思精神，就意味着他已经到达事业人生的天花板，开始走下坡路了；一个企业失掉自我反思精神，人人报喜不报忧、粉饰太平，对企业存在的问题不足选择无视、避而不谈，很容易导致存在的弊病滋生蔓延。看不到问题就是最大的问题！要保持持续的反思精神，就要多学习、找差距。"学然后知不足"，学习优秀传统文化，对照古圣先贤德行，我们要反思工作中是不是做到了"忠""信""习"；考察学习优秀企业的经验，对比之后找差距，我们就要反思造成差距的原因和弥补差距的具体措施。"三省吾身"的反思精神是我们当下和未来必须秉持的文化理念，只有不断自我反思，才能持续自我提升。

五、自助者，天亦助之

"自助者，天亦助之"的意思是自强不息的人，上天也会帮他。也可以说，只有自强不息的人，上天才会帮助他。自强不息关键在"自"，包含着"命由我作、福自己求"的含义，即命运就掌握在我们自己手中。通过学习《了凡四训》，我们还知道，要做到"命由我作、福自己求"，必须积善改过，所以自强不息还包含"积善"的意思。因此，自强不息一定是尽心尽力行善事，做对社会大众有益的事。而一心只想着追求个人财富名誉地位，就算是拼命努力，也不是自强不息，绝不会得到上天的眷顾和帮助。"有益于人是善"，一个人自强不息，尽心尽力做对社会大多数人有益的事，必定会得到他人的认可，也会获得他人的帮助，这是"自助者，天亦助之"的内在机理。回顾明泉这五年多来的发展历程，我们就会发现"借搬迁之机实现企业转型升级发展"的大工程是惠及几千员工家庭的，是推动行业进步的，是有益于社会发展的。在实现这样一件大善事的过程中，我们自身面对千难万险，始终秉持"自强不息"的精神，尽力而为，同时得到了社会各界很多贵人的帮助。这就是对"自助者，天亦助之"的最佳诠释。总而言之，一个人要想取得人生事业成就，一个企业要想获得长足发展，就必须自强不息，尽心尽力做对社会大多数人有益的事，自然就会得到其他人的帮助。

六、胜人者力，胜己者强

语出老子《道德经》，原句为："胜人者有力，胜己者强。"意思是，能战胜别人说明有力量，但能战胜自己才是真正强大。战胜别人凭的是自己一时的力量优势，但反思自己、提升自己的"胜己"过程却是困难的。"胜己"的过程就是一场修行。古人常说，修行乃大丈夫事，非帝王将相所能为。帝王将相可以征服世界，却很难征服自己。关羽、张飞都勇武过人，并称为"万人敌"，可一个败在高傲，一个败在嗜酒。并非不知道自己高傲、嗜酒，别人也有规劝，但最终还是改变不了，可见"胜己"之难。一个人要想真正的强大，关键在"胜己"。"胜己"就是能够自我反思、自我批判和自我提升。身为企业的领导干部，应从自身和工作两方面进行自我反思、自我批判和自我提升。在自身反思提升方面，由于企业内外部形势处于动态变化中，会不断对领导干部的德行和能力提出新的、更高的要求，因此领导干部需要时常反思自己的德行能力，并持续学习提升，以满足企业发展新阶段的需要。在工作反思提升方面，领导干部需要对企业的工作执行、制度建设和文化建设等方面持续关注和思考，不断通过学习和考察充实新思想，对标优秀企业找差距，认真反思、敢于指出企业存在的问题，提出切实可行的建设性意见和建议，并付诸实施以提升企业的技术和管理水平。领导干部自我反思、自我批判与自我提升是企业"胜己"的具体途径。一个企业能走多远，取决于其领导干部能坚持自我反思、自我批判、自我提升多久。

七、自古英雄多磨难，从来纨绔少伟男

这句名言的意思是，自古以来凡成大事的英雄豪杰都经历了很多磨难，而那些富家子弟很少有成为杰出人才的。"宝剑锋从磨砺出，梅花香自苦寒来"，多磨难的逆境更能锻炼人、造就人，使人成为杰出人才，而优越的成长环境则不利于人才的培养。多磨难的逆境可以使人增长经验和才干，更深刻地洞察人性，但更为重要的是可磨练人的意志，强大人的心力。王阳明说"人须在事上磨，方立得住"，现代人说"心胸是靠委屈撑大的"，都是在说明同一个道理，那就是人心经历诸多磨练以后，才能变得茁壮和强大起来。而优越的环境使人的经历过于顺遂，内心得不到磨练，就像温室里的花朵，经不起狂风暴雨的摧折，因而难成大事。明泉2013年启动搬迁以来的转型升级发展之路充满坎坷，整个团队经历了千难万险，整个历程可谓艰苦卓绝。团队没有低头，而是以自强不息的不屈精神，直面挑战，团结一心，奋发有为，承受住了困难的考验，用四年时间再造了一个新明泉。经历过这个艰难历程的团队，不仅在技术水平、管理能力和文化认知方面取得了质的提升，更是锻造了钢铁般的意志力和强大的信心。正是从"事上磨"出来的强大心力，造就了一支具有强大凝聚力和战斗力的英雄团队，也必将支撑这支团队在明泉未来发展的新阶段再创佳绩。"自古英雄多磨难"，磨难并不是最可怕的，最可怕的是不敢于直面磨难、就此退缩消沉。面对磨难，明泉人高扬起自强不息的精神旗帜，奋然振作，在战胜磨难的过程中增长了才干、磨练了心志、敦厚了德行，如今已走过磨难的明泉人已积蓄起向更高目标冲击的信心、勇气和能力。

八、天将降大任于斯人也，必先苦其心志，劳其筋骨，饿其体肤，空乏其身，行拂乱其所为，所以动心忍性，曾益其所不能

语出《孟子·告子下》。意思是，上天将要把重任降临在某人身上，一定要先使他的意志受到磨练，使他的筋骨受到劳累，使他的身体忍饥

挨饿，使他备受穷困之苦，做事总是不能顺利，这样来激励他的心志，坚韧他的性情，增加他所不具备的才能。孟子在此列举了舜帝、傅说、胶鬲、管仲、孙叔敖、百里奚六人作为例证。但更为大家熟知的是司马迁的例证："盖文王拘而演《周易》；仲尼厄而作《春秋》；屈原放逐，乃赋《离骚》；左丘失明，厥有《国语》；孙子膑脚，《兵法》修列；不韦迁蜀，世传《吕览》；韩非囚秦，《说难》《孤愤》；《诗》三百篇，大底圣贤发愤之所为作也。"司马迁总结圣贤的经历得出结论，上天要降重任于某人，必先设置磨难，使其身处逆境、心气郁结，然后奋发而起。其实孟子所谓"苦其心志，劳其筋骨，饿其体肤，空乏其身，行拂乱其所为"，是为了"动心忍性"，而"曾益其所不能"也是"动心忍性"的结果。只有在困境中，人的潜力才能被全部激发出来，使得心力愈加强大、意志愈加坚韧，正所谓"人才非困厄则不能激"（曾国藩语）。孟子这段话成为我们 2013 年启动搬迁以来面对困境、迎难而上的精神动力。"8·12"事故以后，企业内部人心惶惶、外部普遍看衰，已濒临死亡的绝境。可我们退无可退、避无可避，只有拼尽全力捍卫明泉这有着 55 年历史的共同家园、重拾属于全体明泉人的共同荣誉。传承明泉人艰苦奋斗的优良传统，高扬起自强不息的精神旗帜，我们拿出打不垮、拖不烂的精神头，以一种无比悲壮的姿态再出发。披荆斩棘、攻坚克难的过程，磨砺了我们强大的心力和意志，积累了行业资源、技术经验和管理能力，锻造了一支具有强大凝聚力和战斗力的团队，最终变不可能为可能。明泉的整个再造历程就是孟子这段话的一个出色注脚。把困难挑战当做我们提升的机遇和台阶，是我们这五年多来奋斗的心得，也将成为我们发展高端化工的座右铭。

九、富不过三代

古人说："道德传家，十代以上，耕读传家次之，诗书传家又次之，富贵传家，不过三代。"这是"富不过三代"的原始出处。"富不过三代"指的是富贵之家如果没有优良家风的传承，就会出现后人不珍惜前人福荫的败家情况，因此就不会延续三代以上。要注意的是，"富不过三代"不是绝对的，而是有个前提的，那就是没有优良家风的传承。家庭富足，但如果没有良好的家风教育，子孙很难做到"富而不骄"、"富贵不能淫"，往往是得意忘形、挥霍无度，结果就是资财耗尽、家道衰落。而那些注重家风教育、道德传家的家族则可以传承十代以上，像著名的孔子家族已延续到第八十代，几乎代代都有杰出人才。因此，我们应该准确完整地理解"富不过三代"的含义。企业的传承与家族传承很相似。家族传承不靠基因，要靠家风教育，因为家族基因是代代衰减的，只有家风可以通过教育得以传承；企业传承不靠几项技术、几个产品，要靠企业文化建设，因为技术和产品都是一时的，唯有文化可以生生不息。其实，家风教育和企业文化建设要传承的都是文化。一个企业要传承三代以上乃至长盛不衰，其秘诀就是企业文化的代代传承。我们每个炎黄子孙的血液里流淌着中华优秀传统文化的基因，所以中国企业的文化建设还要去中华优秀传统文化里寻找智慧和信仰。只有根植于中华优秀传统文化的企业文化才能生根发芽、枝繁叶茂，才能真正深入我们每个人的内心深处、引发共鸣。这也是我们如此重视企业文化建设和优秀传统文化学习的原因。优秀传统文化学习关系到企业文化建设的成效，关系到我们企业能否代代传承、长盛不衰，其重要性不言而喻。

十、积善之家，必有余庆

语出孔子《易传·文言传·坤文言》。原句为："积善之家，必有余庆，积不善之家，必有余殃。"意思是积德行善之家，恩泽必及于子孙；而多行不善的人家，灾祸必殃及子孙。孔子这句话揭示的是我们常讲的"因果律"——"种如是因，得如是果"。由这种"因果律"的推演，发展出中国几千年来一贯的教育目标，那就是教人做个好人。然而这种良好的教育目标近代以来已丧失殆尽，学校教育只注重知识和技能的传授，引发的社会问题如今已有目共睹。要积德行善做个好人，首先是明白为什么要做个好人。只注重知识技能传授的教育正在培养一群"精致的利己主义者"，他们没有信仰，没有超越一己私利的大关怀、大悲悯，将个人私欲作为唯一的追求目标。他们信奉的是弱肉强食的世界观、唯求自利的价值观和及时行乐的人生观，认为人生毫无意义，对生活充满茫然。当这种人生的虚无主义甚嚣尘上时，当自私自利、及时行乐的风气招摇过市时，人们的思想逐渐积非成是，认为自私自利才是正常，对那些利他奉献的人和事一律认为是作秀。这是一个民族堕落的表现。在这种错误三观的指引下，人们认为既然人生虚无，那做一个好人就毫无意义。这就是现在社会丑恶现象丛生的思想根源。幸运的是，中华民族的圣贤智慧虽屡经磨难，却仍然绵延不绝。《了凡四训》就是告诉我们为什么要做个好人。"命由我作，福自己求"，"一切福田，不离方寸"，"从心而觅"可得道德仁义，也可得功名富贵。只有做个好人，才能拥有幸福美满的人生。其次是辨明善恶。《了凡四训》中说："有益于人，是善；有益于己，是恶。"为人处世唯求私利就是恶，有益于他人才是善。"种如是因，得如是果"，种有益于人的善因就能最终有益于己，而唯求私利，即使处心积虑到无以复加，最终也是事与愿违。孔子所说的"己欲立而立人，己欲达而达人"也是这个道理。然后是明了积善途径。《了凡四训》列举了十种善行，包括与人为善、爱敬存心、成人之美、劝人为善、救人危急、兴建大利、舍财作福、护持正法、敬重尊长、爱惜物命等。发心为善，辨明善恶，又能力行善事，那我们就能度过幸福美满的一生。具体到工作中，发心为善就是一心以企业利益为重；辨明善恶是明白企业由几千员工组成、背后是过万的员工家属，工作尽职尽责、尽心尽力就是善；力行善事就是把对善恶的认识落实到自己的工作中。管理人员要辨明真善与假善，真正明白"严格管理是爱，是积善；姑息纵容是害，是作恶"的道理。疏于管理、姑息纵容损害企业利益的行为是成人之恶，严格管理使大家共同为企业发展尽职尽责、尽心尽力才是成人之美。

珍惜当下

一、绳锯木断、水滴石穿

语出宋代罗大经《鹤林玉露》。意谓用绳子也能把木头锯断，水滴天长日久也可以穿透石头。喻指只要坚持不懈，力量虽小也能干成艰难的事情。这句话体现的哲学道理是量变质变规律。量变是质变的必要准备，质变是量变的必然结果。将这个哲学原理运用在工作生活中，我们要警惕"激变论"和"庸俗进化论"。"激变论"只承认质变，否认量变，持此观点的人认为成功可一蹴而就；"庸俗进化论"只承认量变，否认质变，持此观点的人会因量变的漫长和艰辛而放弃或失去信心。反对这两种错误观点，辩证地认识和运用量变质变规律，我们就要坚信量变的结果是质变，并高度重视量的积累。以"新三高"战略实施为例，量变是新产品的考察筛选和适时工业化，质变是明泉成为具有核心竞争力的高端化工企业。在"新三高"战略的实施过程中，我们既要坚信量变的尽头是质变，对企业质变——实现高端化工的发展目标充满必胜的信心，又要高度重视量的积累，从当下做起，积极做好新产品的考察筛选和适时工业化。持续不断地"绳锯"，结果就是"木断"；持续不断地"水滴"，结果就是"石穿"。我们要坚信企业发展目标一定会实现，只要抱定必胜的信心、日复一日、扎扎实实地做好手头的每项工作，那"心想事成"就是必然的。

二、积土成山、积水成渊

语出《荀子·劝学》，原文是："积土成山，风雨兴焉；积水成渊，蛟龙生焉。"意思是，堆积土石成高山，风雨就会兴起于此；汇积水流成深渊，蛟龙就会生于其中。这句话体现的哲学意义是量变质变规律。"积土成山"、"积水成渊"是积少成多、聚小成大，是量变；"风雨兴焉"、"蛟龙生焉"是量变的结果，是质变。对于我们的启示是要高度重视量变的积累。量变是质变的必要准备，质变依赖于量变，那么我们在工作学习中就必须要有脚踏实地、埋头苦干的精神，从一点一滴的细小事情做起，不急于求成、拔苗助长。在大量的调查研究中，科学家发现，无论是在对作曲家、运动员、小说家、钢琴家，还是在对象棋选手的研究中，"一万小时"的数字反复出现。据此，美国作家提出了"一万小时定律"，就是说不管你做什么事情，只要坚持一万小时，基本上都可以成为该领域的专家。因此，如果你想在某一领域成为出类拔萃的人才，与其望着目标长吁短叹，不如从当下做起，持续不断地努力"一万小时"，你一定会心想事成。这个量变到质变的规律放到我们企业发展中，同样适用。完全没有必要盯着我们新阶段的发展目标望而生畏、心生焦虑，只要是每天各自把新产品考察筛选、项目建设、技术改造和日常工作做好，日积月累、久久为功，就一定能积小成为大成，就一定能在未来三到五年内实现我们高端化工的发展目标。

三、没有比脚更长的路，没有比人更高的山

语出汪国真的诗作《山高路远》。意思是，人生之路再长，奋进者的脚步都能将它丈量；困难之山再高，攀登者的双脚都能将它逾越。"千里之行，始于足下"，"山登绝顶我为峰"，只要踏踏实实地付诸行动，锲而不舍，久久为功，那就没有什么困难是无法克服的，没有什么目标是无法实现的。2013年启动搬迁以后，我们提出了"借搬迁之机

实现企业转型升级发展"的总目标。在当时企业岌岌可危的情况下，这样一个目标着实让人感觉高不可攀，很多人心里是没底的。直到2017年7月份洁净煤气化项目投产达效，我们用了1 400多个日日夜夜，历尽千辛万苦，终于初步实现了企业转型升级发展的目标，再造了一个新明泉。目标的实现是全体明泉人1 400多个日日夜夜不懈努力的结果。整个过程就是对"没有比脚更长的路，没有比人更高的山"的精彩注脚。如今，我们已经提出了明泉新阶段"成为化工新材料领域具有核心竞争力的高端化工企业"的发展目标。目标可谓宏伟，可只要我们能拿出"没有比脚更长的路，没有比人更高的山"的奋进豪情和昂扬斗志，踏踏实实，一步一个脚印，就一定能实现这个目标，就能利用三到五年再造一个全新明泉。最后，还是以汪国真的诗句作为结尾吧："我不去想是否能够成功，既然选择了远方，便只顾风雨兼程！"

四、满招损，谦受益

语出《尚书·大禹谟》，原句是："满招损，谦受益，时乃天道。"意思是，自满会招来损害，谦虚能得到益处，这是自然规律。"满招损，谦受益"主要体现在以下三个方面。首先，骄傲自满会使人失去进一步自我提升的动力。唯有谦虚，保持空杯心态，才能认识到自身的差距和不足，找到继续努力提升的方向。其次，骄傲自满会使人听不进不同意见，刚愎自用。保持谦虚，才能广泛听取接纳各方观点，权衡利弊，从而做出最有利的选择。再次，骄傲自满会使人遭到他人的厌恶。"人道恶盈而好谦"，人之常情往往是讨厌骄傲自满的人，喜欢谦虚谨慎的人。谦是中国人喜爱的品德，有助于人际关系的和谐发展。《了凡四训》中说，"虚心屈己"才有"受福之基"，又说"彼气盈者，必非远器，纵发亦无受用"，意思是只有谦虚才是承受福报的基础，而那些满怀傲气的人，一定不是能担当大事的人，就算能发达，也不会受用福报。曾国藩也说："天下古今之才人，皆以一傲字致败。"因此，对于骄傲自满，我们不可不自警自省，而骄傲自大的人员不应得到提拔重用。经过近六年的艰苦努力，我们只是初步完成了企业的转型升级发展，事业才刚刚起步。与同行业优秀企业的差距还很大，我们必须清醒地认识到这一点，任何人都没有骄傲自满的资本。即使是企业未来发展好了，我们也必须是事业花开、心上花不开，永远保持"花未全开月未圆"的求缺心态和忧患意识。"谦谦君子，卑以自牧也"，唯有保持谦德、以谦卑自守，个人事业才能不断进步，企业发展才能长盛不衰。

五、答案在现场，现场有神灵

此为稻盛和夫的名言。稻盛和夫认为，彻底贯彻现场主义、仔细观察现象很重要，因为解决问题的答案总是在现场。为了得到答案，对待工作要有一股不服输的高度热情及浓厚感情，而且要用率真的眼睛目不转睛地观察现场。生产的现场在车间和控制室，采购的现场在于同供应商的接触和运输，销售的现场在于同客户的接触。工作出现问题时，最重要的是第一时间回到现场。"现场是座宝山"，现场蕴含着第一手信息，是解决问题的关键。经常到现场去，不仅可以找到解决问题的线索，而且可以获得意外的启示，达到降本增效的目的。"答案在现场，现场有神灵"，对于我们危化品生产企业来讲尤为重要。现场每一个细节的疏忽都有可能导致整个企业发展满盘皆输。切记，一线管理人员的工作就是在现场。一线管理人员如果整天坐在办公室里、脱离现场而凭下级汇报做判断，就不可能真正发现和彻底解决问题。这种官僚主义的作风不可长，一线管理人员脱离现场就是失职。"答案在现场，现场有神灵"的理念已反复强调无数次，关键在于落实。要做到知行合一，各单位领导就要以身作则、以上率下，每天亲自去现场几次，在现场的审视、倾听和判断中发现问题、解决问题。"其身正，不令而行"，单位领导带头贯彻现场主义，并严格要求下级，"答案在现场，现场有神灵"的理念就能执行到位。

六、责任、权力、利益三者之间的关系

"责权利相称"是企业管理的重要原则之一。"责权利相称"是指在管理中做到责任、权力、利益的既结合又统一，以责定权，以责定利。简单来说，就是负有什么样的责任，就当拥有相应的权力，同时获得相称的利益。责大于权，或者有责无权，意味着责任者无法履行职责；责小于权，责任者就会滥用权力。责权不对等，就容易造成利益分配不公平的后果。现实中，责权不对等的情况虽然存在，但远不如责权对等、却与利益不相称的情况来得普遍。责权利三者之中，依据赋予的权力履行职责就是付出，而获得的是利，责权对等、却与利益不相称就是付出与获得不对等。责权对等、却与利益不相称的情况往往出现于老企业之中。在奉行平均主义的老企业内，干多干少一个样，干好干坏一个样，晋升论资排辈，致使付出与获得不成正比。因此，推崇"大锅饭"的老企业注定无法做到责权利对等。付出与获得不匹配，责权利就不可能对等，人的积极性就会受到抑制，企业发展就会丧失内生动力和活力，终必走向僵化和衰亡。责权利三者相辅相成、相互制约、相互作用，只有三者对等了，才能调动人的积极性。我们正在推进的三项制度改革，其目标之一就是实现责权利对等。通过机构与职能调整，使各单位、岗位的责权更加明晰、对等；通过用人制度改革，以竞聘上岗的方式使晋升机会分配更加公平公正；通过分配制度改革，以奋斗者为本，实施模拟股份制改造，促使收入分配更加公平合理。企业只有构建起科学合理的责权利体系，确保责权利对等，才能激发出全员的积极性、主动性和创造力。这是增强企业内生动力和活力的必备条件，也是推进三项制度改革的重要目标之一。

七、如何理解对李光团队的奖励

明泉科技公司自 2017 年 7 月投产以来，初步实现了"安稳长满"

的目标，但气化炉在高负荷运行过程中仍会出现激冷室液位波动较大、合成气中带液严重、激冷室及合成气管线积灰等问题，严重制约着气化炉高负荷长周期运行，甚至会导致气化炉单炉被迫停车。明泉科技公司气化事业部李光等同志针对这一问题，深入研究粉煤气化炉结构特点，积极攻关，结合传统化工生产经验，对系统进行了改造，改造后单炉运行负荷提至 111%，较改造前负荷平均提升 10.4%；日产粗醇提高了 150 吨左右。改造仅投资 3 万元，但每年平均可为企业增加产品产量 5 万吨以上，效益显著。因此，集团研究决定，对李光牵头的气化炉扩能改造小组予以通报表彰并奖励 100 万元。对李光团队奖励的力度之大在明泉历史上前所未有，这是第一次，但决不是最后一次。这样的重奖所要表达的是我们鼓励技术创新、重视技术人才的坚定决心。我们要按照奖励办法，根据技术创新所创造的效益兑现奖励额度，充分体现技术人才的价值。这次奖励更是集团"三项制度"改革的先声，是以奋斗者为本的分配制度改革的发端。

八、失去最优秀的前 20% 是失败，留住最差的 10% 是过错

这句话出自通用电气 CEO 杰克·韦尔奇。杰克·韦尔奇曾被《财富》杂志称为"二十世纪最佳经理人"。杰克·韦尔奇认为，作为领导者，要集结全球最棒的团队，营造令人激动的激励人心的工作氛围；失去最优秀的前 20% 的人才是领导的失败，留住最差的 10% 也是一种过错。根据二八定律可知，公司团队最优秀的前 20% 是关键少数，发挥着团队骨干的作用，对整个公司业绩的影响力占到 80%。失去这 20% 的人才，公司就会土崩瓦解、彻底垮掉。公司团队里工作业绩最差的 10% 往往是工作态度消极懈怠、工作能力不足，不清除这部分不称职的人员就是赏罚不明，整个团队士气就会受到打击。因此，要营造激励人心、人人奋进的工作氛围，必须扶正祛邪、赏罚分明，既要留住最优秀的前 20%，也要坚决清除那 10% 表现最差的怠惰者。我们通过企业文

化重塑，构建以自强不息为核心的企业文化，激励人人奋进的士气；通过用人制度改革，推进领导干部能上能下能转，将更好的工作机会留给优秀的奋斗者；通过分配制度改革，以模拟股份制改造的方式推进分配向优秀的奋斗者倾斜。简言之，"三项制度"改革的目标之一就是培养和留住我们团队中优秀的奋斗者，同时让因年龄、身体等原因无法胜任高强度工作的员工能有岗位继续发光发热。打破平均主义、以奋斗者为本，团队的凝聚力和战斗力就会不断增强，企业发展就会越来越好。我想这是大家都希望看到的。

九、解读明泉 LOGO 的象征意义

明泉标志的核心图形融合了山峰、太阳、M 等图形元素。山峰寓意明泉如山岳般稳重、包容和强大，给人以雄伟的感觉。山体的变形是人体弓身奋进的姿态，蕴含着明泉人自强不息和勇于突破创新的精神。太阳象征明泉的核心力量，下方的山体变形则代表明泉团队，太阳慷慨无私的奉献着光与热，温暖着明泉的每一个成员。同时，也寓意着明泉具备强大的实力，作为中国化工行业发展的中坚力量，如太阳般辐射能量，在推动行业进步的同时，惠及员工、回报社会。在色彩方面，红色代表激情与活力，绿色代表绿水，蓝色代表蓝天，蕴含着集团绿色环保的发展理念。总体来看，明泉标志体现了明泉自强不息的企业精神、"百年企业、辉光日新、惠及员工、回报社会"的企业愿景以及绿色环保的发展理念。

十、珍惜当下

古往今来几乎人人都渴望成功，可为什么成功者总是少数？曾国藩说："天下古今之庸人，皆以一惰字致败。"人们总是感觉来日方长，总是寄希望于明天，然而到了明天，又推到下一个明天，如此推来推去，结果是"不觉老之将至"，终其一生碌碌无为，就如明代《明日歌》所

云："明日复明日，明日何其多！日日待明日，万事成蹉跎。"百种弊病皆从惰生，要想成就一番事业、不辜负此生，就要力戒一"惰"字，就需珍惜当下，奋然振作，不用迟疑，不要等待，从当下做起。珍惜当下、从当下做起，就要做到"既往不恋，当下不杂，未来不迎"，即不留恋过去、不迎合未来、专注于当下。"从前种种，譬如昨日死；从后种种，譬如今日生"，唯有当下，可以把握。不左顾右盼，不瞻前顾后，专注于每个当下，日积月累、久久为功，就一定能成就一番事业。企业是我们成就个人事业的平台，如今的明泉是全体明泉人经过五年多艰苦卓绝的努力换来的平台，得来殊为不易。我们必须倍加珍惜今天的明泉，珍惜每一个当下，不沉醉于过去所取得的成绩，不为还未到来的明天空费心神，专注于当下的工作，做好当下的工作。这样一个个当下累积下来，我们就一定能实现新阶段的发展目标，心想事成。

附录二

偶得：
继往开来，踏歌前行

本附录辑录了我创作的诗、词、文凡 10 篇，都是恰逢重要节点或活动的即兴之作，但抒发了我对明泉改革发展的真挚情感，寄托了我对明泉逆势而上、奋发有为，实现高质量发展的热切企望，也表达了我对以中华优秀传统文化涵养明泉企业文化的坚持。

沁园春·明化

仿毛主席诗词《沁园春·长沙》而作，时在明化生产装置因意外事故停车检修，新项目紧张建设施工，却恰遭数十年不遇极寒之际。

独立寒冬，黄河东去，绣江之冲。看长白山峦，层林尽皑，漫野寒冰，项目施工。保压防冻，人行车间，放眼望去步履匆。怅寥廓，问苍茫大地，谁来折冲？

携来数千志同，寒来暑往，群情涌动。恰创业之机，风华正茂，慷慨义气，自强不息。指点江山，激扬文字，高歌一曲震宇中。同记忆，战数九冽风，明化员工。

2016 年 1 月 23 日

明化之鼎铭文

　　历经三年搬迁、建设、转型的明化，秉持"自强不息"精神，在"回归主业，做精主业，做强主业"发展定位的指引下，实现了搬迁期间企业发展和洁净煤气化项目建设局面的整体稳定。为铭记明化借搬迁之机实现企业转型升级发展的不凡历程，昭示明化人实现"百年企业、辉光日新、惠及员工、回报社会"的坚定信心，明化之鼎于 2016 年 3 月 27 日在南北厂同时落成。我为明化之鼎撰写了铭文。

明水化肥　百脉泉畔　一九五八　国内首建

八十年代　氮肥标杆　九十年代　行业领先

二〇〇五　改制民营　晋煤合资　组建集团

二〇〇六　新址选点　刁镇园区　建设明泉

二〇一三　背水一战　四厂关停　启动搬迁

借机取势　数涉险滩　奋战三载　宏图再展

做精主业　成效凸显　精细化工　新品拓宽

二〇一六　整合资源　转型升级　省域典范

敬天地　尊礼义　讲仁智　守信用

谋百年基业　惠数千员工　泽一方社会

承天地之浩荡　启明化之盛昌　铭记

2016 年 2 月 8 日

殷忧启"明"、"化"难兴邦

——写在晋煤明化"6·4"事故之后

2017 年 6 月 4 日，生产系统因漏点造成火灾，虽然没有造成人员受伤，但因化工企业的敏感性和严峻的安全形势，在山东省济南市章丘区造成了一定影响。这次事故无疑给意气风发的明化人以重重一击。如何正确面对困难和挫折，如何在巨大的压力下沉着应对、变压力为动力，更加坚定地朝着既定目标前进，我经过深思，写下本文，为大家指明方向。

殷忧，众多忧扰之意；"化"难，则为面对挑战迎难而上，以担当和信心为谋，化解困难并取得最后的胜利。

值我集团历时三年的洁净煤气化大项目即将投运之际，"6·4"事故带给了我们何种警示与启迪？我个人的认识是："殷忧"是开启明化人大道之门的端口，"化难"是验证明化人雄起的试金石！

"天将降大任于斯人也，必先苦其心志，劳其筋骨，饿其体肤，空乏其身，行拂乱其所为，所以动心忍性，曾益其所不能。"面对不期而遇的突发事件和各种困难挑战，我们用什么样的角度来看，用什么样的态度来面对，至关重要。怨天尤人者有之，自艾自怜者有之，消极颓废者有之，勇敢直面者有之，奋发克服者有之！历经六十载发展的明化，在身临绝地的关键之际，毫无疑问会义无反顾地做出抉择：直面挑战，战而胜之！

"6·4"事故在同事们有效的积极应对下，在最短时间内实现了妥善处置。事故不是好事，然而透过对事故的处置，我们感受到的是同事们积极主动应对的尽责，是不待扬鞭自奋蹄的老黄牛意识，这种精神的大行其道正是我们崛起的根本和支柱。晋煤明化所有公司领导全部主动靠前谋划指挥、全体管理人员和广大员工废寝忘食、全力以赴解决问题的忘我奉献，让我们分明感受到了明化人"自强不息"的强大精神意志。

自 2013 年 8 月，那个沉重的搬迁课题被提出，至今已近四年时间。"利用三到五年再造一个全新明化"的铮铮誓言犹在耳，我们"知耻而后勇"，背负一身的辎重，以悲壮决绝的姿态开启了明化新的征程。时至今日，当初所有的设想都一个个变成了看得见摸得着的现实，我们"心想事成"了！"心想事成"，简简单单的四个字，其背后到底蕴含了明化人多少的心血和汗水，多少的迷茫与坚守，多少的不离与不弃，只有经历过的我们，才真真切切的明白。

成功的花儿，人们只惊羡于她现时的明艳，然而当初她的芽儿，则浸透了奋斗的泪泉，洒遍了牺牲的血雨。我们挚爱的明化，穿过六十年的历史，即将迎来崭新的开始。

"殷忧启'明'，'化'难兴邦。"我们数千优秀的明化儿女，读懂了古圣先贤留给我们的智慧启迪。我们仍会直面任何困难与挑战，拿出百倍勇气和必胜的信心，披荆斩棘，不辜负明化数以万计的职工和家属，乃至章丘百万人民对我们的厚爱与期望。

承天地之浩荡，启明化之盛昌。铭记！

2017 年 6 月 5 日

注：2017 年 6 月 5 日 17 时 12 分，明化微信平台推出了一条《殷忧启"明""多"难兴邦》的微信，在短短两个小时内不仅阅读量攀升至两千多，并得到大量转发。然而在当晚 22 点，这条微信就被发布者删除，次日凌晨重新发布。对此，大家疑惑重重。原来是文章

在大量转发过程中，时任章丘区委书记的刘天东同志也阅读了文章，并建议将多难兴邦的"多"字改为"化"字。一个字的改动既体现了"明化"和明化人自强不息的精神，也让大家在面对困难的时候看到了希望，真可谓是一字之师！

十六字令（三首）

——仿毛泽东十六字令，为集团洁净煤气化项目投产而作

2017 年 7 月 27 日，历经 40 个月的苦战鏖战，"采用洁净煤气化技术实现企业转型升级发展项目"终于顺利投产！伴随着合格产品而来的，是建设者们激动的泪水和热烈的掌声！我本人激动不已，当即在现场的操作台上，欣然执笔，一挥而就写下《十六字令（三首）》。

其一
山，快马加鞭未下鞍。抬望眼，苍翠已漫天。
其二
山，披荆斩棘谱新篇。行进疾，满目春光现。
其三
山，遥迢漫道尚开端。莫停歇，新旧动能转。

2017 年 7 月 27 日

心想事成

　　2017 年 9 月 30 日，国庆、中秋双节即将到来，恰逢集团搬迁四周年。我搬迁时提出的"用未来 3—5 年再造一个全新明化"的构想已初步实现。明化用四年时间，在史无前例异常严峻的行业形势下，成功实现了"逆袭"，全面实现了"心想事成"。

　　"心想事成"是亲朋好友之间祝福祝愿之语。近期，时至我集团"北四厂"启动搬迁四周年之际，该词语被频繁提及，感慨系之，就此谈点个人的理解，与诸同事交流。

　　2013 年 9 月 20 日、21 日，我们集团先后召开了四个会议，中层管理人员会、职工代表会、老同志座谈会和全体职工大会。现如今，1 460 多个日夜过去了，回望我们明化这一路走来，有茫然四顾的无助，有左突右冲的惶恐，有慷慨悲歌的担当，有披荆斩棘的辛劳，有步步进取的欣喜，更有今日"心想事成"的愉悦。我们明化，历经一个甲子，在时代大潮的巨浪翻滚之中，在过去四年经济深幅调整、行业断崖下行、金融波诡云谲、企业退城进园的大背景下，义无反顾迎难而上，不舍昼夜只争朝夕，投资数十亿元，优化园区生产系统，保安全、促环保、找平衡、降消耗、上装置、提产能，成功将长期低水平运行的氨醇系统提升到国内同类装置的先进水平。

　　创思路、创伟业、创模式，我们闯出一个通过"大平衡"改造实现氨醇产能大幅提升的大格局，我们闯出一条双氧水大幅提高产能的新路子，我们闯出一条不断优化提升的甲醛—吡啶联合生产线。一张白纸绘蓝图，我们在几乎一无所有的条件下，硬是规划建设了投资 28 亿元的洁净煤气化项目。四年间我们百折不挠，我们自强不息，我们铁肩担当，我们拼死一搏。我们实现了当初"利用未来 3—5 年时间，再造一个全新明化"的誓言。

我们让普通员工的收入提升了 48%，我们以更好的福利惠及千家万户，我们实现了"回归主业、做精主业、做强主业"的企业发展理念；我们平稳安置分流了所有员工，实现了"老有所终，壮有所用，幼有所长"；我们找回了历史上曾经属于我们明化却经久不见的荣耀。我们成功搬迁的案例被山东省乃至全国赞同推广。我们的安全管理无论是硬件还是软件都得到了根本性的提升与改善；我们的环保水平满足了国家越来越高的排放要求；我们的生产成本得以达到同行业先进水平；我们盘活了郓城公司和宁阳公司，并将迎来更具前景的良好局面！

我们的产品由全面亏损转变为全面盈利。我们的员工由人心惶恐不安转变为众志成城。"大道之行也，天下为公，选贤与能，讲信修睦"的企业文化体系初步构建。我们布局"新三高"播下了希望的种子。我们在史无前例异常严峻的行业形势下，成功实现了"逆袭"，我们全面实现了"心想事成"！

——心想事成，是明化人面临逆境时的宣言；

——心想事成，是明化人万众一心的必然结果；

——心想事成，是明化人对自强不息的诠释；

——心想事成，是明化人对"知行合一"天道的躬行；

——心想事成，是明化人面对成功时持续进取的基本素质；

——心想事成，是明化人面向未来挑战的基本态度！

四年来的"心想事成"，奠定了明化谋取未来发展的雄厚物质基础和精神力量！"心想事成"引领着我们数千明化儿女携手并肩迎接更加美好的未来！中秋节到，祝我们明化所有员工和所有家属们"心想事成"！

2017 年 9 月 29 日

明化集团 2019 年春季祭孔大典祭文

　　2019 年 5 月 17 日，明化中层以上管理人员、管理专工、师二级以上技术人员、英才学院学员近 200 人，来到孔子故里——曲阜，举行盛大的己亥年春季祭孔大典。明化人着正装，怀敬仰之心，庄重肃穆，列队前行，缓步穿过万仞宫墙，走向大成殿。上午九时整，钟鼓齐鸣，祭孔仪式开始。我等参礼代表敬献花篮、奠酒献礼。

　　维公元二零一九年，岁在己亥，己巳月甲寅吉日，明化集团偕数百代表，肃立于孔庙大成殿前，怀慎终追远之情，谨以鲜花、雅乐、果蔬粢盛素品，恭祭大成至圣先师及诸圣先哲。

　　其文曰：

　　　　大哉夫子，天纵之圣。垂范千古，长夜启明。

　　　　欣逢盛世，圣教重兴。以德治国，人和政通。

　　　　今我明化，承扬道统。自强不息，砥砺前行。

　　　　历一甲子，沐雨栉风。艰难困苦，玉汝于成。

　　　　五年再造，艰苦卓绝。上下一心，浴火重生。

　　　　以文化人，依法治企。有耻且格，相融相生。

　　　　大道之行，天下为公。忠孝仁义，选贤与能。

　　　　讲信修睦，友爱真诚。积善利他，气正风清。

　　　　仁者爱人，惠及员工。厚德载物，博施济众。

　　　　天行刚健，奋发折冲。终日乾乾，精益求精。

　　　　以道驭术，知行贯通。反求诸己，躬行自省。

见贤思齐，谨慎谦恭。居安思危，惕厉自警。

善假于物，携手志同。自立立人，诚信共赢。

世殊时异，改革提升。创新精进，与时偕行。

深图远虑，成竹在胸。高端化工，矢志坚定。

专注主业，其道中庸。实业报国，道远任重。

不负圣贤，众志成城。牢记初心，戮力必成。

夫子之道，地纬天经。孜孜以求，永秉传承。

伏惟尚飨！

2019 年 5 月 17 日

明德兴业，至善源泉

—— 为企业搬迁六周年并更名为明泉集团而作

2019 年 9 月 20 日，在企业启动搬迁六周年之际，明化集团正式更名为明泉集团股份有限公司（简称"明泉集团"）。我用四言诗的形式回顾了企业六年来的发展历程，展望了新明泉的美好未来。

岁月如歌，时光荏苒。新中国立，七十华诞。
昔贫且弱，今富而强。大国崛起，盛世空前。
想我明泉，与国同运。风雨兼程，任重致远。
二零一三，退城进园。时至今日，历经六年。
曾茫然顾，长夜难眠。行业深跌，举步维艰。
知耻后勇，自强不息。借机取势，数历艰险。
搭建平台，整合资源。科学发展，共享共担。
人员分流，稳妥安置。大小平衡，安全为先。
精细化工，寻求突破。试水高端，初尝甘甜。
郓城项目，一波三折。失之东隅，桑榆未晚。
洁净气化，转型关键。大连北京，洽商决断。
辗转获批，装置示范。兵马已动，粮草受限。
融资突破，数转局面。精心组织，屡补短板。
厉兵秣马，无私奉献。义无反顾，誓破楼兰。
青丝白雪，以苦为甘。上下求索，成效初显。

膨胀规模，征程再启。人不安枕，马未卸鞍。

离亲别子，宁阳再战。不忘初心，其勤也勉。

立足当下，谋划长远。经年累月，曙光已现。

革命项目，立于预判。顺应时势，抢抓机缘。

时不我待，奋勇争先。确保稳定，力促当前。

众寻百度，太盟集团。越陌度阡，执手谈宴。

转型之际，明盟并肩。产融结合，比翼翔天。

布局三高，上引下连。九三之意，终日乾乾。

尊崇知识，广纳英贤。悉心研发，必偿所愿。

大道之行，天下为公。追慕圣贤，薪火相传。

选贤与能，以德为先。讲信修睦，同心同愿。

行有不得，反求诸己。自利利他，心存善念。

以文化人，依法治企。革故鼎新，活力之源。

新一甲子，明泉纪元。明德兴业，长治久安。

惠及员工，众志成城。回报社会，臻于至善。

宏伟蓝图，历历可见。行业前列，争一保三。

筑牢基础，勇攀高端。实业报国，敢为人先。

愿我同志，攻坚克难。砥砺前行，再登峰巅。

2019 年 9 月 20 日

明泉大厦封顶

明泉大厦 2022 年 7 月 5 日喜迎封顶。我欣然命笔，写就《明泉大厦封顶》。文中有对中华优秀传统文化的赞颂，有对明泉发展的回顾和信心，有对大厦封顶的喜悦，有对助力明泉发展者的感恩。

中华民族，屹立东方。五千余载，国运更张。
绵延周代，文化始昌。至圣先哲，孔子发扬。
一代宗师，万代流芳。礼义仁智，兴我家邦。
传至孟子，溢彩流光。民本思想，千古浩荡。
四书五经，仁爱和畅。论语春秋，百世传唱。
大学中庸，历久弥香。礼记大同，华夏理想。
儒释道家，三位一体。和谐共存，全球榜样。
四大文明，遥相呼应。时至今日，唯我泱泱。
新中国立，振兴经济。一九五八，明泉首创。
驻地齐鲁，济南故城。章丘明水，百脉泉旁。
五十五载，退城进园。刁镇水寨，门庭重彰。
九年倏忽，几经沧桑。坚韧不拔，宏业再创。
想我明泉，六十余载。几经风雨，起伏跌宕。
时代大潮，革故鼎新。天地同力，神人共襄。
基础产业，轮廓已现。高科板块，萌芽初长。
以文化人，依法治企。员工乐业，伙伴赞赏。

去年伊始，擘画未来。总部基地，跃然纸上。
赖各同志，齐心协力。同圆设计，电建上场。
明泉大厦，齐鲁样板。泰山桩基，饰金螳螂。
历经一岁，主体完工。金日封顶，慨当以慷。
首拜皇天，怜我子民。六十四岁，为我慈航。
再拜后土，保我子民。六十四岁，和平安康。
三拜圣贤，文以载道。六十四岁，教我向上。
四拜先辈，励精图治。六十四岁，奋发图强。
五谢同仁，勠力同心。一年多来，大厦上梁。
六谢人民，信任有加。一年多来，助我成长。
大厦封顶，新的起点。天地同庆，人神昂扬。
后续工作，点多面广。水电气暖，均需安装。
感恩之情，无以言表。明泉深知，唯有担当。
伏愿：天地浩荡，明泉盛昌。
祝愿：吉祥幸福，合家安康！

2022 年 7 月 5 日

明　　泉

　　本诗是我于 2022 年 7 月 14 日写就的《明泉》的歌词。明泉 1958 年始建于章丘百脉泉北侧，而章丘是"一代词宗"李清照的故里，故我借用了《如梦令》词牌的格式。歌词既有中华优秀传统文化的韵味，又兼具章丘本地文化特色。

常记百脉泉畔，明泉薪火相传。

百转千回间，开启转型蝶变。

争先！争先！激起浪花涟涟。

争先！争先！激起浪花涟涟。

求索大道之源，路漫漫其修远。

明德在心田，明泉宏图再展。

抢滩！抢滩！勇攀科研之巅。

抢滩！抢滩！勇攀科研之巅。

自强不息明泉，谦谦自牧积善。

滔滔黄河边，明泉再谱新篇。

向前！向前！巍巍泰山可鉴。

向前！向前！明德兴业。至善源泉。

2022 年 7 月 14 日

基业长青

　　本诗是我于 2022 年 5 月 2 日写就的《基业长青》的歌词。歌词寄寓了明泉人自强不息的精神、志存高远的追求、基业长青的希冀和造福社会的情怀。

头顶一片天，脚踏华夏土。

风雨之中昂起头，冰雪铸傲骨。

风是你的歌，云是你脚步。

自强不息明泉人，为社会造福。

巍巍常青树，绿色的祝福。

明泉胸怀在蓝天，深情藏沃土。

巍巍常青树，绿色的祝福。

明泉胸怀在蓝天，深情藏沃土。

2022 年 5 月 2 日

后 记

在完成这篇后记时，不禁心生感慨，曾经点滴积累的经营管理思想如今要接受广大读者的品评了。这些文字之所以能集腋成裘，我想主要是因为对中华优秀传统文化的感恩之情，对中华优秀传统文化能够应用于现代企业发展的坚定信心。

在工作中，我努力将中华民族的圣贤智慧与现代企业经营管理相结合，以中华优秀传统文化涵养企业文化，以中华优秀传统文化指导实际工作。中华优秀传统文化给予我们力量的支撑，教导我们自强不息，在困境中迎难而上、坚韧不拔，在顺境中不骄不躁、持续奋斗。中华优秀传统文化给予我们智慧的启迪，教导我们预变创新，寻找正确的方向，在创新创造中前行。中华优秀传统文化给予我们道德的滋养，教导我们仁爱利他，坚信只有厚德载物才能基业长青。

"凡益之道，与时偕行。"本书中提出的企业经营管理理念都是根据企业当时的内外部形势所提出，未来也会随着企业内部外形势变化而进行调整和完善。从明泉众多的经营管理理念中提炼出"自强不息""预变创新""仁爱利他"三大核心企业精神是我们的初步探索。未来，我们将进一步总结提炼明泉的经营管理哲学，用以统摄各个具体的经营管理理念，且能自成体系，为把中华优秀传统文化应用于现代企业发展贡献更多力量。

感谢所有为本书出版做出贡献的人员。感谢北京大学叶自成教授、国务发展研究中心魏际刚研究员为拙著作序。感谢上海财经大学公共经济与管理学院刘守刚教授、同济大学上海国际知识产权学院覃文忠研究员、华东师范大学经管学部王海英副教授、清华大学社会科学学院何晓斌副教授所做的审稿和润色工作。感谢上海远东出版社各位编辑的辛勤工作。感谢家人们多年来对我工作的大力支持。我的助理杨兴时在日常文字记录整理方面付出大量精力和时间、做了很多创造性的工作，在此表示感谢。

最后，衷心希望本书的出版能够对有志于将中华优秀传统文化应用于现代企业发展的企业界和理论界人士有所启发和帮助。衷心希望中华优秀传统文化薪火相传、绵延不绝。衷心祝愿我们伟大的祖国繁荣昌盛、国泰民安。衷心祝愿世界和平永驻、天下大同。最后以我经常读诵的《礼记·礼运大同篇》作为结尾：

大道之行也，天下为公。选贤与能，讲信修睦，故人不独亲其亲，不独子其子，使老有所终，壮有所用，幼有所长，矜寡孤独废疾者皆有所养，男有分，女有归。货恶其弃于地也，不必藏于己；力恶其不出于身也，不必为己。是故谋闭而不兴，盗窃乱贼而不作，故外户而不闭，是谓大同。

陈洪海

2023 年 8 月于明泉总部